D1666270

Erich Schmidt-Eenboom
Der Schattenkrieger

Erich Schmidt-Eenboom

Der Schattenkrieger

Klaus Kinkel und der BND

ECON

Die Deutsche Bibliothek – CIP-Einheitsaufnahme
Schmidt-Eenboom, Erich:
Der Schattenkrieger: Klaus Kinkel und der BND/
Erich Schmidt-Eenboom. – Düsseldorf: ECON, 1995
ISBN 3-430-18014-7

Copyright © 1995 by ECON Verlag GmbH, Düsseldorf.
Alle Rechte der Verbreitung, auch durch Film, Funk und
Fernsehen, Nachdruck oder Einspeicherung und Rück-
gewinnung in Datenverarbeitungsanlagen aller Art,
sind vorbehalten.
Lektorat: Dr. Nina Börnsen-Holtmann
Gesetzt aus der Bembo, Linotype
Satz: Heinrich Fanslau GmbH, Düsseldorf
Druck und Bindearbeiten: Mohndruck, Gütersloh
Printed in Germany
ISBN 3-430-18014-7

Inhalt

1
Einstieg von der Seite
Kinkels Weg von
Hechingen nach Bonn

Die Leiter von Geheimdiensten sind in aller Regel graue Eminen-
zen, die auch nach dem Ende ihrer Dienstzeit im dunkeln bleiben
wollen. Allenfalls teilen sie sich über sehr allgemein gehaltene
Memoiren der Nachwelt mit. Als etatisierte Pensionäre wie Reinhard Gehlen oder vielgefragte Altmeister der Spionage wie der
Leiter des französischen Gegenstücks SDECE, Alexander Comte
de Marenches, setzen sie sich Denkmale, die wegen des geheimen
Charakters ihrer Leistungen andere nur unzureichend aufstellen
könnten. Überprüfbar sind solche Memoiren in den seltensten
Fällen; die Akten sind gesperrt oder bereits vernichtet, wenn sie
nach Jahrzehnten den Wahrheitsgehalt der Autobiographien bestätigen oder in Frage stellen könnten.

Selten nur war in der ersten und zweiten Welt das Amt des
Nachrichtendienstchefs eine Zwischenstation zu einer höheren
und damit politischen Position. Jurij Andropow, der nach seiner
Amtszeit als KGB-Präsident von 1967 bis 1982 zum Chef des
Staats- und Parteiapparats der UdSSR aufrückte, ist eine solche
Ausnahme oder George Bush, der von 1976 bis 1977 CIA-Direk-
tor war und danach vom Vizepräsidenten unter Ronald Reagan
zum Präsidenten der Vereinigten Staaten aufsteigen konnte. In den
USA glückte noch Frank Carlucci der Sprung vom CIA-Direktor
zum stellvertretenden Verteidigungsminister.

Eine Ausnahme dieser Art ist auch Klaus Kinkel, der bis zum
Oktober 1982 fast vier Jahre BND-Präsident war – die erste Krönung einer langen Beamtenkarriere –, bevor er zunächst als Staatssekretär und dann als Justizminister Kabinettsmitglied bei Bun-

deskanzler Helmut Kohl wurde. Mit dem Rücktritt seines politischen Übervaters Hans-Dietrich Genscher als Außenminister und Vizekanzler am 27. April 1992 trat Kinkel aus der Schattenwelt des Auslandsnachrichtendienstes als Hauptdarsteller auf die weltpolitische Bühne. Auch wenn sich hinter der Kulisse regierungsamtlicher Außenpolitik ein gutes Stück Geheimdiplomatie verbirgt, macht es doch einen erheblichen Unterschied, ob man federführend »besondere nachrichtendienstliche Aufträge« der Bundesregierung ausführt oder ob man – mindestens von Amts wegen – die Chance zur Gestaltung der Außenpolitik hat.

Klaus Kinkel hat damit mit 57 Jahren das höchste politische Amt, das der kleinere Koalitionspartner besetzen kann, erreicht, wenn man von dem zwar obersten, aber weitgehend repräsentativen Staatsamt des Bundespräsidenten absieht, das mit Walter Scheel einer seiner freidemokratischen Vorgänger als Außenminister innehatte.

Seine beiden Vorgänger in Pullach, die Generale Reinhard Gehlen und Gerhard Wessel, und sein direkter Nachfolger Eberhard Blum beschlossen ihr Berufsleben als Leiter des westdeutschen Auslandsnachrichtendienstes. Heribert Hellenbroich wurde 1985 nach wenigen Wochen im Amt wegen des Überlaufens von BfV-Mann Hans-Joachim Tiedge, Hans-Georg Wieck 1990 nach fünf Jahren an der Spitze wegen der Giftgasfabrik im libyschen Rabta geschaßt, und Konrad Porzner ist – rechtzeitig zur frühestmöglichen Pensionsreife des Sechzigjährigen im Frühsommer 1995 – amtsmüde und verschlissen.

Der dritte BND-Präsident in der Geschichte der Bundesrepublik kam – anders als seine betagteren Vorgänger und Nachfolger – mit gerade 42 Lebensjahren an die Spitze des Bundesnachrichtendienstes in Pullach. Nur er hatte mit diesem Alter die Voraussetzungen, vom Chefsessel des BND aus einen Weg nach oben zu suchen und in der Politik aufzusteigen. Und er nutzte sie.

Dabei hatte Kinkel bei seinem ersten Versuch, mit einem politischen Mandat zu reüssieren, Schiffbruch erlitten. 1966 war er als Bürgermeisterkandidat in der badischen Kleinstadt Hechingen mit ihren rund 10 000 Einwohnern gegen vier Mitbewerber angetreten und hatte im ersten Wahlgang 41 Prozent der Stimmen gewonnen. Der zweitplazierte Stadtamtmann Norbert Roth erhielt nur 25,9 und der drittplazierte Amtskollege Heinz Finkbeiner 21,1 Prozent.[1]

Der Wahlkampf war vor allem über Anzeigen und damit verbundene Einladungen geführt worden. Nahezu täglich baten die Kandidaten zur Wahlversammlung in dieses oder jenes Lokal. Die größten und die meisten Inserate warben für Klaus Kinkel, der ein Duzfreund des Besitzers der Lokalzeitung war. Als Fachmann mit »bestmöglichster Ausbildung und weitschauender Praxis« wurde er vorgestellt, der die »Gewähr dafür bietet, nach innen ein gerechter Vorgesetzter und nach außen ein zuverlässiger Sachwalter der Stadt und ihrer Bürger zu sein«.[2]

Als idealen Bürgermeister empfahl Kinkel selbst bei der Vorstellung der Kandidaten Anfang Oktober 1966 den Verwaltungsfachmann mit Durchsetzungsvermögen und Entscheidungsfreiheit, der koordinieren, Impulse geben, Initiative zeigen, mit Übersicht und Weitblick die großen Linien der Gemeindepolitik abstecken, ein Vertrauensverhältnis zwischen Gemeinderat, Bürgermeister und Verwaltung herstellen und auch menschliche Qualitäten haben müsse. Er wollte sich bemühen, diesem Ideal nahezukommen,[3] versprach er.

Da Kinkel im ersten Wahlgang nicht die absolute Mehrheit erreichen konnte, wurden für den 23. Oktober 1966 Stichwahlen zwischen den drei Bestplazierten angesetzt. Es war kein ganz sauberer Wahlkampf in dieser zweiten Runde. Am 18. Oktober 1966 klagte Kinkel im Inseratenteil der Hohenzollerschen Zeitung: »In unserer Stadt wird gesprochen, daß ich mich mit Herrn Finkbeiner in Balingen zu einer Wahlabsprache getroffen hätte. Ich verbürge mich persönlich und mit dem guten Namen meiner Familie dafür, daß an dieser Behauptung kein wahres Wort ist.« Zugleich lud er wieder zu Wahlversammlungen ein (20.00 Uhr Bahnhofhotel Löwen), am darauffolgenden Tag 15.30 Uhr ins Café Burgmüller (für Hausfrauen) und um 20.00 Uhr ins Hotel Schloßberg, am 20. Oktober 1966 wieder zum Hausfrauennachmittag und abends in den Hirschen. Gegenkandidat Norbert Roth bewältigte sogar drei Termine am Tag.

Am Freitag, dem 21. Oktober, bat Kinkel um acht ins Museum,

am Samstag mit der letzten Großanzeige in die Krone. Roth bot vor der Entscheidung am Sonntag noch drei Wahlversammlungen an, inserieren konnte er samstags offensichtlich nicht mehr. Dafür verteilten Freunde von ihm ein Flugblatt, das unter die Gürtellinie zielte. Über die Gerüchteküche in der Stadt waren bereits Zweifel an dem ordnungsgemäßen Erwerb des Doktortitels von Kinkel lanciert worden. Nun wurde dem Kandidaten vorgeworfen, er sei nur zur Wahlzeit freundlich und entdecke nur dann sein Herz für die Bevölkerung.[4] »Nochmals schlugen in der Bürgerschaft die Wogen hoch. Leidenschaften flammten auf und steigerten sich teilweise geradezu zum Fanatismus«, kommentierte die Samstagsausgabe der Heimatzeitung.

Am Ende der »sonntäglichen Erregung« mit einer Wahlbeteiligung von 80,7 Prozent verkündete Altbürgermeister Paul Bindereif vom Balkon des Rathauses das vorläufige amtliche Endergebnis. Mit 2733 Stimmen wurde der Stadtamtmann Roth auf acht Jahre zum Bürgermeister gewählt, Klaus Kinkel blieb mit 2515 Stimmen zweiter Sieger.[5]

Nach der Stichwahl, beklagte Bindereif im November 1966 im Gemeinderat, habe es »Unruhe, teilweise auch Unfrieden, sogar gegenseitige Anfeindungen bis hinein in die Familien und in das Geschäftsleben«[6] gegeben. Die wurden ausgelöst durch eine Wahlanfechtung, die der Hechinger Rechtsanwalt Eberhard Theurer im Namen von 200 Kinkel-Wählern vornahm. Kernstück seiner Begründung war – neben dem Namen eines Bewerbers auf den Stimmzetteln, der jedoch nach deren Drucklegung zurückgetreten war –, die Wählerinnen und Wähler seien durch das Wahlkampfargument zum Nachteil Kinkels, »daß der Volljurist gegenüber dem Verwaltungsfachmann die Stadt Hechingen teurer komme, in die psychische Zwangslage versetzt worden, die Stimmabgabe zugunsten des Bewerbers Roth vorzunehmen, denn vielfach ziehe gerade im schwäbischen Raum der Hinweis besonders stark, daß bei angeblich gleicher Leistung ein geringerer Aufwand auf seiten eines Bewerbers vorliege«.

Zudem sei durch das Gerücht über die Absprachen mit Finkbeiner eine »psychische Zwangslage«, Kinkel nicht zu wählen, entstanden. Auch der in Frageform vorgebrachte Vorwurf, Kinkel sei fachlich nicht genügend vorgebildet, sei Wählertäuschung, ebenso der Versuch seines Gegenkandidaten, sich als »Volljurist« darzustellen.[7]

Da der Gemeinderat den Wahleinspruch mit 15 zu 6 Stimmen ablehnte und das Landratsamt diese Rechtsauffassung teilte, wurde das Verwaltungsgericht Sigmaringen angerufen. Am 12. Juni 1967 gab es den Klägern recht, weil die Summe der kleineren Verstöße – Unrichtigkeit des Wahlzettels und Wahlbeeinflussung durch Roth – die Wahl insgesamt ungültig gemacht habe. Der Gemeinderat akzeptierte das Urteil und setzte Neuwahlen für den 17. September 1967 an, für die es nach dem telegrafischen Rückzug des Konkurrenten Kinkel nur noch einen Kandidaten gab. Und so wurde Roth mit »überzeugender Eindeutigkeit« und 4124 Stimmen in das Bürgermeisteramt gewählt,[8] das er noch heute innehat.

Nach der verlorenen Wahl hatte es Klaus Kinkel nicht mehr lange in seiner Heimat gehalten. Bereits zwei Tage nach Auszählung der Stimmen verabschiedete er sich per Anzeige aus dem politischen Leben Hechingens: »Ohne Bitterkeit und Vorwurf, jedoch reicher an menschlichen Erfahrungen werde ich meine Heimatstadt Anfang nächsten Jahres wieder verlassen.« Durch diesen Schnellschuß war es ihm natürlich kaum möglich, nach erfolgreicher Wahlanfechtung erneut gegen Roth zu kandidieren. Manche Wählerin und mancher Wähler hätten es ihm übelgenommen, daß er schon während des Wahlkampfs ein zweites Eisen im Feuer hatte.

Im Wahlkampf hatte Kinkel, damals Familienvater dreier Kinder, sich immer wieder gern als Sohn der Region dargestellt. Geboren war er am 17. Dezember 1936 als Sohn des Facharztes für innere Krankheiten, Dr. med. Ludwig Kinkel, in Metzingen. Er besuchte die Schule in der Kleinstadt am Fuße der Schwäbischen Alb unweit der Hohenzollernburg, wo dreizehn Jahre zuvor, am 19. Januar 1923, sein späterer Gegenspieler Markus Wolf ebenfalls als Kind eines Arztes zur Welt gekommen war. Nach dem Abitur 1956 am Staatlichen Gymnasium Hechingen begann er sein Studium, wiederum heimatnah, in Tübingen.[9] Dann wechselte er zunächst von der medizinischen zur juristischen Fakultät, dann nach Bonn und von dort ins benachbarte Köln. Seine Referendarszeit verbrachte er weitgehend in der Heimat und war danach ein Jahr bei verschiedenen Behörden in Berlin tätig.

Als Verbindungsstudent beendete er sein Studium der Rechte an der Universität Köln, wo er 1964 mit einer Arbeit zum gemeindlichen Finanzausgleich zum Dr. jur. promovierte. In der heimlichen Hauptstadt des Rheinlandes stieg er 1965 auch als Beamter im Bundesamt für den zivilen Bevölkerungsschutz ins Berufsleben ein. Die Behörde im Geschäftsbereich des Bundesinnenministeriums sollte Vorsorge treffen für mögliche Atomkriegsfolgen, die Evakuierung der Bundesregierung ins Exil vorplanen und sicherstellen, daß der Staat in einem Krieg mit dem Warschauer Pakt weiter funktionieren konnte. Das Überlebensprogramm auf dem potentiellen Schlachtfeld Deutschland war zu dieser Zeit noch unterentwickelt und erschöpfte sich in dem Ratschlag, bei radioaktivem Fallout die Aktentasche besser über dem Kopf als unter dem Arm zu tragen. Verwaltungskonjunktur bekam das Amt erst nach der Verabschiedung der Notstandsgesetze 1968, als serienweise Ausführungsbestimmungen und Pläne für die zahlreichen Sicherstellungsgesetze zu erarbeiten waren.

Als Sprungbrett für seine Bürgermeisterkandidatur in Hechingen trat Kinkel 1966 nach nur kurzer Zeit im Katastrophenschutzamt des BMI eine Stelle im Landratsamt der Kreisstadt Balingen an. Als der spätere SPD-Bundesminister Andreas von Bülow 1967 Kinkels Funktion im Landratsamt übernahm, erbte er zugleich einen Stapel unerledigter Akten, die Kinkel auf Wiedervorlage nach dem Wahlkampf ausgezeichnet hatte.

1968 kehrte der Schwabe, dessen »ganze Liebe schon immer der Kommunalpolitik gehörte« (Kinkel 1966), ins Bundesinnenministerium zurück, genauer in die Abteilung Öffentliche Sicherheit, und arbeitete auch in der innenpolitischen Arbeitsgruppe. Mit Geheimdienstangelegenheiten hatte er dort als Referent für den Verfassungsschutz bereits reichlich zu tun. Aus seiner Feder stammen die Richtlinien für die Zusammenarbeit der Nachrichtendienste und der übrigen Sicherheitsbehörden, die offiziell am 18. September 1970 in Kraft traten.

1970 bestimmte ihn Bundesinnenminister Hans-Dietrich Genscher zum persönlichen Referenten und zugleich zum innenpolitischen Analytiker des Ministeriums. Zuletzt war er im BMI sogar Leiter des Ministerbüros. Mit Geheimdienstangelegenheiten hatte er auch dort zu tun, namentlich mit dem Fall des beim Bundeskanzler plazierten DDR-Spions Günter Guillaume. Als ihn die Presse als »Retter Genschers« in dieser Affäre feierte, bezog sie sich auf die Behandlung eines Vermerks, der über beider Schreibtisch gelaufen war und der Willy Brandt, wäre er ihm rechtzeitig zur Kenntnis gekommen, den Rücktritt hätte ersparen können.

Horst Ehmke hat in seinen Memoiren auf die ungeheuerliche Dominanz nachrichtendienstlichen über politischen Interesses besonders beim Präsidenten des Verfassungsschutzes, Günter Nollau, hingewiesen, aber auch die Rolle Genschers kritisiert: »Hier wurde ein Bundeskanzler als Köder für die Überführung eines bis dahin bestenfalls zur Mittelklasse gehörenden DDR-Spions benutzt. Gravierender noch als die Vernachlässigung von Geheimschutzinteressen war die illoyale Mißachtung der politischen Interessen des Kanzlers, den Nollau ursprünglich noch nicht einmal hatte informieren wollen. Da Nollau ein Vertrauter Herbert Wehners war, den er als Sicherheitsbeauftragten der SPD auch sofort unterrichtet hatte, strickte die Union später an der Legende eines Komplotts Wehner/Nollau gegen Brandt. Dafür gibt es keinen Anhalt. Mit Sicherheit hat Wehner aber Nollau überschätzt. Aus der Tatsache, daß Genscher sich Nollaus Vorschlägen anschloß, sind später ebenfalls Komplottspekulationen abgeleitet worden. Auch dafür gibt es keine Anhaltspunkte. Daß Genscher die politischen Gefahren seines Rats nicht erkannte, muß bei seiner sonstigen Umsicht allerdings erstaunen.«[10]

Für manchen in der SPD trägt Kinkel Mitverantwortung am Kanzlersturz. Doch dies ist eine übersteigerte Wahrnehmung von »Willy-Fans«. Der damalige Ministerialdirektor agierte immer nur als ausführendes Organ seines Herrn.

Nach dem Rücktritt Willy Brandts als Bundeskanzler im Mai 1974 wurde Genscher im Kabinett Helmut Schmidt Außenminister. Er nahm seine rechte Hand mit in den neuen Aufgabenbereich. Kinkel wurde Leiter des Leitungsstabes im Auswärtigen Amt (AA). Drei Jahre später, im Mai 1977, machte ihn Genscher zum Leiter des Planungsstabes im AA, wo er bis zum Dezember

1978 im Rang eines Ministerialdirektors tätig war. Auch in Genschers Strategiezentrale konnte Kinkel tiefe Einblicke in die Geheimdienstwelt gewinnen, weil er dort die Arbeit von BND und AA aufeinander abstimmte.[11]

Zur allgemeinen Überraschung der Öffentlichkeit und eines großen Teils der Betroffenen wurde Klaus Kinkel am 1. Januar 1979 zum Ministerialdirektor im Bundeskanzleramt und Präsidenten des Bundesnachrichtendienstes in Pullach bei München ernannt. Am 12. Oktober 1978 noch hatte die BILD-Zeitung den Botschafter der Bundesrepublik in Washington, Berndt von Staden, als Wessel-Nachfolger ins Spiel gebracht, der damals bereits 59 Jahre zählte. Doch dann zog Genschers Favorit mit seiner Frau Ursula, einer geborenen Vogel, und den mittlerweile vier Kindern aus sieben Ehejahren, drei Töchtern und einem Sohn, in die Präsidentenvilla im Camp Nikolaus.

Vier ganze Jahre blieb er, trotz manchen Bemühens um eine attraktivere Position, im Isartal – eine kurze Zeitspanne im Vergleich zu den beiden Vorgängern im Generalsrang, eher lang im Vergleich zu seinen Nachfolgern Eberhard Blum und Heribert Hellenbroich.

Als Seiteneinsteiger ohne Parteikarriere für ein Ministeramt nominiert zu werden, ist in der Kabinettschronik der Bonner Republik eher die Ausnahme. Horst Ehmke, der als Staatssekretär im Kanzleramt und anschließend bis 1974 als Bundesjustizminister zur Regierungsmannschaft von Willy Brandt gehörte, ist eine solche Ausnahme, auch »Superminister« Karl Schiller. Beide waren Experten aus dem Bereich der Universitäten. Aufsteiger aus der Ministerialbürokratie ins Ministeramt sind dagegen rar in der Geschichte der Bundesrepublik.

Nach einem Vierteljahrhundert als »deutscher Verwaltungsbeamter« vom Referenten bis zum beamteten Staatssekretär gelang Kinkel 1991 der Seitenwechsel in die Politik. Er löste am 18. Januar 1991 den profilarmen Minister Hans A. Engelhard ab, dem er sieben Jahre als beamteter Staatssekretär im Justizministerium gedient hatte.

Eine Blitzkarriere machte Genschers Zögling in der FDP, deren ministrables Personalreservoir schon Ende 1982 mit der Nominierung von Hans A. Engelhard zum Justizminister erschöpft schien. Obwohl Kinkel der Partei erst im Februar 1991 beim FDP-Kreisverband Ludwigsburg beigetreten war, wählten ihn die Delegierten des 44. ordentlichen FDP-Parteitags in Münster (11. bis 13. Juni 1993) ohne Gegenkandidaten mit 545 Ja-Stimmen, bei nur 17 Enthaltungen und 57 Gegenstimmen, zum Vorsitzenden der Freien Demokraten.

Im April 1992 erklärte Hans-Dietrich Genscher überraschend seinen Rücktritt vom Amt des Bundesaußenministers. Das Präsidium der FDP unter Otto Graf Lambsdorff schlug daraufhin am 28. April 1992 Bundesbauministerin Irmgard Schwaetzer als Kandidatin für das Außenamt vor. Nach heftigem Widerstand aus der Bundestagsfraktion und dem Parteivorstand siegte Klaus Kinkel einen Tag später in einer dramatischen Sitzung beider Gremien bei der Kampfabstimmung gegen seine Konkurrentin mit 63 gegen 25 Stimmen. So konnte ihm der Bundespräsident im Mai 1992 seine Ernennungsurkunde zum Bundesaußenminister überreichen. Viele Beobachter waren erstaunt, daß Genscher nicht von vornherein für Kinkel als Nachfolger votiert hatte, sondern ihn erst als »kleineres Übel« gegen Irmgard Schwaetzer durchsetzen half. Insider führen dies auch darauf zurück, daß Kinkel bei der Aushandlung des Einigungsvertrages allzu eng und ohne eigenes Profil mit Wolfgang Schäuble, wie er Jurist und Schwabe, kooperiert hatte.

Im März 1980 berichtete der SPIEGEL, teils unter Berufung auf den Staatssekretär im Kanzleramt, Manfred Schüler, begeistert von der Zivilisierung der Verhältnisse im Camp Nikolaus unter Klaus Kinkel:»Anders als Gehlen, der sich Photographen entzog, und auch anders als Gehlen-Nachfolger Gerhard Wessel, der hakkenschlagende Unterwürfigkeit liebte, hat Kinkel zivilere Umgangsformen eingeführt; seit Kinkel den Job Ende 1978 annahm, denkt Pullach mehr in politischen als in militärischen Kategorien. Der Neue will nicht wie seine Vorgänger als General oder Präsident, sondern mit seinem Namen angeredet werden, pflegt keine Allüren, seinen Golf steuert er häufig selbst durchs weitläufige Gelände, alles wie ein ganz normaler Mensch.«[12]

15 Jahre später, im Februar 1995, machte das Hamburger Nach-

richtenmagazin ganz andere Charakterzüge bei dem mittlerweile zum Außenminister avancierten Schwaben aus. 1994 habe der »hemdsärmelige Kinkel« im Ministerrat der Europäischen Union »im Kasernenhofton die Tagesordnung abgehakt« oder bei anderer Gelegenheit seinen israelischen Amtskollegen Shimon Peres am Revers gepackt und ihm die Leviten gelesen. Altgediente Diplomaten beklagten die »drastische Sprache« des »Kraftmeiers« und seine Neigung, ständig Prioritäten zu fordern, die er selbst zu setzen nicht in der Lage sei.[13]

Bereits Anfang 1994 in einer Fernseh-Talkshow hatte Kinkel 1994 für seine manchmal »rauhbautzige schwäbische Art« um Verständnis geworben. Der Spitzenpolitiker, der sich gelegentlich in seine Zeit als Beamter zurückversetzt sehen möchte, ist angeschlagen. Seine Nerven liegen blank, und unter dem Streß, der seit 1992 auf ihm lastet, kann der »ganz normale Mensch« schon einmal ausrasten, könnte man meinen.

Aber Klaus Kinkel trat auch in Pullach von Anfang an nicht nur sehr selbstbewußt auf, sondern schlicht ruppig. Er ließ es manchmal bis zur Peinlichkeit an Manieren fehlen und neigte zu verbalen Entgleisungen, erinnert sich ein Mitarbeiter: »Kinkel war oft ziemlich vulgär in seiner Ausdrucksweise und behandelte die engsten Mitarbeiter seines Stabes wie die letzten Menschen.«

Vor allem im Umgang mit den Beschäftigten in der Leitungsebene zeigte er die Allüren eines absoluten Herrschers. Wiederholt kanzelte er sie vor versammelter Mannschaft ab, selbst dann, wenn Fehler von ihm selbst zu verantworten waren. Wenn Kinkel bei guter Laune war und zur schwäbischen Leutseligkeit wechselte, half ihm dies nicht, bei den engsten Mitarbeitern den schlechten Eindruck von seinem Führungsstil wieder wettzumachen. Auch dies wurde ihm als mangelnde Selbstbeherrschung und Hang zur Anbiederei ausgelegt.

Unbeliebt machte er sich auch, wenn er, um Politikern gefällig zu sein, seine Mitarbeiter brüskierte. Bei Reisen mit dem Dienstflugzeug, das in der Regel gleichzeitig auch von den Mitarbeitern für eigene Dienstreisen oder von Delegationen genutzt wurde, änderte er häufig den Flugplan spontan und nach eigenem Gutdünken, oder er bot Politikern als Gefälligkeit an, sie in seiner

Mystère mitzunehmen. Auf die Maschine gebuchte Mitarbeiter, die an irgendwelchen Flughäfen, wo sie z. B. bei Zwischenlandungen abgesetzt worden waren oder zur Rückreise abgeholt werden sollten, durften dann – für sie völlig überraschend – nicht mitfliegen und mußten zusehen, wie sie ihre Weiterreise organisierten.

Am häufigsten – und am schlimmsten – war von den Attacken seines Herrn der persönliche Referent Dr. RABENSTEIN betroffen. Der ließ sich von Kinkel widerspruchslos herunterputzen und wagte in dieser Zeit nicht, ein eigenes Profil zu zeigen. Seiner Karriere war jedoch die Tätigkeit im Stab des Präsidenten sehr förderlich. Nachdem der schwäbische »Karriere-Bürokrat« Kinkel (SPIEGEL) nach Bonn gewechselt war, wurde sein persönlicher Referent Resident in Paris – verbunden mit einer Beförderung von A 15 zu A 16 zuzüglich der Auslandszulagen. Und zum Ende der achtziger Jahre rückte RABENSTEIN gar auf den B-3-Posten des Leiters der Politischen Auswertung (UAL 32) vor.

Als Hobbys gab Kinkel gegenüber den Medien gern »Tennis und Holzhacken« an. Geradezu symptomatisch verbindet er auch in der Freizeit die Eleganz des weißen Sports mit der Neigung zum Dreinschlagen. »Wo Genscher herrscht, da herrscht kein anderer«, erläutert ein altgedienter SPD-Parlamentarier, der oft mit dem Spitzenmann der FDP zu tun hatte, den Führungsstil des langjährigen Ministers. Kinkel, der von 1970 bis 1978 ständig an seiner Seite war, mag von dem ungestümen Durchsetzungswillen Genschers gelernt haben, der dabei aber nie ordinär wurde oder in kinkelscher Weise die Öffentlichkeit suchte, um Mitarbeiter abzukanzeln.

Als Außenminister auf dem Gipfel seiner Laufbahn angelangt, bläst dem erfolgsgewohnten Klaus Kinkel heute aus allen Richtungen starker Gegenwind ins Gesicht: Innerparteiliche Querelen, vornehmlich mit der Möllemann-Fraktion, rauben ihm den Rückhalt in der Partei; für die Serie von Wahlniederlagen der FDP wird zunehmend ihr Vorsitzender in Regreß genommen, und seine Kompetenz als Außenminister steht wegen Konzeptionslosigkeit unter einem Dauerbeschuß der Medien.

Über die außenpolitische Ära Kinkel werden spätere Publikationen urteilen. In diesem Buch geht es um eine Sprosse auf der Karriereleiter, die kein anderer deutscher Minister vor ihm innehatte: um das Amt an der Spitze des westdeutschen Auslandsnachrichtendienstes, dessen Qualität Kinkel heute selbst in Frage stellt. Als der Minister bei dem Pressegespräch am 12. Januar 1995 in Bonn aus Anlaß eines Rückblicks auf die deutsche Außenpolitik des vergangenen Jahres danach gefragt wurde, was denn sein ehemaliger Dienst über den Tschetschenien-Konflikt berichte, da geißelte der forsche Schwabe ohne Not die Qualität der Berichte aus Pullach: »Den ganze Scheiß les' i net. Dasch interessiert mi net, was di schicke. Dasch weiß ich eh alles.«

Publizistische Urteile über Klaus Kinkel als BND-Chef sind bereits gefällt. Geheimdienstautor Heiner Emde beispielsweise kommentierte 1986 mit rührender Gefälligkeit Kinkels geheimdienstliche Amtsführung: »Er hatte keine Hausmacht. Würden ihn Insider kaltstellen, zum Frühstückspräsidenten verkümmern lassen? Er schaffte es cool ... Der junge Herr Doktor tat seinen Dienst im ›Dienst‹ redlich und umsichtig ... Schwabe Kinkel ist nicht nur ein integrer und intelligenter Mann. Er war vor allem jung. Er konnte dem BND das bescheren, was der zwischen den Mühlsteinen der Politik geschliffene Dienst vor allem brauchte: Ruhe und Kontinuität.«[14]

Auch Rolf Zundel hat dem ersten zivilen BND-Chef, dem »Prototyp des politischen Könners«, 1985 in der ZEIT ein gutes Zeugnis für seine BND-Zeit ausgestellt, für »die Jahre als Chef des Bundesnachrichtendienstes – eine der heikelsten Aufgaben in diesem Lande, die schadlos zu überstehen nicht nur Tüchtigkeit, sondern auch Glück verlangt«.[15]

Dabei hatte dieselbe ZEIT gleich zweimal in ihren Dossiers zu Großangriffen auf den BND unter Kinkel angesetzt: 1979, als Angehörige der PLO (Palestive Liberation Organization) in bayerischen Haftanstalten von israelischen Geheimdienstlern verhört wurden,[16] was rechtswidrig von Pullach arrangiert worden war, und 1980, als die umfassenden Abhörpraktiken des BND in das Visier der Zeitung gerieten.[17] Als Autor zeichnete in beiden Fällen Michael Naumann, ein Schwiegersohn von Kinkels Vorgänger, BND-General Gerhard Wessel.

»Diskret und erfolgreich«, »ohne Skandale«, so lauten die gängigsten Presseurteile über die Jahre des »leidenschaftlichen Nachrichtensammlers« (SPIEGEL 1980) im Isartal. Doch bereits eine Presseschau von Anfang 1979 bis Ende 1982 weist aus, daß diese Wertungen mehr dem ausgezeichneten Medienmanagement Kinkels, das er Genscher abschauen konnte, zu verdanken sind als einer vertieften Beschäftigung mit der Materie. Während seine Vorgänger Gehlen und Wessel nur ausgewählte konservative Journalisten nach Pullach luden, setzte Klaus Kinkel weiter auf die ihm vertrautere Bonner Presseszene. Seine Aufenthalte in der Bundeshauptstadt nutzte er regelmäßig auch zu Hintergrundrunden mit ihm gewogenen Medienleuten.

Der »Mann Genschers« (Süddeutsche Zeitung) konnte von diesem Medienbonus bereits kurz nach seiner Nominierung profitieren. Dem ersten Zivilisten auf dem Sessel des BND-Präsidenten traute die Neue Zürcher Zeitung viel zu: »Der neue BND-Chef Kinkel dürfte sowohl das Nachrichtenbedürfnis der Regierung wie auch die verfassungsrechtlichen Grenzen, die dem Dienst gesetzt sind, konkret und vorsichtig einschätzen können ... Das Problem liegt darin, dass man den drei Diensten bisher gerne einen eigenmächtigen Spielraum einräumte, solange es nicht zu öffentlichen Pannen und Skandalen kam. Jetzt muß man einmal mehr abwägen zwischen einer als notwendig empfundenen politischen Kontrolle der Dienste und ihrer Funktionstüchtigkeit, die davon nach Möglichkeit nicht berührt werden soll.«[18]

Vorschußlorbeeren kamen auch vom Ministerium für Staatssicherheit der DDR (MfS). In einer der letzten Ausgaben des als Organ ehemaliger BND-Mitarbeiter getarnten, aber von den Desinformationsstrategen des MfS herausgegebenen Periodikums, »DIE neue NACHHUT«, erhielt Klaus Kinkel von der Stasi ein dickes Lob, wie zwei ehemalige Mitarbeiter der Hauptabteilung X des MfS nach dem Ende des Kalten Krieges bekannten: »Als Reinhard Gehlen im Juni 1979 starb, widmeten wir ihm einen Nachruf. Darin kommentierten wir wohlwollend die Amtsführung des 1978 berufenen neuen BND-Präsidenten Klaus Kinkel, der heute als Außenminister für die FDP im Bundeskabinett sitzt, und erklärten, daß wir vorerst unseren Anspruch erfüllt sähen:

Der Dienst werde nun wieder sachgemäß wirken können. Wir lobten auch, daß Kinkel bei aller notwendigen Technisierung der Geheimdienstarbeit der menschlichen Seite einen so hohen Stellenwert beimesse.«[19]

Der scharfe Kontrast zwischen dem vielfachen Lorbeer und den Bruchstücken anders lautender Wahrheiten war Anlaß genug, Nachforschungen anzustellen, deren Ergebnisse dieses Buch dokumentiert. Das Interesse konzentriert sich auf die Person Klaus Kinkels und die Aktivitäten des Bundesnachrichtendienstes, die er als dessen Präsident politisch und persönlich zu verantworten hat. Eingebettet ist dieser Bericht natürlich in die Handlungsfelder, in denen sich der spät bekennende FDP-Mann bewegt hat und noch bewegt.

2
Ein kleines Imperium
Nebenaußenpolitik
mit 75 Partnern

Am 11. Oktober 1991 mußten der Chef des norwegischen Geheimdienstes POT (Politiets Overvåkningstjeneste), Svein Urdal, und der mächtige und populäre Chef der Terrorismusabteilung, der direkt für den Kontakt zum israelischen Nachrichtendienst Mossad verantwortlich war, ihre Ämter aufgeben, weil sie allzu kooperativ gegenüber den Israelis gewesen waren.[1]

Der Skandal wurde im September 1991 publik, als eine Zeitung die Zusammenarbeit aufdeckte, die sich zwischen POT und Mossad in den acht Monaten von Januar bis August 1991 entwickelt hatte. Hintergrund dieser Zusammenarbeit war der zweite Golfkrieg von Januar bis März desselben Jahres, in dem 150 Kämpfer der PLO von ihren Einheiten in Tunis und anderen Orten flohen, nach Norwegen kamen und um politisches Asyl baten. Diese Welle von Guerillakämpfern während des Golfkriegs veranlaßte die POT, den Mossad um mehr Hilfe zu bitten, als begründet gewesen wäre. Mossad-Agenten kamen nach Norwegen und vernahmen ausführlich zehn der PLO-Flüchtlinge, wobei keine norwegische Polizei anwesend war. Die Israelis gaben selbst vor, norwegische Polizeibeamte zu sein. Dabei verlor die POT die Kontrolle über die Vernehmungen und überließ zu vieles den Mossad-Agenten.[2]

Victor Ostrovsky behauptet in seinem Buch »By Way of Deception«, daß es eine enge Beziehung zwischen dem dänischen Geheimdienst PET (Politiets Efteretningstjeneste) und dem Mossad gibt und daß routinemäßig die Namen von Palästinensern in Dänemark zur Überprüfung an den Mossad geschickt werden.

Ein Computer-Ausdruck des Mossad von 1985, in dem der PET beschrieben ist, enthält die Feststellung, daß die Verpflichtungen des PET gegenüber Israel die dauernde Beobachtung der 500 Palästinenser in Dänemark einschließen.

Ostrovsky beschuldigte nicht nur den PET, dem Mossad in dieser Weise geholfen zu haben. Er gibt ähnliche Beispiele der Zusammenarbeit auch mit dem dänischen militärischen Nachrichtendienst FET (Forsvarets Efterettningstjeneste).[3] Nachdem 1994 in Dänemark erneut Bespitzelungsaktionen an PLO-Studenten an der Universität von Kopenhagen bekannt geworden sind, wurde eine gerichtliche Untersuchung eingeleitet, die zur Zeit noch läuft. Von deren Ausgang dürfte auch das berufliche Schicksal so manchen Spitzengeheimdienstlers abhängen.

Gemessen an norwegischen und dänischen Maßstäben, hätte Klaus Kinkel bereits sein erstes Amtsjahr in Pullach nicht überstanden. 1979 machte er denselben Fehler wie der 1991 geschaßte POT-Chef. Aufgrund von Hinweisen des Mossad wurden Ende April 1979 palästinensische Terroristen in Westberlin und bei der Einreise in Passau aus Österreich bzw. in Elten aus den Niederlanden mit Sprengstoffen und Zündern im Gepäck von westdeutschen Sicherheitsbehörden gefaßt. Anschließend wurden vier der inhaftierten PLO-Aktivisten in den bayerischen Haftanstalten von Straubing, München, Landsberg und Amberg von einem »israelischen Fachmann« (BND-Präsident Klaus Kinkel) auf arabisch vernommen, ohne daß sie wußten, wer die Vernehmung führte.[4]

Bayerns Innenminister Gerold Tandler fand es gerechtfertigt, daß sein Landeskriminalamt angesichts der Schwere der Fälle Kontakte zum BND aufgenommen habe. »Der Fehler habe beim BND gelegen, der die israelischen Agenten als ›Spezialisten‹ vermittelt habe, ohne über deren Identität offiziell Mitteilung zu machen«,[5] berichtete die Süddeutsche Zeitung über die Angaben Tandlers.

Der in Westberlin festgenommene Hassan El Harti, der bereits in Beirut wegen Spionage für Israel verurteilt worden war, erhielt von den Berliner Justizbehörden bereits knapp zwei Wochen nach seiner Festnahme Haftverschonung und verschwand, nachdem er am 25. Mai 1979 ein zweites Mal von der Meldepflicht befreit wurde. Die übrigen PLO-Aktivisten wurden dagegen wegen Sprengstoffvergehens verurteilt.

In dem ZEIT-Dossier zu dieser rechtswidrigen Amtshilfe für den Mossad wiesen Michael Naumann und Josef Joffe nach, »daß der voll geständige Terrorist Hassan El Harti vor seinem Berliner Auftritt im April auf der Ersatzbank der überaus effizienten Mossad-Mannschaft gesessen hat«, um die Besserung der Beziehungen zwischen der Bundesrepublik und der PLO, die 1978 eingesetzt hatte und einen Verzicht auf terroristische Gewaltakte in der Bundesrepublik einschloß, wieder aus dem Gleichgewicht zu bringen.

Während offizielle Stellen in der Bundesrepublik stets von israelischen Nachrichtendienstlern sprachen, setzte die Presse dies gleich mit Mossad. Wahrscheinlich gehörten die israelischen Agenten jedoch zum Spionageabwehrdienst Shin Beth, der nur in Israel und den besetzten Gebieten agiert. Der nämlich verfügt über eine eigene Abteilung für »Vernehmung in arabischen Angelegenheiten«.

Der in Elten aufgegriffene Mohammed Jussuf soll von den israelischen »Dolmetschern« durch die Drohung, seiner Familie im besetzten Westjordanland könne sonst etwas passieren, für einen Mordanschlag auf Abu Ijad rekrutiert worden sein, wie der palästinensische Geheimdienstchef selbst der Weltpresse vortrug. Allerdings habe sich Jussuf ihm offenbart. Am 18. Oktober 1979 soll der gescheiterte Attentäter in Beirut mit einer Kalaschnikow dann Selbstmord begangen haben. Der BND verwies diese Darstellung ins Reich der Fabel. Nachdem mehrere arabische Botschafter in Bonn – darunter der syrische – in dieser Sache vorstellig geworden waren, versprach die Bundesregierung eine »ernsthafte Prüfung« der Affäre. Die erfolgte jedoch nie, zumal keine Partei im Bundestag daran interessiert war, durch einen Untersuchungsausschuß das sensible Feld nachrichtendienstlichen Zusammenwirkens mit Israel in das Licht der Öffentlichkeit zu rücken.

Auch wenn Kinkel am Anfang seiner BND-Amtszeit sehr deutlich merken mußte, daß die Israelis massiv versucht hatten, die deutsche Außenpolitik Genschers gegenüber der PLO zu sabotieren, blieb die Zusammenarbeit mit Israel und seinen Diensten Mossad, Shin-Beth und Aman (BND-Decknamen IBIS 1 bis 3) weiterhin ausgesprochen gut. In den sechziger und frühen siebziger Jahren hatten noch Vorbehalte des Mossad gegen den an NS-Leuten reichen Dienst in Pullach die Zusammenarbeit überschattet. Das Verhältnis der Israelis zu allen westdeutschen Sicherheitsbehörden wurde jedoch nach dem Attentat auf israelische Olympioniken 1972 in München und durch die Kooperation mit der GSG-9 enger.

Das gemeinsame Ziel der Aufklärung des auf beide Staaten zielenden Terrorismus aus arabischen Staaten bestimmte über Jahrzehnte die Zusammenarbeit zwischen den Diensten. So war insbesondere das Referat »Internationaler Terrorismus« unter Oberst LEGER[6] mangels ausreichender eigener Erkenntnisse auf die Informationen aus Tel Aviv angewiesen. Von Israel erhält der BND insgesamt das zweitgrößte Aufkommen an Informationen unter allen Partnerdiensten.

Wegen der als zu proägyptisch empfundenen Haltung der USA beim Friedensprozeß nach dem letzten ägyptisch-israelischen Krieg ging der Mossad zur CIA (Central Intelligence Agency) auf Distanz. Der BND nutzte diese Chance, um nach den Friedensbemühungen des US-Präsidenten Richard Nixon seinen Fuß in die israelische Tür zu stellen. Die Gegenleistung des BND bestand in der Gewährung weitgehender Operationsfreiheit in der Bundesrepublik. Pullach ermöglichte dem Mossad die Gründung einer Niederlassung in Bonn und half bei der ständigen Abschirmung dieser terrorgefährdeten Residenz, die vornehmlich Vorfeldaufklärung im Rahmen des Israel bedrohenden arabischen Terrorismus macht.

Zu den Folgen der deutsch-israelischen Kooperation für PLO-Aktivisten berichtete David A. Yallop 1993 Ungeheuerliches, ohne jedoch exakt den Zeitpunkt der Ereignisse zu benennen, der etwa am Ende der sechziger Jahre liegen müßte: »Man erinnerte die Deutschen an den Holocaust und erreichte mit dieser moralischen Erpressung, daß sie dem Mossad biographische Angaben und Fotos von jedem palästinensischen Studenten in Deutschland lieferten. Viele kehrten nach dem Studium in ihr Land zurück, um in diesem ›Volkskrieg‹ mitzukämpfen. Von 500 Studenten, die vor ihrer Rückkehr ins Westjordanland und in den Gazastreifen in Algerien eine Ausbildung erhielten, wurden über 450 mit Hilfe der aus Deutschland erhaltenen Informationen eliminiert.«[7]

Im September 1988 beschuldigte die ägyptische Zeitung Le Journal d'Egypte den BND und zwei mit ihm angeblich kooperierende westdeutsche Journalisten, Israel auch bei der Aufklärung palästinensischer Widerstandsgruppen in Jordanien zu unterstützen. »Nach Angaben der Zeitung besteht zwischen den Geheimdiensten Israels und der Bundesrepublik eine Vereinbarung über den Austausch von Informationen, welche die Sicherheit beider Länder betreffen. Hauptaufgabe des Bundesnachrichtendienstes sei es, Israel bei der Aufklärung über Aktivität und Vorhaben der in Jordanien operierenden Widerstandsgruppen zu helfen«,[8] berichtete die Frankfurter Rundschau.

Genauer wußte es die HVA (Hauptverwaltung Aufklärung beim MfS), die Auslandsaufklärung der DDR. In einer Dissertation an ihrer juristischen Hochschule in Potsdam erläuterte der Verfasser, auf operativ gewonnene Informationen zurückgreifend, daß im Mai 1979 ein Geheimvertrag zwischen BND und MOSSAD geschlossen worden sei. Gegenstand des Vertrages sei unter anderem ein Zugang für den Mossad zum Bundesamt für die Aufnahme ausländischer Flüchtlinge im bayerischen Zirndorf.[9]

So konnten israelische Agenten die in der Bundesrepublik um Asyl nachsuchenden Palästinenser erfassen, aus ihren Anträgen herausfiltern, ob sie in den besetzten Gebieten gegen die Besatzungsmacht gearbeitet hatten, und deren Aktivitäten in anderen arabischen Staaten wie Jordanien oder Libanon abklären. Dies ermöglichte den Israelis zum einen, den Verbleib der Palästinenser festzustellen, und zum anderen, Nachbefragungen durch die rückwärtigen Hauptstellen zu veranlassen oder die Betreffenden gleich selbst nachrichtendienstlich zu bearbeiten.

Im Bundesamt selbst sowie in den Aufnahmelagern in Unna-Massen, in München, in Gießen, in Berlin-Marienfelde, in Hannover, in Friedland, in Stuttgart, in Mainz, in Hamburg und in Lübeck unterhält der BND Befragungsstellen, die am 1. April 1958 aus alliierter Hoheit entlassen worden waren. In diesen Aufnahmelagern für Übersiedler und Flüchtlinge waren auch Befrager der Militärgeheimdienste der NATO-Partner tätig – Briten und Franzosen an einigen Stellen, die Amerikaner überall.

1978 wurde anläßlich einer Konferenz von Militär- und Geheimdienstexperten zu Fragen der militärischen Abwehr und Sicherheit nicht nur das Zusammenwirken bei der funkelektronischen Aufklärung verbessert, sondern auch die Besetzung und Benutzung der Befragungsstellen neu geregelt. Mit dem Geheimvertrag, den der neue BND-Präsident Kinkel im Mai 1979 mit dem Mossad abschloß, erhielt der israelische Dienst fast den Rang eines Alliierten.

Die regierungsamtliche hebräische Zeitung HaAtid veröffentlichte Ende der achtziger Jahre ein Sonderheft zu den deutsch-israelischen Beziehungen, in dem auch Kinkel zu Wort kam. Zu Israel habe er ein besonderes persönliches Verhältnis, gab er dort zu Protokoll, weil eine seiner Töchter einige Zeit in einem Kibbuz gelebt und diese Erfahrung sehr genossen habe.

Insider wissen, daß es eine viel engere Bindung gab. Die Tochter Kinkels lebte mit einem Sicherheitsoffizier der israelischen Fluglinie El-Al zusammen und soll sogar zeitweise in der Sicherheitsabteilung der El-Al gearbeitet haben. Die jedoch fällt in die Zuständigkeit des israelischen Spionageabwehrdienstes Shabak (Shin Beth). Gleichzeitig ist die EL-AL – nach Einschätzung ostdeutscher Geheimdienstexperten – eine beliebte Abdeckung für Agenten des Mossad. Zeitweise – so die israelischen Quellen – habe Kinkels Tochter sogar selbst in der EL-AL-Sicherheitsabteilung gearbeitet.

Die israelische Öffentlichkeit reagierte jedoch mit Empörung, als die Tageszeitung Hadashot am 16. Juli 1993 über Kinkels Unterstützung der irakischen Geheimdienste zu Anfang der achtziger Jahre berichtete. Kurz zuvor hatte bereits das israelische Fernsehen einen Beitrag des ZDF-Magazins »Frontal« übernommen, das die Saddam-Connection Kinkels angeprangert hatte.

Shin Beth und Mossad sehen dies nach der Einschätzung eines Kenners der Dienste in TelAviv gelassener. Man habe von der Hilfe des BND unter Kinkel für arabische Diktatoren immer gewußt, und so sei der Chef in Pullach auch immer kalkulierbar gewesen.

Letztlich sei er dadurch auch für so manchen israelischen Wunsch empfänglicher geworden.

Eingebunden war die NATO-weite Kooperation mit dem Mossad in ein größeres nachrichtendienstliches Netz, das 1977 gegründet worden war, die sogenannte Kilowatt-Gruppe. Dieser Informationsverbund zwischen den Diensten von etwa fünfzehn Staaten wurde von Beginn an als Geheimnis gehütet: Erst 1982 wurde seine Existenz bekannt, als iranische Studenten aus der US-Botschaft in Teheran enthüllendes Material stahlen. Mitglieder des Kilowatt-Netzwerks waren die EG-Staaten und Kanada, Norwegen, Schweden, die Schweiz, für die USA CIA und FBI sowie für Israel der Auslandsnachrichtendienst Mossad und der Inlandsdienst Shin Beth. Das Kilowatt-Netz ist – nach Insider-Einschätzungen – von Israel dominiert, das nahezu eine Monopolposition im Informationsaustausch über die Aktivitäten arabischer Gruppen und Personen in Europa und im Mittleren Osten besitzt. Die Zusammenarbeit in diesem Netzwerk ist vor allem für die Dienste kleinerer Staaten bedeutsam, weil die Gruppe Informationen preisgibt, ohne sofort eine Gegenleistung zu verlangen. Bedingung ist jedoch, daß die Terrorismusabteilung jedes angeschlossenen Dienstes auch ihre Informationen über Terroristen, deren Bewegungen und Motive für die Gruppe verfügbar macht. Nach jüngsten Informationen aus niederländischen und Schweizer Quellen besteht die Kilowatt-Gruppe auch nach dem Kalten Krieg weiter, arbeitet allerdings unter einem anderen Namen.[10]

Einem NATO-Partner hatte man den Zugang zur Kilowatt-Gruppe trotz seines intensiven Interesses an einer Mitarbeit versperrt, weil er als zu unzuverlässig galt: dem türkischen Auslandsnachrichtendienst MIT (Milli Instihbarat Teskilati). Der stand mit Israel und bis 1979 mit dem Iran aber ohnehin in einem nachrichtendienstlichen Dreierbund, bei dessen Entstehung die USA Pate gestanden hatten.

Der MIT erhielt die Bezeichnung »Türkische Nationale Informationsagentur« nach einer Geheimdienstreform in seiner Vorläuferorganisation MAH (Milli Amale Hizmet) im Jahre 1965. Er beschäftigte 1980 ca. 4000 hauptamtliche Mitarbeiter im In- und

Ausland, d. h. in diplomatischen Vertretungen und illegalen Residenturen, als die wirtschaftliche und religiöse Auslandseinrichtungen fungieren.

Die MIT-Zentrale befindet sich in Ankara, eine weitere wichtige Inlandsstation in Istanbul. Zu den Aufgabenfeldern des MIT gehören Gegen- und Auslandsspionage sowie Propaganda, die innere Sicherheit und die Überwachung nationaler und religiöser Minderheiten sowie der politischen Opposition im In- und Ausland.[11]

Die Auslandsresidentur in der Türkei zählt zu den ersten des BND. Sie wurde bereits von der Organisation Gehlen am Ende der vierziger Jahre eingerichtet. Zu dieser Dienststelle in der deutschen Botschaft in Ankara kam eine zweite in Istanbul hinzu. Von dort aus betrieben der BND und der türkische Geheimdienst gemeinsam einen Stützpunkt zur Fotoaufklärung gegen sowjetische Kriegs- und Handelsschiffe, die den Bosporus passierten. In Samsum am Schwarzen Meer und von anderen Stationen aus gab es eine enge Kooperation bei der funkelektronischen Aufklärung in die UdSSR hinein. In der Türkei war die dafür zuständige Abteilung II (Technik) in den siebziger Jahren so stark vertreten, daß wöchentlich ein Versorgungsflug aus München-Riem stattfand.[12]

Bereits gegen Ende der siebziger Jahre verschärfte sich die innenpolitische Situation in der Türkei, und der Geheimdienst verfolgte Oppositionelle scharf. Besonders die »Abteilung für besondere Kriegführung« – die türkische Variante einer NATO-weiten Geheimarmee, auch als GLADIO-Verband bekannt – wurde als Counter-Guerilla-Organisation eingesetzt, die jede politische Opposition brutal unterdrückte. So wird diesen Spezialeinheiten das Massaker auf dem Istanbuler Taksim-Platz am 1. Mai 1977 angelastet. Damals wurden unter den Augen der Sicherheitskräfte 33 demonstrierende Arbeiter von Unbekannten erschossen und 300 Menschen verletzt. Da Kräfte im Staatsapparat auch verhinderten, daß der versuchte Anschlag auf Ministerpräsident Ecevit im Mai 1977 untersucht wurde, und auch das Massaker in der anatolischen Stadt Kahramanmaras im Dezember 1978 mit 31 Opfern folgenlos für die Täter blieb, rechnen viele Beobachter diese Gewaltaktionen dem türkischen GLADIO-Zweig zu.[13]

Zu dieser Zeit saß ein karriereträchtiger Resident des BND in Ankara: Dr. jur. Rainer Kesselring, Sohn des Generalfeldmarschalls der Hitler-Wehrmacht, Albert Kesselring (1885–1969), und seit 1991 Erster Direktor und Leiter der Abteilung 4 (Verwaltung und Zentrale Aufgaben). Das CSU-Mitglied war 1964 aus der Innenverwaltung des Freistaats Bayern nach Pullach gewechselt und konnte erste Erfahrungen im Ausland bereits Anfang der siebziger Jahre in Hongkong und Tokio sammeln. Unter seiner Führung baute der BND, der seine eigene Computerisierung gerade abgeschlossen hatte, von 1978 an das Informations- und Dokumentationssystem des MIT auf.[14] Seine Politik trug wesentlich dazu bei, daß die Unterdrückung der Demokraten in der Türkei noch professioneller betrieben wurde. Die in die Zigtausende gehenden Verhaftungen nach dem 12. September 1980 wären ohne die Abstützung auf eine Datenverwaltung Made in Germany so nicht möglich gewesen.

1980, in Kinkels zweitem Amtsjahr in Pullach, gab es – nach 1960 und 1971 – den dritten Militärputsch in der Türkei. Der 1988 pensionierte General Hiram Abas, der stellvertretender Leiter des MIT war, spielte dabei wie bereits früher eine Schlüsselrolle. Hiram Abas war auch Gesprächspartner von Klaus Kinkel, der zum türkischen Partnerdienst mit dem Decknamen HANF wie seine Vorgänger und Nachfolger manche »Goodwill-Tour« unternehmen mußte, da dieser Dienst in Pullach als sensibel galt. HANF fühlte sich in Anbetracht der strategischen Lage der Türkei als ein wichtiges Element im Verbund der NATO-Staaten, litt jedoch unter Minderwertigkeitskomplexen gegenüber dem BND, da seine nachrichtendienstliche Leistungsfähigkeit sehr begrenzt war. Diese Situation verursachte atmosphärische Störungen.

Nach Angaben aus Oppositionskreisen war der MIT zu Beginn der achtziger Jahre auch für Morde an Oppositionellen in Westeuropa verantwortlich. So sollen MIT-Angehörige im August 1980 in Achim bei Bremen Katip Saltan und im November 1980 im niederländischen Utrecht Nubar Yalim erschossen haben. Dagegen soll der Mord an Celalettin Kesim im Januar 1980 in Berlin im MIT-Auftrag von der Türkischen Föderation begangen worden sein.[15]

Kinkel unterstützte nachhaltig diesen Geheimdienst der Militärdiktatur, der im In- und Ausland für Folterung und politische Morde verantwortlich war, bei dessen Bemühungen, die in der Bundesrepublik lebende türkische Opposition, besonders die kurdische, zu verfolgen. Offenbar wurde dies 1983 durch ein Verfahren vor dem Verwaltungsgericht Berlin, in dem der Bundesnachrichtendienst in weiten Teilen die Auskunft verweigerte, in anderen Teilen die routinemäßige Weitergabe von Daten der Asylbewerber an ihre Verfolger zu leugnen suchte. Das Verwaltungsgericht Berlin schenkte dem BND jedoch keinen Glauben, sondern stellte in seinem Urteil vom 28. Februar 1983 in den Leitsätzen fest, daß die rechtswidrige Beihilfe des BND für den MIT erwiesen ist:

»1. Im Geltungsbereich des Ausländergesetzes besteht ein gut funktionierendes Spitzel- und Denunziationssystem, über das türkische Behörden mit Informationen bezüglich politischer Aktivitäten türkischer Staatsangehöriger versorgt werden; die türkischen Konsulate werben Spitzel häufig mit Hilfe von Pressionen oder Vergünstigungen an und bedienen sich darüber hinaus zahlreicher freiwilliger Helfer, insbesondere Rechtsradikaler.

2. Eine weitere Informationsquelle der türkischen Behörden stellen die beim Bundesamt für die Anerkennung ausländischer Flüchtlinge geführten Asylakten dar. Denn der routinemäßig an den Asylverfahren türkischer Staatsangehöriger beteiligte Bundesnachrichtendienst gewinnt aus den Akten Informationen und stellt diese dem türkischen Geheimdienst als einem im Rahmen der NATO-Zusammenarbeit ›befreundeten Dienst‹ zur Verfügung.«[16]

Zu diesem Urteil schrieb der SPIEGEL: »Wer an die Türkei ausgeliefert wird, muß mithin damit rechnen, daß ihm dort vorgehalten wird, was er zur Begründung seines Antrages auf Gewährung politischen Asyls in der Bundesrepublik angegeben hat . . . Gerade die Asylakten seien ›den betroffenen Regierungen und ihren Diensten fast nahtlos bekannt‹. Im Fall der Türkei etwa gebe es ein zwischen deutschen und türkischen Diplomaten ausgehandeltes Verfahren, wonach eine ›Tabuliste‹ mit den Namen von Personen und Gruppierungen geführt werde und ›Nachrichtenaustausch‹ vereinbart sei. In dem Berliner Prozeß mußte der stellvertretende Leiter des Bundesamtes, Wolfgang Weickhardt, als Zeuge einräumen, daß neben dem Verfassungsschutz auch der Bundesnachrichtendienst (BND) über eine Außenstelle in Zirndorf verfügt. Beide Dienste hätten im Rahmen der Vorprüfung von Asylverfahren Zugang zu Asylakten.«[17]

In das Revisionsverfahren zu dem Prozeß vor dem Berliner Kammergericht schickte Kinkel seinen Vizepräsidenten Norbert Klusak, den er sich nach dem unfreiwilligen Abgang von Dieter Blötz nach einer Liebesaffäre als Stellvertreter gesucht hatte. Klusak, wie Kinkel Jahrgang 1936, war Hilfsreferent in der Abteilung für Polizeifragen des Bundesministeriums des Innern, als Kinkel dort als Genschers »Persönlicher« wirkte. Zum BND kam er am 1. April 1980 vom Bundesamt für Verfassungsschutz, wo er seit 1975 Regierungsdirektor und Leiter der Abteilung I (Grundsatzfragen) war.

Klusak tischte dem Gericht faustdicke Lügen auf, um die Aussagen des BND-Justitiars REINNECKER in erster Instanz zu revidieren: »Für den internationalen Terrorismus sei seine Behörde dagegen nicht zuständig. Man nehme solche Informationen wohl zur Kenntnis, eigene Aufklärung würde im Terroristenbereich vom BND jedoch nicht bestritten«,[18] referierte die taz seine Aussagen. Mit dem Referat 16 C, Internationaler Terrorismus, hatte der BND jedoch eine spezielle Beschaffungslinie dafür, und bei seinen Aufklärungsprioritäten rangierte der »Terrorismus im Ausland« in der Prioritätenstufe 2, d. h. »Hohes Interesse«.

Das Bundesinnenministerium erließ am 8. Juni 1983 sowie am 26. Juli 1983 Dienstvorschriften, die untersagten, Erkenntnisse aus Asyluntersuchungen an Nachrichtendienste von Verfolgerstaaten weiterzugeben, und regelte dann, daß Erkenntnisse aus Asylakten an andere ausländische Dienste nur mit seiner Zustimmung weitergegeben werden dürfen.

Für den BND jedoch gelten die Bestimmungen des BMI nicht, und so setzt er seine Praxis bis heute fort. Die Rechtslage war jedoch bereits klar, als Dr. jur. Klaus Kinkel in Pullach diese Praktiken als gegeben hinnahm. Der Bundesgerichtshof hatte am 22. September 1980 entschieden, daß eine geheimdienstliche Agententätigkeit gegen in der Bundesrepublik lebende Ausländer unzulässig ist, und er sah sogar ein »Interesse auf Abwehr der darauf gerichteten Ausforschung fremder Geheimdienste. Dieses Abwehrinteresse bestehe ebenfalls hinsichtlich der Ausforschung der Verhältnisse von in der Bundesrepublik lebenden Ausländern, unabhängig von deren Mitgliedschaft oder Verbindung zu Ausländerorganisationen«,[19] heißt es in einem Kommentar zu dem Urteil.

Außenminister Hans-Dietrich Genscher setzte im März 1992 die Rüstungshilfe für die türkischen Streitkräfte aus. Auf amerikanischen Druck korrigierte Kinkel diese Entscheidung am 3. Juni 1992, und seither läuft die Aufrüstung der Armee, die einen blutigen Krieg in den kurdisch besiedelten Gebieten führt, weiter. Gleich seine zweite Reise als Außenminister – nach dem Antrittsbesuch in den USA am 28. Juni – führte den neuen Außenminister am 12. und 13. Juli 1992 in die Türkei. Hinter den Kulissen ging es darum, das gespannte deutsch-türkische Verhältnis wieder ins Lot zu bringen und eine Sprachregelung zu finden, die die deutsche Militärhilfe gegen Kritik in der Bundesrepublik abschotten sollte. Nachdem Kinkel Zusicherungen erhalten hatte – an deren Ernsthaftigkeit kein Fachmann glaubt –, daß deutsche Waffen nicht gegen die Kurden verwendet würden, mahnte er öffentlich in Ankara die Respektierung der Menschenrechte an. Da der BND unter Kinkel zu den wichtigsten ausländischen Stützen des Repressionsapparats der Militärdiktatur in der Türkei zählte, nahmen die Gastgeber dessen früheren Chef diese Geste Richtung Deutschland nicht sonderlich übel.

Die Beurteilungen des Auswärtigen Amtes in Bonn sind maßgeblich dafür, ob Asylsuchenden auch Asyl oder mindestens die Duldung des Aufenthalts gewährt wird. In den Auseinandersetzungen um die Frage, ob kurdische Oppositionelle ohne Gefahr für Leib und Leben in die Türkei zurückgeschickt werden können, vertritt das AA die Auffassung, daß türkische Großstädte außerhalb der unter Kriegsrecht stehenden Regionen sichere Zuflucht böten. Dort werden die Kurden zwar nicht in ihrer Gesamtheit unterdrückt, sehr wohl jedoch einzelne verfolgt, selbst wenn ihre Opposition gegen die Regierung in Ankara gewaltfrei ist. Der amtierende Bundesaußenminister hat wie kein anderes Kabinettsmitglied detaillierte Kenntnisse über die Zusammenarbeit des BND mit dem türkischen Repressionsapparat, die er selbst auf neue Höhen brachte. Er weiß auch, daß die von ihm verstärkte Weiterleitung von Informationen aus Asylanträgen von Kurden von BND-Präsident Konrad Porzner fortgesetzt wird. In seinem Ministerium jedoch herrscht wenig Neigung, das nachrichtendienstliche Wissen des Chefs in dieser Frage in die Beurteilung der Gefährdung nach einer Abschiebung einzubeziehen.

Mossad und MIT waren und sind nachrichtendienstliche Regionalmächte und von erheblicher Bedeutung in der arabischen Welt sowie in Europa. Und damit gehörte der Kontakt zu ihnen, der wesentlich von der direkten Begegnung zwischen den Leitern der Geheimdienste lebt, zur Alltagsroutine von Kinkel, keineswegs zu den von ihm forcierten Schwerpunkten.

Als Weltmächte der Spionage sind zweifellos die USA und die frühere UdSSR – und, wenn auch abgespeckt, das heutige Rußland – anzusehen, weil sie nachrichtendienstliche Interessen in jedem Winkel der Erde wahrnehmen. Die klassischen Kolonialmächte Frankreich und Großbritannien sind wegen der Größe ihrer ehemaligen Weltreiche auf vielen Kontinenten präsent. Mit diesen geheimdienstlichen Groß- und Mittelmächten hat sich auch die Fachliteratur weltweit intensiv befaßt, während der westdeutsche Auslandsnachrichtendienst eher als Stiefkind behandelt wurde. Allenfalls an der Ostfront vor der eigenen Tür traute man ihm eine starke Rolle zu.

Seit 1956 wird in Pullach global gedacht. Möglichst überall wollte Gehlen präsent sein, aber seine Ambitionen waren gebremst vom Mangel an Ressourcen. Ausweis der weltweiten Präsenz ist das Netz von sogenannten Legalresidenturen, d. h. bei den Geheimdiensten des Aufnahmestaates offiziell akkreditierten BND-Residenten, die ebenso offizielle Beziehungen zu den verschiedensten Nachrichtendiensten dieses Staates, seiner Polizei und anderen staatlichen Behörden unterhalten. Spionage betreiben die Residenten und ihre Mitarbeiter nicht. Zwar sammeln sie durchaus Nachrichten, aber eben nicht mit den klassischen Beschaffungsmethoden. Dafür managen sie die Zusammenarbeit mit den Partnerdiensten, handeln die deutsche Ausbildungs- und Ausstattungshilfe aus, arrangieren Besuche und Kontakte auf höchster Ebene, feilschen um die Regularien des Informationsaustausches und versuchen letztlich, die Landesgeheimdienste für die Bedürfnisse des BND zu instrumentalisieren. Der Resident verfügt – je nach Größe des BND-Stützpunkts – über zwei bis zu vierzig Mitarbeiter. Überdies verwaltet er eine Kasse mit Operativgeldern, um sich in seinem Gastland wichtige Persönlichkeiten oder Behörden gewogen zu machen.

Das Imperium Kinkels umfaßte zum Ende seiner Zeit als BND-Präsident 1982 im Bereich der Unterabteilung 13 in den USA und Europa 16 Legalresidenturen, die 20 Staaten betreuen, acht in Schwarzafrika für ein Dutzend Staaten, fünf in Lateinamerika für zwölf Staaten – darunter eine Planung für Mexiko – und acht im Fernen Osten für zwölf Staaten.

Für den Nahen und Mittleren Osten sowie Nordafrika verzeichnet die Aufstellung zwölf Legalresidenturen für 16 Staaten. Mit Libyen 1987 und Syrien 1989 wurde die Präsenz erst unter BND-Präsident Wieck dort weiter ausgebaut. In der arabischen Welt zeichnen sich zugleich die größten Schwierigkeiten ab, diese Botschaften des BND zu unterhalten. Teheran und Beirut waren wegen der Revolution im Iran und wegen des Bürgerkriegs im Libanon nicht besetzt, für Kabul und Algier bestanden nur von Kinkel eingeleitete Planungen.

Fragt man bei den Residenturen – soweit dies möglich war[20] – nach dem Zeitpunkt ihrer Gründung, so wurden von allen 51 BND-Dienststellen in westdeutschen Auslandsvertretungen 30 bereits unter Reinhard Gehlen zwischen 1949 und 1968, nur neun von 1968 bis 1977 unter Gerhard Wessel und dreizehn in den vier Amtsjahren von Klaus Kinkel geschaffen bzw. geplant, nimmt man die Verankerungen von BNDlern in drei osteuropäischen Botschaften unter der Führung der Unterabteilung 12 hinzu. So hat Kinkel die auch nach ihm unerreichte höchste Geschwindigkeit beim Aufbau offizieller Auslandsvertretungen seines Dienstes vorgelegt, wie die bisher noch nicht publizierte Liste der »Legalresidenturen des BND 1982« ausweist, die im Anhang dieses Buches (S. 282 ff.) abgedruckt ist.

Kinkels Vorgänger hatten in vielen Staaten lieber ausschließlich von illegalen Stützpunkten aus gearbeitet, in anderen Fällen eine Zustimmung des Auswärtigen Amtes zur Plazierung eines Mitarbeiters in der Botschaft nicht erhalten können. Der Jurist und im AA groß gewordene Beamte Kinkel forcierte den Ausbau der offiziellen Auslandsvertretungen flächendeckend, aber mit deutlichen regionalen Schwerpunkten. Die Zustimmung des Außenministers dafür einzuholen fiel dem langjährigen Vertrauten Genschers naturgemäß leichter. Eines ungeteilten Applauses im Dienst selbst konnte er sich durch die Schaffung gut dotierter Dienstposten (A16 plus Auslandszulagen) gewiß sein.

Bei der westlichen Führungsmacht USA war Pullach zum Ende der fünfziger Jahre durch eine Legalresidentur präsent. Diese Dienststelle zur Zusammenarbeit mit der CIA (Deckname HORTENSIE), der National Security Agency (KLEMATIS), den zahlreichen Militärgeheimdiensten der Vereinigten Staaten und dem kanadischen Partnerdienst ROTDORN waren stets hochrangig besetzt. Unter Kinkel saß Eberhard Blum, Deckname HARTWIG, in Washington, der sein Nachfolger werden sollte.

Obwohl die CIA eine Residentur in München und eine Verbindungsstelle in Pullach hatte, nahm Kinkel oft Gelegenheit, selbst mit den Spitzen der US-Dienste zu verhandeln, denn das Verhältnis zu ihnen war häufig getrübt. Die Zusammenarbeit war einerseits durch die Serie gravierender Verratsfälle in der Bundesrepublik belastet, andererseits mißtraute insbesondere die CIA dem BND, dem sie das Verschweigen wichtiger Quellen und nationale Alleingänge unterstellte. Selbst als Blum bereits in den Ruhestand getreten war, beschäftigte Außenminister Kinkel ihn als in den Etat aufgenommenen Pensionär weiter und ließ sich von ihm auf den Amerikareisen begleiten.

Verdichtet hat Klaus Kinkel das BND-Netz in Lateinamerika. Er schuf in Costa Rica eine neue Residentur und besetzte die Spitze mit dem BND-Mann SCHOTTLER, der mit dem Landesgeheimdienst (BND-Deckname COBRA) Bindungen einging.

SCHOTTLER ging anschließend nach Mexiko City, wo sein Präsident ebenfalls einen neuen Schwerpunkt gesetzt hatte, um dort mit MAMMUT zusammenzuarbeiten.

Wessel hatte, um die große Lücke zwischen den USA und Brasilien zu stopfen, einen Stützpunkt in Venezuela geschaffen. Kinkels Mann Dr. ECKERLIN wirkte in Caracas mit dem Landesgeheimdienst (BND-Deckname WAL) zusammen und über die Grenzen hinaus nach Ecuador mit ZORRO.

Die traditionellen Basen des BND in Südamerika lagen in Brasilien und Argentinien und beruhten noch auf den Kontakten der Organisation Gehlen zu den über die sogenannten Rattenlinien des Vatikan geflohenen deutschen Kriegsverbrechern. Diese faschistischen Bindungen waren für Kinkel durchaus keine abgeschlossene Geschichte. Udo Bösch, der 1992 nach seinem vorzeitigen Ausscheiden aus dem BND Geschäftsführer der Partei DIE REPUBLIKANER geworden war, hatte dem Dienst in Brasilien in einem Hotel – also vermutlich einer operativen Schalteinrichtung – gedient. Und der Leiter des Lateinamerika-Referats 13 G in der Beschaffungsabteilung unter Kinkel, der 1985 pensionierte BNDler Schmidt-Dankwart, der bis 1960 selbst an der Front in Argentinien gestanden hatte, mußte wegen rechtsextremer Umtriebe disziplinarisch bestraft werden.

In Brasilien setzte sich der BND Anfang der sechziger Jahre fest und intensivierte im folgenden den Informationsaustausch und die Unterstützung für Brasiliens Geheimdienste. Für Kinkel saß der Resident FAUSTIG in Brasilia, der mit dem Partnerdienst BIBER arbeitete und ihm auch technische Unterstützung gewährte. Von 1982 bis zum Ende der Achtziger flogen mindestens zweimal im Jahr BND-Ausbilder für den Einsatz von Wanzen nach Brasilien.

Zuständig war FAUSTIG auch für Kolumbien, Peru und Chile und damit für die Beziehungen zu KLAPPERSCHLANGE, UHU und CHINCHILLA. BND-Mitarbeiter waren 1968 in den CIA-gestützten Putsch gegen Salvador Allende involviert.[21] Anschließend pflegten sie gute Beziehungen zum Geheimdienst General Pinochets, DINA, der in den achtziger Jahren auch eine Residentur in einer Villa in Starnberg unterhielt, die Kontakte in die bayerische Staatskanzlei zu Franz Josef Strauß und nach Pullach pflegte.

In Argentinien residierte zu Anfang der achtziger Jahre der BNDler LETTOW, der auch die Partnerdienstbeziehungen zu Boliviens LAMA, Paraguays PUMA und Uruguays PELIKAN managte. Seinem Partnerdienst ADLER in Buenos Aires vermittelte er dieselbe Übertragungstechnik, die auch der BND für seinen Fernschreibverkehr benutzte, den TC 1000 CA (Cryptological Application) der Firma Siemens.

In Fernost betrieb der auf Ausweitung seines Residenturnetzes bedachte Klaus Kinkel eine Politik der Bestandssicherung – mit einer einzigen Ausnahme: der Volksrepublik China.

Wessel hatte die Hand nach Indien ausgestreckt, und der Resident seines Nachfolgers, GANDERSHEIM, hielt die Stellung und die Bindungen an IGEL in Neu-Delhi und BUNTSPECHT in Bangladesch. Ebenso verhielt es sich in Thailand, wo EDLINGER am TUKAN klebte und Kontakte zu MANTA in Malaysia hatte.

In Tokio knüpfte LUCKNER an die ältesten BND-Freundschaften in Fernost zu HAMSTER an und betreute zugleich auch Südkorea und damit KUGELFISCH. In Hongkong hatte Pullach zwar keinen einheimischen Partner, aber die Präsenz von Dr. BUTSCHEIDT war wichtig, weil sich hier eine große britische Station zur Fernmeldeaufklärung befand. Nebenbei kümmerte er sich um die Philippinen und ihren PIROL. Die Freunde von SALAMANDER in Singapur waren Gastgeber des BNDlers KROSCH bis November 1981, dann seines Nachfolgers GRÖTZINGER.

Die auf Taiwan bezogene Ein-China-Politik der Bundesrepublik galt bis weit in die siebziger Jahre hinein als Grundfeste Bonner Außenpolitik, und sie hatte auch ihre nachrichtendienstliche Entsprechung. Zu Anfang der sechziger Jahre etablierte der Bundesnachrichtendienst eine Legalresidentur in Taiwan und unterhielt darüber hinaus auf »dem Herrschaftsgebiet von Tschiang-Kai-schek ... in den sechziger Jahren die damals modernste Funkanlage der Welt«.[22]

Nach Einschätzung von Richard Meier, dem Leiter der BND-

Beschaffungsabteilung von 1970 bis 1975, standen an der Spitze des Nachrichtendienstes Taiwans arrogante, aber gute Generale, die für ihre Gegner, die rotchinesischen Geheimdienste, nur Verachtung übrig hätten.[23] Für Kinkel hielt sein Resident SAUM die Kontakte zu diesem Militärgeheimdienst mit dem wenig schmeichelhaften Decknamen FRETTCHEN.

1973 eröffnete die Bundesrepublik ihre Botschaft in Peking, nachdem US-Präsident Richard Nixon im Jahr zuvor eine Annäherung des Westens an die Volksrepublik eingeleitet hatte. Als Kinkel BND-Präsident wurde, gab es zu den zahlreichen rotchinesischen Diensten keine Beziehungen, geschweige denn einen Pullacher Stützpunkt in Peking. Der Koordinator der Nachrichtendienste Pekings, Quiao Shi, verwaltete einen äußerst differenzierten Geheimdienstapparat. Unter der kommunistischen Partei, dem Staatsrat, dem Ministerium für öffentliche Sicherheit und dem Verteidigungsministerium sind Dutzende von Spionageorganisationen, darunter auch ganze Universitäten oder Bereiche anderer Forschungseinrichtungen, versammelt.[24]

In einem nur mit einem kleinen Sonderstab abgestimmten Verfahren versuchte Kinkel als BND-Präsident von 1982 an als Kompromiß zwischen Legalresidentur und illegalem Auslandsposten in einigen besonders sensiblen Ländern in den Botschaften einen hauptamtlichen BNDler zu plazieren. Auch für China erhielt er dazu die Erlaubnis Genschers. So ging der BND-Beamte QUECK nach Peking, ein Sinologe, der später Pressesprecher des Dienstes wurde und im Januar 1994 unter seinem bürgerlichen Namen Dr. Herms Bahl als Resident nach Seoul aufbrach.

Und schon bald bot sich die Chance zu einem Joint-venture mit den Landesgeheimdiensten. Um den vom Mossad beschafften Stör- und Täuschsender CERBERUS für das Kampfflugzeug TORNADO zu erproben, entsprach der BND einer Anfang der achtziger Jahre vorgebrachten Bitte des chinesischen Geheimdienstes zur Technologiehilfe beim Ausspähen der Sowjetunion. Im Pamir, dem Grenzgebirge zwischen Rotchina und der Sowjetunion, sollte aus den vom BND gelieferten Stationen Radar- und Funkaufklärung betrieben werden, bei der auch CERBERUS getestet werden konnte. Kinkel stimmte dem Vorhaben zu, aber die Einweihung der Stationen durch den BND-Offizier Gerd Güllich 1985 erlebte er nicht mehr im Amte.

Australien ist über das UKUSA-Agreement aus dem Jahre 1943 fest in die angelsächsische Geheimdienstgemeinde eingebettet. Für Pullach lag hier auch unter Kinkel kein Schwerpunkt. Die Partnerdienstbeziehungen zum ASIS (Australien Secret Intelligence Service) – BND-Name passenderweise EMU – und dem neuseeländischen Dienst STEINBOCK wurden von Indonesien aus mitgepflegt.

In Djakarta residierte der BND-Offizier KERSCHBAUM, der seinem Präsidenten Kummer machte. Er war nicht nur um den Partnerdienst KAKADU bemüht, sondern nutzte seinen Diplomatenstatus zum Schwarzhandel mit Kraftfahrzeugen. Als die Indonesier darauf aufmerksam wurden, waren sie verstimmt, und der Präsident mußte seinen Mann gegen den Nachfolger LOTTICH austauschen.

Solche Rückschläge muß jeder BND-Chef einmal verkraften. In der Schweiz erlitt Klaus Kinkel gleich zwei. Der nachrichtendienstliche Austausch zwischen dem BND und den Schweizer Geheimdiensten war seit Gehlen gut, aber nicht so gut, daß der Bundesnachrichtendienst der Versuchung widerstehen konnte, eine Innenquelle im Eidgenössischen Militärdepartement für sich zu gewinnen. Der Offizier des Schweizer Nachrichtendienstes, so ergab ein amtlicher Untersuchungsbericht von 1980, hatte »alle aus dem Osten stammenden und möglicherweise auch andere Berichte der militärischen und politischen Vertretungen unverändert in einen Umschlag gesteckt, verschlossen und mit einem Stempel einer schwarzen Hand versehen. Diese Umschläge erfuhren eine spezielle Behandlung auf dem diplomatischen Kurierweg und durften erst in der Zentrale des BND in Pullach geöffnet werden.«[25] 1980 wurde dies entdeckt und abgestellt. Die Schweizer taten in Pullach das Mißfallen über die Ausspähung von Freunden kund.

Kinkels Mann in Bern, RAJAN, nahm die Mißstimmung beim Schweizer Partnerdienst ANIS nicht zum Anlaß für besondere Vorsicht. In einer für Residenten unüblichen Weise versuchte er selbst, einen Schweizer Bürger zur Spionage für seine Behörde zu gewinnen. Als dies entdeckt wurde, erklärte die Regierung in Bern RAJAN zur unerwünschten Person. Auch dies war unüblich, weil Fehlverhalten von Spitzengeheimdienstlern von den Gaststaaten in der Regel hinter den Kulissen zur Sprache gebracht wird. Der BND jedenfalls mußte mit seinem Mitarbeiter KANTE einen neuen Mann einführen. Gegenüber dem Residenten, der sich erfolglos als Anbahner betätigt hatte, blieb Kinkel gnädig. Er sandte ihn mit der Auflage nach Brüssel, die belgischen Dienste, beim BND PFINGSTROSE genannt, nicht in ähnlicher Weise zu düpieren.

Die Aufstellung aller Decknamen der Partnerdienste hieß in Pullach FLEUROP-Liste, weil anfangs Blumen- und Pflanzennamen als Deckbezeichnungen herhalten mußten. Aber auch die Tierwelt stand von der Antilope bis zum Zebra für die Tarnung Pate. Diese Liste (Seite 286 ff.) zeigt für den BND unter Kinkel Partnerdienstbeziehungen zu den Geheimdiensten von insgesamt 75 Staaten. In den meisten Fällen handelte es sich dabei nicht um die Kooperation mit nur einem Nachrichtendienst, sondern mit jeweils allen Sicherheitsbehörden des entsprechenden Staates, so daß beispielsweise für Japan gleich fünf Partner zu verzeichnen waren, von HAMSTER I bis HAMSTER V.

Nach den nachrichtendienstlichen Weltregionen betrachtet, bezogen sich die Kontakte aus Pullach auf Partnerdienste von 17 Staaten in West- und Nordeuropa, auf die zwei Staaten Nordamerikas, auf zwölf in Mittel- und Südamerika, auf fünfzehn in Schwarzafrika, 13 im Fernen Osten, während der Nahe und Mittlere Osten mit Partnerdienstbeziehungen zu 15 Staaten das wohl am besten bestellte Feld waren.

Partnerdienstbeziehungen sind etablierte und regelmäßige Kontakte, bei denen mindestens punktuell eine Zusammenarbeit des BND mit den ausländischen Diensten stattfindet. Nicht zu dieser Art von Beziehungen zu rechnen ist beispielsweise der lose Kontakt zum Sicherheitsdienst der PLO. Von 1979 bis 1984/85 waren häufiger drei Nachrichtendienstler der Palästinenser-Organisation unter Führung von Abu Ayad zu Gesprächen beim Bundeskriminalamt. Der BND nutzte die Chance, sich in die Besprechungen beim BKA einzuklinken. Außer dem gegenseitigen

Abschöpfen von Informationen kam es jedoch zu keinen weiteren Aktivitäten.

Um die vielfältigen Partnerdienstbeziehungen zu pflegen, reisten ständig Delegationen mit hochrangigen BND-Vertretern in der Welt umher. Die wichtigsten Freunde Pullachs hat Präsident Kinkel regelmäßig selbst besucht, um auf höchster Ebene auf eine Vertiefung des Verhältnisses hinzuwirken. Wenn er in seiner Dienstmaschine – einer zweistrahligen Mystère – unterwegs war, führte er seine Behörde telefonisch und nahm auch häufig Rücksprache mit dem Außenministerium und dem Bundeskanzleramt. Für abhörsichere Funkverbindungen sorgten die Fernmeldespezialisten aus der Abteilung 2.

BND-Oberst Hans Apel, Deckname FRUCK, war unter Kinkel nicht nur für die festen Fernmeldeverbindungen zu den Residenten verantwortlich, sondern auch für die Erreichbarkeit von Bundeskanzler, Außenminister und BND-Präsident im Ausland. Das Referat 24 G (Fernmeldeverbindungsdienst) seiner Unterabteilung stand angesichts von nun zwei extrem reisefreudigen Außen- bzw. Nebenaußenpolitikern wie Genscher und Kinkel unter ziemlicher Belastung.

Der Kontakt zwischen Pullach und den legalen wie illegalen Residenturen lief einerseits über Funk, über Aufenthalte der Auslandsmitarbeiter in Pullach und über die Diplomatenpost. Andererseits gab es für größere Lieferungen ausgewählte Speditionen, Reedereien und einen Zustellservice besonderer Art. Cornelis Hausleiter, Deckname FISCHER, verfügte durch Herbert R. Gruschke über ein Kuriersystem. Der Stationsleiter einer großen deutschen Luftfahrtgesellschaft in Teheran, Bagdad, Ankara, Neu-Delhi, Rom, Lissabon und Helsinki hatte entsprechende Anlaufstellen für den BND aufgebaut, für die es jeweils einen Kontaktmann aus dem Dienst gab, in Lissabon beispielsweise den BNDler HORN oder in Neu-Delhi den BNDler WEISS.

Bei 47 Legalresidenturen, die 70 Staaten betreuten, und bei nachrichtendienstlichen Austauschbeziehungen zu den Nachrichtendiensten von insgesamt 75 Staaten darf man den BND durchaus in die Reihe der geheimdienstlichen Mittelmächte stellen. Die französische DGSE oder der britische Secret Service waren sowohl, was die Anzahl der Auslandsresidenturen, aber vor allem, was die Ausstattung mit Personal und Finanzen betrifft, eher die kleinen Brüder des BND. Ihre Offensivkraft, insbesondere in der Dritten Welt, galt jedoch als stärker. Kinkel hat diesen Unterschied in manchen Regionen mit Erfolg abgebaut.

Der energische Ausbau der Netze im Ausland ab 1979 war bei weitem nicht der einzige Schwerpunkt des »Neuen«, sondern die ordnende Hand Kinkels griff gleich zu Beginn auf den gesamten Aufbau des Dienstes durch. Am augenfälligsten wurde die Umgliederung durch den Wechsel der Bezeichnung für die Abteilungen: Die I wurde zur 1. »Die arabischen Zahlen haben es ihm eben angetan«, unkt ein ehemaliger BNDler heute dazu. Alle Untergliederungen in Pullach und die Außenstellen erhielten von 1979 an schrittweise neue Bezeichnungen.

Insgesamt zielte die Reform auf eine Ausdifferenzierung der Abteilungen zu mehr Unterabteilungen oder Referaten. So wurden aus der Unterabteilung II C (Technische Einsatzunterstützung) die Unterabteilungen 20 und 24, aus der Unterabteilung III E (Auswertung Wirtschaft und Technik) die Unterabteilungen 34 (Auswertung Wirtschaft) und 35 (Auswertung Technik und Wissenschaft).

Nach dem Umbau des BND, den General Wessel ab 1968 vorgenommen hatte, um das Labyrinth Gehlenscher Organisationskunst einigermaßen überschau- und handhabbar zu machen, und nach einigen Initiativen der sozialdemokratisch gesonnenen Abteilungsleiter Anfang der siebziger Jahre, die eingefahrene Strukturen aufbrechen wollten, gab es bei Kinkels Amtsübernahme wieder einen Reformstau. In seiner ständigen Gratwanderung zwischen den Bonner Vorgaben einer SPD-geführten Bundesregierung und dem Machtpotential der alten Seilschaften in Pullach hatte Vorgänger Wessel so manches anstehende Problem lieber vertagt.

Die gravierendste Umstellung erfuhr die Abteilung I unter Albrecht Rausch, zuständig für die konspirative Beschaffung von Nachrichten durch menschliche Quellen und damit das Herzstück jedes Geheimdienstes. Von Wessel hatte Kinkel folgende Gliederung und Stellenbesetzung übernommen:

I A (Nachrichtendienstliche Führung) ACKERMANN
I B (DDR operativ) KONSUL
I C (Übriger Sowjetblock operativ) BICHLER
I D (Sowjetblock rezeptiv) GERWERT
I E (Westliche Welt) SEIPOLD
I F (übrige Welt) Dr. BURKE
I G (Unterstützung Sonderaufgaben) WÜLLER

Der neue Präsident ging daran, schrittweise den Aufbau dieser Abteilung zu verändern. So wurden die rezeptive Aufklärung, d. h. das Grenzmeldenetz, die Post- und Fernmeldekontrolle und das Befragungswesen, in eine eigene Unterabteilung 14 überführt. Für die Gegenspionage gab es in der Unterabteilung I A das Referat I A 5 (Fremde Dienste) unter CASTROP. In der Amtszeit Kinkels wurde auch die nachrichtendienstliche Arbeit gegen die Spionageorganisationen des Warschauer Vertrags in einer neuen Unterabteilung 15 zusammengefaßt, die dann zum 1. Juli 1986 mangels Effizienz aufgelöst wurde. Die Gegenspionage wurde dann wieder Bestandteil der gegen Osteuropa gerichteten Unterabteilung 12. In der ebenfalls neuen Unterabteilung 16 wurden Referate für Nah-/Mittelost und Nordafrika, Südeuropa und für den Internationalen Terrorismus zusammengefaßt. Die Ausgliederung der Staaten der NATO-Südflanke (Portugal, Spanien, Italien und Türkei) und der arabischen Staaten aus den Bereichen Westliche und übrige Welt zeigt zugleich die deutlichste geopolitische Neuorientierung des BND unter Kinkel.

Die Zahl der Referate in der Unterabteilung I A – neben I A 5, I A 1 (Grundsatzfragen Nachrichtenbeschaffung) unter DERNBACH, I A 2 (Zentralreferat) unter HEFNER, I A 3 (Anbahnung) unter ZELLER und I A 4 (Einsatzführung) unter SANDMANN – wurde in der neuen Unterabteilung 11 nachhaltig vergrößert und in Teilen mit der I G verschmolzen. Sechs Referate waren nun dort für zentrale Aufgaben zuständig, nicht mehr nur im administrativen Sinne, sondern auch – beispielsweise bei der maritimen Aufklärung oder im Bereich Internationaler Kommunismus – inhaltlich übergreifend arbeiteten. Darunter fiel auch die Schaffung eines Referats für Überregionale Aufklärung Wirtschaft, Technik und Wissenschaft, das nicht nur nach Osten ausgerichtet war, sondern zugleich Keimzelle der Wirtschaftsspionage gegen die NATO-Verbündeten.

Auch wenn die Beschaffungsaufträge aus Bonn geheime Informationen über Politik und Wirtschaft westlicher Nationen einforderten und auch wenn es insbesondere in der Haltung gegenüber einigen arabischen Staaten Dissens im westlichen Bündnis gab, so lag der Schwerpunkt der Aufklärung in der gemeinsamen Frontstellung gegen die Organisation des Warschauer Vertrags (WVO). Um diese gemeinsame Aufgabe zu erfüllen, suchte Kinkel das Verhältnis zu den westlichen Partnern auch durch häufige persönliche Kontakte zu verbessern.

Die Bindungen an enge Freunde wie die österreichischen Dienste HNA und STAPO (CHRYSANTHEME), nach Spanien zu GOLDLACK, nach Portugal zu WEISSDORN wurden gefestigt, andere ausgebaut. Mit dem Reformgesetz vom Oktober 1977 hatte der BND zwei Partner in Italien, den Auslandsnachrichtendienst SISMI mit 2800 Mitarbeitern und den Militärgeheimdienst SISDE mit 1700 Soldaten. Das Interesse des BND an einer engen Kooperation mit BRUNELLA N und S war deshalb groß, weil der Standort Rom sowohl für die Informationsbeschaffung aus dem Vatikan zentral lag als auch ein Schwerpunkt zur Abschöpfung der osteuropäischen Emigrantenszene war; denn das politische Lagebild Pullachs von Osteuropa war insgesamt stark von den Berichten dieser politischen Flüchtlinge bestimmt. Gegenseitig überließ man sich nicht nur Informationen, sondern auch Agenten, die Italiener solche, die für die Ausspähung Osteuropas wichtig schienen, und der BND solche, die besondere Informationen zu italienischen Interessen in den Ex-Kolonien Roms versprachen.

Zum SISMI-Chef Giovanni Santovito, der 1981 wegen des Bekanntwerdens seiner Verbindung zur Loge P2, dem Verbund von Freimaurern, Mafia und Politik, abgelöst wurde, und zu seinem Nachfolger Ninetto Lugaresi hatte der BND-Präsident ein besonders gutes Verhältnis. Das wirkte sich bei den Dienstreisen Kinkels auch dahingehend aus, daß seine Mystère einen Militärflughafen bei Rom für Zwischenlandungen nutzen durfte.

Klaus Kinkel ging mit dem außerordentlichen Elan an die Modernisierung des Bundesnachrichtendienstes heran, den Genscher von ihm erwartet hatte. Als durchgreifender Organisator einer modernen Verwaltung hatte er sich in Bonn für diese Aufgabe qualifiziert. Bissig in der Durchsetzung seiner Vorgaben und von kompromißloser Härte, was die Planerfüllung durch seine Untergebenen betraf, versuchte er sein Bonner Erfolgsrezept auch in Pullach umzusetzen.

Als Chef einer Bundesoberbehörde war er nun weit selbständiger. Im Isartal, weit entfernt von einer direkten Aufsicht durch das Bundeskanzleramt und in geringerem Maß an strikte Vorgaben eines mindestens telefonisch stets präsenten Vorgesetzten wie im AA gebunden, richtete er seinen unbändigen Gestaltungswillen auf ein Objekt, das mit der Bonner Ministerialbürokratie in vielen Bereichen wenig gemein hatte.

Bei etwa 6500 Mitarbeiterinnen und Mitarbeitern galt es, einen Apparat in den Griff zu bekommen, der weit mehr Beschäftigte hatte als das Auswärtige Amt. Und letztlich ging es um die Kontrolle einer über Jahrzehnte gewachsenen Nebenaußenpolitik, die sehr viel verschlungenere Wege ging als die offizielle in Bonn. Klaus Kinkel hatte ein kleines Imperium übernommen, das erfolgreich zu regieren keinem seiner Nachfolger, von Eberhard Blum bis Konrad Porzner, vergönnt sein sollte.

3
Vom Deputy zum Global Player
Stellvertreterkriege
in deutschem Interesse

Franz Seubert, im Zweiten Weltkrieg Spionagefachmann bei
Admiral Wilhelm Canaris für Nordafrika und den Nahen Osten,
wurde nach Kriegsende von seinen alten Kameraden zum
Geschäftsführer der »Arbeitsgemeinschaft ehemaliger Abwehran-
gehöriger« (AGEA) bestimmt. Von 1956 an hielt er die AGEA-
Kontakte zum BND und erarbeitete selbst Ende der achtziger Jah-
re noch historische Analysen für Pullach. Als Organ seiner
Arbeitsgemeinschaft gab ANGELO, so sein Deckname, seit 1969
DIE NACHHUT heraus.

Als vorgeblich von abgeschalteten Mitarbeitern des BND in
München herausgegebener Nachfolger erschien schon bald darauf
DIE neue NACHHUT, die an ausgewählte BND-Pensionäre und
Politiker ging. Deklariert war das »interne, nicht öffentliche
Informationsorgan« als Verschlußsache VS – NUR FÜR DEN
DIENSTGEBRAUCH. Das in der Regel sechsseitige Informa-
tionsblättchen wurde in Pullach über lange Zeit als authentisches
Mitteilungsblatt einer Riege von Ehemaligen betrachtet, so daß
sogar BND-Präsident Gerhard Wessel seinen Amtsvorgänger
Gehlen wegen der vermeintlichen Unterstützung des Blättchens
angriff.

Die eigentlichen Autoren der Zeitung saßen jedoch im Ministerium für Staatssicherheit der DDR. Herbert Brehmer und andere
Mitarbeiter der Hauptabteilung X des MfS wirkten auf der Basis
ihnen überlassenen Aufklärungsmaterials über den BND und sein
politisches Umfeld regelmäßig auf den gegnerischen Dienst ein,
um die inneren Konflikte zwischen der alten Garde in Pullach und

den von der sozialliberalen Koalition eingesetzten Führungsleuten zu verschärfen. Brehmer erläuterte 1992 diesen Teil seines Auftrags »Irreführung«: »Unsere Artikel richteten sich gegen die Reformpolitik und die Praxis des BND unter General Wessel. Wir huldigten Gehlen und griffen vor allem die Leitung des Dienstes an, in der inzwischen einige Sozialdemokraten saßen.«[1]

In Kinkels zweitem Amtsjahr im April 1980 ergriff DIE neue NACHHUT unter der Überschrift »Gehlens Erbe und Afghanistan« wieder einmal die Gelegenheit, fast ein Jahr nach dem Tode des ersten BND-Chefs dessen unvergleichliche Fähigkeit zu »treffenden politischen Diagnosen und Prognosen« zu feiern: »Wer von der älteren Garde unter uns erinnert sich zum Beispiel nicht an seine wiederholte Warnung vor einer westlichen Vernachlässigung des Mittleren Ostens? War nicht er es, der den Finger immer wieder auf jenen dunklen Flecken der Landkarte legte, der heute das besetzte Afghanistan markiert? Hat nicht er die Verantwortlichen der deutschen Politik nachdrücklich dazu aufgefordert, sich mit den Amerikanern, Engländern und Franzosen ins Benehmen zu setzen, um der zwischen Deutschland und Afghanistan traditionell gewachsenen Freundschaft eine wirkungsvolle Fortentwicklung zu garantieren? Sagte er nicht schon in den sechziger Jahren, als die Machthaber im Kreml von König Sahir und Ministerpräsidenten Daud eine weitere Verlängerung der russisch-afghanischen Staatsverträge erzwangen, daß Afghanistan in absehbarer Zeit eine Sowjetrepublik werden müßte, wenn die großen freien Nationen der Welt in diesem politisch diffizilen Gebiet weiterhin nur kleinlichen, nationalistisch borierten Interessen nachgingen? War es nicht Gehlen, der schon längst von der imperialen Sprengkraft sprach, die in dem ideologischen Gemisch von altrussischen Großmachtträumen und weltrevolutionärem Sowjetdenken stekke, bevor diese Erkenntnis heute endlich in das Bewußtsein der Strauß, Carter, Schmidt und Thatcher trat? Was war deshalb so ›überraschend‹ an der offiziellen Einverleibung Afghanistans ins sowjetrussische Reich?«[2]

Überraschend war – nach offizieller Lesart – die sowjetische Invasion Afghanistans am 26. Dezember 1979 für den Bundesnachrichtendienst schon. Sie habe wieder als politisches Frühwarnsystem versagt, mußte sich Kinkels Behörde von allen Seiten vorwerfen lassen. Das Hamburger Abendblatt titelte Ende Januar 1980 sogar: »Die westlichen Geheimdienste haben ihr Gesicht verloren«.[3]

Die MfS-Zersetzungsbroschüre setzte auch hier an, um den Konflikt zwischen BND-Altvorderen und SPD-Politikern zu schüren: »Das Versagen des BND in der Aufklärung der Bundesregierung über Entscheidungsprozesse im Kreml vor der Besetzung Afghanistans ist von einem Mitglied der Bundesregierung im März öffentlich angesprochen worden. Auf einer sicherheitspolitischen Konferenz der schleswig-holsteinischen SPD in Plön sagte Verteidigungsminister Apel (SPD): ›Unsere Leute in Pullach sind angewiesen worden, nun nicht mehr zu analysieren, sondern Fakten zu bringen‹ (wer sind unsere Leute, kommt jetzt eine Apel-Riege?).

Unter den professionellen Beobachtern der Ostpolitik im geheimen deutschen Auslandsnachrichtendienst hat es nach den Worten des Ministers ›Niemand für denkbar gehalten‹, daß die Rote Armee Ende 1979 Afghanistan besetzen werde. Analysen des BND in Pullach hätten dagegen die Bundesregierung über Truppenbewegungen auf sowjetischer Seite im Mittleren Osten ›ziemlich genau‹ ins Bild gesetzt, fügte Apel hinzu. Die analytischen Aufklärer seien aber davon ausgegangen, daß die an der Nahtstelle Iran–Afghanistan zusammengezogenen sowjetischen Streitkräfte für den Fall einer vom Kreml offensichtlich erwarteten militärischen Intervention der USA im Iran bereitstehen sollten.«[4]

Die öffentliche Schelte traf die unmittelbar Verantwortlichen in Pullach hart. Sowohl der BND-Auswerter BÖLL, der für die militärpolitische Analyse in der Abteilung III zuständig war, wie sein Kollege von der politischen Auswertung CADIZ hatten die Absicht der Sowjets zur militärischen Intervention in Afghanistan nämlich rechtzeitig erkannt und die Truppenkonzentrationen an der Grenze richtig gedeutet. Bereits seit dem Herbst 1979 hatten sich für BÖLL und CADIZ die Anzeichen dafür verdichtet, daß die UdSSR den Putschisten Amin durch eine Militärintervention und eine von Moskau eingesetzte Marionettenregierung ablösen wollte. Und die BND-Analytiker wußten sich mit der Mehrheitsmeinung innerhalb der CIA im Einklang.

Pflichtgemäß unterrichteten sie auch ihren Abteilungsleiter, der im Nachrichtengeschäft eher unerfahren war, über das brisante Ergebnis. Am 1. April 1979 hatte nach erfolgreichen Bemühungen Kinkels mit dem früheren Gesandten in Washington, Hans Walter Schauer, ein Spitzenbeamter des Auswärtigen Amtes die Leitung der Abteilung III übernommen. Schauer löste den altgedienten Brigadegeneral und Nahostexperten Hans Joachim Tzschaschel (Deckname TISCHNER) ab.[5]

Schauer schenkte der ihm vorgelegten Analyse seiner Experten keinen Glauben. Dennoch trug er sie, um sich abzusichern, dem Präsidenten vor. Und Klaus Kinkel wollte die Erkenntnisse aus dem eigenen Bereich ebensowenig wahrhaben.

Daß die Bundesregierung und voran Bundeskanzler Helmut Schmidt dennoch wenige Tage vor dem Einmarsch von der sowjetischen Absicht wußten, verdankten sie Egon Bahr. Der Architekt der deutschen Ostpolitik erläuterte im SPIEGEL 5/1995, er habe nach Moskau »back channels« unterhalten. Eine Woche nach dieser Veröffentlichung enthüllte das Münchner Nachrichtenmagazin Focus, Egon Bahr habe über den KGB-General Wjatscheslaw Keworkow seit Anfang 1970 einen direkten Draht zum KGB-Vorsitzenden und späteren Staats- und Parteichef Jurij Andropow gehabt. Bahrs KGB-Kontaktmann und dessen rechte Hand Lednew wurden im Dezember 1979 wieder einmal in die Bundesrepublik geschickt, um den Kanzlervertrauten Egon Bahr über den bevorstehenden Einmarsch im Nachbarland zu unterrichten: »In der Nähe von Flensburg, bei einem Spaziergang an stürmischer Ostsee, hörte Bahr von dem geheimen Kreml-Plan. Kurz darauf gab er die Information an Kanzler Schmidt weiter.«[6] Auch die HVA wurde eine Woche vor dem Einmarsch aus Moskau über die Absicht zur Intervention unterrichtet. Doch auf keinem der deutsch-deutschen Informationskanäle sickerte eine Warnung nach Westen durch.

So waren der Bundeskanzler und seine engste Umgebung, wenn auch nur wenige Tage vorher, auf die bevorstehende Abkühlung der Atmosphäre zwischen Bonn und Moskau vorbereitet.

Analytiker des BND hatten handwerklich sauber die Invasion prognostiziert. Doch das Ansehen des Bundesnachrichtendienstes war in Kanzleramt und Öffentlichkeit erneut beschädigt, weil sein Präsident Klaus Kinkel gezögert hatte, die Ergebnisse seiner Fachleute nach oben hin zu vertreten. Die BND-Analytiker BÖLL und CADIZ fanden es anschließend besonders perfide, daß die öffentliche Schelte von Präsident Kinkel und Abteilungsleiter Schauer auf sie abgeladen wurde.

Nicht nur militärpolitisch wurden die Töne zwischen den Blökken nach dem sowjetischen Überfall auf seinen Nachbarn schärfer, auch der Geheimkrieg der Nachrichtendienste wurde intensiviert. DIE neue NACHHUT sah im April 1980 die Chance, für ein aggressives Vorgehen in einer konzertierten Aktion der westlichen Geheimdienste zu werben: »Afghanistan und die davon nicht zu trennenden Vorgänge im Iran sollten deshalb das letzte Signal für die Politiker und die Partnerdienste der freien Welt gewesen sein, um endlich in breitester und fest geschlossener Front, bei einem gleichzeitig angebrachten Optimum an nationaler Arbeitsteilung, gegen das KGB und seine Staatsresidenturen im Ostblock – allen voran das MfS – vorzugehen. Dazu bedarf es generell in allen Bündnisstaaten der NATO einer umgehenden Stabilisierung der Dienste sowohl in fiskalischer wie moralischer Hinsicht.

Afghanistan und der Iran bieten sich als Modellfall für diese Strategien an. Je länger nämlich die Russen ihre Schwungmasse auf die geopolitische Drehscheibe am Hindukusch übertragen und je energischer die KGB-Genossen die Erdölhähne des iranischen Ajatollah-Regimes in Richtung Moskau drehen können, desto schneller und umgreifender wird die heutige Zukunftsfrage der Menschheit nach einer Welt, in der Recht und Freiheit herrschen, zur endgültigen Überlebensfrage des modernen Abendlandes werden. Vielleicht dürften sich dann schon wenig später die in die kommunistische Weltpartei getriebenen Nachfahren Jimmy Carters nur noch heimlich die rührende Story vom Getreide- und Olympiaboykott ihres Ahnen erzählen.

Mit der dargebotenen – aus den bekannten Gründen allerdings mehr angedeuteten – Betrachtung der Dinge erinnern wir nachdrücklich an das verpflichtende Erbe unseres Doktors und glauben uns dabei mit Präsident Dr. Kinkel völlig einig zu wissen.«[7]

Die Vereinigten Staaten begannen bereits wenige Tage nach dem Einmarsch zusammen mit Saudi-Arabien, Ägypten und China Waffen an die islamischen Aufständischen zu schicken. Drehscheibe für den Nachschub an Rüstungsgütern und in aller Welt rekrutierten Exilafghanern war Pakistan, wo die CIA seit den fünfziger Jahren über ein dichtes Netz von Agenten und Basen verfügte. In den folgenden Jahren gab der US-Auslandsnachrichtendienst etwa 80 Prozent seiner Mittel für die verdeckte Kriegführung für den Stellvertreterkrieg der Mudschaheddin gegen die Sowjetunion aus. Allein 1985 waren dies mindestens 280 Millionen Dollar. Weitere 200 bis 250 Millionen kamen von den Verbündeten der USA.[8]

Helmut Schmidt reagierte 1981 anläßlich eines Gesprächs mit dem DDR-Staatsratsvorsitzenden in Belgrad, wo man sich zum Staatsbegräbnis Titos zusammenfand, sehr verhalten, als Erich Honecker auszuloten versuchte, ob mit einem Teilabzug von ein bis zwei sowjetischen Divisionen anläßlich des bevorstehenden Schmidt-Besuchs in Moskau das Eis zwischen den Blöcken angetaut werden könne. Honecker war offensichtlich von Leonid Breschnew zum Sondieren vorgeschickt worden. Der Bundeskanzler zeigte keine Bereitschaft, nun seinerseits den Boten nach Washington zu spielen. Nach seiner Auffassung war »Afghanistan nicht das operative Feld Bonns«, sondern mußte vielmehr Aufgabe der amerikanischen Außenpolitik bleiben.[9]

Wenn Afghanistan nicht das operative Feld Bonns war, so war es seit langem – Traditionen der zwanziger Jahre folgend – das operative Feld Pullachs. Anknüpfend an Kontakte der NS-Geheimdienste, hat der BND bereits in den fünfziger Jahren dem damaligen König von Afghanistan intensive nachrichtendienstliche Hilfe zur Unterdrückung der Opposition angedeihen lassen, die auch den Bau großer Gefängnisanlagen umfaßte. Vom Ende der fünfziger Jahre an gab es eine BND-Residentur in Kabul. Mit der sowjetischen Invasion brach die Verbindung zum afghanischen Geheimdienst KhAD (Khedamat-e Atla't Dawlati) – BND-Deckname AMSEL – schlagartig ab.

Die Voraussetzungen für die nachrichtendienstliche Arbeit in dem Land wurden äußerst schwierig. Durch die Revolution im Iran 1979 hatte der für Afghanistan ebenfalls zuständige Militärattaché Christian Meyer-Plath auch in Teheran keine funktionsfähige Basis mehr. Zum iranischen Partnerdienst FINK verzeichnen die Lageberichte aus dem Isartal damals nur lakonisch: »Zur Zeit keine Verbindung.«

Als einzige Stütze in der Region blieb Pakistan und sein Nachrichtendienst ISI (Inter Intelligence Service), zu dem der BND in der zweiten Hälfte der sechziger Jahre seine Beziehungen intensiviert hatte. In der Hauptstadt Islamabad unterhielt er sogar einen starken Stützpunkt. In Karatschi hatte der BND eine weitere illegale Residentur geschaffen, die vor allem den Zweck hatte, als sichere Aufnahmestelle für absprungwillige DDR-Bürger zu fungieren. Die HVA war in Pakistan nicht präsent, und so konnten Reisekader aus Ost-Berlin, die auf dem Hin- oder Rückflug nach Vietnam in Karatschi zwischenlanden mußten, relativ gefahrlos in die Lounge einer westdeutschen Fluglinie überlaufen. Der Spionageabwehr Ostberlins war durchaus bekannt, daß insbesondere mehrfach über den pakistanischen Flughafen reisende DDR-Bürger vom BND auf diesen Fluchtpunkt hingewiesen wurden. Verhindern konnte sie diese gelegentlich genutzte Variante der »Republikflucht« kaum.

Um sich in den Bürgerkrieg in Afghanistan einmischen zu können, baute Pullach jedoch seine Position in Peschewar aus, dem geopolitischen Knotenpunkt, der schon vor 1979 eine große geostrategische Bedeutung für den Westen hatte. Der Ort lag, so wurde die von ihm ausgehende Bedrohung eingeschätzt, auf der Achse, auf der die UdSSR an den Indischen Ozean und zugleich China nach Westen vordringen wollten. Dieser Stützpunkt des BND lag am Tummelplatz aller westlichen Nachrichtendienste, die hier teils zusammenwirkten, teils um Einfluß konkurrierten. Die CIA investierte zweifellos die größte »Manpower« und leistete den Löwenanteil an Waffen- und Ausbildungshilfe für die fundamentalistischen Befreiungskrieger. Daß sie dabei auch die entscheidenden Fäden zog, bezweifeln Insider.

Der pakistanische Nachrichtendienst ISI und der ihm traditionell eng verbundene britische Secret Service haben nach Einschätzung dieser Experten mit geringerem Kraftaufwand häufig mehr erreicht. Der BND wiederum belegte in diesem Rennen um die Gunst der Mudschaheddin günstigstenfalls Platz vier.

Durch die zahllosen Dienstleistungen, die der ISI in diesem Krieg für NATO-Staaten leistete, wurde er mit modernster Ausstattung, viel Geld und damit Personal versorgt und entwickelte sich zu einem der stärksten Machtfaktoren im Lande.[10] Der BND vermittelte dem pakistanischen Partnerdienst (BND-Deckname EICHKATZE) im April 1986 als Dank für die gewährte Unterstützung an der Afghanistanfront aus Bundeswehrbeständen eine funkelektronische Aufklärungsstation.[11]

Der Bundesnachrichtendienst engagierte sich für die Mudschaheddin mit dem klassischen Spektrum der Waffen des verdeckten Krieges. Araber aus aller Herren Länder wurden in Oberbayern und im pakistanischen Chaman für den Einsatz im Bürgerkrieg als Späher oder Kämpfer ausgebildet.[12] Direkte Waffenhilfe erfolgte durch die Anlieferung von Rüstungsgütern in Bundeswehrmaschinen. Fundamentalistische »War Lords« wurden mit Geld gewogen gemacht, und an der Heimatfront lief die Steuerung von Medien- und Hilfskampagnen für die Verbündeten.

BND-Präsident Kinkel plante seit 1980, wieder eine Legalresidentur in Kabul zu errichten, aber auch zum Ende seiner Amtsperiode war dies nicht gelungen. Auch 1987 noch war der Posten verwaist. Dem Botschaftssekretär in der westdeutschen Vertretung in Kabul, Friedrich Fahrenholtz, warf 1985 allerdings der von der afghanischen Abwehr verhaftete Baralay Nawrow vor, er habe ihn 1979 für ein Jahressalär von 2000 DM als Agenten geworben. Ein- bis zweimal monatlich habe er dem Diplomaten Informationen über Attentate sowie Zusammenstöße zwischen Regierungsarmee und Rebellen geliefert.[13]

Trotz aller Bemühungen gelang es den BNDlern aber nicht einmal, die alten Verbindungen zum afghanischen Nachrichtendienst wiederzubeleben. Die AMSEL sang nicht mehr für Pullach. Nach Peschewar aber baute der BND unter Kinkel eine seiner ersten Satellitenkommunikationsstränge auf, wie sie sonst zu dieser Zeit nur zu ganz wichtigen Residenturen, beispielsweise nach Kairo, bestanden.

Sowjetische Waffen und Rüstungsgüter insbesondere neuerer Bauart gehörten stets zu den Beschaffungsprioritäten aller westlichen Geheimdienste. Auch dafür war der Krieg in Afghanistan für BND und Bundeswehr ein lohnendes Feld, »als sie über die rebellierenden Mudschahidin sowjetisches Wehrgerät einkaufen konnten. Nachdem die Bundeswehr Bauart wie Wirkungsweise der Tretminen und Panzer ausgewertet hatte, wurde das Material den Israelis für eigene Tests überlassen«,[14] berichtete der Spiegel.

Das Engagement des BND am Hindukusch als Juniorpartner der CIA zahlt sich unter nachrichtendienstlichen Gesichtspunkten auch für die souverän gewordene Bundesrepublik der neunziger Jahre aus. Im gegenwärtigen Bürgerkriegsland Afghanistan hat Pullach dadurch wieder eine starke Stellung, daß Ghulam Faruk Yakubi, der 1989 Chef des neuen Geheimdienstes WAD wurde, in der Bundesrepublik ausgebildet worden ist.[15] Und über die damals geknüpften Kontakte zu den algerischen Fundamentalisten, die sich in mehreren Hundertschaften auf die Seite ihrer Glaubensbrüder in Afghanistan geschlagen haben, hat Pullach heute einerseits gute Verbindungen zur islamischen Heilsfront Algeriens (FIS) sowie Quellen in Bosnien-Herzegowina, wo die algerischen »Afghanen« als Söldner für Alija Izetbegovic kämpfen.[16]

Afghanistan war nicht der einzige Schauplatz eines verdeckten Krieges, in dem Pullach zu dieser Zeit den USA zur Seite stand. Und es war nicht einmal der einzige Konflikt, in dem es galt, Moslems gegen Kommunisten zu unterstützen. Ein weiteres derartiges Gefechtsfeld lag in Nordafrika.

Bis 1974 regierte Kaiser Haile Selassie I. Äthiopien und baute mit britischer und später überwiegend amerikanischer Unterstützung die größte Armee im subsaharischen Afrika auf. Mit US-Unterstützung hatte er sich 1952 auch die Küstenregion Eritrea einverleibt.[17] Nachrichtendienstlich war die Bundesrepublik Deutschland hier seit Anfang der sechziger Jahre in Addis Abeba, der Hauptstadt Äthiopiens, mit einer Legalresidentur vertreten, die nur von 1974 bis 1977 unbesetzt war.

Abgeschafft wurde das Kaiserreich durch einen schleichenden Coup des Militärrats Derg, in dem Mengistu Haile Mariam eine zentrale Rolle spielte, der im Februar 1977 auch Vorsitzender des Derg wurde und später Generalsekretär der Partei, Vorsitzender des Politbüros und Staatspräsident in einem. Nach der Abwehr eines somalischen Angriffs mit Unterstützung der UdSSR und Kubas war 1976 der Allianzwechsel zugunsten des Warschauer Vertrags endgültig abgeschlossen. Dennoch hatte Klaus Kinkel in Addis Abeba weiterhin eine Legalresidentur, die mit dem BND-Beamten BREINDL besetzt war und die Kontakte zum äthiopischen Geheimdienst (BND-Deckname ANTILOPE) pflegte. Erst Kinkels Nachfolger Blum hat den offiziellen Stützpunkt Pullachs in der äthiopischen Hauptstadt aufgelöst.

Nachdem 1958 ausgewanderte Nationalisten im Sudan die erste Untergrundbewegung gegründet hatten, wurde 1960 in Kairo die ELF (Eritrean Liberation Front) gegründet, die schon im nächsten Jahr den Guerillakampf in Äthiopien gegen Mengistu aufnahm. 1970 gab es Abspaltungen von der ELF, aus denen die EPLF (Eritrean People's Liberation Front) entstand. Von 1972 bis 1974 und von 1980 bis 1981 herrschte Krieg zwischen den beiden Befreiungsbewegungen, der 1981 mit der Zerschlagung der ELF und deren Vertreibung in den Sudan endete.

Im Auftrag der SED organisierte Politbüromitglied Werner Lamberz im Spätsommer 1977 in Ostberlin die erste von vier Konferenzen zwischen der äthiopischen Staatsführung und den verfeindeten Befreiungsbewegungen, um eine politische Lösung des Konflikts – auch zur Stabilisierung des Verbündeten der UdSSR – zu suchen.

Den ersten Kontakt zur ELF gewann er dabei über die DDR-Vertretung im Sudan, von wo der ELF-Vertreter auch nach Ostberlin kam. Nach dem tödlichen Unfall von Lamberz in Libyen setzte Hermann Axen die bis 1980 anhaltenden Bemühungen um einen Frieden für Äthiopien fort. Auf nachrichtendienstlichem Gebiet kooperierten KGB und HVA dabei mit dem Südjemen, Libyen und palästinensischen Organisationen, um eine breite islamische Basis als Unterstützerfront in den eritreischen Befreiungsbewegungen zu schaffen. Doch die Friedensbemühungen scheiterten, und die Kämpfe in Eritrea und Tigray weiteten sich aus.

Für dieses Scheitern gab es innere und äußere Gründe. Zu den inneren zählten die Arroganz der äthiopischen Offiziere aus der amharischen Oberschicht, die etwa ein Viertel der Bevölkerung des Landes ausmachte, und das Mißtrauen der Vertreter der Befreiungsfronten gegenüber diesen Militärs. Die Unnachgiebigkeit der Vertreter Mengistus beruhte zugleich auf wachsenden militärischen Erfolgen; denn bis Ende 1979 konnten die eritreischen Befreiungsfronten in das nordwestliche Bergland zurückgedrängt werden.

Zu den äußeren Faktoren des Scheiterns zählt die Einflußnahme verschiedenster ausländischer Mächte zugunsten der Befreiungsfronten. Saudi-Arabien und andere arabische Staaten unterstützten die ELF, um in Eritrea einen überwiegend moslemischen Staat zu gewinnen. Die CIA half den Befreiungsbewegungen, um den sowjetischen Vorposten in Nordostafrika, Äthiopien, zu schwächen. Italiens Geheimdienste mischten sich aus ihrer immer noch starken Position in der ehemaligen Kolonie Somalia zugunsten eines künftigen Eritreas ein, um wirtschaftliche Interessen des FIAT-Konzerns zu forcieren, und selbst der Vatikan blieb nicht untätig.

Da Rom stets ein ausgesprochen feindliches Verhältnis zum im 4. Jahrhundert wurzelnden äthiopisch-orthodoxen Christentum hatte, dem etwa die Hälfte der Äthiopier – darunter die Amharen – anhängen, unterstützte es in diesem Fall die Moslems gegen die ungeliebten Kopten. Die EPLF und ihre 100 000 Bewaffneten erhielten nicht etwa nur »humanitäre Hilfe aus EG-Staaten, den USA und anderen westlichen Ländern«,[18] sondern auch nachrichtendienstliche und militärische Unterstützung.

Aus der 1981 geschlagenen ELF wurde die ELF-PLF (Popular Liberation Front), von der sich wiederum die ELF-NC (National Council) und die ELF-RC (Revolutionary Council) abspalteten. Der BND suchte sein Heil in der nachrichtendienstlichen Zusammenarbeit mit diesen im Sudan ansässigen Splittergruppen. Anders als die arabischen Staaten und die CIA hielt er sich von der EPLF fern, weil sie unter spürbarem ideologischen und organisatorischen Einfluß der Volksfront für die Befreiung Palästinas des George Habasch (PFLP) stand. Zudem waren Kinkels Leute bestrebt, in dieser Nische einen ganz eigenen Partner zu finden, mit dem zusammen sie an dem gemeinsamen Ziel der Schwächung von »Moskaus Satelliten« arbeiten konnten. Da sie damit zu den meisten in die Friedensbemühungen eingebundenen Befreiungsbewegungen keinen Zugang hatten, blieb in Pullach der Umfang und das Ziel der DDR-Aktivitäten unerkannt. Die Späher der HVA meldeten aus Kinkels Zentrale, daß die Reisen von DDR-Funktionären in die Region zwar Anlaß zu zahlreichen Spekulationen waren, aber für das, was tatsächlich ablief, blieb der BND blind.

Wer auch nur einige der via Tagesschau vermittelten Bilder des Bürgerkriegselends in Äthiopien Ende der siebziger und Anfang der achtziger Jahre in Erinnerung hat, der weiß, daß die kühle nachrichtendienstliche Berechnung, die auf Schüren der Auseinandersetzungen und Verhinderung einer Friedenslösung zielten, mehrere zehntausend Menschenleben gekostet haben.

1988 zog sich die Sowjetunion endgültig aus Äthiopien zurück, und nunmehr unternahmen die USA von 1989 an erneute Vermittlungsversuche – mit ebensowenig Erfolg wie vorher die DDR, zu der die ELF auch Mitte der achtziger Jahre wieder Kontakt gesucht hatte. Die Verhandlungen zwischen der EPLF und der TPLF wurden kompromißlos abgebrochen.

Nach der Flucht Mengistus nach Simbabwe 1990 übernahm die Einheitsfront aus TPLF und EPDM – die neue EPRDF – die Macht in Äthiopien. Eritrea, das seit Mai 1991 nicht mehr der Regierung in Addis Abeba unterstand, wurde nach einem Referendum 1993 unabhängig.

Die in einer der kältesten Perioden des Kalten Krieges Anfang der achtziger Jahre auf Schwächung der Position der UdSSR in Afrika gerichteten Aktionen des BND haben am Ende der Blockkonfrontation erreicht, daß es in Nordostafrika ein Land mehr gibt, das vom Sudan her – und vom Iran inspiriert und finanziert – bearbeitet wird, um das ursprüngliche Staatskonzept einer multikulturellen Gesellschaft durch ein fundamentalistisches System zu ersetzen.

Den dritten nachrichtendienstlichen Stellvertreterkrieg zwischen West und Ost führte der BND unter Kinkel in Mozambique, wo es für den Westen galt, einen möglichen sozialistischen

Modellstaat im Süden Afrikas durch Bürgerkrieg zu destabilisieren. Gemeinsam mit einer Fraktion in der CIA, dem portugiesischen Militärgeheimdienst SID und dem südafrikanischen NIS wurde die Terrororganisation RENAMO (Resistencia National Mocambiquana) aus der Taufe gehoben, und der BND nutzte seine Basen in Pretoria und Nairobi, um die »Befreiungsbewegung«, die ganze Dörfer niedermetzelte, zu fördern. Bereits 1976 waren Angehörige der RENAMO in einer bayerischen Polizeischule in Augsburg ausgebildet worden, aber erst unter Kinkel nahm die nachrichtendienstliche Unterstützung konkrete Formen an: logistische und finanzielle Unterstützung, die Lieferung von deutscher Fernmeldetechnik zur Kommunikation zwischen dem RENAMO-Hauptquartier und den operierenden Terrorbanden und die Finanzierung von Waffenkäufen durch den BND, u. a. in Taiwan.[19] Unter Gerhard Wessel eingeleitet und unter Klaus Kinkel fortgesetzt, wurde die Destabilisierung Mozambiques unter Eberhard Blum und Hans-Georg Wieck noch einmal gesteigert.

In dieser gesamten Zeit wurden weder die Parlamentarische Kontrollkommission noch der Kontrollausschuß für den Geheimdiensthaushalt jemals über die Finanzierung der Operationen in Mozambique informiert. Schließlich hatte der Dienst einen abgeschirmten Bereich an Operativgeld, in den keine parlamentarische Kontrolle je Einblick erhielt.

»Ich bin ein Pazifist in jeder Beziehung«, betonte Klaus Kinkel, als ihm als Bundesaußenminister vorgeworfen wurde, er wolle den Krieg auf dem Balkan. In seiner Zeit als BND-Chef war er an vielen Schauplätzen verdeckter Kriege mehr Partisan als Pazifist, Schreibtischpartisan allerdings. Mit den Spätfolgen der Stellvertreterkriege in Afrika sieht er sich auch als Bundesaußenminister konfrontiert. Von jahrelangen Kämpfen erschöpft, ist Mozambique heute das ärmste Land der Erde, Äthiopien das zweitärmste.

Neben den ersten Residenturen aus Gehlen-Zeiten in Äthiopien und Südafrika, die zugleich für die Kooperation mit dem Nachrichtendienst in Somalia (BND-Deckname SEEHUND) zuständig waren, fand Kinkel bei seinem Amtsantritt vier weitere in Schwarzafrika vor: In Niger wirkte Kinkels Resident JARISCH beim Partnerdienst NASHORN; in Lusaka Herr KAMMHOLZ beim sambischen Dienst (ZEBRA), der Verbindung hielt nach Tansania zu TIGER und nach Zaire zu KRANICH; in Nairobi residierte Herr WOLFGANG, zuständig für den kenianischen Partnerdienst KUDU, zugleich für den Sudan (Partnerdienst STRAUSS); in Rhodesien bzw. Simbabwe arbeitete Herr DEICHL mit der CIO (Central Intelligence Organization), die im blumigen Amtsdeutsch Pullachs MANGROVE hieß. Weitere Partnerdienstbeziehungen in Schwarzafrika bestanden unter Kinkel zu den Geheimdiensten in Sambia (ZEBRA) und Ghana (GANTER). In ganz Westafrika hatte Pullach keine einzige Legalresidentur – allenfalls Kontakte zum Nachrichtendienst des Senegal (SERVAL).

Orientiert war die BND-Präsenz mit ihren ökonomisch ausgerichteten Aufklärungsprioritäten an der Rohstoff- und Rohstoffausfuhrpolitik schwarzafrikanischer Staaten sowie am Nord-Süd-Konflikt. Für nahezu alle Partnerdienste in Schwarzafrika leistete der BND, über die Operativgeldkassen der Residenten vor Ort und in der Bundesrepublik, massive »Entwicklungshilfe« als Ausbildungshilfe für Geheimdienstoffiziere in technischer und operativer Hinsicht und in Form der Überlassung von Kommunikationstechnik.

Den Fernschreiber TC 1000 CA (Cryptological Application) der Siemens AG beispielsweise nutzte der BND nicht nur selbst im Nachrichtenaustausch über das interne Funkschreibnetz des Auswärtigen Amtes und bei seiner Kommunikation mit westlichen Partnerdiensten, sondern er steuerte auch den Export. So gelangte das High-Tech-Chiffriergerät – mit einer Kryptogruppe mit 25 verschiedenen Tagesschlüsseln, von denen zwei für den »Sonderverkehr« bestimmt sind – zu Anfang der achtziger Jahre auch in den »diplomatischen Dienst« von Gabun oder Nigeria.

Starke illegale Aktivitäten entfaltete der Dienst zwischen 1975 und 1981 in Zaire und Libyen, als er den Versuch unternahm, die für die Bundesrepublik geltenden Rüstungskontrollbeschränkungen in bezug auf die Entwicklung von Langstreckenraketen durch die Förderung der Aktivitäten der Firma Orbital Transport- und Raketen-AG (OTRAG) in diesen Ländern zu unterlaufen. Die

OTRAG schloß im März 1976 mit der Regierung Zaires einen Vertrag über die Nutzung von 100 000 Quadratmeilen Land in der Provinz Shaba als Raketentestgelände. Vermittler des Geschäftes war der internationale Finanzmann Frederic Weymar, eine hochrangige Sonderverbindung des Strategischen Dienstes des BND.[20]

Der polnische Nachrichtendienst wußte die Aktivitäten des BND richtig einzuschätzen: »Eine der gelungensten Maßnahmen des westdeutschen Nachrichtendienstes, und zwar, was die Methode betrifft, dem deutschen Kapital einen Weg zu den Entwicklungsländern zu bahnen, war die Vorbereitung von Voraussetzungen für Gespräche zwischen der Firma ›Orbital Transport- und Raketen-AG‹ (OTRAG) und der Regierung von Zaire ... Die Firma führt unter dem Schutz der Agenten des BND auch Versuche mit Laser durch und arbeitet u. a. an der Konstruktion einer Laser-Strahlenwaffe.«[21]

Nachdem 1977 und 1978 auf dem Startgelände Plateau Manitono in Zaire zwei erfolgreiche Tests mit dem ORBITAL-TRANS-PORTSYSTEM der OTRAG stattgefunden hatten, mußte das Projekt wegen massiver Proteste aus den Nachbarstaaten und der UdSSR an der militärischen Zielsetzung der Tests eingestellt werden. So verlegte die OTRAG 1980 ihre Anlagen auf ein Gelände südwestlich der 600 Kilometer südlich von Tripolis gelegenen Stadt Shaba. Im Dezember 1981 stellte die OTRAG ihre Aktivitäten auch in Libyen ein.[22] Bis dahin allerdings hatte sie die Voraussetzungen für Gaddafis Raketenprogramm Ittisalat geschaffen, so daß in Shaba Raketen mit 290 Kilometern Reichweite produziert und getestet werden konnten. In der Bundesrepublik wurde anschließend gegen mehrere Firmen ermittelt.[23]

Der Rückzug aus Zaire und anschließend aus Libyen erfolgte keineswegs freiwillig, sondern auf massiven Druck von NATO-Partnern, besonders den USA, die eine Pressekampagne gegen die OTRAG lancierten.[24] Bonns Verbündete glaubten nachweisen zu können, daß das Unternehmen, dessen millionenschwere Finanziers nie öffentlich wurden, Raketentechnologie nicht nur nach Libyen, sondern auch nach Pakistan und in den Irak exportiert hatte.[25]

Im Kern ging es den großen NATO-Staaten darum, technologische Vorsprünge zu wahren, in der Bundesrepublik keinen neuen Konkurrenten auf dem Feld der Raketentechnologie zuzulassen und vor allem dafür Sorge zu tragen, daß Westdeutschland nicht über die Proliferation von Trägertechnologie Sonderbeziehungen zu arabischen und afrikanischen Staaten entwickeln konnte, die eigene Einflußmöglichkeiten und Exportchancen behindern könnten. Aber gerade dies war Ziel der Bemühungen des BND, und Klaus Kinkel konnte hier massiv erfahren, daß die westlichen Partnerdienste den BND nur als wichtige Hilfstruppe in der nachrichtendienstlichen Blockauseinandersetzung schätzten. Alle Bemühungen aus Pullach, der Bonner Außenwirtschaftspolitik in Afrika und im Nahen und Mittleren Osten größere Spielräume zu verschaffen, wurden von ihnen jedoch als Eingriff eines Konkurrenten in ihre Kolonialsphäre betrachtet und entsprechend abgewehrt.

Große Ambitionen, die Stellung seines Dienstes in Nordafrika auszubauen, hatte auch Klaus Kinkel nicht. Es gab nur einen Staat, der wegen der intensiven Wirtschaftsbeziehungen, wegen der längst angelaufenen deutschen Militärhilfe und wegen seiner Rolle als wichtiger Öllieferant wiedererobert werden sollte: Nigeria.

Im Vorfeld des Bürgerkrieges zwischen Nigeria und der abgefallenen ölreichen Provinz Biafra hatte der BND von 1966 an beide Kriegsparteien über die Hamburger Firma Dobbertin mit Waffen und Munition beliefert.[26] Emeka Ojukwu, der Militärgouverneur in Ostnigeria, der den unabhängigen Staat Biafra ausgerufen hatte, warf den BND 1966 daraufhin aus dem Land.

Die nachrichtendienstlichen Aktivitäten Westdeutschlands waren damit jedoch keineswegs beendet. Der Geheimdienstchef des Nachbarlandes Benin informierte 1976 die HVA der DDR über die intensiven illegalen Aktivitäten des BND im Nachbarland.

Zum 1. Januar 1982 hatten Kinkels Bemühungen, mit einer Legalresidentur in Lagos wieder zum Kreis der voll akzeptierten Partnerdienste zu zählen, endlich Erfolg. Sein Resident JARUK konnte den Dienst in der Hauptstadt antreten und die Zusammenarbeit mit dem Partnerdienst MUNGO auf amtliche Beine stellen. Nigerias Geheimdienste erhielten nachrichtendienstliche Technik aus der Bundesrepublik, Ausbildungsunterstützung und Beratung.

1986 wurden die zahlreichen und schlecht koordinierten Geheimdienste Nigerias einer grundlegenden Reform unterzogen, bei dem das deutsche Modell Pate stand. Als neuer Auslandsnachrichtendienst wurde die NIA (National Intelligence Agency) und als Verfassungsschutzbehörde der SSS (State Security Service) geschaffen – kontrolliert durch einen Koordinator der Dienste beim Staatschef.[27]

Wenn es auch hinter den Kulissen ständige und gute Beziehungen zwischen Nigeria und Südafrika gab, so standen sich die beiden stärksten Militärmächte Schwarzafrikas doch als Konkurrenten um die Rolle der größten Regionalmacht gegenüber. Am Kap war man nicht glücklich über den wachsenden Einfluß Deutschlands in Lagos.

Ein einziges Mal nur war der an Reisefreudigkeit kaum zu überbietende Hans-Dietrich Genscher in Pretoria. Anlaß war eine Konferenz mit der Regierung Südafrikas sowie den Amtskollegen aus USA, Großbritannien, Kanada und Frankreich zur UNO-Resolution 435, die Namibias Weg in die Unabhängigkeit öffnen sollte. Die Franzosen hatten jedoch nur ihren Staatssekretär Olivier Stirn geschickt, da sie das Scheitern der Konferenz voraussahnten. Als der deutsche Außenminister hier im Oktober 1978 in der Runde mit seinen amerikanischen und britischen Amtskollegen Cyrus Vance und David Owen, dem kanadischen Außenminister Donald C. Jamieson sowie Pieter-Wilhelm Botha seine politische Forderung nach der Durchsetzung des Beschlusses der Vereinten Nationen zur Unabhängigkeit Namibias formulierte und für den Fall von Widerstand aus Pretoria sogar mit Sanktionen drohte, war der gastgebende Staatschef entsetzt. Vance hingegen betonte, daß die Vereinigten Staaten keinesfalls auf einer solchen Lösung bestehen würden, und auch Owen beeilte sich, deutlich zu machen, daß London hier die Position Washingtons teile. Diese Rückendeckung der anglo-amerikanischen Außenminister ermutigte Botha, die diplomatischen Gepflogenheiten außer Kraft zu setzen. Er belegte den deutschen Außenminister mit einem wüsten Schimpfwort auf Afrikaans: »Voort zee ik« (»Fort, sage ich«), treffender übersetzt mit: »Verpiss' dich.«

Genscher hat Botha diesen Ausfall nie verziehen, und so herrschte Eiszeit zwischen der Bundesrepublik und Südafrika. Seinen Botschafter in Pretoria, Eickhoff, wies das AA 1981 an, Kontakte zu ANC-nahen Kreisen zu suchen. Es grenzt an ein Wunder, sagt ein Insider heute, daß damals die diplomatischen Beziehungen nicht vollständig abgebrochen wurden.

Auf der nachrichtendienstlichen Ebene jedoch blieben die Beziehungen stabil. Aus Pullach kam 1980 der Hinweis, der zur Aufdeckung des KGB-Spions Alexey Koslov in Pretoria führte, und ansonsten verlief die Zusammenarbeit ab 1981 wieder routinemäßig. Zu dieser Routine zählten regelmäßige Besuche des Geheimdienstchefs vom Kap, Hendrick van den Berg, beim BND-Präsidenten[28] und, trotz eines UN-Embargos gegenüber dem Apartheidsstaat, die Lieferung von funkelektronischer Ausrüstung an den Partnerdienst NIS (National Intelligence Service) – BND-Deckname PANTHER. Kinkels Residenten am Kap – zunächst GIGL, dann WEGHOF – hielten die Stellung, die Gehlen in Südafrika ab 1960 besetzt hatte. Eine Hauptrolle spielte der BND dort nicht, denn der britische MI6 und die amerikanische CIA dominierten die Szene. Involviert war der BND auch in Aufbau und Betrieb der Aufklärungsanlage für den Schiffsverkehr, ADVOOKAT von AEG-Telefunken, die 1975 in der Silbermine von Simonstown in Betrieb genommen worden war.

Nach der Regierungsübernahme durch Helmut Kohl und unter dem neuen BND-Präsidenten Eberhard Blum ist die Zusammenarbeit zwischen dem BND und der NIS weiter aufgeblüht.[29] Zu dieser engen Zusammenarbeit zählt auch die Ausbildung südafrikanischer Geheimdienstler in der BND-Schule am Haarsee in den späten achtziger Jahren.

Bereits in seinem ersten Amtsjahr als Außenminister 1974 hatte Genscher in der sambischen Hauptstadt Lusaka Vertreter der SWAPO (South West African People's Organization) getroffen. 1975 hatte er in Bonn noch freundliche Kontakte zu Hilgard Müller, dem Botschafter Pretorias. Nach dem Aufstand der Farbigen in Soweto 1977 und den anschließenden Repressionen des südafrikanischen Staatsapparats schwenkte er, dem vorherrschenden Meinungsklima in der Welt folgend, auf einen harten Konfrontationskurs um. Kritiker seiner Außenpolitik behaupten, er habe sich dieses öffentlichkeitswirksame Feld ausgesucht, weil der Kanzler alle außenpolitischen Fragen im Bereich EG und USA sowie Großteile der Ostpolitik zu seinem Revier erklärt hatte. Nach der Eröffnung eines Büros des ANC (African National Council) in Bonn 1981 und der inoffiziellen SWAPO-Vertretung im September 1982 war Genscher so nah an die Befreiungsbewegungen gerückt, daß Südafrika in der Bundesrepublik keinen politischen Partner mehr sah.

Eine Modifizierung dieses Konfrontationskurses schlug 1975 der Leiter des Planungsstabs im Auswärtigen Amt, Klaus Kinkel, in einer Studie zur neuen Afrikapolitik des Hauses vor. Orientiert waren die Vorschläge von Genschers rechter Hand an Vorstellungen, die von den Sozialdemokraten Helmut Schmidt, Egon Bahr oder Jürgen Schmude – aber auch von Otto Graf Lambsdorff – favorisiert wurden und die den Dialog mit Botha einschlossen. Bahr war sogar bereit, von dem Prinzip »one man – one vote« abzuweichen, um den Übergang zur Demokratie zu ermöglichen und die starren Fronten aufzuweichen.

Genscher jedoch blieb bei seiner Position und ist selbst nach dem Koalitionswechsel von Helmut Kohl nie gebremst worden, um des lieben Koalitionsfriedens wegen. Zwar gab es vorsichtige Versuche der Union zu einer anderen Südafrikapolitik, die beispielsweise der frühere Staatsminister Alois Mertes unternahm, aber Hans-Dietrich Genscher wollte für den ganzen Süden Afrikas seine deutsche Lösung.

Nachdem der ANC 1994 seine Erwartungen getäuscht sah, daß die große moralische Unterstützung aus den skandinavischen Staaten, aus Großbritannien und den USA nun auch in materielle Hilfe umgemünzt würde, setzte er zunehmend auf die deutsche Karte. Kinkel kann mit seinem Kurswechsel, den er im Auswärtigen Amt vornahm, an die Überlegungen von 1975 zur deutschen Position am Kap anknüpfen.

Als Geheimdienstchef arbeitete er aber in Namibia ganz auf der

Genscher-Linie gegen südafrikanische Interessen und für eine starke Bastion in dem Land, das von 1884 bis zum Ende des Ersten Weltkrieges als Deutsch-Südwestafrika deutsche Kolonie gewesen war. Von seinem Stützpunkt in der Hauptstadt Windhoek aus rekrutierte er unter dem deutschstämmigen oder deutschfreundlichen Teil der Bevölkerung ein dichtes Netz von Spionen und Einflußagenten. Zur Zielgruppe gehörten insbesondere gemäßigte Weiße, die weder den Bürgerkrieg noch auswandern wollten. Im Gegenzug war die HVA gleichermaßen bemüht, aufgrund von Tips aus der SWAPO deutsche Zuarbeiter zu gewinnen. Der BND allerdings schuf sich ein kleines Heer von nachrichtendienstlich angebundenen Namibiern. Den Umfang schätzen Insider auf mindestens zwei Dutzend.

Die offizielle Vertretung Bonns, das Konsulat in Windhoek, wurde zwar geschlossen, aber dafür floß größere finanzielle Unterstützung an die »Interessengemeinschaft der Deutschsprechenden« und ihre Zeitung, die Namibia News.

Als zu Beginn der achtziger Jahre führende Persönlichkeiten der SWAPO nach Bonn geladen wurden, konnte das Auswärtige Amt dabei sogar auf eine Empfehlung aus Pullach zurückgreifen, wer zu den wichtigen Gesprächspartnern zu rechnen sei. Mit dem jetzigen Außenminister Alfred Enzo hatte der BND richtig eingeschätzt, wer zu den kommenden Leuten zu zählen sei.

Namibia wurde »1990 nach langem und blutigem Dekolonialisierungskonflikt in die formale staatliche Unabhängigkeit gemäß einem UNO-Lösungsplan aus dem Jahre 1978 entlassen«.[30] Kinkels Entscheidung, in Namibia Prioritäten zu setzen, zahlte sich nach der Unabhängigkeit des Staates am 21. März 1990 für die Bundesrepublik dahingehend aus, daß die verbliebene deutschstämmige Mittelschicht ein gutes Reservoir für die wirtschaftliche Zusammenarbeit mit dem armen, aber rohstoffreichen Staat ist. Flankierend sicherte Bonn die Einflußzone auch finanziell ab. Von den 300 Millionen DM Finanzhilfe für Namibia, die die internationale Gebergemeinschaft im Juni 1990 in New York beschloß, trägt die Bundesrepublik ein Drittel. Dazu kommen 40 Millionen DM an jährlicher Entwicklungshilfe.

Experten zählen das westdeutsche Geheimdienstengagement in

Namibia zu den wenigen Fällen, in denen aus Pullach eine langfristige und erfolgreiche Vor- und Perspektivarbeit für politische Ziele der Bonner Außenpolitik erfolgt war.

In »Deutsch-Südwest« – wie in Nigeria – versuchte das Gespann Genscher–Kinkel nationale Interessen Westdeutschlands auch gegen anglo-amerikanische Positionen und damit gegen die USA als Hegemonialmacht in der NATO durchzusetzen. Dabei dominierte das politische Interesse, in den von den alten Global Players besetzten Regionen mindestens auf außenwirtschaftlichem Gebiet gleichzuziehen und damit die Voraussetzungen für ökonomische Machtentfaltung zu schaffen. Auf nachrichtendienstlichem Gebiet ging es Kinkel darum – und dabei mangelte es ihm an Gefolgschaft im Dienst nicht –, aus der traditionellen Rolle des assistierenden Mitspielers in die Position eines Hauptakteurs zu gelangen. Daß dies kein Einzelfall war, werden die Kapitel zur Politik aus Bonn und Pullach gegenüber einigen arabischen Staaten zeigen.

4

Der ganz Nahe Osten
Zwischen Saddam Hussein
und Khomeini

Bei den Aufklärungsprioritäten des Bundesnachrichtendienstes rangierten Mitte der achtziger Jahre die UdSSR und die DDR ganz vorn, die westlichen Staaten lagen auf der sechsstufigen Skala auf Platz 2, Lateinamerika und Fernost firmierten durchgängig mit 3 und Schwarzafrika mit 3 bis 4. Die Staaten im Nahen und Mittleren Osten allerdings wurden fast ausnahmslos auf die Priorität 2 gesetzt. Die politischen, wirtschaftlichen und militärischen Vorgänge dort waren also für Pullach wichtiger als die in den Vorfeldstaaten der UdSSR in Europa.

Daß die Beschaffung von Informationen aus dem arabischen Raum für die Bundesrepublik von so großer Bedeutung war, ist in weiten Teilen dem Bemühen Kinkels als BND-Präsident zu danken. Diese Einstufung wird verständlich, wenn man die Schwerpunkte der FDP-Minister in der sozialliberalen Koalition ins Auge faßt. Sowohl Außenminister Hans-Dietrich Genscher als auch Wirtschaftsminister Otto Graf Lambsdorff und Innenminister Gerhart Baum reisten regelmäßig in arabische Staaten. Selbst den FDP-Abgeordneten Jürgen Möllemann zog es häufig in den Nahen Osten. 1981 besuchte er Libyen und 1982 Saudi-Arabien, nicht ohne dort ein Plädoyer für deutsche Rüstungsexporte an den Golfstaat zu richten. Der FDP-Spitze ging es vornehmlich um die Sicherung der deutschen Ölversorgung und um die Öffnung dieser Märkte für deutsche Exporte.

Denselben Schwerpunkt hatten auch die BND-Aktivitäten in Nah-/Mittelost. Sie sollten die Partnerdienstbeziehungen durch Exporte festigen und flankieren. In der internationalen Geheimdienst-Kooperation des BND nahm die Überlassung und Vermittlung nachrichtendienstlicher Technik, d. h. von Lauschanlagen, Chiffrier- und Übertragungsmitteln, Auswertecomputern etc., großen Raum ein. Die Lieferung von funkelektronischer Ausrüstung war keineswegs uneigennützig, versprach den Deutschen vielmehr einen doppelten Nutzen: Einerseits ließen sich auf diese Weise landeseigene Produkte (vor allem von Siemens) absetzen, andererseits war der BND aufgrund der genauen Produktkenntnis in der Lage, die Schlüssel zu entziffern. Das Abhören und Entschlüsseln der diplomatischen Kommunikation von Partnerdiensten und befreundeten Staaten machte einen wesentlichen Teil des Informationsaufkommens des BND aus und hatte die eigene Deckbezeichnung Gelbstrich-Informationen.

Aus der geheimen Liste der Gelbstrich-Informationszugänge in Kinkels Amtszeit läßt sich ablesen, mit welchen Ländern Pullach ein solches Doppelspiel mit Partnerdiensten betrieb. In Europa waren dies Irland, Italien, Spanien und die Türkei, in Lateinamerika Argentinien, Brasilien und Mexiko, in Schwarzafrika Nigeria, in Fernost Japan, Malaysia und Indien und an arabischen Ländern Ägypten, Irak, Iran, Jordanien, Libanon, Libyen, Marokko, Pakistan, Sudan, Syrien und Tunesien. Kurz – von zweiundzwanzig Gelbstrich-Quellen lag die Hälfte im arabischen Raum.

Schon 1958 hatte der BND die Palastwache des Königs von Saudi-Arabien mit Pistolen und Sprechfunkgeräten ausgestattet. Vertieft wurden die Beziehungen in der zweiten Hälfte der sechziger Jahre mit dem Aufbau und der Schulung des saudischen Geheimdienstes durch den BND. Auch die Saudis zählten zu den Empfängern nachrichtendienstlicher Abhörtechnik aus der Bundesrepublik. Zu Beginn der siebziger Jahre wurde die Residentur in Riad eingerichtet, um die Kontakte zum Saudi External Liaison Bureau als Auslandsnachrichtendienst und dem Al-Mubahith al-'Amma zur Inlandsaufklärung (BND-Deckname GECKO) zu pflegen.

Unter Kinkel führte der BNDler TACKER die Residentur in Dschidda, die auch Verbindung zum Security and Intelligence Service von Dubai (SEESTERN) hielt. Im Laufe von Kinkels Amtszeit kam als Partner noch OTTER hinzu, das Oman Research Department.

Zuständig war die Residentur in Dschidda auch für die Arabische Republik Jemen und deren Nachrichtendienst CANS (Central Apparatus of National Security). Angehörige des CANS – Deckname YETI – bildete der BND auch aus. Doch Pullach arbeitete im Nordjemen nicht nur mit dem Landesgeheimdienst in Sana zusammen, sondern BNDler saßen seit 1965 auch in einer Tarnfirma in Hodeida, der Hafenstadt am Roten Meer.

Merkwürdigerweise wurden unter Kinkel die Kontakte zu Libyen und seinem Nachrichtendienst SKORPION auch von Riad aus wahrgenommen. Unter Kinkels Nachfolger Blum war Tripolis keiner Residentur zugeordnet, bis 1987 eine eigene Legalresidentur in der Hauptstadt Libyens eingerichtet wurde.

Vor Kinkel war Dschidda die einzige BND-Bastion in der Region. Doch vom Ende der siebziger Jahre an agierte in Dubai eine illegale Residentur, die neue Kontakte erschließen sollte. Partnerdienstbeziehungen bestanden von dieser Zeit an zu den Scheichtümern am Golf: zum Security Affairs Directorate der Vereinigten Arabischen Emirate (Deckname SEEIGEL) und zum Security and Intelligence Service von Bahrain (BACHSTELZE).

Zum Staatssicherheitsdienst Kuwaits, dem Mabahith Amn al-Dawla, wurden die Beziehungen allerdings erst von Blum aufgenommen. Er erhielt den Decknamen KUCKUCK.

In Dubai war sich der bundesdeutsche Botschafter von 1977 bis zum Anfang der achtziger Jahre nicht zu schade, selbst in die Niederungen nachrichtendienstlichen Handwerks hinabzusteigen. Immer wenn eine DDR-Regierungsmaschine auf dem Weg in den Südjemen oder nach Äthiopien dort zwischenlandete, trat der schlanke, hochgewachsene Diplomat in Erscheinung. Zum einen versuchte er bei diesen nächtlichen Ausflügen von den einheimischen Grenzbeamten zu erfahren, wer an Bord sei, und regte an, doch einen Teil der Transitpassagiere zu kontrollieren. Zum anderen bat er die arabischen Abfertigungsbeamten mit Erfolg um Schikanen, die daraufhin das Wiederbesteigen der Maschine oft stundenlang blockierten und erst durch den massiven Einsatz arabischsprachiger Mitglieder der DDR-Delegation zur Einhaltung der internationalen Bestimmungen bewegt werden konnten. Wenn das Flugzeug wieder abhob, stand der Botschafter noch weithin sichtbar am Flugfeld. Er muß ein ähnlich erhebendes Gefühl gehabt haben wie mancher Vopo an den Grenzübergangsstellen zur DDR bei seinen Schikanekontrollen.

In Jordanien gibt es mit dem Auslandsnachrichtendienst Da'irat al Mukhabarat al-Amma, einem Inlands- und einem Militärnachrichtendienst die klassische Dreiteilung des gesamtes Bereichs von Spionage und Spionageabwehr.

In Aman wurde erst unter der BND-Präsidentschaft von Gerhard Wessel eine Legalresidentur errichtet. So bildete der BND auch jordanische Geheimdienstspezialisten vom Partnerdienst ZAUNKÖNIG aus. Kinkels Resident war der BNDler WEST.

Syrien hatte fünf Nachrichtendienste, die seit der sozialistischen Orientierung des Staates (Februar 1966) eng mit den WVO-Staaten kooperierten: das National Security Directorate (Auslandsaufklärung), den Staatssicherheitsdienst (Idarat Amn al-Dawla), die al-Amn al-Siyassi (Politische Inlandsaufklärung), den A-Mukahabarat al-Askariyya (Militärischer Sicherheitsdienst) und die Public Security Force CI Branch. Zu keinem dieser Dienste hatte der BND im Kalten Krieg eine Partnerdienstbeziehung. Erst 1989 etablierte Pullach eine Legalresidentur in Damaskus. Offizielles Ziel dieser nachrichtendienstlichen Präsenz war die Zusammenarbeit des BND mit einem der fünf syrischen Geheimdienste bei der Bekämpfung des Drogenhandels.[1]

Unter Kinkel gab es einige illegale Aktivitäten in Syrien, aber keine Dauerpräsenz. Zur Arbeit in den »gefährlichen« Staaten im Nahen Osten nutzte man lieber Zypern als Zwischenbasis, wo sowohl ein diplomatischer wie ein als Unternehmen getarnter Stützpunkt des BND geortet wurde. Zur fernmeldetechnischen Übermittlung von Nachrichten diente die Insel Kreta, wo es eine Verstärkerstation der Deutschen Welle gab.

Der Bürgerkriegsstaat Libanon war Tummelplatz zahlloser ausländischer Geheimdienste: kaum ein wichtiger Nachrichtendienst der arabischen Welt, des Warschauers Vertrags oder der NATO, der hier nicht vertreten war. Dazu gesellte sich ein Ensemble von Landesgeheimdiensten: das Deuxième Bureau (der von Frankreich ausgebildete libanesische Auslandsnachrichtendienst), die Intelligence Squadron 16 der Falangisten (ein Inlandsnachrichtendienst der Republik Libanon), der Mukhabarat Amal (Nachrichtendienst der schiitischen Amal-Milizen), die Aufklärungsabteilung der südlibanesischen Armee (Arm des israelischen Aman), die Intelligence Section der sozialistischen Fortschrittspartei (Drusen) und der GSS (ein Israel nahestehender Geheimdienst der christlichen Milizen Major Haddads).

Während zum Ende der sechziger Jahre der Libanon nur von einer Unterresidentur der Athener Hauptstelle betreut wurde, gab es zum Ende der siebziger Jahre eine selbständige Residentur in Beirut. Unter ihrer Ägide bildete der BND auch libanesische Nachrichtendienstler der Partnerdienste LEGUAN 1 und 2 aus.

In der Ära Kinkel war wegen des Bürgerkrieges die Residentur unbesetzt. Nicht einmal einen ständigen illegalen Posten hatte der BND in Beirut. Nur ein- und ausreisende Operateure hielten Verbindung zu den Nachrichtendiensten der christlichen Milizen und dem Geheimdienst der Armee. Der BND-Offizier Bernhard Olthues aus dem Referat 13 E zum Beispiel – Deckname PAMOS – hatte in Athen ein getarntes Büro, von dem aus er in die Zentrale durchgab, was er bei seinen Abstechern in den Libanon in Erfahrung gebracht hatte.

Im Iran des 1953 von der CIA installierten Schahs bestand von 1960 bis 1979 eine BND-Auslandsresidentur. Von 1960 bis 1965 war dort als Militärattaché BND-Oberst Karl-Otto von Czernicki – Deckname CÄSAR – eingesetzt. Dem Iran half der BND bereits in der zweiten Hälfte der sechziger Jahre bei Aufbau und Schulung des Geheimdienstes. Die Bundesregierung räumte 1977 überdies ein, daß bundesdeutsche Geheimdienste seit 1959 mit der SAVAK zusammenarbeiteten, um Schah-Gegner in der Bundesrepublik auszuforschen.

Mit Khomeinis Ausrufung der »Islamischen Republik« am 1. April 1979 brach der BND-Stützpunkt im Iran zunächst zusammen. Ein letztes Mal konnte der deutsche Dienst in den Revolutionswirren federführend für seine NATO-Partner einspringen, als es um die Ausschleusung der Nachrichtendienstler Kanadas, der USA und Großbritanniens ging. Für diese Leistung erhielt der BNDler von Bentivegni, Deckname JÜRGENS, das Bundesverdienstkreuz.

Zunächst wartete man in Pullach ab, ob es – unterstützt von den USA – einen Putsch des Militärs gegen Khomeini geben würde. Die Analytiker des BND sahen zu dem Zeitpunkt, als der Schah heimlich von Ägypten nach Senegal ging und zugleich ein starker Verband von US-Kriegsschiffen im Golf kreuzte, eine Chance. Aber die Gegenrevolution fand nicht statt.

Im Inland verschaffte sich der BND jedoch gute Zugangsmöglichkeiten zur neuen Revolutionsregierung. Als Sadegh Tabatabai am 15. September 1981 nach Ostberlin einreiste, wurde »der Schwiegersohn des Ajatollah Khomeini« in einem Tagesbericht des Referats 15 der Abteilung II des MfS abgeklopft. Gekommen war der Iraner auf Einladung des syrischen Geschäftsmannes Saeb Nahas, der in seinem Reisebüro am Westberliner Flughafen Mitte der siebziger Jahre palästinensische Studenten für den BND und andere NATO-Geheimdienste rekrutierte. Tabatabai selbst – berichtet das MfS unter Berufung auf Quellen in der Tudeh-Partei – soll während seines Studiums in Westdeutschland »mit imperialistischen Geheimdiensten, insbesondere dem BRD-Geheimdienst, zusammengearbeitet haben«. Und die nachrichtendienstliche Erfahrung beim BND hat ihm offensichtlich zu Hause geholfen. »Gesicherte Erkenntnisse« der DDR-Auslandsaufklärung bescheinigten ihm, »maßgeblich am Aufbau und der Leitung des neuen iranischen Geheimdienstes Savama beteiligt« gewesen zu sein. Obwohl eher gemäßigt in seinen politischen Vorstellungen, pflegte Sadegh Tabatabai seit 1969 Kontakte zu Khomeini, ging 1979 mit ihm nach Teheran zurück und wurde zunächst stellvertretender Innenminister für politische Fragen, später Vizepremier.

Am 3. Januar 1983 wurde der ehemalige BND-Agent Tabatabai mit 1717,6 Gramm Rohopium im Gepäck – Marktwert ca. 40 000 DM – am Flughafen Düsseldorf verhaftet und landete im Untersuchungsgefängnis. Wieder auf freiem Fuß, traf der iranische Spitzenpolitiker sich mit dem Geheimdienstkoordinator Gerhard Ritzel im Bundeskanzleramt. »Ein ganz privater Besuch«, ließ Ritzel wissen, der anschließend Sprechverbot erhielt. Genschers Außenamt bemühte sich inzwischen, dem Gericht deutlich zu machen, daß der Iraner als Sonderbotschafter gar nicht verurteilt werden könne. Für das eigene Haus setzten Experten des AA eine Demarche der iranischen Regierung gleichen Inhalts auf. Der Völkerrechtler Professor Karl Doering zerpflückte vor Gericht die Konstruktion des Auswärtigen Amtes und des Teheraner Außenministeriums, Tabatabai genieße Immunität, weil er als Sonderbotschafter unterwegs sei. Zunächst erklärte auch die iranische Botschaft in Bonn, er sei als »ganz normaler Geschäftsmann« in die Bundesrepublik gekommen. Um den »alten Bekannten« Genschers vor dem Gefängnis zu bewahren, tagte selbst der Bundessicherheitsrat. Im höchsten Geheimgremium der Bundesrepublik einigte man sich darauf, Tabatabai ziehen zu lassen, d. h. auch Helmut Kohl und sein Verteidigungsminister Manfred Wörner stimmten mit Genscher für ein Verfahren[2], das ein hochrangiger Ermittler als Strafvereitelung von Staats wegen bewertet.

Anfang März 1983 verurteilte die 12. Große Strafkammer des Düsseldorfer Landgerichts Tabatabai zu drei Jahren Haft, die er jedoch nicht verbüßen mußte, weil er die Bundesrepublik am Vorabend des Gerichtstermins verlassen hatte. Zur rechtzeitigen Flucht in den Iran hatte ihm Gerhard Ritzel geraten, früher Botschafter in Teheran und nach dem Regierungswechsel in Bonn ab 1982 Geheimdienstkoordinator im Bundeskanzleramt.[3] Ein Insider aus dem Bereich des Generalbundesanwalts bestätigt, daß es 1983 auch aus dem Bonner Justizministerium »Querschüsse« gab, um eine Verurteilung Tabatabais zu verhindern. Dort zog zu diesem Zeitpunkt längst Klaus Kinkel als Staatssekretär die Fäden.

Als er noch BND-Präsident war, hatte Kinkel jedoch keine legalen geheimdienstlichen Beziehungen zum Regime Khomeinis. Die Residentur in Teheran blieb verwaist. Zu dem ehemaligen Partnerdienst bestanden keine Kontakte mehr, obwohl die Revolutionsregierung dort – mit Ausnahme einiger Spitzengeheimdienstler, die sich bei der Verfolgung der Fundamentalisten im In- und Ausland hervorgetan hatten und folglich hingerichtet wurden – dieselben Offiziere beschäftigte wie der Schah vor ihr.[4] Im Bereich der vom BND gedeckten Rüstungsexporte allerdings kamen die Bundesrepublik und der Iran sehr schnell wieder zusammen: Bereits am 11. August 1981 verpflichtete sich die aus Pullach angeleitete Firma Telemit zur Lieferung von Kommunikationstechnik nach Teheran, für die Khomeini 100 Millionen DM an Banksicherheiten hinterlegte.

Beobachtet wurde die Entwicklung in der Region in diesen Jahren um so schärfer, als sich ein Krieg zwischen dem Iran und dem Irak abzeichnete. Der Jahrhunderte schwelende Grenzkonflikt zwischen den beiden Staaten um den Schatt-el-Arab verschärfte sich, nachdem Saddam Hussein am 16. Juli 1979 die alleinige Macht im Irak übernommen hatte und die Aufrüstung des Staates forcierte. Das Revolutionsregime in Teheran hatte sich nach der Geiselnahme amerikanischer Staatsbürger international isoliert, seine Armee war durch die Hinrichtung zahlreicher Spitzenmilitärs geschwächt und steckte tief im nachrevolutionären Chaos.

Kleinere Grenzgefechte gingen am 23. September 1980 nahtlos in den von der irakischen Regierung erklärten Krieg über, die zu diesem Zeitpunkt die Rückendeckung der konservativen arabischen Staaten am Golf und der NATO-Mitgliedsstaaten hatte.

Im »langsamsten Blitzkrieg der Geschichte« versuchten Saddams Streitkräfte, durch konzentrierte Luftangriffe die iranische Luftwaffe auszuschalten und am Boden den Iran von seinen Erdölquellen im Süden abzuschneiden. Trotz erster irakischer Erfolge entstand im Frühjahr 1981 eine Pattstellung an den Fronten.

»Erst im April und besonders im Mai 1982 kam es zu einer eindeutigen Verschlechterung der militärischen Lage des Irak, als der Iran eine neue Offensive unter der Bezeichnung ›Freiheit für Jerusalem‹ einleitete, die in erster Linie die irakischen Kräfte in Khorramshahr am Schatt-el-Arab treffen sollte. Nach mehreren, zunächst stationär verlaufenden Offensiven gelang den Iranern jedoch am 24. Mai 1982 die Einnahme von Khorramshahr. Damit standen 20 Monate nach Beginn des Krieges iranische Streitkräfte am Schatt. Zugleich geriet die zweitgrößte Stadt des Irak und der einzige Großhafen sowie das Zentrum der Erdölvorkommen, Asra, in den Bereich der iranischen Artillerie«,[5] stellt Mir A. Ferdowsi in seinem Buch über den iranisch-irakischen Krieg fest.

Den Experten in der BND-Auswertung war bekannt geworden, daß dieser iranische Gegenstoß am Schatt-el-Arab, über das

Sumpfgebiet bei Abadan erfolgen sollte, und sie schrieben einen entsprechenden Bericht. Doch der fiel bei ihrem Präsidenten nicht auf fruchtbaren Boden. Kinkel wollte nicht an die Erkenntnisse der Abteilung 3 glauben. Wenn nachrichtendienstliche Erkenntnisse seinen politischen Vorstellungen zuwiderliefen, hielt Kinkel oftmals wichtige Informationen zurück, oder er ignorierte sie einfach, erläutert ein ehemaliger Spitzenmann aus Pullach. So auch in diesem Fall.

Es könnte jedoch auch sein, daß ihm die engen Kontakte zum irakischen Geheimdienst den Blick für die Realität verstellt hatten. Denn diese neuen Verbindungen hatte er ganz persönlich begründet und gepflegt.

In der zweiten Hälfte der siebziger Jahre unterhielt die Bundesrepublik nur sehr lose Kontakte zum Irak, weil die Beziehungen zum Schah von Persien das deutsche Engagement in dieser Region dominierten. Wie wenig in dieser Zeit zwischen Bonn und Bagdad lief, wußte die DDR-Auslandsaufklärung sehr genau. Bereits in den späten Siebzigern hatte sie in Westdeutschland vorausschauend für den Bereich des Entwicklungshilfeministeriums einen Studenten der Betriebswirtschaft angeworben, der zunächst wirklich im angepeilten Bereich einen Platz fand, dann aber an das Auswärtige Amt als Pressereferent der deutschen Botschaft in Bagdad ausgeliehen wurde. IM Weber wußte nicht, für wen er spionierte, so daß er nach der Wende in Bonn nicht einmal wegen nachrichtendienstlicher Agententätigkeit, sondern nur wegen Bestechlichkeit verurteilt werden konnte. Die HVA hatte ihn unter falscher Flagge geworben, aber dieses Mal nicht einen westlichen Geheimdienst als Tarnkappe gewählt, sondern die »Interessengemeinschaft Ostarbeit«. Spitzen der deutschen Wirtschaft, suggerierte ihm sein Führungsoffizier, seien direkt daran interessiert, was sich im Entwicklungshilfe- und Außenministerium tue, und auch bereit, für die Lieferung solcher Informationen auf dem kleinen Dienstwege zu bezahlen. »Weber« glaubte, einem Zusammenschluß westdeutscher Konzerne zu nützen, und reimte sich zusammen, für wen er wohl konspirativ tätig sein müsse: für Wolf natürlich – nicht etwa für Markus Wolf, sondern für Otto Wolff von Amerongen natürlich. Die HVA ließ ihn in diesem Glauben.[6]

Kurz bevor »Weber« wieder aus Bagdad abgezogen wurde, zeichnete sich auf irakischer Seite ein deutlicher Willen zur Veränderung des eher lockeren Verhältnisses zur Bundesrepublik ab. Eine Geheime Verschlußsache des Militärischen Nachrichtendienstes der DDR (A 482 102) vom 28. Oktober 1978 berichtet, daß sich der Irak offiziell an das Bonner Außenministerium gewandt habe. Einerseits wünschten die Iraker sich die Ausbildung einiger ihrer Offiziere an einer Hochschule der Bundeswehr[7] und die Schulung von Militärärzten, andererseits zeigten sie sich generell daran interessiert, die einseitige Abhängigkeit von Waffenlieferungen aus der Sowjetunion durch Rüstungsimporte aus der Bundesrepublik abzubauen.

Als diese Wunschliste in Bonn eintraf, war Klaus Kinkel noch Leiter des Planungsstabes im Auswärtigen Amt. Und so war er gut gerüstet, was die irakischen Erwartungen betraf, als er nach knapp sechs Monaten im Amt des BND-Präsidenten in Begleitung des BKA-Chefs Heinrich Boge nach Bagdad flog.

Doch der Besuch war schlecht vorbereitet – schließlich gab es noch keinen BND-Residenten vor Ort –, und so dauerte es drei Tage, bis Kinkel und Boge in Verhandlungen mit dem irakischen Innenminister, Dr. Fadehel Al Barak, und mit dem Geheimdienstchef des Landes, einem Halbbruder Saddam Husseins, eintreten konnten.

Bei seiner Zeugenvernehmung am 30. Mai 1986 durch die Staatsanwaltschaft beim Münchner Landgericht räumte Boge ein, daß die Kontakte, die er 1979 im Auftrag des Bundesinnenministers zu seinem Amtskollegen in Bagdad knüpfte, über Abdul Moniem Jebara, Kaufmann in München und Schulfreund Saddams, und den LKA-Mann aus München, Wilhelm Schmutterer, hergestellt und gepflegt wurden.

Als mögliche Gegenleistung für die Erfüllung der irakischen Wünsche nach Ausbildungs- und Ausstattungshilfe für Geheimdienstler, Polizisten und Offiziere verlangten Kinkel und Boge die Hilfe des Irak bei der Bekämpfung des Terrorismus. Anlaß dazu gab es genug. In mindestens drei Fällen mußten die deutschen Sicherheitsbeamten den Verdacht hegen, daß der Irak Ausgangspunkt oder mindestens Transitland für diesen Terrorismus war, wie die Frankfurter Rundschau berichtete: »Die Entebbe-Attentäter reisten mit Bagdad-Tour von dort nach Athen, die Entführer der Lufthansa-Maschine ebenfalls von Bagdad nach Mallorca, und auch die in Holland verhafteten Deutschen Wackernagel und Schneider hielten sich in Bagdad auf.«[8]

Ganz konkret ging es um die Rote Armee Fraktion (RAF). Zwar hat der irakische Diktator niemals RAF-Angehörige an die Bundesrepublik ausgeliefert, sie aber immerhin später in den Jemen abgeschoben. Als Kinkel und Boge mit der Lufthansa LH 611 von Bagdad nach Frankfurt zurückflogen, hatten sie den Einstieg in neue Partnerdienstbeziehungen geschafft, und die Taufpaten in Pullach durften sich eine neue Deckbezeichnung für die irakischen Freunde ausdenken: KROKODIL.

Die Bundesregierung dementierte Ende Juni 1979, daß Druck aus den USA und Israel Bundesaußenminister Genscher bewogen habe, seinen für den 19. Juni geplanten Besuch in Bagdad zu verschieben und vom nächstmöglichen Termin, dem 4. bis 6. Juli 1979, auf den September auszuweichen. Allein Bonner Verpflichtungen zwängen den Vizekanzler, am Rhein zu bleiben,[9] hieß es. Die ostdeutsche Auslandsaufklärung registrierte darauf, daß Genscher sich am 3. Juli 1979 in Bagdad aufhielt, um dort einen Vertrag zur wissenschaftlich-technischen und wirtschaftlichen Zusammenarbeit zu unterzeichnen.

Mitte Juli 1979 hatte Saddam Hussein sich nicht nur im Innern durchgesetzt, sondern auch die außenpolitischen Weichen nach seinen Wünschen gestellt: Bei der Vorbereitung auf den Krieg gegen den Iran konnte er die einseitige Abhängigkeit von sowjetischer Rüstungshilfe abbauen, die später auch an den Kriegsgegner Iran ging. Bei den konservativen Golfstaaten und den NATO-Staaten USA, Frankreich und Bundesrepublik hatte er Unterstützung gefunden, und das sogar in seinem ureigensten Bereich:

Groß geworden war Saddam nämlich als brutaler Geheimdienstmann. 1968 war bei einem Putsch der nationalistischen Bath-Partei Ahmad Hasan Al Bakr an die Macht gekommen, unterstützt vom Chef des Militärgeheimdienstes und späteren Verteidigungsminister, Oberstleutnant Ibrahim al-Daud. Al Bakr beauftragte Saddam Hussein mit dem Ausbau des 1964 gegründeten Geheimdienstes der Bath-Partei. Zum Führer dieses Jihaz Hanien – »das Sehnsuchtsinstrument« –, unter dessen Kontrolle die übrigen Geheimdienste und die Polizei ausgebaut wurden, ernannte Saddam Nadum Kzar, der für die brutale Unterdrückung insbesondere der kommunistischen und kurdischen Opposition seit 1963 bekannt war. Kzar selbst fiel 1973 einem Komplott Saddams zum Opfer, der anschließend den Parteigeheimdienst säuberte und reorganisierte.

Als Nachfolgeorganisation des Jihaz Hanien wurde unter der Führung des Halbbruders von Saddam, Barzan Ibrahim, und Saddams Freund Daadun Shaker der Parteiinformationsdienst Mukhabarat (Amn El Hz) gegründet, das Amt Amn al Amn und der Amn Al Khass als innere Sicherheitsbehörden und der Istikbarat als Militärgeheimdienst.

Auch innenpolitisch gab es für den deutschen Vorstoß gute Voraussetzungen. 1979 startete die Bath-Partei eine systematische Kampagne gegen die Kommunisten und nach dem Regimewechsel in Teheran auch gegen die Schiiten. Deportation, Folter und Mord waren an der Tagesordnung. »Durch das systematische Vorgehen des Geheimdienstes unter Saddam Hussein wurde der Terror wirksamer denn je. Die Einschüchterung der Opposition und der Bevölkerung im allgemeinen hatte eine bisher unbekannte Dimension erreicht. Die Verfolgung war nicht gegen die gesamte Opposition gleichzeitig gerichtet, sondern sie wurde in jeder Periode auf bestimmte oppositionelle Gruppen beschränkt«,[10] schreibt Issam A. Sharif in seinem Buch über Saddam Hussein.

Die irakische Geheimdienstzentrale im Bagdader Stadtviertel Mansur wurde im Zweiten Golfkrieg Anfang 1990 nur beschädigt. Am 26. Juni 1993 aber wurde durch einen Raketenangriff mit 23 US-Cruise-Missiles, die von den Zerstörern »Peterson« aus dem Roten Meer und »Chancellorsville« aus dem Persischen Golf abgeschossen worden waren, das Hauptquartier der Nachrichtendienste, so US-Stabschef Powell, »unbrauchbar gemacht«. Als unerwünschter Nebeneffekt kamen in Bagdad wiederum zahlreiche Zivilisten ums Leben.

Als Rechtfertigung für den nächtlichen Angriff diente der geplante Anschlag auf US-Präsident Bush und die in Kuwait versammelten amerikanischen und arabischen Spitzenpolitiker am 14. April 1993 mittels einer Autobombe mit 80 Kilogramm Sprengstoff. Zwei Iraker als Leiter der Operation und ihre zwölf Helfershelfer wurden in der Hauptstadt des Ölscheichtums gefaßt und sowohl von FBI und CIA als auch von kuwaitischen Sicherheitskräften verhört. Die Verhafteten gestanden den Kuwaitis – unter der Folter, wie eingeräumt wurde –, sie seien in Basra vom irakischen Geheimdienst mit dem Anschlag beauftragt worden. Als weiteres Indiz dafür, daß die Hintermänner in Bagdad sitzen, präsentierte die CIA Bombenbestandteile, die angeblich mit solchen aus dem Arsenal des irakischen Geheimdienstes große Ähnlichkeit hatten.[11]

Kohls Regierungssprecher Dieter Vogel rechtfertigte in der Bundespressekonferenz den Raketenanschlag als einen Akt der Notwehr.[12] Doch seine Auffassung, was zur Abwehr von »Staatsterrorismus« erlaubt ist, ist sehr gewagt. Schließlich hatte die US-Regierung im Geheimdiensthaushalt 1993 die geplanten Aufwendungen zum Sturz des irakischen Staatschefs von 15 auf 40 Millionen US-Dollar erhöht.[13] Nach Vogels Interpretation des Völkerrechts hätte der Irak also, wenn auch möglicherweise nicht die Mittel, so doch das Recht zu Anschlägen auf das Hauptquartier der CIA in Langley, USA.

Heftig kritisiert wurde das Bombardement von SPD-Vertretern und auch vom FDP-Abgeordneten Jürgen Möllemann, der es als »völkerrechtlich sehr fragwürdig und strategisch dumm« wertete. Dessen Parteifreund, Außenminister Klaus Kinkel, betonte dagegen, er sei sich mit dem Kanzler einig, daß der Angriff eine »berechtigte Reaktion« auf einen »verabscheuungswürdigen Akt des Terrorismus« sei.[14]

Zu diesen »Terroristen« hatte Klaus Kinkel höchstpersönlich enge Beziehungen aufgebaut und sie durch die Schaffung einer Legalresidentur des BND mit dem Residenten SOLLINGER in Bagdad gekrönt.

Die Bundesrepublik exportierte in großem Umfang nachrichtendienstliche und militärische Technik in den Irak, im Zeitraum von 1981 bis 1989 nach Angaben des Bundeswirtschaftsministers elektronische Systeme wie Computer, Radare und Chiffriergeräte im Wert von etwa 500 Millionen DM.[15] Die technischen Einrichtungen, die durch den US-Raketenangriff im Juni 1993 zerstört wurden, stammten zum großen Teil aus den westdeutschen Lieferungen, für die Klaus Kinkel die Rahmenbedingungen geschaffen oder die er teilweise sogar selbst ausgehandelt hatte.

Enge Partnerdienstbeziehungen werden durch Besuche auf höchster Ebene gepflegt, und so weilte der irakische Innenminister am 24. April 1982 bei Klaus Kinkel in Pullach. Das WDR-Fernsehmagazin MONITOR berichtete im August 1990, Shakir Mahmut habe Kinkel dabei um die Erlaubnis gebeten, soeben in München gekaufte Armeepistolen im Wert von 180000 DM ohne Exportgenehmigung mit in den Irak zu nehmen. Der BND-Präsident habe gelacht und versichert, die Waffen könnten ohne Ausfuhrpapiere in die Privatmaschine Shakirs verladen werden.

MONITOR mußte am 18. September 1990 eine Gegendarstellung senden, in der Staatssekretär Kinkel behauptete: »Davon, daß der irakische Innenminister anläßlich seines damaligen Besuchs Armeepistolen im Wert von 180000 D-Mark bei einer Firma Krausser gekauft haben soll und bei seiner Rückreise von München ausführen wollte, war mir überhaupt nichts bekannt.«

Am 6. April 1991 nahm die Münchner Abendzeitung die Vorwürfe wieder auf und belegte sie mit Quittungen und Zeugenaussagen,[16] ohne daß der bereits zum Justizminister aufgerückte Klaus Kinkel juristische Maßnahmen ergriff.

Insgesamt kaufte Shakir auf Rechnung der Beschaffungsbehörde seines Innenministeriums ERDALAB 90 Revolver Smith & Wesson für 58 968,60 DM, 75 FN-Pistolen für 87 934,50 DM, zwei Pistolen vom Typ Walther für 6200 DM sowie Jagdgewehre, Messer, Handschellen und Holster für 32 484,70 DM.[17] Doch nur für 50 Revolver S & W hatte Waffen Krausser bereits am 22. Oktober 1981 eine Ausfuhrgenehmigung beantragt und am 15. Januar 1982 auch erteilt bekommen, deren Lieferfrist am 22. April 1982 endete.[18] Dennoch konnte der irakische Innenminister alle ausfuhrpflichtigen Waffen in den Irak mitnehmen. BND-Oberst Joachim Phillip und Polizeidirektor Wilhelm Schmutterer waren sowohl beim Kauf dabei als auch beim Einschmuggeln der Rüstungsgüter über das Osttor des Flughafens Riem und dem anschließenden

Verladen der Waffen in die Privatmaschine des irakischen Besuchers.

Hätte Kinkel nicht selbst die Erlaubnis zur illegalen Ausfuhr gegeben – was viele Zeugen bestätigen –, dann hätte er als BND-Präsident ein Verfahren gegen seinen Oberst Phillip einleiten müssen. Der hatte überdies Waffen Krausser mit Schreiben vom 26. April 1982 mitgeteilt, die »Waffen wurden rechtmäßig erworben und sind von meiner Behörde einem hohen ausländischen Staatsgast als Geschenk überlassen worden«. Vor Gericht berief sich der Bundesnachrichtendienst vorsichtshalber auf eine »umfassende Geheimhaltungspflicht«, die für den BND-Mann auch nach seiner Pensionierung gelte.[19]

Im Kern ging es bei der Visite Shakirs natürlich nicht um einen Einkaufsbummel für Jagdwaffen, sondern darum, daß sich der irakische Innenminister einer breiten Unterstützung Westdeutschlands bei dem Ausbau seines Repressionsapparates versichern wollte. Und er bekam sie.

Irakische Polizeioffiziere wurden in den Polizeischulen in Augsburg und in Rosenheim ausgebildet und absolvierten Lehrgänge beim Landeskriminalamt (LKA) in München. Nachdem die Zusammenarbeit Anfang der achtziger Jahre institutionalisiert worden war, schrieb der bayerische Ministerpräsident Franz Josef Strauß am 3. November 1983 einen Brief an den Bundesinnenminister, seinen CSU-Parteifreund Friedrich Zimmermann. Er wollte sicherstellen, daß die irakisch-deutsche Zusammenarbeit auf dem Polizeisektor exklusiv vom Bundesland Bayern organisiert würde, und zeigte sich »grundsätzlich bereit, Spezialisten der bayerischen Polizei für einige Tage nach Bagdad zu entsenden«. In einer Antwort des bayerischen Innenministeriums auf eine parlamentarische Anfrage der Grünen zur Polizeihilfe an ausländische Staaten räumte 1991 der damalige bayerische Innenminister, Edmund Stoiber, polizeiliche Ausbildungs- und Ausstattungshilfe Bayerns für 17 Staaten von Ägypten bis Tansania zwischen 1985 und 1990 ein.[20] Drei Monate nach Ende des Golfkrieges unter UN-Flagge Anfang 1991 verschwieg er jedoch die Hilfe für die Polizei Saddam Husseins, die noch 1986 durch Besuche bayerischer Verfassungsschützer in Bagdad geleistet wurde.

Kinkel verschaffte Shakir nicht nur Unterstützung von dritter Seite, sondern der Bundesnachrichtendienst bildete auch selbst Geheimdienstoffiziere Saddam Husseins aus. In der BND-Schule für den höheren Dienst, einer Villa am Haarsee bei Weilheim in Oberbayern, fanden mehrere Lehrgänge für Nachrichtendienstler aus dem Irak statt.

Kinkel selbst rechtfertigte, nachdem die Medien fortgesetzt über sein Engagement für Saddam Hussein berichtet hatten, 1993 diese Kooperation damit, daß sie zu dieser Zeit »vernünftig« gewesen sei. Für eine beschränkte Zeit, so Kinkels Staatsminister im Auswärtigen Amt, Norbert Schäfer, habe man den Irak unterstützt. Die »beschränkte Zeit« umfaßte etwas mehr als ein Jahrzehnt, von der Revolution im Iran bis zu den Vorkriegsmonaten des Zweiten Golfkrieges. Wie »vernünftig« sie war, läßt sich schon an der allseitigen Klage der NATO-Staaten in und nach diesem Krieg ablesen, daß es mangels einer über Splittergruppen hinausgehenden Opposition keine Alternative zu Saddam Hussein gebe.

Und auch dazu hat Klaus Kinkel einen erheblichen Beitrag geleistet, indem er die irakischen Geheimdienste bei der brutalen Zerschlagung der Opposition im In- und Ausland unterstützte. »Der militärische Informationsdienst wurde mit der Verfolgung feindlicher Elemente im Ausland und Anknüpfung von Kontakten zu notwendigen Quellen für die Besorgung von Informationen und die Lieferung von Geräten und Materialien für die Militärindustrie betraut«,[21] schreibt Issam A. Sharif.

Diesen wichtigen Teil der deutsch-irakischen Zusammenarbeit kann man im Urteil des Verwaltungsgerichts Berlin vom 28. Februar 1983 nachlesen. Das Gericht maß der Aussage des Sachverständigen von Sternberg-Spohr »entscheidendes Gewicht« bei, der aus einem Gedächtnisprotokoll zu einer Besprechung im Auswärtigen Amt aus dem Jahre 1981 berichtete, es gebe seit Juli 1979 eine Übereinkunft mit dem Irak bei der Kontrolle der Opposition. Nach dieser Vereinbarung erfolgte ein Nachrichtenaustausch insbesondere über die kurdischen Gegner des Regimes.

Schon bei seinem ersten Besuch in Bagdad 1979 hat Klaus Kinkel diese Zusage gegeben, der zufolge Informationen über die in der Bundesrepublik lebenden Iraker, insbesondere Oppositionelle und Asylbewerber, direkt an die Verfolgerbehörden gegeben werden sollten. Ganze Aktensammlungen, die auch alle Asylanträge von Irakern enthielten, wurden nach Bagdad übermittelt oder – in einigen Fällen – vom BND-Präsidenten eigenhändig an hohe irakische Geheimdienstler weitergereicht. Die Kontakte zum Irak, insbesondere in Fragen der Terrorismusbekämpfung und der Verfolgung Oppositioneller, unterhielt der Leiter von Kinkels Referat für Sonderoperationen, Gerhard Güllich, Deckname STAMMBERGER.

Die nachrichtendienstlichen Beziehungen zwischen dem Irak und der Bundesrepublik waren Anfang der achtziger Jahre so stabil, daß sie auch Belastungen vertrugen. Als in Westberlin drei irakische Diplomaten festgenommen worden waren, die zu einem jüdischen Kongreß mit Bomben angereist waren, schaltete Bagdad Jebara ein. Der irakische Kaufmann aus München rief BKA-Chef Boge an und drohte mit einer schwerwiegenden Verschlechterung der Beziehungen, wenn die irakischen Diplomaten nicht aus dem Gewahrsam der Berliner Polizei freikämen. Heinrich Boge spurte: Drei Tage nach ihrer Verhaftung saßen die Iraker in Berlin in einem Flugzeug nach Bagdad. Vorsorglich meldete Boge die Abschiebung telefonisch vor Abflug der Maschine nach München – mit der Bitte um sofortige Weiterleitung nach Bagdad.[22]

Jebara betrachtete die Freilassung der potentiellen Attentäter als gerechte Gegenleistung für die Befreiung von drei deutschen und zwei österreichischen Geiseln aus den Händen eines irakischen Kurden. Ein Cousin des Kurdenführers Talabani hatte seine deutsche Ehefrau umgebracht, nachdem sie ihn betrogen hatte. Nach seiner Flucht aus der Justizvollzugsanstalt Straubing nahm er im Irak Geiseln und forderte von der deutschen Botschaft im Iran für deren Freilassung Geld und Medikamente. Die Geiseln wurden jedoch von einer irakischen Spezialeinheit unversehrt befreit. Gelernt hatte das Sonderkommando Saddam Husseins solche Einsätze bei einer GSG-9-Ausbildung. Auch die hatte BND-Präsident Kinkel – wie aus den Unterlagen der 2. Strafkammer des Landgerichts München I zum Fall Jebara hervorgeht – den Irakern 1981 vermittelt.

Konkret empfahl der BND den Irakern auf deren seit 1981 vorgetragenen Wünsche die Hamburger Firma Wenzel Hruby Communication Equipment GmbH. Am 3. März 1982 unterzeichnete Ibrahim S. Ali als Vertreter des irakischen Innenministeriums in den Hamburger Geschäftsräumen der Firma zwei Geheimverträge zur Ausbildung und waffentechnischen Ausstattung seiner Sondereinheiten im Umfang von etwa 10 Millionen DM. Von Mai bis August 1982 fand die Ausbildung im Irak statt, und das Hamburger Unternehmen lieferte auch die zugesagten Ausrüstungen – unter anderem 32 Daimler-Benz 380 SE und 280 GE, diverse weitere Fahrzeuge, Videoausrüstungen und Schießstände, Sprengstoff und Munition, darunter 5000 Blendgranaten (Mogadischu-Bomben). Nur bei der vereinbarten Lieferung von 600 Maschinenpistolen MP5 und 125 G-3-Gewehren kam es zu Schwierigkeiten. Die Bundesregierung erteilte keine Ausfuhrgenehmigung, da der Irak sich im Kriegszustand befand. Ebenso erfolglos war der Versuch von Hruby, solche Waffen über Heckler und Koch in London zu besorgen.[23] Letztlich konnte er wenigstens 125 Scharfschützengewehre bei Steyr in Wien beschaffen.

Für die Ausbildung gewann das Hamburger Unternehmen als Chef eines achtköpfigen Teams den GSG-9-Mann Ludwig Heerwagen, der bereits vom Februar 1981 bis zum Februar 1982 in Saudi-Arabien Antiterroreinheiten trainiert hatte. In seinem Erfahrungsbericht vom September 1982 über die Ausbildung der Spezialeinheit, die »allen terroristischen Aktivitäten im Landesinnern entgegenzutreten« hatte, zeigte Heerwagen sich durchgängig unzufrieden mit seinen irakischen Schülern: Höchstens 10 Prozent hätten die körperlichen Voraussetzungen gehabt, die Iraker seien kampfungewohnt, niemand beherrsche seine Waffen, und Auffassungsschwierigkeiten bei der Taktik sowie Schwächen im Führungsverhalten seien an der Tagesordnung gewesen.

Die weitere Abwicklung des Vertrags stockte, nachdem er zu einem Viertel erfüllt war, und so kündigte die Firma Wenzel Hruby ihn im September 1982 endgültig auf.

Die Schulung von Polizei und Spezialeinheiten, die Ausbildung von Militärs und Geheimdienstlern war jedoch nur Beiwerk zum

Rüstungsexport aus Westdeutschland in den Irak, der von 1980 an nachhaltig anstieg.

Das ganz harte Kriegsmaterial wurde dabei häufig über den Umweg Frankreich, d. h. über Coproduktionen deutscher und französischer Firmen, exportiert. Von der Panzerabwehrlenkrakete HOT gelangten so bis 1983 265 Startanlagen und 10 953 Flugkörper, von der MILAN bis 1984 372 Startanlagen und 12 386 Flugkörper, vom Flugabwehrraketensystem ROLAND bis 1983 133 Startanlagen mit 4250 Flugkörpern an die irakischen Streitkräfte. 50 Prozent des Gewinns jedoch blieben im Inland bei der Münchner Rüstungsschmiede MBB.

Diese Zahlen entstammen einem Geheimbericht, den Bundeswirtschaftsminister Jürgen Möllemann 1991 erarbeiten ließ. Insgesamt sind nach dem Papier aus seinem Hause von 1981 bis 1990 unter den drei FDP-Wirtschaftsministern Otto Graf Lambsdorff, Martin Bangemann und Helmut Haussmann deutsche Rüstungsgüter für 1,3 Milliarden DM an den Irak gegangen. Die außenpolitische Unbedenklichkeit war jeweils vom Hause Genscher bescheinigt worden.

Zahlreiche Parlamentarier, die eine für den öffentlichen Gebrauch geglättete Version des Berichts erhielten, konnten sich des Verdachts nicht erwehren, hier seien ohnehin bekannte Einzeldaten zusammengetragen worden und der Bericht verschleiere weitere Exporte. Daß dieser Verdacht zutrifft, beweist ein näherer Blick allein schon auf eine der aufgeführten Kategorien: Bei den genehmigten Exporten in den Irak listete Möllemanns Haus 111 militärisch einsetzbare LKWs im Wert von 48,761 Millionen DM auf. Die Referenzliste der Spezialfirma für die Seilwinden von Panzertransportern, der Rotzler GmbH & Co aus Steinen, spricht da schon eine andere Sprache: Allein MAN exportierte 1981 155 Panzertransporter in den Irak, die Firma Scamell mit deutscher Seilwindentechnik 1981 150, 1982 786 und 1983 100 solcher Fahrzeuge und die Firma Faun 1984 noch einmal 100 Stück. Daimler-Benz schob dann bis Mitte 1990 noch einmal 26 Zugmaschinen für Schwertransporter nach, die zu Abschußrampen für SCUD-Raketen umgebaut wurden.[24]

Seit dem Zweiten Golfkrieg gibt es – häufig gestützt auf Informationen, die die CIA in die Öffentlichkeit spielte – eine Serie von Prozessen, in denen westdeutsche Unternehmen wegen illegalen Handels mit Waffen und Dual-use-Gütern zugunsten Saddam Husseins und anderer arabischer Diktatoren angeklagt werden. Nachweislich – wie im Fall des Managers der Hamburger Firma W. E. T., Peter Leifer – hatte der BND in einigen Fällen auch dabei die Hand im Spiel.[25]

Im Verfahren gegen den Kaufbeurener Unternehmer Anton Eyerle, der über seine Firma Rhein-Bayern Fahrzeugbau illegal Raketenzünder und Anlagenteile zur Giftgasherstellung für etwa 30 Millionen DM in den Irak geliefert hatte, wollten die Verteidiger des Angeklagten den ehemaligen Bundesaußenminister Hans-Dietrich Genscher und Ex-BND-Chef Klaus Kinkel als Zeugen zum Beweis dafür vernehmen lassen, daß die Telemit von 1978 bis 1986 für etwa 100 Millionen DM zum Teil falsch deklarierte Rüstungsgüter mit Wissen und Erlaubnis der Bundesregierung an Saddam Hussein geliefert habe.

Bei der nichtöffentlichen Vernehmung der beiden FDP-Spitzenpolitiker 1994 in Bonn, deren Ergebnisse im Augsburger Gerichtssaal später vorgetragen wurden, hatte Genscher nur eine »blasse Erinnerung« an Exportersuchen der Firma Telemit. Bei der »Vielzahl von Entscheidungen«, die täglich auf ihn zugekommen seien, meinte der Ex-Außenminister, könne er sich an Einzelheiten nicht erinnern. Doch allein die Telemit zwang Genscher zu einer Vielzahl von Entscheidungen. Zwischen 1973 und 1989 legte sie dem Auswärtigen Amt insgesamt 103 Ersuchen um die Unbedenklichkeit von Rüstungsexporten nach Irak und Iran, Libyen und Syrien, Jordanien und Saudi-Arabien vor, von denen nur acht abgelehnt wurden.[26] Der amtierende Außenminister Kinkel gab vor, noch weniger zu wissen. Er könne nicht ausschließen, daß er das Wort »Telemit« einmal gehört habe, war alles, was er zur Wahrheitsfindung beitragen wollte.

Um so genauer konnte Jebara dem Augsburger Gericht berichten, daß Klaus Kinkel seinerzeit genaue Kenntnis der Irakgeschäfte hatte, die nicht zum Schaden der FDP gewesen seien. Im Anschluß an die Gerichtsverhandlung wurde Jebara verhaftet, weil die Zusicherung freien Geleits nur für den 15. Juni 1994 gegolten habe. Da er aber nicht diesen, sondern aus beruflichen Gründen einen späteren Termin wahrgenommen hatte, schien seine Festnahme aufgrund des Ausweisungsbeschlusses von 1990 begründet. Der Iraker aus Österreich war jedoch schnell wieder frei, nachdem sich das bayerische Justizministerium eingeschaltet hatte. Die Festnahme war offensichtlich ein Warnschuß für den »frechen Jebara« (SPIEGEL), der seit 1990 regelmäßig Kinkels Ansehen befleckt. [27]

Das Bundeswirtschaftsministerium hat 1991 als quasi ausgleichendes Element auch ostdeutsche Rüstungsexporte in den Irak in seinen Bericht aufgenommen. So habe CarlZeissJena Tagzielgeräte für Kampfpanzer T-72 aus polnischer und tschechischer Fertigung an den Irak geliefert. Die Zentrale Ermittlungsstelle Regierungs- und Vereinigungskriminalität (ZERV) in Berlin konnte im Oktober 1992 nähere Angaben zu den Partnern des volkseigenen Betriebes in Jena vorlegen. Die Exporte liefen über den Außenhandelsbetrieb des KoKo-Imperiums IMES, der dabei wie die Firma Carl Zeiss auch mit zwei westdeutschen Unternehmen zusammenwirkte: der Wild Leitz Vertrieb Deutschland GmbH in Frankfurt, bei der Eike Barschel, der Bruder des ermordeten schleswigholsteinischen Ministerpräsidenten, bis 1988 der für die IMES-Kontakte zuständige Abteilungsleiter war, und der Telemit Electronic GmbH in München.

Auch bei der Telemit spielte der Münchner Kaufmann Abdul Jebara eine Schlüsselrolle. Das Landgericht München verurteilte ihn im Februar 1988 auch wegen Steuerhinterziehung, die darin bestand, daß er zwischen 1980 und 1983 erhaltene Provisionen für die Vermittlung von Rüstungsexporten nicht in seiner Einkommensteuererklärung angegeben hatte. Das Gericht sah es als erwiesen an, daß er 1980 100 000 DM, 1981 700 000 DM, im folgenden Jahr 1,05 Millionen und 1983 2,295 Millionen DM aus solchen Geschäften erhalten habe. Insgesamt ermittelten die Richter 4,316 Millionen DM an Provisionen der Firma Telemit und ihrer Tochter Astro-Technik. 15 Prozent des bezahlten Rechnungsbetrages sollte Jebara nach dem im Oktober 1979 mit dem Telemit-Geschäftsführer Wolfgang Knabe geschlossenen Vertrag erhalten. Demnach hätte die Telemit allein durch Jebaras Vermittlung für etwa 28,7 Millionen DM Rüstungsgüter an den Irak verkauft: Nachtsichtgeräte und Funkanlagen für die Streitkräfte – Wanzen, Aufspürgeräte für Wanzen, Abhöranlagen und Chiffriergeräte für Saddams Geheimdienste.

Von 1985 an bröckelten die Geschäftsbeziehungen zwischen der Telemit und dem Irak. Vorher aber konnte das Münchner Unternehmen noch aufgrund einer Vereinbarung vom Oktober 1984 dem Verteidigungsministerium in Bagdad im Februar 1985 noch für 5000 Feldtelefone 3,717 Millionen DM in Rechnung stellen.

Als der Geschäftsführer der Telemit, Wolfgang Knabe, im April 1985, wenige Tage nach der Rückkehr von einer Reise nach Libyen, 58jährig an Herzversagen starb, dankten ihm in einer Todesanzeige vom 10. April 1985 Verwaltungsbeirat, Geschäftsleitung und Belegschaft der Telemit Electroning GmbH, der Telemit Engineering GmbH, der Microtronic Television GmbH und der Astro-Technik GmbH für den 25jährigen persönlichen Einsatz. Mit vorbildlicher Schaffenskraft habe er die Unternehmen aus kleinsten Anfängen heraus aufgebaut und die heutige Position der Unternehmensgruppe geschaffen.

Laut Handelsregister wurde der Gesellschaftervertrag für die Telemit Electronic GmbH am 10. Februar 1965 geschlossen. Zu Geschäftsführern wurden neben Knabe Herbert Mittermayer und Harald von Unger bestellt, der 1973 bereits wieder ausstieg. Das Stammkapital betrug drei Millionen DM, als Firmenzweck wurde »die Herstellung und der Vertrieb von Nachrichtengeräten aller Art« vermerkt.

In der Firma hatten sich offensichtlich nachrichtendienstliche Experten zusammengefunden. Wolfgang Knabe war zuvor Zivilangestellter der US-Army und dort als Abhörspezialist eingesetzt. Da erst mit den Notstandsgesetzen das Recht zum Abhören innerdeutscher Telekommunikation an westdeutsche Sicherheitsbehörden fiel, hatte Knabe vorher im amerikanischen Auftrag in deutschen Leitungen gesessen.

Auskunft über Mittermayer meinte Franz Weinzierl geben zu können. Der betrieb seit 1975 in Crailsheim das Labor für Physik und Elektronik. Auch wenn er seinen überwiegend von SEL abgeworbenen Entwicklern vorgaukelte, sie arbeiteten an Abhörgeräten, mit denen Ärzte Patienten überwachen könnten, die sich im Park einer Klinik ergingen, war den Spezialisten bald klar, daß sie in Wirklichkeit für eine ganz andere Abhörbranche tätig waren. Fast wöchentlich flog Weinzierl zu seinem wichtigsten Abnehmer, der Telemit, nach München. Im Vertrauen erzählte er dann einigen Mitarbeitern, er habe dort den Zugang zur Schlüsselfigur der Firma, zu Mittermayer, und der sei nun einmal ein »Mann des MAD«.

Im Oktober 1974 gründete die Telemit eine Tochter mit 100 000 DM Stammkapital, die Microtronic Television GmbH, in Raum- und Personalunion mit der Mutter. Die Mutterfirma expandierte und entwickelte sich zu einem wichtigen Lieferanten der Bundeswehr für Verschlüsselungs- und Kommunikationstechnik. Am 6. Juni 1975 beschloß die Gesellschafterversammlung die Aufstockung des Stammkapitals auf acht Millionen DM. Der »Mann des MAD« machte einen guten Schnitt, als er seine Anteile an der Telemit Electronic verkaufte. Zwar war Mittermayer vom 25. Februar 1976 an nicht mehr Geschäftsführer, aber er blieb – zeitweise auch als Repräsentant der Firma in Bagdad – dem Unternehmen erhalten.

Bis Dezember 1986 steckte nach Angaben von Otto Schlecht, Staatssekretär im Wirtschaftsministerium, aus dem Jahr 1989 hinter der Telemit nach Kenntnis der Bundesregierung ein Unternehmen mit Sitz in der Schweiz und eines in Liechtenstein. Doch der Schweizer Treuhänder und die Briefkastenfirma in Liechtenstein hatten 1976 den Münchner High-Tech-Betrieb für die Lafico (Libyen Arab Foreign Investment Corporation) erworben.

Nach dem Bericht des Wirtschaftsprüfers der Telemit zum Jahresabschluß 1985 waren an der Telemit Electronic die Telemit AG in Glarus mit 28,7 Millionen, d. h. zu 87 Prozent, und die Jubel Trust in Mauren (Liechtenstein) mit 4,3 Millionen, d. h. 13 Prozent, beteiligt. Den 33 Millionen an Stammkapital standen aber 23,5 Millionen DM an langfristigen Darlehen gegenüber, von denen die Telemit AG in Glarus nur drei und der Jubel Trust eine gewährt hatten. Mit 19,5 Millionen DM stand das Unternehmen bei anderen Darlehensgebern in der Kreide: Bei der Firma Socintec mit drei, bei der Bayerischen Raiffeisen-Zentralbank AG mit 1,5 und bei der Contrust mit 15 Millionen DM.

Mit einem Vertrag vom 21. Oktober 1981 hatte die Contrust der Telemit ein Darlehen von 15 Millionen zugesagt, das am 3. November 1981 in Anspruch genommen wurde. Die Contrust Vermögensverwaltungs GmbH, Oppenauer Straße 7, Karlsruhe, war mit einer Stammeinlage von 100 000 DM eine kleine Firma, die erst am 18. September 1981 gegründet worden war. »Umsätze im kaufmännischen Sinne hat sie nicht getätigt«, bescheinigt ein Wirtschaftsauskunftdienst. Alleingesellschafter der Contrust war Ahmed Giumaa Essayah, ihr Geschäftsführer Abdurrahaman Mahmoud Badi, beide aus Tripolis. Die GmbH fungierte als Vermögensverwaltungsgesellschaft in der Firma Carl Kaelble, Backnang. Der Hersteller von Baumaschinen, Kaelble, profitierte schon länger von Verbindungen nach Tripolis. Von 1977 bis 1979 exportierte die Firma 256 Panzertransporter nach Libyen.

Nach der Kapitalaufstockung um 15 Millionen sollten als Treuhänder für die Libyer nunmehr die beiden Geschäftsführer, Dr. Hermann Köster und Dr. Lemke, sowie der vorher im Verwaltungsrat der Telemit amtierende Dr. Schweickert wirken. Das Stammkapital wurde zu gleichen Teilen auf diese drei Treuhänder übertragen, so daß im Handelsregister der Eindruck entstehen mußte, die Firma Telemit sei eine rein deutsche Firma. Dies schien auch geboten, denn als 1989 der libysche Hintergrund des Unternehmens ruchbar wurde, gerieten die Bundeswehraufträge in Gefahr.[28]

Nach Recherchen des stern hatte Hans-Dietrich Genscher 1976 selbst die Weichen für den Verkauf des Unternehmens an Libyen gestellt. In einem Pariser Hotel soll er zusammen mit seinem Mitarbeiter Klaus Kinkel einen Emissär Gaddafis getroffen haben. Kinkel bestritt Ende 1994, an diesem Treffen teilgenommen zu haben. Als Bedingung für den Erwerb habe der Mann aus Tripolis gefordert, daß die Telemit ungehindert in arabische Staaten exportieren könne, schrieb der stern. Überdies habe er angeboten, daß seine Regierung alles tun würde, um die Bundesrepublik von Anschlägen arabischer Terroristen zu verschonen.[29]

Im Juni 1976 gründete die Telemit mit der Telemit Engeneering die nächste Firma mit einem Stammkapital von 100.000 DM. Ihr Geschäftsführer – stets allein vertretungsbefugt – wurde Knabe.

Der Firmenzweck lautete auf »Ingenieurmäßige Planung, Entwicklung und Beratung sowie Fertigung und Vertrieb von nachrichtentechnischen Anlagen, insbesondere Sonderanlagen, von Funknetzen und Ortungssystemen«. 1977 sollte für 160 Millionen DM eine solche Sonderanlage für den neuen Eigner der Firma, Telemit Electronic, gebaut werden. Doch das unerfahrene Unternehmen setzte das Projekt, Polizeistationen mit Funkeinrichtungen in Libyen zu errichten, in den Sand. Zu Reklamationen kam es deshalb nicht, weil allzu wichtige Libyer eine Untersuchung der Angelegenheit fürchteten.[30] Für Gaddafi ging die Telemit weitere Großprojekte an: 1977 wurde ein Nachrichtensystem zum Zwecke der Zivilverteidigung für 174 Millionen begonnen, 1980 bekam die AEG-Telefunken eine Exportgenehmigung für das Radarsystem LASSY, und Anfang der achtziger Jahre schließlich wurde ein System von 46 Kommandobunkern für 200 Millionen Mark geschaffen, in das ein flächendeckendes Kommunikations- und Abhörsystem eingebaut wurde.

Das Telemit-Werk in München und das Zweigwerk in Grafenau im Bayerischen Wald mit ihren 600 Beschäftigten konnten die Hardware für die Großprojekte nicht selbst fertigen. Der Jahresumsatz hatte die 300-Millionen-DM-Grenze überschritten. Umsatz machten nicht etwa mittelständische Unternehmen als Zulieferer der Telemit, sondern Konzerne. Der ermordete Siemens-Generaldirektor Karl-Heinz Beckurts war beispielsweise maßgeblich an der Vermittlung der Lieferung von Abhöranlagen an den Irak, an Iran und Libyen beteiligt.

Die Telemit unterhält mittlerweile Büros in Damaskus, Tripolis und Bagdad – und im Iran, der von 1987 an mit 90 Prozent der Auslandsaufträge wieder zum Kunden Nummer eins bei der Telemit wurde, sogar eine Zweigniederlassung, die Telemiran. Über den schwedischen Ableger Svenska Telemit Electronic AB wurden Dreiecksgeschäfte mit österreichischen Waffenexporteuren abgewickelt, und selbst nach Indonesien exportierte das Münchner Unternehmen Laserentfernungsmesser.

Als Schlüsselfigur für die Telemit fungierte in der Bundesrepublik Dr. Salah Farkasch, ein Bruder von Gaddafis Ehefrau Saffia und persönlicher Beauftragter des Revolutionsführers für die Beschaffung von nuklearem Material und Raketentechnologie. Als Statthalter wurde sein Neffe Moutardi bei der Telemit GmbH in München angestellt. Nachdem er einen Unfall unter Alkoholeinfluß hatte, setzte Farkasch Said Koueider von Heydebrandt aus Jetzendorf als Aufsichtsorgan bei Telemit ein, dem Mittermayer in Absprache mit Knabe sein Büro gegenüber der bayerischen Staatskanzlei zur Verfügung stellte. Koueider traf wichtige Leute. Bundeskanzler Schmidt zählte ebenso zu seinen Gesprächspartnern wie Hans-Dietrich Genscher und Heinz Herbert Karry.

Am 11. Mai 1981 wurde der FDP-Schatzmeister Heinz Herbert Karry mit vier Schüssen in den Unterleib ermordet. Die Spurensuche, von einer Sonderkommission bis Januar 1984 betrieben, blieb ohne Erfolg. Im Rechenschaftsbericht der FDP 1983 tauchten sechs Millionen Mark als anonyme Großspende auf, und auch da schien die Spurensuche schwierig. Der Kaufhaus-König Helmut Horten wurde von Genscher im Flick-Ausschuß als Quelle des Reichtums vorgeschoben, aber er kann es nicht gewesen sein. Seine Spende ist – nach Angaben der FDP – erst Ende 1983 geflossen.[31]

An einen »Juliusturm« von sechs Millionen DM – 5,5 davon allein bei der Internationalen Genossenschaftsbank in Basel – kann sich der damalige FDP-Generalsekretär Günter Verheugen erinnern. Der Schatzmeister Richard Wurbs wollte den Rechenschaftsbericht wegen der dubiosen Spenden nicht unterschreiben und legte sein Amt als Karry-Nachfolger nieder. Aber Irmgard Adam-Schwaetzer sah die Chance, ein wichtiges Parteiamt übernehmen zu können, zeichnete den Bericht und gab ihn an den Bundestag weiter.

Nach Karrys Tod stellte die Telemit auf Bargeld um. In Plastiktüten gingen große Summen per Kurier an die FDP. Der frühere Eigentümer Herbert Mittermayer erinnerte sich 1994 für den stern, daß ihm Wolfgang Knabe den Geschäftserfolg des Unternehmens mit diesen Spenden an die FDP erklärt habe: Schmiergeld gegen Rüstungsexportgenehmigungen aus dem freidemokratisch geführten Wirtschaftsministerium und Unbedenklichkeitsbescheinigungen aus Genschers Außenamt.

Die Telemit war »Dreh- und Angelpunkt einer gigantischen

Schmiergeld-Affäre«.[32] In den späten siebziger und den frühen achtziger Jahren wanderten jährlich mehr als eine Million DM in die Kassen der Freidemokraten.

Den wiederholten Vorwürfen von SPIEGEL und stern, daß die Freidemokraten, um Rüstungsexporte von Amts wegen zu begünstigen, mit Millionen geschmiert wurden, sind weder der alte noch der amtierende Außenminister entgegengetreten.

Und Klaus Kinkel schweigt aus gutem Grunde, denn zur Telemit, dem »Spielball von Geheimdiensten und waffenlüsternen Despoten« (SPIEGEL), hatte er in seiner Zeit als BND-Chef enge dienstliche Beziehungen.

»›Wenn mir mal was passiert, dann ruf sofort den Fischer unter der Nummer 7 93 35 25 in München an‹, hatte Knabe seiner Frau eingeschärft. ›Das ist eine BND-Nummer.‹«[33] So zitierte der stern den Telemit-Chef. Unter FISCHER meldete sich in Pullach natürlich ein Mann mit seinem Decknamen. Bürgerlich heißt BERNHARD FISCHER Cornelis Hausleiter und ist seit 1991 pensionierter Regierungsdirektor im Bundesnachrichtendienst. Als er noch Knabes SOS-Verbindung war, stand er als Leiter der Unterabteilung des BND vor, die für die operative Beschaffung von Informationen in Nah-/Mittelost und Nordafrika zuständig war. FISCHER war Führungsoffizier des Telemit-Geschäftsführers Knabe, schöpfte über ihn einerseits Informationen zu den arabischen ZiELändern des Exports ab und nutzte die Firma als Lieferanten, wenn es darum ging, nachrichtendienstliche Technik an einen der Partnerdienste zu schicken, die er zu betreuen hatte.

In einem BND-Bericht an das Kanzleramt nach den zunehmenden Presseberichten über die Telemit behauptete Pullach, daß kein hauptamtlich bei der Telemit Beschäftigter jemals auch Mitarbeiter des BND gewesen sei. Das dürfte zutreffen. Die Telemit muß auch keine Tarnfirma gewesen sein, »deren Name eine nachrichtendienstliche Einrichtung tarnt und die daneben wenigstens teilweise ihren nach außen hin verlautbarten Geschäftszweck verfolgt« – wie das BND-Amtsdeutsch in den Nachrichtendienstlichen Begriffsbestimmungen von 1974 formuliert. Aber Wolfgang Knabe war für Pullach eine nachrichtendienstliche Verbindung, d. h. eine »Person oder Institution außerhalb des BND, derer er sich unmittelbar zur geheimen Beschaffung oder im Rahmen geheimdienstlicher Operationen zur Erfüllung sonstiger Aufträge bedient«.

Der zuständige Unterabteilungsleiter des BND für die arabischen Staaten unter BND-Präsident Kinkel führte den Geschäftsführer des Unternehmens, das der FDP illegale Millionengeschenke machte, als nachrichtendienstliche Verbindung. Gleichzeitig nutzte der BND die Dankesschuld der Freidemokraten in Form von Genehmigungen umsatzträchtiger Waffenexporte in den Nahen und Mittleren Osten operativ, um über Quellen in der Firma an Informationen über die Zielländer – insbesondere ihre Nachrichtenelektronik und Verschlüsselungstechnik – zu gelangen.

»BND-Leute überprüften unsere Telefone auf Wanzen und saßen häufig bei uns, um mit meinem Mann Geschäfte zu besprechen«, ließ die Witwe des Telemit-Geschäftsführers, Heidemarie Knabe, 1994 den stern wissen. Auch Andreas-Christian Rose, Leiter der Telemit-Auslandsabteilung mit Prokura, dient als Quelle des BND.

Nachdem Abdul Jebara sich als direkter Zugang zu Saddam Hussein bewährt hatte, versuchte der BND nicht nur deutsche Geschäftspartner, die mit Jebara Rüstungsgeschäfte machten, für sich zu gewinnen, sondern unternahm 1984 bei dem Iraker selbst einen (erfolglosen) Anbahnungsversuch.

Partner Jebaras war in vieler Beziehung Hans-Georg Reiss, Irak-Bearbeiter der Telemit in München, bevor er sich 1985 als Beraterfirma für die Telemit selbständig machte. Am 1. April 1982 hatte er als eigene kleine Firma die TELSYS Handelsgesellschaft KG gegründet. Erfahrungen mit Rüstungsgeschäften in arabischen Staaten hatte er bereits im Dezember 1978 in Khartum gesammelt, als er in die sudanesische Hauptstadt reiste, um für die TELCOM NACHRICHTENSYSTEME Rainer Merkert KG in München-Grünwald Aufträge zur Lieferung von 40 000 Übermittlungsgeräten beim dortigen Verteidigungsministerium zu akquirieren.

Am 11. Mai 1983 meldete sich ein HORST SCHÄFER telefonisch bei Reiss, ohne am Telefon zu sagen, worum es sich handelte. Der Unternehmer vereinbarte mit ihm einen Termin. Zwei Tage später wies sich SCHÄFER in Reiss' Büro mit dem Dienstausweis Nr. B509247 als BND-Mitarbeiter aus.

Den Gesprächseinstieg fand der BNDler mit Blick auf das gerahmte Foto von Abdul Moniem Jebara auf dem Schreibtisch von Reiss. Er kenne den Porträtierten, ließ SCHÄFER wissen, und kam dann ohne weitere Umschweife zu seinem Anliegen. Reiss sei dem BND durch häufige Reisen in den Irak aufgefallen und seine Kontakte zu wichtigen irakischen Persönlichkeiten seien bekannt. Der BND sei aber nicht an diesen Persönlichkeiten interessiert, sondern an technischen Erkenntnissen aus der Geschäftstätigkeit von Reiss.

Selbstverständlich, äußerte der BND-Mann generös, würde man respektieren, wenn Reiss keine Möglichkeit der Zusammenarbeit in dieser Hinsicht mit ihm sähe. Konkret sei man zur Zeit an Informationen über irakische Kurzwellenfrequenzen und die verwendeten Geräte interessiert. In keinem Fall wolle man dem Geschäftspartner des Irak jedoch die gezielte Beschaffung von Nachrichten oder gar Ausspähungen zumuten. Alles könne und solle zwischen den Kunden und Reiss bleiben, wie es immer gewesen sei. Spesen würden ersetzt, kompromittierende Treffen seien nicht vorgesehen, versprach SCHÄFER, und man könnte sich das nächste Mal auch im Ausland treffen. Der BND mache sich schon deshalb Hoffnungen, den bayerischen Ingenieur für sich zu gewinnen, weil dessen Vater Militärattaché der Bundesrepublik in Rom gewesen war.

Hans-Georg Reiss war vorsichtig bei diesem konspirativen Erstkontakt. Um mehr Informationen über den Umfang der gewünschten Spionagetätigkeit zu erhalten, ließ er sich auf ein Gespräch über seine technischen Kenntnisse, über Kundenbeziehungen via Telemit und auch über Sendefrequenzen ein, soweit zumindest, wie sie dem BND aus den Berechnungen beim Fernmeldetechnischen Zentralamt in Darmstadt bekannt sein konnten. Er sagte SCHÄFER auch, eigentlich habe er wegen seiner sensiblen Auslandsgeschäfte schon früher mit einer Kontaktaufnahme seitens des BND gerechnet. Bei dem BNDler hinterließ er den Eindruck einer gewissen Kooperationsbereitschaft. Die beiden trennten sich, ohne daß SCHÄFER bestimmte Wünsche geäußert hatte. Nur Verschwiegenheit bat er sich aus.

Nach einer Auslandsreise von Reiss rief SCHÄFER am 30. Mai 1983 wieder an, um für den 1. Juni seinen zweiten Besuch im TEL-SYS-Büro anzukündigen. Dem BNDler schien es zu pressieren, schon am Telefon bat er, Reiss möge doch die Sendefrequenzen der irakischen Abwehr bereithalten. Als SCHÄFER am 1. Juni pünktlich um 14.00 Uhr bei TELSYS erschien, eröffnete ihm die erhoffte Quelle, irgendwelche Informationen über ihre irakischen Freunde kämen schon aus moralichen Grundsätzen nicht in Frage. SCHÄFER war von dem Sinneswandel überrascht und äußerte den Verdacht, der Kaufmann habe in der Zwischenzeit mit jemandem über die Angelegenheit gesprochen. Überdies sei der BND derzeit nur an einer einzigen technischen Information interessiert, nämlich welches Gerät der irakischen Nachrichtendienste zu Beginn einer Sendung die Buchstaben CX oder ZX aussende.

Als Reiss auswich und Bedenkzeit geltend machte, drängte SCHÄFER. Die Beantwortung der gestellten Frage sei für die Bundesrepublik äußerst wichtig. Den Grund könne er aber nicht nennen. Reiss wiederholte seine Hemmungen, irgendwelche vertraulichen oder sonstigen Auskünfte über seine irakischen Partner zu offenbaren. Die persönliche Integrität des BNDlers bezweifle er zwar nicht, sagte er, doch er sei weder käuflich noch erpreßbar und lasse sich auch durch Versprechungen nicht aus der Reserve locken. SCHÄFER beschwichtigte und meinte, dies sei auch nicht die Absicht des BND. Man akzeptierte das Nein, aber in diesem Einzelfall möge sich Reiss doch überlegen, ob er denn wirklich nichts in bezug auf die mit CX oder ZX beginnenden Sendungen für ihn tun könne.

Reiss ließ sich jedoch nicht auf eine konkrete Antwort ein und bedeutete dem BNDler zum Abschied, man könne sich gerne noch einmal unterhalten, sofern das Thema Irak dabei ganz ausgespart bleibe.

Über die versuchte Anbahnung schrieb Hans-Georg Reiss einen zweiseitigen Bericht: »Betr. Kontakt des BND mit dem Unterzeichneten«.[34] Im letzten Absatz dieses Berichts wurde er pathetisch: »Ich sagte dann noch ferner, wenn meine irakischen

Freunde dem BND etwas mitzuteilen haben sollten, so würden sie schon diesbezügliche Schritte unternehmen. Ich wäre jedoch in Richtung BND nicht derjenige, der aus welchen Motiven und Bitten auch immer das Vertrauen seiner irakischen Freunde mißbrauchen würde.« Empfänger des Berichts, dem Reiss so absolute Loyalität beteuern wollte, war ein Abu Saba in Bagdad. Nicht daß es einen Abu Saba dort gegeben hätte, aber im irakischen Innenministerium wußte man das Schreiben auch so einzuordnen.

Reiss informierte auch Wilhelm Schmutterer im LKA München über den Anbahnungsversuch des BND. Der veranlaßte, daß weitere Anwerbungsversuche des Nachrichtendienstes bei Reiss eingestellt wurden.

Kommanditist der TELSYS Handelsgesellschaft KG war der Münchner Rechtsanwalt Georg Borgschulze. Das Unternehmen machte gute Geschäfte mit der Telemit. Eine Kontenabstimmung der Telemit mit der TELSYS vom März 1983 weist aus, daß vom März 1980 bis zum Dezember 1982 für Alarmsysteme, Hörkapseln, Sondertelefone etc. mehr als 1,3 Millionen DM an Merkert und Reiss gingen. Am 8. Juli 1985 unterrichtete er den Rechtsanwalt Borgschulze und Rainer Merkert über die Liquidation der KG, sie sei einfach eine »Sparkasse ohne Boden«. Offensichtlich ging es ihm jedoch mehr darum, aus dem Irak-Handel Profite ohne Partner zu schlagen. Seine Frau Heidemarie Reiss gründete nämlich 1985 mit Jebara eine neue Firma, die TELSYS Handelsgesellschaft mbH, von der Jebara drei Fünftel hielt. Durch die gemeinsame Firma mit Jebara versprach sich Reiss noch bessere Erträge aus Bagdad. Doch die Hoffnung trog.

Der Wind drehte sich in Bonn. Iran-Freund Genscher beschuldigte 1987 plötzlich Saddam Hussein, den er jahrelang exklusiv unterstützt hatte, die Rolle des Angreifers übernommen zu haben, wobei den Irakern die USA und die konservativen arabischen Golfstaaten ermutigt hatten. Nachdem sich libysche Oppositionelle im Irak niedergelassen hatten und der Irak sich geweigert hatte, diese an Libyen auszuliefern, fror überdies Gaddafi seine Beziehungen zum Irak ein, was sich auch in den Irak-Exporten der Telemit niederschlug.

Den politischen Kurswechsel spürte auch Abdul Moniem Jebara. Die Firma Telemit, die den Irak jahrelang mit Rüstungsgütern versorgt hatte, lieferte auch nach Teheran, wie er aus der Firma selbst erfuhr. Im Büro der Telemit stellte er Geschäftsführer Dr. Köster zur Rede, der jedoch leugnete. Über Lieferungen an den Iran sei ihm nichts bekannt. Jebara flog nach Bagdad und legte Köster wenig später Beweismaterial vor: die kompletten Vereinbarungen zwischen dem Teheraner Verteidigungsminsterium und der Telemit, die der irakische Geheimdienst in Teheran besorgt hatte.

Am 22. Mai 1986 schrieb Telemit-Geschäftsführer Köster Jebara, er habe mit Bedauern von der polizeilichen Durchsuchung seiner Geschäftsräume gehört, der Durchsuchungsbeschluß gehe jedoch keinesfalls auf Maßnahmen der Telemit zurück. Am 3. Juni bekam Köster ein Schreiben aus Teheran, das das Gegenteil belegte: »Für Ihre Bemühungen in der Affäre Jebara haben wir Ihren Wünschen entsprechend DM 250 000,- auf Ihre Bank in der Schweiz überwiesen. Für weitere Informationen in der Sache nehmen Sie bitte Kontakt mit unserem Freund im Konsulat auf.« Absender: A. Minas, Förderer der Telemit in Teheran und zudem Inhaber der Firma Samotec in Ettlingen. Ein Mann, dem auch gute Kontakte zu Heinz Herbert Karry nachgesagt wurden. Die Telemit soll an Minas in Teheran Provisionen in Höhe von etwa 17 Millionen DM für abgewickelte Aufträge im Iran gezahlt haben.

Minas war für Köster ein wichtiger Mann. Im März 1985 unterbreitete ihm die Telemit per Fernschreiben nach Teheran ein Angebot über Sende- und Empfangsanlagen, Antennen- und Produktionsanlagen im Gesamtwert von 83 Millionen DM – 37 Mannmonate an Ausbildung in München inklusive. Im September 1986 erteilte das Bundesamt für die gewerbliche Wirtschaft in Eschborn der Telemit eine erste Ausfuhrgenehmigung für die angebotenen Sende-/Empfangsanlagen RT-841/GY im Umfang von 16,14 Millionen DM an die Telemiran.

Jebara landete in der Untersuchungshaft und wurde in strenger Isolation gehalten. Die Unterbringung in einer Einzelzelle und die Versagung jeglichen Kontakts zu Mitgefangenen begründete der Ermittlungsrichter mit der Gefährlichkeit des Angeklagten. Der sei Angehöriger des irakischen Geheimdienstes mit hoher Machtbefugnis: »Es besteht daher erhöhte Verdunkelungsgefahr, wenn der mehrere Fremdsprachen sprechende Beschuldigte mit anderen Mitgefangenen in Kontakt kommt.«

Zwei Monate lang durfte ihn nicht einmal seine Frau mit dem gerade geborenen gemeinsamen Kind besuchen, und der Botschafter des Irak kam nur unter strengen Auflagen nach Stadelheim hinein: Weder konnte er mit Jebara über dessen Fall reden, so daß der Botschaft der Grund der Anklage unbekannt blieb, noch konnten sich die beiden Iraker in ihrer Muttersprache verständigen. Jebara erregt sich noch heute über diese Auflage. Schließlich müßten Vertreter der deutschen Botschaft in Bagdad beim Besuch inhaftierter Bundesbürger auch nicht arabisch sprechen.

Angeklagt wurde Jebara in drei Punkten. Zunächst ging es um den Versuch der Erpressung bei der Telemit. Der Iraker räumte ein, massiven Druck auf das Münchner Unternehmen ausgeübt zu haben, aber dies sei im Auftrag aus Bagdad erfolgt, was das Gericht ihm nicht abnahm.

Der zweite Schuldvorwurf lautete auf Steuerhinterziehung in Höhe von über 4 Millionen DM. Wesentliches Beweismittel waren Quittungen der Firma Telemit. Nach der Expertise eines arabischen Sachverständigen von Interpol Kairo unterschreibt kein Araber solche Quittungen wie in der vorgelegten Form im Verfahren Jebara. Der Name Mohammed ist in den Quittungen entweder von rechts nach links oder von links nach rechts geschrieben. Teilweise fehlen die Quittungsblocknummern und das O.K.-Signet. Auch das Landeskriminalamt Hamburg erklärte in einem Gutachten, die Unterschriften seien nicht mit denen des Angeklagten identisch. Auf das Gericht machten diese Gutachten jedoch wenig Eindruck. Der Zeuge Reiss beschwor, das Geld jeweils bar abgeliefert zu haben.

Als Jebara anhand seines Terminkalenders nachzuweisen suchte, daß er bei einigen angeblichen Übergabeterminen nicht anwesend, sondern nachweislich im Ausland gewesen war, beteuerte Reiss, er habe einem ihm unbekannten, arabisch aussehenden Mann in Jebaras Münchner Büro das Geld übergeben. 500 000 DM bar an einen ihm Unbekannten.

Der dritte Vorwurf gegen Jebara lautete auf illegalen Waffenhandel, den Versuch zumindest. Zum Beweis dienten nicht etwa die Einkäufe Jebaras für den Irak bei der Telemit, sondern eine bei der Bürodurchsuchung sichergestellte Liste mit einem Kaufangebot über amerikanische Kampfhubschrauber eines nie wieder aufgetauchten Herrn Smith. Der große Unbekannte, ein Hauptzeuge der Anklage, bot sieben AG-1S-Kampfhubschrauber mit 20/30-mm-Kanonen an, die er jedoch nicht hatte. Überlassen worden war ihm das Angebot, das Jebara gar nicht wahrnehmen wollte, von seinem Freund Reiss, der im Prozeß zum Hauptbelastungszeugen wurde. Reiss hatte Jebara fallengelassen, weil er ihn nicht mehr brauchte. 1987 setzte er sich in die USA ab und fand eine Beschäftigung bei seinem Zulieferer APEX New York.

Dabei hatte Jebara bei einem echten illegalen Export von Kampfhubschraubern seine Hände im Spiel. Aber der Exporteur war eben nicht ein gesichtsloser Namen, sondern ein renommierter Rüstungsproduzent: »Zwei Dutzend des von Messerschmidt-Bölkow-Blohm (MBB) entwickelten Mehrzweckhelikopters BO-105 gingen 1981 in den Irak, der zu diesem Zeitpunkt Krieg gegen den Iran führte. Offizieller Lieferant dieses in München abgeschlossenen Geschäfts war das spanische Luftfahrtunternehmen CASA, an dem MBB beteiligt ist. Die Firma MBB ließ seinerzeit erklären, daß das Geschäft nicht durch sie abgewickelt worden sei«,[35] schrieb der Rheinische Merkur.

Doch MBB sagte die Unwahrheit. Von 1979 an lieferte das Unternehmen in mehreren Schüben Kampfhubschrauber des Typs BO-105 an Saddam Hussein. Zunächst von April bis Juli 1979 zehn Stück. Zehn weitere BO-105C standen bis 1982 in einem Hangar in Genf, weil es offensichtlich Zahlungsschwierigkeiten bei den Irakern gab. Nachdem diese ausgeliefert worden waren, wurden im Februar 1983 und im Januar 1984 weitere drei – wieder mit der Zwischenstation im Hangar der Swissair – nachgeschoben. 24 von CASA in Lizenz gebaute Kampfhubschrauber wurden erst 1983 ausgeliefert.[36] Bewaffnet wurden die Fluggeräte jeweils erst im Irak mit Panzerabwehrlenkraketen aus deutsch-französischer Coproduktion und mit Feuerleitanlagen von SFIM und Teledyne. Howard Teichert, damals Mitglied im Nationalen

Sicherheitsrat der USA, bekannte 1995, daß Teledyne massiv zur Aufrüstung des Irak beigetragen habe und dabei im Auftrag der CIA handelte.[37] Die Ausstattung der irakischen Streitkräfte mit den modernsten Kampfhubschraubern wurde offensichtlich in einem Joint-venture von MBB und Telemit, Jebara und CIA vorgenommen.

Dieser millionenschwere Deal fand jedoch nicht das Interesse des Gerichts, und es war wohl nicht in Jebaras Sinn, sich selbst mit einem weiteren schweren Verbrechen zu belasten.

Bei den verhandelten Schuldvorwürfen überzeugten die zahlreichen Zeugen der Telemit das Gericht mehr als Jebaras Verteidigung. Nach 38 Verhandlungstagen wurde der Iraker am 12. Februar 1988 zu sechs Jahren und sechs Monaten Freiheitsstrafe verurteilt.

Jebara schien nun ausgeschaltet. Sein Vermögen wurde zur Deckung der Steuerschuld und der Gerichtskosten zu Schleuderpreisen versteigert, das Wohnhaus im Münchner Nobelviertel Solln, sein Gästehaus, seine Büroeinrichtung und ein Großteil der privaten Habe. Er verschwand hinter den Mauern der JVA Landsberg, bis er ganz unerwartet wieder wichtig wurde.

Saddam Hussein marschierte am 1. August 1990 in Kuwait ein, und wenige Tage später wurde sein Schulfreund Jebara mit 1265 DM Überbrückungsgeld aus der JVA Landsberg entlassen.

»Ausgerechnet zu der Zeit, wo das verbrecherische Regime in Bagdad Tausende unschuldiger Europäer als Geiseln festhält, fällt der bayerischen Justiz nichts anderes ein, als einen Mann vorzeitig auf freien Fuß zu setzen, der durch seine skrupellosen Geschäfte an der Aufrüstung der irakischen Diktatur, an der Eskalation der Gewalt im Nahen Osten mitschuldig ist«,[38] empörte sich der bayerische SPD-Landtagsabgeordnete Max von Heckel. Die Maßnahme sei im Gegenteil sogar eine Strafe, hielt ihm Bayerns Justizstaatssekretär Heinz Rosenbauer entgegen. Jebara komme nun auf keinen Fall in den Genuß einer Zwei-Drittel-Regelung, bei der die Reststrafe in der Bundesrepublik zur Bewährung ausgesetzt sei, sondern er würde abgeschoben.[39]

Das hätte die Justiz bereits am 27. Juni 1989 haben können. Da nämlich teilte Jebaras Anwalt dem Kreisverwaltungsreferat der

Landeshauptstadt München mit, daß gegen seine Ausweisungs-verfügung vom 21. Juni kein Widerspruch erhoben würde. Damals, so berichtet der Iraker, seien ihm jedoch weitere Bedin-gungen für seine Freilassung ins Ausland abgefordert worden. Er müsse sich verpflichten, keine Wiederaufnahme seines Prozesses zu betreiben, auf die eingezogenen Vermögenswerte zu verzich-ten, und er dürfe auf keinen Fall die Presse und die Öffentlichkeit über das unterrichten, was er in seiner Eigenschaft als Dolmet-scher zwischen Kinkel und irakischen Geheimdienstspitzen erfah-ren habe.[40]

Das war nicht der erste Kuhhandel, der Jebaras Anwälten ange-boten worden war, um das brisante Wissen über Kinkels Gekungel mit Nachrichtendienstlern Bagdads und über Millionenspenden der Telemit an die FDP unter Kontrolle zu halten. Da Jebara den Deal nicht mitmachen wollte, wurde die Ausweisungsverfügung nicht in Kraft gesetzt.

Am Vortage seiner Entlassung stieß Jebaras Anwältin beim Lei-ter der Justizvollzugsanstalt vormittags noch auf Granit, als es um die Befürwortung einer vorzeitigen Entlassung auf Bewährung ging. Nachmittags traf jedoch ein Fax aus dem Auswärtigen Amt in Bonn ein, und die Anstaltsleitung wollte Jebara noch am glei-chen Abend auf freien Fuß setzen. Doch der Iraker bestand darauf, erst am nächsten Morgen entlassen zu werden.

Als er die JVA Landsberg verließ, machte sich gleich ein BND-Mann mit dem Decknamen WOLF, ein blonder Mittvierziger, an ihn heran, um den Zweck der Depesche aus Bonn zu erläutern. Saddam halte 400 Deutsche als Geiseln gefangen, und als alter Freund des irakischen Staatschefs könne er doch sicherlich bei den Verhandlungen über ihre Freilassung helfen. Auch eine Botschaft des BND-Präsidenten Wieck hatte WOLF zu überbringen: Der Bundesnachrichtendienst bedaure, was Jebara zugestoßen sei.

Der Iraker pokerte wieder hoch. Nur um den Preis einer voll-ständigen Rehabilitierung, einer Rückübertragung allen Vermö-gens und einer öffentlichen Entschuldigung der für seine Verurtei-lung politisch Verantwortlichen sei seine Mithilfe zu haben. Es müsse genauso einen Presserummel geben wie seinerzeit bei sei-ner Verhaftung, ließ er den Abgesandten Pullachs wissen.

WOLF aus dem BND-Referat 16 C konnte die Konditionen zunächst nur zur Kenntnis nehmen, aber er ließ nicht locker. Am nächsten Morgen rief er an, um ein Gespräch unter vier Augen zu vereinbaren. Als er dann vor Jebaras Wohnung stand, war dort bereits ein Großaufgebot an Polizei, und zwei Steuerfahnder durchsuchten die Räume. Journalisten war jeder Zugang verwehrt. Der unbequeme Iraker sollte unter Ausschluß der Öffentlichkeit abgeschoben werden. WOLF bat Jebara noch einmal händeringend, sich als Vermittler zur Verfügung zu stellen, wobei er selbstverständlich in Deutschland bleiben könne. Da er jedoch für die Maximalforderungen Jebaras keine Zusage in der Tasche hatte, zog der Iraker die Abschiebung mit Frau und Kind vor.

Doch statt – wie erhofft – in den Irak zurückzukehren, ließ sich Jebara im neutralen Österreich in der Nähe Klagenfurts nieder, von wo er über Jahre einen Pressefeldzug gegen den BND und speziell gegen Klaus Kinkel führte. Der Außenminister bekam immer wieder Jebaras Rachegelüste zu spüren. Noch in andere Menschenleben spielte die Affäre hinein.

»Im September 1991 war ein Sonderbotschafter Helmut Kohls bei Saddam Hussein, um in geheimer Mission die Freilassung eines Häftlings aus dem Gefängnis in Bagdad zu verhandeln. Damals waren fünf Bundesbürger im Gewahrsam des Irak, zwei Deutsch-Iraker und drei auf dem Flughafen der irakischen Hauptstadt festgesetzte Devisenschmuggler. Der Emissär aus Bonn wollte jedoch nicht die mit lebenslanger Haft oder von der Todesstrafe bedrohten deutschstämmigen Bürger freibekommen, sondern einzig den 1980 eingebürgerten Deutsch-Iraker Shabah Al Kayat«,[41] schrieb die Zeitschrift Frieden.

Der irakische Luftwaffenoffizier Al Kayat war in der Sowjetunion ausgebildet worden und hatte dort seine Frau Valentina kennengelernt. Als während eines Auslandsurlaubs 1969 die Ausländergesetze des Irak geändert wurden, so daß er sich von seiner Frau hätte scheiden lassen müssen, blieb er in Deutschland. Er siedelte sich als Geschäftsmann in München an.

Im Oktober 1986 gab er bei einer Vernehmung durch das bayerische Landeskriminalamt an, mit dem Chef des Sicherheitsdienstes im irakischen Innenministerium befreundet zu sein. Al Kayat unterhielt auch gute Beziehungen zu hohen irakischen Offizieren, darunter zum irakischen Militärattaché in der UdSSR. Diese Verbindungen machten ihn interessant für den Bundesnachrichtendienst, der ihn als Agenten rekrutierte.

Im Februar 1980 – damals noch als irakischer Staatsbürger, da er erst im November 1980 eingebürgert wurde – flog er erstmals wieder in den Irak. Bei einem erneuten Aufenthalt in Bagdad zehn Jahre später wurde er am 27. März 1990 verhaftet und im Gefängnis Abu-Graib festgehalten und gefoltert. Nur mit Unterstützung der deutschen Botschaft konnten seine Frau und der sie begleitende Sohn am 13. April 1990 ausreisen. Mit festgehalten wurde Kayats in München ansässiger Schulfreund Al Saidely.

Per Telefax vom 3. September 1991 teilte Jebaras Anwalt dem Auswärtigen Amt mit, daß bei einer Rehabilitation seines Mandanten mit einer sofortigen Freilassung von Al Saidely und Shabah Al Kayat zu rechnen sei. Adressat des Faxes war ein Herr Umstätter aus dem AA, der zwar Genschers Troubleshooter war, wenn ein BND-Mann in arabischen Gefängnissen landete, aber eigentlich kein Beamter des AA selbst. Jebaras Anwalt verlangte, daß die deutschen Behörden öffentlich die Unrechtmäßigkeit ihres Handelns erklärten und den vollen Gegenwert der enteigneten Vermögenswerte von ca. 25 Millionen DM zurückgäben.

Der amtierende Bundesjustizminister Klaus Kinkel wäre dadurch in die mißliche Lage geraten, daß seine Rolle bei Rüstungsexporten in den Irak und die enge Zusammenarbeit mit den Geheimdienstlern Saddams zu einem Zeitpunkt öffentlich geworden wäre, als der irakische Diktator kurz nach dem Zweiten Golfkrieg in der Bundesrepublik als Inbegriff des Bösen galt. Genau darauf zielte Jebara, weil er unter dem BND-Präsidenten Kinkel erstmals hofiert worden war. Nach dem Absturz ins Bodenlose sah er in Klaus Kinkel die Personifizierung des bösen Spiels, daß nach seiner Meinung deutsche Sicherheitsbehörden und der FDP-Großspender Telemit mit ihm getrieben hatten.

Die Bundesregierung übte daraufhin Druck auf Österreich aus, um zu erreichen, daß Jebara ausgewiesen wurde. Im Mai entzogen die österreichischen Behörden Jebara auch die Aufenthaltsgenehmigung. In Bagdad wurde sofort der österreichische Botschafter zitiert. Die Ausweisung Jebaras aus Österreich, wurde ihm mitgeteilt, würde die Ausweisung aller Österreicher aus dem Irak und damit auch das Ende ihrer Geschäftsbeziehungen bedeuten. So wurde die Ausweisung nicht vollstreckt, und Abdul Moniem Jebara pendelt weiterhin nach Belieben zwischen Klagenfurt und Bagdad.

Das AA verlangte im Fall Jebara ein Zeichen des guten Willens. Saddam Hussein ließ daraufhin Al Saidely ausfliegen. Nachdem der in München gelandet war, ließ das Auswärtige Amt den Irak wissen, daß die Konditionen für die Freilassung Al Kayats unannehmbar seien.

Obwohl Valentina Kayat und ihre vier Kinder vom US-Präsidenten Bush über UN-Generalsekretär Pérez de Cuéllar, von Bundeskanzler Kohl bis Außenminister Genscher viel politische Prominenz mobilisiert hatten, kam ihr Mann nicht frei.[42] Im August 1992 erreichte sie die Nachricht, daß der Familienvater erschossen und seine Leiche seiner Mutter in Bagdad in einem Sack vor die Haustür gestellt worden war.[43] Bundesaußenminister Kinkel sah dieses Mal von einem Beileidsschreiben ab.

5
Maghrebinische Geschichten
Der Bundestag in der
Libyschen Wüste

Mit den arabischen Staaten in Nordafrika war der Bundesnachrichtendienst nicht nur über die von ihm kontrollierte und von Gaddafi finanzierte Firma Telemit in München verbunden. Unter seinem Präsidenten Klaus Kinkel suchte er das verstärkte Engagement im arabischen Raum auch in geheimdienstliche Präsenz im Maghreb umzumünzen.

So registrierten nachrichtendienstliche Beobachter Anfang der achtziger Jahre eine neue Auslandsresidentur Pullachs in Tunis. In der Kinkel-Gründung in der tunesischen Hauptstadt agierte der BND-Beamte PRANNER, der bürgerlich Praun hieß und bereits 1960 als Regierungsdirektor Leiter der Gruppe 348a war und vor seinem Einsatz in Tunesien Erfahrung in Westberlin gesammelt hatte. Die Deckbezeichnung in Pullach für die tunesischen Geheimdienste Direction de la Securité de l'Etat (DSE) und das National CI Bureau lautete NATTER.

Algerien verfügt über drei Nachrichtendienste – die Sureté National zur Inlandsaufklärung, die Sureté Militaire als Militärgeheimdienst und die Auslandsaufklärung DRS unter General Medien, die traditionell von Frankreich ausgebildet und beherrscht werden. Solange Reinhard Gehlen BND-Präsident war, besetzte ein ehemaliger deutscher Fremdenlegionär in Sidi bel Abbes eine illegale Residentur, deren Hauptaufgabe im Abschöpfen von Informationen aus dem Bereich der französischen Fremdenlegion lag. Auf diese Weise wollte der BND eigene Informationen über den algerischen Unabhängigkeitskrieg gewinnen. Auf dem später brachliegenden Feld Algerien plante Kinkel eine weitere neue Legalresidentur in Nordafrika zur Vertiefung der Zusammenarbeit mit den Landesgeheimdiensten, BND-Deckname RHINO. Sein Nachfolger Blum verfolgte das Projekt nicht weiter.

In Marokko, das traditionell an französische Geheimdienste gebunden ist und überdies eng mit der CIA zusammenwirkt, wurde in den späten sechziger Jahren eine Legalresidentur errichtet, die enge Partnerdienstbeziehungen zu den drei marokkanischen Nachrichtendiensten entwickelte: Zur Spionageabwehr Direction de la Surveillance du Territoire (DST), zum Militärgeheimdienst, besonders enge aber zum Auslandsnachrichtendienst Direction Générale des Études et Documentation (DGED), der dem König direkt untersteht. Unter Kinkel war in Rabat der BND-Beamte SPANRAD für die Zusammenarbeit mit den Partnerdiensten MARDER verantwortlich.

Der Schwerpunkt der Aktivitäten des BND im Maghreb lag aber – trotz des Fehlens einer Legalresidentur bis zum Januar 1987 – in Libyen. Die libyschen Geheim- und Sicherheitsdienste haben im wesentlichen fünf Hauptaufgaben zu bewältigen. Neben der klassichen Spionageabwehr kümmern sie sich vorrangig um die Kontrolle der Bevölkerung im Inland sowie um das Ausschalten oppositioneller Gruppen und Personen im Ausland. Darüber hinaus versuchen sie durch Unterstützung von politisch isolierten Regierungen wie im Sudan und Tschad, Guerillagruppen in Niger oder Mali, islamisch-geprägten Bewegungen wie der Moslembewegung auf den Phillipinen, terroristischen Gruppierungen wie RAF (Rote Armee Fraktion) oder PIRA (Provisional Irish Republican Army) sowie von nationalen Befreiungsfronten wie der POLISARIO den politischen Einfluß Mu'ammar al-Gaddafis zu erweitern. Die POLISARIO führt mittlerweile einen jahrzehntelangen Krieg gegen das marokkanische Militärregime von Hassan II. Die Organisation kämpft für die Befreiung der von Marokko entgegen völkerrechtlicher Grundsätze und gegen die Beschlüsse der Organisation für Afrikanische Einheit (OAU) und der UNO annektierten Westsahara. Gaddafi unterstützt die Bewegung, weil er sich in dieser Region die Gründung eines ihm verbundenen Staates erhofft.

Ein weiteres Betätigungsfeld der libyschen Geheimdienste ist das Beschaffen von technischem Equipment und Know-how für den militärisch-industriellen Komplex.[1] Bei diesen um den gesamten Globus gespannten Aktivitäten stützt sich Gaddafi auf mehrere nachrichtendienstliche Einrichtungen: den militärischen Geheimdienst, der eventuelle Opposition oder gar Putschversuche verhindern soll; den Inlandsnachrichtendienst Oberst Jalloud, dessen Schlüsselpositionen mit Personen aus Gaddafis Leibwache besetzt sind – aufgebaut wurde dieser Dienst in den siebziger Jahren unter Federführung des MfS; seit 1978, nach der Deklaration Libyens zur Jamahiria (Staat der Volksmassen) im Jahr 1977, auf die mächtigen Revolutionskomitees (Revolutionary Committees – Rcs) sowie deren Vertretungen im Ausland, die libyschen Volksbüros (Libyan People's Bureaus – LPBs). Diese LPBs sind vor allem durch die Schüsse aus der Vertretung in London gegen eine Demonstration oppositioneller Gruppen 1984 und den Bombenanschlag auf die Berliner Diskothek »La Belle« 1986, dessen Planung und Durchführung von Mitarbeitern der Ostberliner Dependance gelenkt wurden, ins Bewußtsein der Öffentlichkeit gedrungen.

Erst seit 1980 wurde systematisch als fünfter Dienst ein Auslandsnachrichtendienst (Office of External Security) aufgebaut, mit Hilfe von Partnerdiensten wie dem sowjetischen KGB, dem rumänischen DIE (Abteilung Auslandsnachrichtendienst der Securitate) sowie dem Staatssicherheitsdienst der DDR. Aber auch Frankreichs DGSE und der Bundesnachrichtendienst BND, der den libyschen Freunden den Decknamen SKORPION gab, waren mit von der Partie.

Eine der Hauptaufgaben des libyschen Auslandsnachrichtendienstes ist es, die teilweise unkontrollierten, unkoordinierten und streckenweise amateurhaften Aktionen der LBSs unter die Kontrolle professioneller Agenten zu bringen. Die Zusammenarbeit zwischen Tripolis und den Beamten aus Pullach gedieh gut, so daß 1987 sogar eine Legalresidentur im Wüstenstaat eröffnet werden konnte. Dennoch ist weitgehend die illegale Zusammenarbeit Hauptbestandteil der Joint-ventures. So hat sich zum Beispiel der BND darauf spezialisiert, die Lieferung von Radar- und Überwachungstechnik an Gaddafi zu organisieren.

Die größte Aufmerksamkeit schenken die libyschen Dienste natürlich den arabischen Staaten sowie den Staaten der Sahelzone. Hier versucht Gaddafi vornehmlich Einfluß auf politische Prozesse und Entscheidungen zu gewinnen, was ihm häufig auch mit viel Glück gelingt. Die Kooperation mit den Machthabern in Khartum (Sudan), seine Verbindung zu Umsturzversuchen in Niger, Mali, Ghana, Gambia, dem Senegal sowie in Obervolta (dem heutigen Burkina Faso) sind klare Beispiele. Vor allem die militärischen Auseinandersetzungen im Tschad machten Gaddafis Bemühungen um Einfluß offenkundig.

Ein wichtiger Aspekt bei nachrichtendienstlichen Operationen im libyschen Inland ist die kulturelle und familiär kontrollierte Struktur der regionalen Gruppen bzw. Clans. Man kann von drei großen Regionen in Libyen sprechen: Tripolitania, Cyrenaica und Fezzan. Diese Gebiete besitzen eine in manchen Punkten unterschiedliche historische Entwicklung und Orientierung. So stützt sich Gaddafi auf traditionelle Strukturen. Die sogenannten Revolutionären Komitees basieren ebenfalls auf diesen Wurzeln. Um die Strukturen der libyschen Geheimdienste und das Kontrollsystem im Innern zu verstehen, muß man sich ein Netzwerk von multilateral agierenden Patronagesystemen vorstellen, dessen Zentrum die Großfamile Gaddafis ist.

Ende August 1980 landete auf dem Schreibtisch Manfred Schülers, Staatssekretär im Bundeskanzleramt, ein Brief mit Datum vom 18. August: »Sehr geehrter Herr Staatssekretär! Vorgänge, die Sie in Ihrer Verantwortung für den Bundesnachrichtendienst berühren, bringen mich dazu, heute direkt an Sie zu schreiben.« Das Schreiben stammte von Hans Dieter Raethjen, einem ehemaligen Fallschirmjäger-Major der Bundeswehr und Ex-Mitarbeiter des Bundesnachrichtendienstes. Die Vorgänge, die Raethjen an das Bundeskanzleramt herantrug, sollten 15 Jahre später an die Öffentlichkeit gelangen und sogar den Deutschen Bundestag beschäftigen. Unter der Überschrift: »BND-Aktion, Söldner für den Diktator. Ehemalige Bundeswehr-Ausbilder trainierten jahrelang in Libyen Gaddafis Wachregiment. Ihr Auftraggeber war ein Mann des Bundesnachrichtendienstes« erschien im stern 1994 ein Artikel über das Projekt »SN«: die Ausbildung libyscher Elitesoldaten zu Sondereinheiten, einer Prätorianergarde für Mu'ammar al-Gaddafi, durch deutsche Soldaten.[2]

Doch der Reihe nach.

»Im Spätsommer 1978 rief mich«, so Hans Dieter Raethjen in seinem Brief vom August 1980 an das Bundeskanzleramt, »ein ehemaliger Vorgesetzter aus dem Bereich IF[3] des BND mit der Bitte um Rat und Unterstützung an. Es handelte sich um die Bereitstellung eines Scharfschützenausbilders für die Ausbildung von Scharfschützen in der Leibwache von Colonel Gaddafi in Libyen. Das Ansinnen war von der Firma Telemit Electronic GmbH in München an den Dienst herangetragen worden. Der Weg der Anfrage, die für mich schnell offenkundige Tatsache, daß sowohl der Verkaufsleiter Ausland als auch der erste Geschäftsführer der Firma Telemit führungsgemäß teils hochaufgehängte Verbindungen des Dienstes waren, sowie die militärisch wie nachrichtendienstlich hochinteressante Möglichkeit, eine Quelle so dicht an dem Entscheidungszentrum eines für unsere Wirtschaft und Energieversorgung so wichtigen Landes zu plazieren, führte bei mir nach zwei Besuchen in Tripolis zu dem Entschluß, aus dem Dienst bei der Bundeswehr auszuscheiden und als Hintergrund für die Tätigkeit in Libyen eine GmbH zu gründen. Dies geschah zum 01.01.1979 mit der Überlegung, daß ein weiteres Vorantreiben der Projekte in Libyen bei Verbleib in der Bundeswehr wegen der damit verbundenen unübersehbaren politischen und rechtlichen Folgen nicht möglich war. Aus den gleichen Gründen betonten auch die Gesprächspartner aus dem BND, daß sie sich nicht unmittelbar engagieren könnten.

Das Projekt in Libyen, in dem gleichzeitig bis zu vier Mitarbeiter meiner Firma als Scharfschützen- und Nahkampfausbilder oder als Waffen- oder Elektroniktechniker zur größten Zufriedenheit des Kunden tätig waren, entwickelte sich zunächst erwartungsgemäß. Im Laufe des zweiten Halbjahres 1979 und in den ersten sechs Monaten 1980 änderte sich die Lage durch Faktoren, die ich nicht beeinflussen konnte, jedoch entscheidend:

– Während des Besuches von Innenminister Baum in Tripolis baten die Libyer um Ausbildungshilfe für ihre Sicherheitskräfte und erhielten nach Aussage des für diese Kräfte zuständigen Vetters von Gaddafi auch eine Zusage.

Hierdurch erlahmte natürlich das Interesse der Libyer an dem eigentlichen Grund meiner Tätigkeit, nämlich einem langfristigen Ausbildungs- und Ausrüstungsprogramm im auf Anforderung erarbeiteten Vertragsumfang von ca. fünfzig Millionen DM.

– Der weitere Ausbau des Civil-Defense-Network durch die Firma Telemit, an das meine Projekte als goodwill program und auch wirtschaftlich angeschlossen waren, wurde von den Libyern nach einer Serie von Mißhelligkeiten gestoppt. Für die Firma Telemit entfiel so ein wesentlicher Grund für die weitere Zusammenarbeit mit mir, und mir wurde vorgeschlagen, meine Geschäfte direkt mit dem Secretariat of Liaison abzuschließen. Dies kommt jedoch wegen der mehrfach erlebten schlechten Zahlungsmoral der Libyer und den damit verbundenen Risiken nicht in Betracht.

– Seit geraumer Zeit läuft in Libyen eine Kampagne zur Aufdeckung von Korruptionsfällen. Dies führt dazu, daß sich entgegen bisheriger Praxis die leitenden Herren von Telemit aus naheliegenden Gründen davor scheuen, anstehende Probleme vor Ort auszuräumen. Dadurch wird die Regelung der oben erwähnten finanziellen Abwicklungen wie auch eine Neuauflage der im Jahre 1980 abgeschlossenen Projekte auf nicht absehbare Zeit verzögert.

In dieser Situation wandte ich mich im Früjahr 1980 an zwei ehemalige Kollegen aus dem BND, von denen ich wußte, daß sie inzwischen in die Referentenebene aufgerückt waren. In einem etwa zweistündigen persönlichen Gespräch schilderte ich sehr viel ausführlicher, als hier möglich, die Lage und bat um Stellungnahme, Orientierungshilfe und möglicherweise Hilfe.

Am 13. 06. 1980 erhielt ich telefonisch die für mich erstaunliche Mitteilung, das Problem sei im Dienst an höchster Stelle vorgetragen worden; es sei jedoch entschieden worden, man könne sich in keiner Weise engagieren.

Dies kann und werde ich nun meinerseits nicht hinnehmen. Es geht doch wohl nicht an, daß der Dienst Vorgänge einleitet, die, wie oben dargestellt, alle Anzeichen einer langjährigen nachrichtendienstlichen Operation zeigen, diese Vorgänge nachrichtendienstlich über einen längeren Zeitraum begleitet, solange das Risiko einseitig bei einem ehemaligen ND-Führer des höheren Dienstes ruht, um diesen bei Auftreten erster Schwierigkeiten fallenzulassen wie eine heiße Kartoffel und auf Tauchstation zu gehen.

Dieses Schreiben möge Ihnen beweisen, daß ich trotz meiner Erfahrungen nicht daran zweifle, daß in Ihrem Hause das Verhältnis zum Begriff der Verantwortung noch nicht allgemein einem schleichenden Prozeß der Pervertierung unterliegt. Es soll unterstreichen, daß ich nach wie vor bereit bin, in einem Gespräch mit kompetenten Herren Ihres Bereichs nach Vorlage aller relevanten Unterlagen, Möglichkeiten zu erörtern, wie mögliche weitere Schäden vermieden werden können. Ich habe hierzu konkrete Vorschläge anzubieten.

Abschließend bitte ich um Verständnis für den Hinweis, daß mich die gegenwärtige wirtschaftliche Lage dazu zwingen wird, die Geschäftstätigkeit meiner Firma zum 01. 10. 1980 einzustellen. Was dieser Schritt für meine soziale, gesellschaftliche und berufliche Lage bedeuten würde, muß ich wohl nicht näher erläutern.«

Das Schreiben mit dem Hilfeersuchen an das Bundeskanzleramt als Aufsichtsbehörde der Geheimdienste war nicht etwa naiv, sondern – mit Blick auf den Lebenslauf des Verfassers – Ausdruck einer national gesinnten, militärisch und nachrichtendienstlich geprägten Persönlichkeit, die, einmal in Schwierigkeiten geraten, auf die väterliche Fürsorge des »Dienstherrn« vertraute.

Hans Dieter Christian Raethjen, geboren am 5. Oktober 1938 auf dem Gut Hasenberg in Ostpreußen, hatte 1958 seine schulische Ausbildung mit dem Abitur abgeschlossen. Noch im April gleichen Jahres ging Raethjen zur Bundeswehr, in der er schließlich zum Fallschirmjäger ausgebildet wurde und seine Karriere als Offizier begann. Im März 1960 wurde er Leutnant, später dann Kommandierender Offizier für Überlebens- und Kommandotraining an der Luftlande- und Lufttransportschule der Bundeswehr in Altenstadt bei Schongau. Von 1963 bis 1966 fungierte er als Kompaniechef einer Luftlandeeinheit, bis man ihn zum stellver-

tretenden Ausbilder in der Einzelkampfausbildung an der Kampf-
truppenschule I der Infanterieschule der Bundeswehr in Hammel-
burg berief. Für die Jahre 1967 bis 1974 gibt Raethjen in seinem in
englischer Sprache, datiert vom 8. Mai 1979, verfaßten Lebenslauf
an, einem Sonderstab in einer Abteilung zur unkonventionellen
Kriegsführung angehört zu haben. Eine recht originelle Um-
schreibung seiner Tätigkeit als Hilfsreferent beim Bundesnachrichtendienst in Pullach in der Unterabteilung »Nah-/Mittelost«.
In einem internen Verwaltungsschreiben der Abteilung Personal-
und Sachwesen des BND, datiert vom 20. Dezember 1973, an das
Zentralreferat in der Unterabteilung Nachrichtendienstliche Führung wird die Versetzung von Major Raethjen, V-Nr. 37 346,
Deckname HATON, Dienststelle I A 3 – Anbahnung –, mit Wirkung vom 15. Januar 1974 bekanntgegeben. Raethjen verläßt den
BND und wird als Ausbilder für Luftlande- und Einzelkämpfer-
training an eine seiner früheren Wirkungsstätten, die Luftlande-
und Lufttransportschule in Altenstadt bei Schongau, versetzt. Am
31. Dezember 1978 wird Raethjen auf eigenen Antrag, so das
Schreiben der Luftlande- und Lufttransportschule vom 11. Dezember, aus der Bundeswehr entlassen. Am 21. Dezember desselben Jahres findet zu seiner Verabschiedung von seinen Kameraden
ein Stehempfang im Offiziersheim statt.

Die Entlassung aus dem Dienst beantragte Raethjen mit Schreiben vom 26. Oktober 1978 an den Herrn Bundesminister der Verteidigung nach § 46/3 Soldatengesetz zum 31. Dezember mit der
Begründung: »Seit Januar 1974 werde ich durch den Dienstherren
unter einseitigem Bruch des Treueverhältnisses einer Personalfüh-
rung unterworfen, die gültigen Vorschriften und Bestimmungen
nicht entspricht. Jüngste Erfahrungen bestätigen meinen Eindruck, daß der Dienstherr nicht gewillt ist, diese erkannten Unge-
reimtheiten angemessen auszuräumen.« Raethjen gibt an, in seiner aktiven Bundeswehrzeit spezielle Einsätze mit französischen,
norwegischen und belgischen Kommandoeinheiten unternommen zu haben und des öfteren als Verbindungsoffizier zu den 10ten
Special-Forces-Einheiten der US-Armee in Bad Tölz und 1975 als
Verbindungsoffizier bei der AMF (Airlight Mobile Forces – die
NATO-Feuerwehr) in der Türkei gedient zu haben.

1979 wird er als selbständiger Unternehmer im Bereich »Sicherheitsdienstleistungen« tätig. Er gründet die Firma »Hara-Consult GmbH – Industrie- und Sicherheitsberatung« mit Sitz in Prem bei Schongau. Laut Münchner Merkur hat Raethjen während seiner aktiven Zeit als Offizier den Ortsverband Prem der CSU ins Leben gerufen. 1978 trat er jedoch wieder aus, damit die Partei bei eventuellen Nachforschungen über seine damalige Tätigkeit keinen Schaden nähme. »Ich habe deshalb die politische Verantwortung sehr eng gesehen und auch spontan meinen CSU-Vorsitz in Prem abgegeben, um sicherzustellen, daß die Partei nicht in die Sache hineingezogen wird.«[4] Raethjen hatte es mit der Nibelungentreue.

Zum Schritt in das freie Unternehmertum hatte ihn nach Auskunft gegenüber dem stern sein früherer Chef und Freund Cornelis Hausleiter überredet. Hausleiter, BND-Decknamen BERNHARD FISCHER und CURT HAUSER, war jahrelang Leiter der Unterabteilung Nah-/Mittelost in Pullach. Seit 1991 ist Hausleiter pensioniert. Bei seinen Kameraden war Hausleiter laut stern »bekannt für seine Vorlieben für Altnazis wie den ehemaligen SS-Standartenführer Eugen Dollmann. Der hatte im Dritten Reich als Verbindungsmann der SS zu Mussolini fungiert.«[5]

Raethjen berichtete der Zeitschrift, Hausleitner habe im Sommer 1978 bei ihm angerufen und um ein Treffen gebeten. Bei dieser Gelegenheit offenbarte ihm sein ehemaliger Vorgesetzter, daß der BND die Ausbildung von Gaddafis Wachregiment organisieren solle. Und er, Raethjen, wäre der richtige Mann für diesen Job. »Bedenken zerstreute der BND-Mann. Schließlich gehe es um übergeordnete staatliche Interessen: Man müsse ›den Libyern mit vertrauensbildenden Maßnahmen dieser Art entgegenkommen›, um die Öllieferungen zu sichern.«[6]

Schon kurz nach seinem Brief, mit Datum vom 20. August 1980, erhielt Hans Dieter Raethjen Post aus dem Bundeskanzleramt: »Sehr geehrter Herr Raethjen, Ihre mit Schreiben vom 18. August geschilderte Angelegenheit lasse ich prüfen. Ich werde auf sie zurückkommen, sobald mir das Prüfungsergebnis vorliegt. Mit freundlichen Grüßen. Im Auftrag Staubwasser.« Peter Staubwasser, Ministerialdirigent in der Abteilung 6 des Bundeskanzleramtes (Bundesnachrichtendienst; Koordinierung der Nachrichtendienste des Bundes), legte zu der pikanten Angelegenheit natürlich einen Vorgang an, Aktenzeichen 62-15102 – zu Ra 3 (VS). VS. Der Vorgang Raethjen wurde zur Verschlußsache erklärt.

Am 18. Oktober 1980 wandte sich schließlich Raethjen erneut an das Bundeskanzleramt. Er beschwerte sich, daß noch nichts geschehen sei, um ihm in seiner Situation zu helfen. Der wirtschaftliche Ruin stehe kurz bevor. »An dieser Stelle muß ich nochmals betonen, daß ich mir völlig darüber klar bin, keinerlei Schadensersatz- oder Rechtsansprüche gegenüber dem Bund zu haben. Ebenso selbstverständlich dürfte es jedoch sein, daß es gerade in diesem Umfeld grob unanständig wäre, die Angelegenheit zu Lasten des schwächsten Gliedes der Kette zu lösen. Ich könnte mir vorstellen, in dieser Ansicht Unterstützung bei Parlamentariern und in der Öffentlichkeit zu finden. Die schleppende Bearbeitung des Falles läßt bei mir Zweifel aufkommen, ob die von mir angestrebte Lösung auf der Basis von Vertrauen, Vernunft und Loyalität von Ihnen gewünscht und daher gangbar ist. Für eine möglichst baldige Beantwortung wenigstens dieser Frage wäre ich dankbar. Damit wäre ich nämlich in der Lage zu entscheiden, ob ich die Suche nach dringend notwendiger Hilfe auch auf andere Bereiche ausdehnen muß.«

Mit Schreiben vom 28. Oktober 1980 bat das Bundeskanzleramt noch um etwas Geduld, »weil erforderliche abschließende Stellungnahmen teilweise noch ausstehen«.

Am 19. Januar 1981 schließlich erhielt Hans Dieter Raethjen per Einschreiben – persönlich – die Antwort aus dem Bundeskanzleramt: »Wie Ihnen aus meiner Eingangsbestätigung vom 20.8.1980 und meiner weiteren Zwischennachricht vom 28. 10. 1980 bekannt ist, habe ich mich um eine eingehende und umfassende Prüfung des von Ihnen vorgetragenen Sachverhalts und Ihres damit verbundenen Anliegens bemüht. Das abschließende Ergebnis dieser Prüfung liegt mir nunmehr vor. Danach bleibt festzustellen, daß der Bundesnachrichtendienst zu etwaigen Erwartungen, die Sie anscheinend aus Ihren Kontakten zu ihm abgeleitet haben, keine Veranlassung gegeben hat. Bereits am 21. August

1978, also bereits mehrere Monate vor Ihrem Ausscheiden aus der Bundeswehr, hat Ihnen der Bundesnachrichtendienst erstmals mitgeteilt, daß er sich nicht an Ihrem Vorhaben beteiligen werde. Diese Haltung hat sich auch nicht geändert, wie Ihnen im Januar 1979 abschließend erklärt wurde. Es ist daher dem Bundesnachrichtendient auch nicht möglich, in irgendeiner Form die Belastungen mitzutragen, die offenbar aus dem Abbruch Ihres Vorhabens für Sie entstanden sind. Mit freundlichen Grüßen. Im Auftrag Staubwasser«.

Doch damit ließ sich der ehemalige Fallschirmjäger-Major nicht abwimmeln. Am 16. Februar 1981 schrieb er nochmals an das Bundeskanzleramt: »Leider läßt Ihr Schreiben vom 19. Januar 1981 mehr Fragen offen als es beantwortet. Aus der von Ihnen nochmals betonten Tatsache, daß eine eingehende Prüfung des Sachverhalts stattgefunden hat, muß ich in meiner Wertung nun von folgenden Voraussetzungen ausgehen:

– Ihnen ist bekannt, daß, abgesehen von fragwürdigen Absicherungserklärungen, meine derzeitige Situation vom BND eingeleitet, herbeigeführt und über mehr als ein Jahr nachrichtendienstlich begleitet wurde.

– Ihnen ist bekannt, daß mit den am Projekt beteiligten Personen bis in das Jahr 1980 hinein nachrichtendienstliche Treffs durch den BND durchgeführt wurden.

– Ihnen ist bekannt, daß, wie bei ND-Operationen üblich, die auf meiner Seite beteiligten Personen im BND mit Decknamen (Klyde, Roskoth, Randolin) versehen wurden.

Allein diese Ihnen bekannten Fakten machen Ihr Schreiben vom 19. 01. 1981 auch für den nachrichtendienstlichen Laien zu dem bedauerlich schäbigen Versuch, sich aus Ihrem Teil der Verantwortung zu mogeln. Die aus dem Vorgang immer deutlicher werdende Absicht des BND, mit Ihrer Unterstützung Nachrichtendienst nach dem Motto ›Wasch mir den Pelz, aber mach mich nicht naß!‹ zu ausschließlich meinem Nachteil und auf mein persönliches Risiko zu betreiben, kann so nicht durchgehen. Nach dem von meiner Seite aus mit existenzbedrohender Geduld unternommenen Versuch, die Probleme auf dem Dienstweg auszuräumen, bin ich jetzt angesichts einer Entscheidung, die unstreitbare Tatsachen wider besseres Wissen nicht wertet, gezwungen, andere Maßnahmen zur Wahrnehmung meiner Interessen zu ergreifen.«

Nun wurde auch Ministerialdirigent Peter Staubwasser ungehalten. Am 30. April 1981 schrieb er zurück: »Ihr Schreiben vom 16. Februar dieses Jahres veranlaßt mich, Sie in aller Deutlichkeit nochmals auf folgendes hinzuweisen: Ihr Entschluß, den Dienst als Berufsoffizier bei der Bundeswehr zu quittieren und eine eigene Firma zu gründen, wurde vom Bundesnachrichtendienst weder beeinflußt noch gar veranlaßt. Ihre Behauptung, Ihre derzeitige Situation sei vom BND eingeleitet und herbeigeführt, trifft nicht zu. Der Bundesnachrichtendienst hat aufgrund bestehender Kontakte zwar geprüft, ob und gegebenenfalls in welcher Form eine Zusammenarbeit mit Ihnen in Betracht kam. Von dem negativen Ergebnis dieser Prüfung hat er Sie jedoch unverzüglich und bevor Sie aus der Bundeswehr ausgetreten sind, nämlich bereits am 21. August 1978, unterrichtet. Mir ist im übrigen bekannt, daß die Umstände, die Sie als äußere Merkmale der behaupteten Zusammenarbeit des BND mit Ihnen gewertet wissen wollen – wie z. B. ›Decknamen‹ für Sie und dritte Personen oder Kontakte des BND zu Ihnen bekannten Personen bzw. Firmen –, kein Indiz für eine Beteiligung des BND an Ihrem Unternehmen sind. Im gegebenen Zusammenhang kann es sich daher nicht um einen – wie Sie es ausdrücken – ›schäbigen Versuch‹ handeln, ›sich aus der Verantwortung zu mogeln‹, sondern offenbar nur um einen Versuch, dem BND eine Verantwortung zuzuschieben, die er zu keiner Zeit hatte.«

Seine Drohung, in der Öffentlichkeit Unterstützung zu suchen, machte Raethjen erst 1994 wahr, nachdem er sich in Schweden niedergelassen hatte. Fünfzehn Jahre nach diesem Briefwechsel erschienen ein Artikel im stern sowie ein Bericht in den »Tagesthemen« der ARD.

Raethjens Geschichte wurde auch Gegenstand einer Fragestunde im Deutschen Bundestag. In der 12. Sitzung des Deutschen Bundestages am Donnerstag, dem 19. Februar 1995, beantwortete der Staatsminister im Bundeskanzleramt und Geheimdienstkoordinator, Bernd Schmidbauer, mehrere Fragen von Abgeordneten zu diesem Themenkomplex.[7]

Der Abgeordnete Dr. Helmut Lippelt (BÜNDNIS 90/DIE GRÜNEN) erkundigte sich, ob die Bundesregierung die Aussage von Raethjen, der von 1979 bis 1983 im Auftrag des BND mehrere Hundertschaften von Gaddafis Wachregiment im »Nahkampf und lautlosem Töten« ausgebildet hatte, für plausibel hält und ob »eine Operation dieser politischen Brisanz . . . nur möglich mit Kenntnis und Erfahrung der obersten Behördenleitung« ist.

Bernd Schmidbauer betonte in seiner Antwort, Raethjen habe »die Ausbildungstätigkeit in Libyen auf eigenen Entschluß und ohne Auftrag des BND ausgeübt. Der BND hat im Gegenteil Herrn Raethjen schon im August 1978 eindeutig erklärt, daß er sich an dem Ausbildungsvorhaben nicht beteiligen werde.«

Am 17. August wurde von dem zuständigen Abteilungsleiter angeblich ein operatives Aufgreifen des Vorgangs untersagt. Dies hätte man am 21. desselben Monats auch Raethjen mitgeteilt. »Die Kenntnis von dem Vorhaben reichte damals bis zum zuständigen Abteilungsleiter . . . Die Leitung hat – das ist ein interessanter Punkt – von dem Ausbildungsunternehmen am 11. April 1980 erfahren, nachdem sich Herr Raethjen an den BND gewandt hatte, weil ihm eine Fortführung dieses Unternehmens nicht mehr möglich erschien und weil er beim BND Unterstützung für seine weiteren beruflichen Pläne suchte. Die Leitung des BND hat jede Beteiligung an den Plänen des Herrn Raethjen abgelehnt. Der damalige Präsident des BND – das füge ich gleich hinzu, damit die Zusatzfragen zu diesem Bereich abgearbeitet werden können – hat einen Vermerk zu seiner Entscheidung gemacht. Sie lautete: Finger weg. Die Bundesregierung hat von dem Ausbildungsunternehmen des Herrn Raethjen erstmals durch dessen Brief vom 18. August 1980 erfahren. Herr Raethjen hatte damals und weiter im Brief vom 18. Oktober 1980 mitgeteilt, daß das Interesse der Libyer an seiner Ausbildungstätigkeit erlahmt sei und daß deshalb die Liquidation seiner Firma, die er für diese Tätigkeit gegründet hatte, eingeleitet werden mußte. Darin dürfte auch der Grund liegen, daß die damalige Bundesregierung keinen Anlaß zu eigenen Bemühungen um eine Beendigung der Tätigkeit des Herrn Raethjen in Libyen gesehen hat. Weder ihr noch den späteren Bundesregierungen wurde im übrigen bekannt, daß trotz des von Herrn Raethjen mitgeteilten

Endes seiner Ausbildungstätigkeit angeblich noch weitere deutsche Ausbilder für das Wachregiment von Staatspräsident Gaddafi tätig waren und bis heute tätig sein sollen.«

Sorgfältig vermied »008« – so Schmidbauers Spitzname im Kanzleramt –, den Namen des Vizekanzlers zu gebrauchen. Der »damalige Präsident«, »die Leitung« war Außenminister Klaus Kinkel.

Lippelt stellte eine Zusatzfrage: »Wie will das Bundeskanzleramt oder wie sollen betroffene Leute gegen diese aus Ihrer Sicht geradezu ungeheuerlichen Verleumdungen vorgehen? Sie müssen doch irgend etwas zur Richtigstellung tun. Wie wollen Sie damit umgehen, daß in den Berichten beispielsweise ausgeführt wird, daß der BND mit Herrn Raethjen und seinen Mitarbeitern Decknamen vereinbart hat ... und daß es einmal monatlich ein Treffen mit dem Nahostreferenten gegeben hat?«

Auf die Indizien für eine operative Tätigkeit des BND ging der Staatsminister gar nicht erst ein. Statt dessen versuchte er dem Vorgang mit dem Stempel »PKK-geprüft« die Brisanz zu nehmen: »Herr Kollege, auf Ihre Frage darf ich Ihnen erstens sagen, daß das für diese Thematik zuständige Gremium des Parlaments, die Parlamentarische Kontrollkommission, all diese Punkte ausführlich erörtert hat. Ich darf Ihnen auch sagen, daß der Vorsitzende der Parlamentarischen Kontrollkommission des Deutschen Bundestages, der Kollege Dr. Wilfried Penner, mitteilt, daß die Kommission umfassend, auch durch Vorlage von Dokumenten, unterrichtet wurde und einmütig zu dem Ergebnis kommt, daß die in der Öffentlichkeit erhobenen Vorwürfe gegen Institutionen des Bundes und Personen jeder Grundlage entbehren. Aus dieser Stellungnahme des Kollegen Dr. Wilfried Penner als Vorsitzenden des dafür zuständigen Ausschusses können Sie entnehmen, daß auch die Fragen, die Sie anschneiden, dort erörtert wurden. Ich will hier keine Bewertung des Betroffenen vornehmen. Natürlich lesen die Bundesregierung und auch die Parlamentarische Kontrollkommission Berichte, die von dem ehemaligen Mitarbeiter des Bundesnachrichtendienstes – das war er ja, der auch im Bereich der Bundeswehr tätig war, gefertigt wurden, und die entsprechenden Medienveröffentlichungen.«

Die zweite Zusatzfrage des grünen Abgeordneten zielte auf die Rolle des Bundeskanzleramtes: »Hat es nicht irgend etwas unternommen, um der Sache nachzugehen? ... Sie hatten doch die Pflicht, mehr zu unternehmen, als nur dem BND Glauben zu schenken, der sagte: Finger weg. Dort ist doch etwas passiert, und das mußte doch unterbunden werden.«

Hier wurde die Antwort von »008« kryptisch: »Selbstverständlich hat die Bundesregierung die Frage bilateraler Beziehungen zu diesem Land und mögliche Verstöße gegen gewisse Kriterien – Embargo oder Fragen der Söldneranwerbung – geprüft. Zum heutigen: Ich hätte auch nicht anders gehandelt als die Kollegen der damals SPD-geführten Bundesregierung, die das zu den Akten geschrieben haben, zumal auch der entsprechende Briefschreiber davon ausging, daß das Unternehmen, das er gegründet hat, dem Ende entgegengeht und liquidiert werden müßte. Die damalige Bundesregierung konnte nicht mehr davon ausgehen, daß dieser Betrieb als Ausbildungsbetrieb in Libyen weiter aufrechterhalten blieb.«

Rolf Olderog, CDU/CSU-Mitglied der PKK, stellte eine weitere Zusatzfrage: »Herr Staatsminister, der BND hat eine Beteiligung an diesem privaten Ausbildungsprojekt abgelehnt. Können Sie sagen, wie die Beteiligung bis zu dieser Entscheidung, also in der Vorbereitungsphase, beim BND ausgesehen hat?«

Schmidbauer kokettierte mit seinem Geheimwissen: »Ich will die Protokollnotiz aus der PKK jetzt nicht heranziehen ... (Dr. Wilfried Penner (SPD): Das würde ich Ihnen auch nicht raten!) ..., denn dies war ja der Gegenstand der Berichterstattung in der PKK. Ich kann allgemein ausführen, daß es Kontakte von Herrn Raethjen mit dem BND gegeben hat mit der Bitte, sich an diesem Unternehmen zu beteiligen. Dies ist bis auf eine mittlere Ebene gediehen, und es wurde beraten, welche operativen Pläne durchgeführt werden sollten. Zu dem Zeitpunkt, als eine Genehmigung des zuständigen Abteilungsleiter anstand, hat dieser negativ entschieden. Beim erneuten Vorlegen dieser operativen Maßnahme hat der zuständige Präsident, der damalige Präsident Herr Dr. Kinkel, dieses abgelehnt, und zwar mit dem Zitat, das ich vorhin erwähnt habe.«

Zweimal abgekanzelt, nahm Helmut Lippelt nun die Geheimniskrämerei aufs Korn: »Herr Staatsminister, da offensichtlich so vieles, was wir jetzt lesen, Mystifikation ist, möchte ich fragen: Gab es den Herrn Cornelius Hausleiter, Nahost-Referat BND, überhaupt, oder ist das auch eine Mystifikation?«

Zu der Antwort Schmidbauers vermerkt der Stenograf Heiterkeit: »Nach meiner Aktenlage, Herr Kollege, gab es diesen Mann. (Lachen beim BÜNDNIS 90/DIE GRÜNEN, bei der SPD und der PDS) Ob der so hieß, Herr Kollege, weiß ich nicht.«

Cornelis Hausleiter ist keine Mystifikation, sondern der bürgerliche Name des BND-Manns, der hinter den Mauern Pullachs den Decknamen BERNHARD FISCHER trug. Bei einigen arabischen Freunden stellte er sich auch zuweilen als CURT HAUSER vor. Seit 1991 ist er offiziell als Regierungsdirektor in den Ruhestand getreten. Für den BND war er jahrzehntelang Handlungsreisender im Nahen und Mittleren Osten. So fragte die Münchner Abendzeitung: »Wer ist Bernhard Fischer?« Es war die Zeit des Geiseldramas 1987 im Libanon. Die deutschen Staatsangehörigen Rudolf Cordes und Alfred Schmidt befanden sich in den Händen islamischer Fundamentalisten. Cornelis Hausleiter versuchte, die Geiseln diskret freizuhandeln.

Die AZ: »Fischer ist seit Sonntag in der Krisenregion. Er flog von München aus mit einem zweistrahligen Jet vom Typ ›Falcon‹, Kennzeichen D-BIRD. Die Maschine gehört der Bundesvermögensverwaltung. Ihre Flugzeuge werden auch schon mal vom Bundesnachrichtendienst (BND) genutzt.« Laut Abendzeitung wurden aus der Maschine auf dem Flughafen von Larnaca auf Zypern mehrere Kisten mit der Aufschrift »Siemens« in einen Helikopter umgeladen, der dann mit Hausleiter Richtung Libanon entschwand. Doch solche öffentlichen Auftritte von Herrn Hausleiter waren selten, vielmehr galt er als gelassener Mann und zugleich als wichtigster und erfolgreichster Agentenführer im Nahen Osten.

Der BND-Pensionär lebt zurückgezogen in einem großen Haus in Schäftlarn in Oberbayern, umgeben von zahlreichen Antiquitäten und einer reichhaltigen Bibliothek auf dem Dachboden. Seine Vorliebe für die Region, mit der er sein ganzes Leben lang auch beruflich zu tun hatte, entdeckte er schon während seines Studiums der Geschichtswissenschaften. Das Faible für das »Arische« führte ihn zwangläufig auch zu den persischen und arabischen Wurzeln der Rassentheorie der Nationalsozialisten, für die er zeitlebens in vielen Bereichen große Bewunderung und Interesse verspürte. Sogar seinem Nachwuchs verpaßte Cornelis Hausleiter durchweg germanische Vornamen.

Während seiner Dienstzeit fanden gesellige Runden mit Freunden aus der arabischen Region in Hausleiters Domizil statt, Verständigungsprobleme gab es dabei kaum: Hausleiter spricht fließend Arabisch.

In der Fragestunde des Bundestages wollte der SPD-Abgeordnete Volker Neumann mehr über das Unternehmen wissen, für das Raethjens Firma tätig geworden war: »Herr Staatsminister, ist der Bundesregierung bekannt, ob der Bundesnachrichtendienst Kontakte zu der im Artikel zitierten Firma Telemit hatte oder Einfluß auf deren Aktionen nahm?« Der Staatsminister räumt dies kurz ein: »Der Bundesregierung ist bekannt – es ist ausführlich diskutiert worden, in welcher Form –, daß der Bundesnachrichtendienst zu der Firma Telemit Kontakte hatte.«

Die mittlerweile sechste Frage vom Abgeordneten Winfried Nachtwei (BÜNDNIS 90/DIE GRÜNEN) löste eine Debatte um die Rolle der FDP aus: »Besteht nach Kenntnis der Bundesregierung ein Zusammenhang zwischen den Dienstleistungen der in Absprache mit dem BND agierenden Firma Telemit Electronic GmbH und Parteispenden für die FDP . . ., wenn ja, welcher?«

Schmidbauer dementierte gleich wahrheitswidrig mehr, als er gefragt worden war: »Der Bundesregierung ist ein solcher Zusammenhang nicht bekannt. . . . es (entspricht) nicht der Realität . . ., die Tätigkeit der Firma Telemit als die einer ›in Absprache mit dem BND agierenden Firma‹ zu kennzeichnen . . . Es trifft aber zu – das habe ich vorhin auf die Frage eines Kollegen gesagt –, daß es in dieser Firma entsprechende Quellen gegeben hat.«

Norbert Gansel hakte nach: »Haben der PKK, auf die Sie in Ihren Antworten schon verwiesen haben, Unterlagen vorgelegen, oder sind der PKK mündlich Informationen gegeben worden, die den Komplex Telemit und Parteispenden betreffen?« Der Kieler

Abgeordnete, der schon in vielen Untersuchungsausschüssen des Bundestages die wunden Punkte aufgespürt hatte, wurde hier aus Reihen der eigenen Partei gestoppt. Dr. Wilfried Penner, SPD-Abgeordneter und Vorsitzender der PKK, intervenierte: »Darüber darf keine Auskunft gegeben werden!«

Die Intervention Penners war unbegründet, weil Gansel zunächst nur wissen wollte, ob und nicht welche Informationen in der Kontrollkommission für die Geheimdienste zu Telemit-Spenden an die FDP geflossen sind.

Daß Gansel hier den sensibelsten Punkt getroffen hatte, zeigte der sich anschließende Redebeitrag von Burkhard Hirsch (FDP): »Vorausgeschickt, daß ich gehofft habe, daß eine solche Frage gar nicht gestellt wird«, erläuterte er, »daß die FDP bereits im Oktober vergangenen Jahres öffentlich über drei Spenden der Firma Telemit aus den Jahren 1986, 1987 und 1988, also sehr viel später, in Höhe von insgesamt 36000 DM an einen Kreisverband Rechenschaft abgelegt hat.«

Aus dieser Auskunft läßt sich allenfalls schließen, daß die Telemit nach den Millionenspenden an die FDP zu Anfang der achtziger Jahre sparsamer wurde oder aber ihre Zuwendungen an die Freidemokraten nur breiter streute.

Burkhard Hirsch, Mitglied der PKK, erklärte schließlich in der sich anschließenden Aktuellen Stunde des Hohen Hauses: »Es hat keine Beteiligung des Bundesnachrichtendienstes etwa an Lieferungen von irgendwelchen Ausrüstungsgegenständen der Firma Telemit nach Libyen gegeben. Es hat keine Beteiligung des Bundesnachrichtendienstes an Anwerbeversuchen der Firma Raethjen gegeben, ... Ich weise für meine Fraktion die in den gestellten Fragen enthaltenen Unterstellungen als haltlos, leichtfertig und infam zurück.«

Ob er recht hatte, ist eine Frage der Interpretation. Wenn man weder Absprache noch Duldung noch operative Nutzung unter Beteiligung versteht, sprach Hirsch die Wahrheit.

Recht hatte er, wenn man die Worte richtig wiegt, auch darin, daß niemals die »Firma Raethjen« angeworben wurde, denn die hieß Hara-Consult, und es wurde außerdem der Inhaber Hans Dieter Raethjen persönlich beauftragt.

Eines verschwieg Burkhard Hirsch in der Debatte, vermutlich weil es unerheblich für den Lauf der Dinge war. Er hatte auf der einen Seite Zugang zu allen Akten, die der PKK vorlagen, auf der anderen Seite aber auch zu Dokumenten, die dem stern vorlagen. Am 12. Januar 1995 wurden in den Redaktionsräumen der Hamburger Illustrierten in Düsseldorf dem Abgeordneten zahlreiche Dokumente zu den Vorgängen um die Firma Telemit vorgelegt. Im Anschluß daran wurde er, nach eigener Aussage, vom Präsidenten des Bundesnachrichtendienstes, Konrad Porzner, und den verantwortlichen Beamten des Bundeskanzleramtes ebenfalls über die Vorgänge unterrichtet.

In einem weiteren Teil der Fragestunde des Deutschen Bundestages versuchten Abgeordnete zu klären, warum trotz nachrichtendienstlicher Erkenntnisse über die Tätigkeit von Hans Dieter Raethjen und der von ihm angeheuerten ehemaligen Bundeswehrangehörigen niemand auf die Idee kam, ein Verfahren gegen Raethjen nach § 109 h Strafgesetzbuch einzuleiten. Dessen Wortlaut: »Anwerben für fremden Wehrdienst: Wer zugunsten einer ausländischen Macht einen Deutschen zum Wehrdienst in einer militärischen oder militärähnlichen Einrichtung anwirbt oder Ihren Werbern oder dem Wehrdienst einer solchen Einrichtung zuführt, wird mit Freiheitsstrafe von drei Monaten bis zu fünf Jahren bestraft. (2) Der Versuch ist strafbar. «

Bernd Schmidbauer erklärte dazu, daß »der Bundesnachrichtendienst dem Bundeskanzleramt mitgeteilt« habe, ihm sei nicht bekannt, »daß Bundeswehrangehörige bzw. ehemalige Bundeswehrangehörige in der Bundesrepublik Deutschland für den Dienst in der libyschen Armee angeworben wurden und dort auch als Ausbilder mehrere Jahre tätig waren. Der Bundesnachrichtendienst hat dazu weiter mitgeteilt, daß ihm zwar Informationen zugänglich waren, wonach das Verhältnis zwischen Herrn Raethjen und den mit ihm zusammenarbeitenden ehemaligen Bundeswehrangehörigen vertragsrechtlicher Art waren, daß ihm jedoch nicht bekannt ist, wer auf libyscher Seite Vertragspartner des Herrn Raethjen und weiterer ehemaliger Bundeswehrangehöriger war. «

Das Dreieck Telemit Electronic GmbH bzw. deren Tochterfirma Astro-Technik GmbH, Heidemannstraße 29, München, der Hara-Sicherheitsberatung, später Hara-Consult GmbH – Industrie- und Sicherheitsberatung Prem bzw. Steingaden, Geschäftsführer Hans Dieter Raethjen, und natürlich dem libyschen Vertragspartner S.P.L.A.J. (Libyan Arab People's Socialist Jamahiria, Secretariat of Liaison) in Tripolis hatte seine fruchtbare Zusammenarbeit schon im Jahr 1978 begonnen, als Raethjen noch Fallschirmjäger-Major der Deutschen Bundeswehr war. In einem Schreiben, datiert vom 6. Oktober 1978, der Hara-Sicherheitsberatung an die Firma Telemit Electronic unterbreitete Raethjen seinem Partner ein »Angebot für Projekt ›SN‹ gemäß Absprache – Hr. Rose/Hr. Raethjen«. Der Komplex umfaßte Ausrüstungsgegenstände zur Schießausbildung: »Eine Theisen-Fall-Klappscheiben-Anlage mit einem Sender (2m-Band), 10 Empfängern, 10 Klappscheibenapparaten, 10 NiCd-Batterien sowie 2 Ladegeräten ... Dieses Angebot beinhaltet Aufstellung und Inbetriebnahme sowie Einweisung des Benutzers vor Ort durch einen Techniker der Fa. HARA« etc.

Drahtzieher bzw. graue Eminenz hinter diesem Dreieck war laut Raethjen Cornelis Hausleiter, sein Ex-Vorgesetzter beim BND. Hausleiter verfügte über einen direkten Draht sowohl zu Raethjen als auch zum libyschen Geheimdienst und zu offiziellen Dienststellen in Tripolis. Doch auch zur Telemit-Electronik und zur Astro-Technik war ein »kurzer Dienstweg« installiert.

Bernd Schmidbauer betonte auch im Bundestag: »Es trifft aber zu ..., daß es in dieser Firma entsprechende Quellen gegeben hat.« Wolfgang Knabe, Geschäftsführer der Telemit und der Astro, wurde als Werkzeug des BND von Cornelis Hausleiter geführt. Der Unterabteilungsleiter des Bundesnachrichtendienstes hatte laut Hans Dieter Raethjen auch den agierenden Personen die Decknamen bei dieser Operation gegeben: Raethjen wurde RANDOLIN, Klemann KLYDE und Andreas C. Rose ROSKOTH getauft.

In einem weiteren Schreiben betreffend »Durchführung sicherheitsempfindlicher Projekte im Ausland« hieß es: »... unter Bezugnahme auf Ihr Schreiben vom 30. 10. 78 betrachtet die Firma Hara-Consult nachfolgende Grundsätze als vereinbart:

Für die im Betreff genannten Geschäftsfälle stellt die Firma Hara der Firma Telemit einschlägiges ›Know-how‹ und Personal für Projektierung und Durchführung sowie Beratung bei der Auswahl und Beschaffung benötigten Materials zur Verfügung.

Die Firma Hara trägt die ausschließliche Verantwortung in Auswahl und vertraglicher Bindung des benötigten Personals, in Lehrinhalten und Lehrmethodiken bei der Weitergabe des ›Knowhow‹ in der mit Telemit vor Auftragsabschluß festgelegten Form.

Die Firma Telemit trifft mit Personal, das für die Firma Hara tätig ist, keinerlei direkte Absprachen, die bestehende vertragliche Vereinbarungen zwischen Firma Telemit und Hara berühren.

Bei Vertragsabschluß in vorliegenden Geschäftsfällen wird zwischen den Firmen Telemit und Hara verbindlich festgelegt, welche Waren von der Firma Hara beschafft und der Firma Telemit zum Weiterverkauf angeboten werden. Zudem werden die Waren und Leistungen konkret bestimmt, bei deren Beschaffung oder Erstellung die Firma Telemit Beratung und Unterstützung durch die Firma Hara in Anspruch nimmt, hierfür wird jeweils ein entsprechendes Beratungshonorar vereinbart.«

Später war der direkte Ansprechpartner nicht mehr die Firma Telemit, sondern deren Tochter, die Firma Astro Technik, so zum Beispiel für ein Angebot der Firma Hara vom 5. Juli 1979 für die Lieferung von militärischer Spezialkleidung, »bezugnehmend auf unsere Besprechungen am 09. / 10. 04. 1979 in Tripolis sowie am 20. 04. 1979 und 05. 07. 1979 in München«.

Aber es tauchten auch Probleme bei der Gewinnbeteiligung auf, zu einem Zeitpunkt, als sich Raethjen bereits um Hilfe an den BND gewandt hatte. In einem Schreiben an Rose von der Firma Astro Electronic vom 19. Mai 1980 erklärte Raethjen:

»Herr A. C. Rose, München, beansprucht von der Firma Hara-Consult in seiner Eigenschaft als Freier Consultant folgende Gewinnbeteiligungen oder Provisionen: ...

– Geschäftsfall Revolver cal 38 mit Munition und Lederzeug seine Provision von fünf Prozent aus der Bruttogeschäftsfallsumme.

– Geschäftsfall ABC-Schutzmasken eine Provision in Höhe von fünf Prozent aus der Bruttogeschäftsfallsumme.

Voraussetzung für die Verwirklichung der Ansprüche sind:
– Vertragsabschlüsse in dem unter Mitwirkung von Herrn Rose
vorbereiteten Umfang.
– Eingang von einhundert Prozent der Rechnungssummen bei
HARA-Consult GmbH.
– Schriftliche Rückäußerung von Herrn Rose mit Bestätigung
seiner Ansprüche und Spezifizierung seiner bisher erbrachten
und zukünftig zu erwartenden Leistungen gegenüber der Firma
HARA-Consult, die Gewinnbeteiligungen und Provisionen in
o. a. Höhe zahlungsbegründend rechtfertigen.«
Am 15. März 1979 schlossen die Firma Telemit und das Secretariat
of Liaison der Libyschen Volksrepublik einen Vertrag über das
Ausbildungsprogramm »SN II«, Teil 1 und 2, speziell über die
militärische Ausstattung des Unternehmens. Verantwortlich auf
Seiten der Firma Telemit für die Ausstattung bzw. deren Installa-
tion war Knabe, für das Personal Rose. Bereits am 26. April 1979
übersandte die Firma Astro-Technik, Geschäftsführer Wolfgang
Knabe, ein Angebot für militärische »Spezialkleidung«, bezugnehmend auf die Besprechungen zwischen dem 5. und 11. April
1979 in Tripolis, nach Libyen, unterzeichnet von A. C. Rose.
Interessant daran ist, daß das Warenangebot, daß die Hara-Consult der Astro-Technik mit Schreiben vom 5. Juli offerierte, von
der Firma Astro gegenüber dem Vertragspartner in Libyen um ein
Mehrfaches aufgestockt wurde. Allein für Kleidung kam dabei ein
Auftragsvolumen von über 3,2 Millionen DM zusammen. Die
Fracht nach Tripolis wurde diskret über den Internationalen Flughafen Zürich abgewickelt.
Am 9. Juni 1979 schrieb ein G. Kleemann auf einem Briefbogen
der Firma Astro-Technik, datiert in Tripolis, einen Brief an den
libyschen Vertragspartner mit der Mitteilung, daß nach 21 Wochen
Ausbildung die an den Scharfschützengewehren der Firma Steyer-
Mannlicher aufgetretenen Fehlfunktionen von der Lieferfirma
überprüft und behoben worden seien, und zwar nicht bei den feh-
lerhaften, sondern gleich bei allen Waffen. Die Benützer sollten
nicht ihr Vertrauen in die Waffe verlieren, die sie schließlich bei
Spezialaufträgen verwenden sollten.
Schon am 6. Juli 1979 war man sich vertraglich einig über die für

das Ausbildungsprogramm zusätzlich benötigten Spezialwaffen: 10 Stück Winchester, 71 cm, cal. 12/70, zur Verwendung bei Menschenmengen, die auseinandergetrieben werden sollen, geeignet, und deren Zusatzequipment (Steyer-Mannlicher Grundausstattung für Nachtsichtgeräte Typ Siemens-Albis; 20 Nachtsichtgeräte für Scharfschützengewehre auf Basis von Restlichtverstärkern, Typ Starlight, inklusive Munition, 10000 Patronen cal. 12/70 in fünf verschiedenen Ausführungen. Auftragsvolumen rund 1,1 Millionen DM. Für die Astro-Technik unterzeichnete den Kontrakt wiederum Rose.

Insgesamt soll sich das Auftragsvolumen für das »Wüsten-Camp« auf rund 50 Millionen Mark belaufen haben. Doch die Geschäfte kamen in eine kritische Phase. Der libysche Vertragspartner ließ sich Zeit bei seinen Zahlungsüberweisungen. Korruptionsuntersuchungen, veranlaßt von dem in diesem Bereich öfters hart durchgreifenden Gaddafi, anscheinend auch bei Dienststellen, die dieses Projekt betreuten, ließen die Geldmittel nicht mehr so locker fließen. Diese Ereignisse brachten die bundesdeutschen Beteiligten 1980 in Schwierigkeiten. Die Hara-Consult, daß schwächste Glied der Kette, bekam dies zuerst zu spüren. In dieser Phase wandte sich Raethjen, in seiner wirtschaftlichen Existenz bedroht, zuersts an den BND und schließlich an das Bundeskanzleramt.

Seine libyschen Kontaktleute, unter ihnen Kalifa Ahnisch, Chef der Leibwache Gaddafis, erklärten Raethjen die Situation. Sie müßten seine Dienste nicht mehr unbedingt in Anspruch nehmen, weil »die Bundesregierung zugesagt habe, sie werde nun offiziell die Aus- und Weiterbildung der libyschen Sicherheitskräfte übernehmen«.[8] Diese Zusage kann, wenn sie denn gemacht wurde, nur in Zusammenhang gestellt werden mit den sich außerordenlich gut entwickelnden Beziehungen zwischen der Bundesrepublik und Libyen in den Jahren 1979 und 1980.

Diese Entwicklung wurde vor allem durch die Kontakte und die politischen Interessen von FDP-Politikern in der damaligen sozialliberalen Regierungskoalition forciert. »Genscher handelt Libyen mehr Öl ab«, verkündete die Süddeutsche Zeitung aus München am 20. Juni 1979. Mit einer großen Delegation von deutschen Wirtschaftsführern war der Außenminister Hans-Dietrich Genscher nach Tripolis geflogen. Die Gespräche mit Mu'ammar al-Gaddafi, der den Termin mit Genscher wahrnahm, »obgleich unmittelbar vorher seine Mutter«[9] gestorben war, und dem libyschen Außenminister Ali Abd El-Salam Treiki, hätten bereits »beigetragen, Vertrauen zu schaffen«, erklärte der damalige AA-Pressesprecher Jürgen Sudhoff. Die Hoffnung auf Stabilisierung sei angebracht. Der Meinungsaustausch solle fortgesetzt, gar »intensiviert«[10] werden. Außerdem solle die deutsch-libysche Wirtschaftskommission reaktiviert werden.

Der SPIEGEL resümierte damals: »Die Libyen-Reise des Außenministers wurde als Erfolg gefeiert. Erreicht hat er nichts.«[11] Zum einen hätte Genscher gar nicht um Öl feilschen müssen, schrieb das Nachrichtenmagazin, denn die Libyer würden ihr Öl in Bonn wie sauer Bier anbieten. Zum anderen war Bundeskanzler Helmut Schmidt (SPD) über die Reise und ihr Presseecho verärgert, da er im Gegensatz zu den FDP-Politikern Innenminister Gerhart Baum, Wirtschaftsminister Otto Graf Lambsdorff und Außenminister Hans-Dietrich Genscher keinen weiteren Ausbau der politischen und ökonomischen Beziehungen, geschweige denn eine Steigerung der Öllieferungen aus Libyen für nötig erachtete.

Die Libyer selbst hatten schon konkrete Vorstellungen, wer auf deutscher Seite mit ihnen zusammenarbeiten sollte, da die Bundesrepublik direkt kein Öl bezog: Veba, Wintershall, UK Wesseling und die Saarbergwerke.[12] Die Aufgabe dieser Unternehmen sollte sein, neue Quellen in der Wüste zu erschließen. Mit von der Partie auch Jürgen W. Möllemann, damals Vorsitzender des Arbeitskreises I für Außen-, Deutschland-, Entwicklungs- und Sicherheitspolitik sowie sicherheitspolitischer Sprecher der FDP-Fraktion im Deutschen Bundestag. Er sorgte für Wirbel, als er im August 1979, nach einem Gespräch mit PLO-Chef Yassir Arafat, die Forderung nach Selbstbestimmung der Palästinenser propagierte und den Vorwurf des »staatlichen Terrorismus« an die Adresse Israels richtete. Damit empfahl sich der FDP-Abgeordnete und »Schießhund Genschers« für die Präsidentschaft der Deutsch-Arabischen Gesllschaft, die er von 1981 bis 1991 auch ausübte.

Die Liberalen hatten schon immer ein Faible für Geschäfte mit arabischen Staaten – vermutlich wegen der hohen Provisionen. Moralische oder gar politische Bedenken sind dabei zweitrangig, man muß schließlich nur rechtzeitig auf die wirtschafts- und sicherheitspolitischen Interessen der Bundesrepublik verweisen. Sicherheitspolitisch war Libyen zu dieser Zeit in erster Linie für die Bekämpfung der RAF von Interesse. Die offizielle Besucherliste aus Deutschland in jenen Jahren ist vorrangig mit Politikern des kleinen Koalitionspartners besetzt. 1978 stattete Bundesinnenminister Baum einen Besuch ab, 1979 hochoffiziell der AA-Chef Genscher, der sich darüber freute, wie ein Staatsoberhaupt empfangen zu werden. 1981 und 1983 machte Jürgen Möllemann Gaddafi seine Aufwartung.

Auf libyscher Seite wurde vor allem der damals einflußreiche Innenminister Yunis Belgassem, der als zweiter Mann im Staate galt, als Fürsprecher einer Orientierung zur Bundesrepublik angesehen. Belgassem hatte unter Feldmarschall Erwin Rommel im deutschen Afrikakorps gedient und wurde von Gaddafi einmal überspitzt als der »Deutsche«[13] in seinem Kabinett bezeichnet. Im Januar 1979 besuchte Belgassem die Bundesrepublik zu politischen Gesprächen. Er gab auch der BILD-Zeitung ein Interview:

»BILD: Beurteilen Sie die Wirtschaftsbeziehungen positiv? – Belgassem: Ja, 70 Prozent der libyschen Investitionen – das sind in diesem Jahr 4,5 Milliarden Mark – gehen als Aufträge an deutsche Firmen. ...

BILD: Warum diese Bereitschaft? – Belgassem: Bei uns ist Made in Germany ein echtes Gütezeichen. Die Deutschen und die Westdeutschen sind bei uns willkommen, weil sie diszipliniert sind und Wort halten.«[14]

Die Begeisterung für Deutschland und die Deutschen hat aber noch weitere Ursachen. Der Völkermord an den Juden durch die Nationalsozialisten wird den Deutschen nicht angelastet, eher im Gegenteil. Der libysche Revolutionsführer Gaddafi ist der kompromißloseste Gegner des Staates Israel unter den arabischen Regierungschefs. So berichtet auch Hans Dieter Raethjen, die Libyer hätten die Ausbildung im Projekt »SN« am liebsten »SS-like«[15] gewollt.

Nach dem Einfrieren der politischen und wirtschaftlichen Kontakte Libyens zu Deutschland Anfang der achtziger Jahre wegen innenpolitischer Korruptionsuntersuchungen bekam Hans Dieter Raethjen wieder einen Auftrag. Am 19. Juli 1982 schrieb Wolfgang Knabe, Astro-Technik, an die Hara-Consult: »Sehr geehrter Herr Raethjen, wir freuen uns Ihnen mitteilen zu können, daß das 3. Trainingsprogramm vom Kunden genehmigt wurde. Wir beauftragen Sie, wie bereits besprochen, den Auftrag zu den Bedingungen Ihres o/a Angebotes vom 5. Mai 1982 auszuführen.«

Hatte Raethjen mit seiner Beschwerde beim BND und beim Bundeskanzleramt sein Ziel erreicht? Seine Existenz stand auf dem Spiel, als er diese Briefe schrieb. Doch seine Ankündigung, er werde sich an die Öffentlichkeit und an die politische Opposition wenden, verwirklichte er damals noch nicht. Wurde ihm etwa mitgeteilt, man werde sich, sobald etwas Gras über die Sache gewachsen sei, wieder für ihn und sein Projekt im Wüstensand verwenden?

»Im Februar 1983 machte er dann von sich aus Schluß. Gaddafis Leute hatten ihn gedrängt, auch das Basteln von Briefbomben aufzunehmen. Das war ihm zuviel«,[16] schrieb der stern. Raethjen behauptet, daß bis heute noch Männer der Firma Astro-Technik im Dienste Libyens stehen und die Aus- und Weiterbildung von Eliteeinheiten betreiben.

Über den Zeitraum von 1981 bis zum Februar 1983 wollte in der Fragestunde die Abgeordnete Angelika Beer (BÜNDNIS 90/DIE GRÜNEN) Näheres wissen: »Herr Staatsminister, Sie haben in der Beantwortung der Frage des Kollegen Lippelt gesagt, daß Sie in der PKK Rückgriff auf Akten des Bundesnachrichtendienstes bis 1981 hatten. Die Frage des Fragestellers bezieht sich auf einen Zeitraum bis 1983. Heißt das, daß Ihre Bewertung auf der Sitzung der PKK unvollständig ist und daß Sie den Zeitraum bis 1983 nicht überprüft haben?«

Schmidbauer ging zunächst in die Offensive: »Frau Kollegin, das können Sie nicht daraus schließen. Im übrigen ist es Sache des Fragestellers, zu korrigieren, wenn er mit der Antwort nicht zufrieden ist. Ich hätte dann darauf hingewiesen.« Zum Kern der

Frage erläuterte »008«: »Der fragliche Zeitraum war eben 1981 abgeschlossen. Deshalb erübrigt sich eine Frage nach 1983. Das war meiner Antwort auch zu entnehmen. Ich sehe keine logische Begründung für Ihre Nachfrage. 1981 war der Vorgang zu Ende; die Jahre 1983 ff. sind jetzt selbstverständlich mit überprüft worden. Auch das kann ich Ihnen auf Ihre Frage sagen. Der Vorgang Raethjen als solcher ist 1981 abgeschlossen.«

Geschickt mogelte er sich an der Wahrheit vorbei, indem er den Zeitraum von 1981 bis 1983 außer acht ließ. Die unvollständige Antwort zeigte, daß Schmidbauer bereits wußte, daß Raethjen 1982 eine dritte Ausbildungsreihe begonnen hatte.

Tatsache ist, daß die Hara-Consult im Auftrag der Astro-Technik weiter in Libyen arbeitete. Falls der BND aber – nachdem Raethjen ihn ja offiziell über seine Aktivitäten unterrichtet hatte, sich sogar beim Kanzleramt über die mangelnde Kooperation des Nachrichtendienstes beschwerte und die Hara-Consult trotzdem als Unternehmen in Libyen für die Ausbildung von Soldaten weiter verantwortlich war – 1982 nichts davon wußte oder merkte, wäre dies ein Armutszeugnis für die Pullacher Beamten.

Doch der Bundesnachrichtendienst muß von dieser Tätigkeit mit Sicherheit gewußt haben, da der über Telemit beteiligte Rose eine Quelle des BND war. Auch der Führungsoffizier des Telemit-Geschäftsführers Wolfgang Knabe muß davon unterrichtet gewesen sein. Hat Cornelis Hausleiter auf eigene Faust und ohne das Wissen seiner Vorgesetzten die Operation weitergeführt, oder durfte ein »Goodwill-Programm« der Telemit zur Flankierung von Rüstungsexporten auf höhere Weisung nicht gefährdet werden?

Ob der BND-Präsident Klaus Kinkel, der beim früheren Projekt »Finger weg!« angeordnet hatte, von der Wiederaufnahme des Trainings der Libyer noch in seiner Amtszeit wußte, muß ebenso offenbleiben wie die Frage, ob das Kanzleramt bereits 1982 oder erst 1994 erfuhr, daß das Projekt »SN« weitergeführt wurde. Entweder liefen unter Kinkels Ägide Operationen des BND auf Unterabteilungsebene an ihm vorbei oder er selbst war der Grund für den Mangel an Wahrheitsliebe, den Geheimdienstkoordinator Schmidbauer heute an den Tag legt.

Hans Dieter Raethjen hat sich nach Schweden zurückgezogen und will dort auch bleiben: »Wenn ich nach Deutschland komme, muß sichergestellt sein, daß ich nicht aus der Zelle vorgeführt werde oder plötzlich einem merkwürdigen Unfall zum Opfer falle.«[17] Einem Untersuchungsausschuß des Bundestags würde er sich zur Verfügung stellen, wenn dabei »nicht der Bock zum Gärtner« gemacht werde. Ein solcher Ausschuß könnte lohnen, wenn Raethjens Behauptung zutrifft, er habe bisher nur die Spitze des Eisbergs gezeigt und 75 Prozent seines Wissens verschwiegen.

Kurz vor und während Kinkels Amtszeit in Pullach gab es zwei weitere Ausbildungsvorhaben für Libyer – diesmal in der Bundesrepublik –, von denen ein halbwegs funktionierender Auslandsnachrichtendienst Kenntnis gehabt haben müßte.

Am 30. Januar 1976 berichtete der Journalist Manfred Schell in der Welt,[18] nach einem Hubschrauberabsturz sei bekannt geworden, daß in Baden-Württemberg Piloten für Gaddafi ausgebildet würden. Auf einem kleinen privaten Flugplatzgelände in Oedheim, bei Bad Friedrichshall, sollen jahrelang Piloten und Mechaniker aus Libyen geschult worden sein. Für die Ausbildung verantwortlich war die Firma Motorflug KG, die einen Untervertrag über die Ausbildung mit der Meravo Luftreederei abgeschlossen hatte.

Nach offiziellen Angaben aus Bonn handelte es sich dabei um die Ausbildung von Polizisten. Muftah El Sherif, damals Botschafter der Arabischen Republik Libyen in Bonn, stellte in einem Leserbrief an die Welt vom 12. Februar 1976 fest:

»1. Es wurde zwischen dem libyschen Innenministerium und der deutschen Firma Motorflug KG ein Vertrag abgeschlossen; darin wurde eine fünfzehnmonatige Ausbildung von sechs Angehörigen der libyschen Polizei zu Senkrechtstarterpiloten und von dreißig Polizeiangehörigen zu Mechanikern dieser Flugzeuge vereinbart. 2. Die Praktikanten befinden sich seit dem 29. 5. 1975 in der Bundesrepublik. Sie begannen ihre Ausbildung bei der Firma Meravo, die sich auf die Bekämpfung der landwirtschaftsschädlichen Insekten durch Flugzeugstreuung spezialisiert hat.« Des weiteren erörtert der Botschafter u. a., daß natürlich die Piloten auch bei humanitären Flügen eingesetzt werden sollten.

Der abgestürzte Pilot überlebte den Unfall. Bleibt nur noch anzumerken, daß die libyschen Polizeiangehörigen im Schloßhotel Lehen in Bad Friedrichshall logierten, das Karl Erwin Merckle gehört, dem Chef der Firma Meravo.[19]

Der deutsche Geschäftsmann Paul Koch und sein Kompagnon Klaus-Dieter Leers wurden im Februar 1981 vom Amtsgericht Hannover nach § 109 h Strafgesetzbuch zu Geldstrafen verurteilt, weil sie Söldner – zumeist Hubschrauberpiloten – an die libyschen Streitkräfte vermittelt hatten. Zu diesem Zweck hatten sie die Firma Desert Air Service Ltd., Benghasi, mit Gerichtsstand Paris, gegründet. Die Staatsanwaltschaft hatte von ihren Unternehmungen Wind bekommen und die Ermittlungen eingeleitet. Als die libysche Botschaft diese Kontakte bestätigte und mitteilte, sie könne in diesen Verträgen nichts »Ungesetzliches« gesehen, war das Unternehmen schon abgeschlossen.

Auch in diesem Unternehmen spielte ein deutscher Geheimdienstler mit: Paul Koch hatte im Zweiten Weltkrieg bei der deutschen Spionageabwehr und dann in der Organisation Gehlen, dem Vorläufer des BND, gearbeitet. Mit seinem Rechtsanwalt hatte er sich eine geschickte Verteidigung ausgedacht: Sie listeten eine Reihe von deutschen Firmen auf, die angeblich mit Wissen der Bundesregierung auch nach Libyen deutsche Rüstungsgüter nebst Ausbildern der Bundeswehr liefern. Fazit des Anwalts: »Was von Staats wegen geschieht, ist in Ordnung, wenn es ein Privatmann tut, ist es strafbar.«[20]

1986 war ein weiteres Beispiel für die gute Zusammenarbeit zwischen deutschen Rüstungsfirmen und der Arabischen Republik zu verzeichnen: »Deutsche Raketen für Gaddafi«,[21] war die Überschrift eines Artikels im stern. Ermittelt wurde gegen die bayerische Firma Hela-Tronik elektronische Entwicklungs- und Vertriebsgesellschaft mbH mit Sitz in Grafrath an der Amper bei Fürstenfeldbruck. Inhaber Helmut Lang, der sein Handwerk bei Siemens gelernt hatte, verkaufte nach Tripolis unter anderem Spezialübertragungsgeräte von elektronischen Meßwerten auf drahtlosem Weg, wie sie auch von der Deutschen Forschungsanstalt für Luft- und Raumfahrt benutzt werden, um Meßdaten aus Stratosphären-Raketen zu erhalten. Darüber hinaus soll Lang, so die

Karlsruher Staatsanwaltschaft, aber auch gleich komplette Raketenteile geliefert haben. Die Firma, der Lang sich dazu bediente, war die Orbit Elektronische Vertriebsgesellschaft mbH. Lang wollte Material, Know-how, Blaupausen sowie elektronische Ausrüstung für Raketentestflüge in die Wüste, genauer in die Nähe der Oase Ghat liefern. Dort befindet sich die Luftwaffenschule »Tenowhia-Centre«. Das ganze Programm sollte innerhalb eines Jahres abgewickelt werden, inklusive Anlernen libyscher Kräfte.

Mitgesellschafterin der Firma Orbit war Johanna Gertrud Rech aus München, bis 1980 Sekretärin bei der FDP-Bundestagsfraktion – zuletzt beim damaligen Schatzmeister des nordrhein-westfälischen Landesverbandes der Freidemokraten, dem Bundestagsabgeordneten Hans H. Gattermann. Ihre Aussagen an Eides Statt hatten seinerzeit die Flick-Affäre ins Rollen gebracht.

Das Verfahren, daß die Karlsruher Staatsanwaltschaft (Aktenzeichen 50 Js 51/86) wegen des Verdachts von Verstößen gegen das Kriegswaffenkontroll- und das Außenwirtschaftsgesetz einleitete, wurde aufgrund von nationalem Interesse als Verschlußsache eingestuft. Partner in Tripolis war das Ministry of Energy of the Libyan Arab Socialist Republic, der Projektname »Ittissalat«.

Mit den kleinen und großen Rüstungsexporten – bis hin zu der wesentlichen deutschen Hilfe beim Aufbau der Giftgasfabrik in Rabta – gerieten Konzerne und Kanzleramt der Bundesrepublik immer wieder in Konflikt mit der Führungsmacht der NATO, den Vereinigten Staaten. Die Amerikaner betrieben eine ganz entgegengesetzte Libyen-Politik. Für die USA entwickelte sich – vor allem in der Ära Ronald Reagans – Oberst Gaddafi zum Staatsfeind Nummer eins, den man mit allen legalen und illegalen Mitteln bekämpfen durfte, ja mußte. Das Sendungsbewußtsein des von der Prädestinationslehre geprägten Schauspielers Reagan, mit dem er seinen »Intimfeind« Gaddafi aus dem Sattel schießen wollte, wurde tatkräftig unterstützt von seinem Sicherheitsberater, Admiral John Poindexter, und dessen Minenhund, Ledernacken-Oberstleutnant Oliver North. Ganze Aufmarschpläne wurden konzipiert, um die »Landkarte Nordafrikas neu zu ordnen«,[22] und militärische Strafexpeditionen ausgeführt, u. a. im April 1986, als US-Bomber Tripolis bombardierten.

Die CIA erhielt den Auftrag, eine schlagkräftige Guerillatruppe aufzubauen, um Libyen auf einen neuen, proamerikanischen Kurs zu bringen. Die Kämpfer wurden im Tschad gefunden. Zwischen 1983 und 1987 nahmen die Machthaber in N'Djamena während des Wüstenkrieges mit Libyen rund 2000 libysche Soldaten gefangen. Der CIA gelang es, etwa 600 Kämpfer auf ihre Seite zu ziehen. Im Rahmen eines offiziellen amerikanisch-tschadischen Militärabkommens wurden diese von US-Spezialisten in Kommando- und Sabotageakten ausgebildet. Sie sind angeblich nie zum Einsatz gekommen. Oberbefehlshaber der amerikanisch-libyschen Sondertruppe war Oberst Alifa Haftar, libyscher Staatsangehöriger. Daß es diese Einheiten gab, wurde erst bekannt, als die Truppe nach Lagos, Nigeria, ausgeflogen wurde. Die CIA startete dieses Rettungskommando für ihre Gefolgsleute, als 1990 im Tschad Präsident Idriss Deby an die Macht gelangte, der für seine prolibysche Haltung bekannt ist. Gaddafi nannte diese Aktion eine Verschleppung seiner libyschen Mitbürger und einen Akt von Piraterie und forderte eine Dringlichkeitssitzung des Weltsicherheitsrats.[23]

Aus diesem Geschehen wird deutlich, daß sich die Partnerdienste CIA und BND in ihren Aktivitäten in Nordafrika frontal gegenüberstanden. Während Pullach der libyschen Regierung militärisches Material und Know-how »Made in Germany« in allen erdenklichen Schattierungen lieferte und Gaddafis Macht damit festigte, versuchte die CIA, den »Lieblingsbuhmann« des Präsidenten mit »Contras« aus dem Amt zu hebeln. Die US-Administration setzte ein wirtschaftliches Embargo gegen Libyen durch, und die Medien der USA nahmen die sonst so getreue Regierung Helmut Kohls ins Visier. Die Munition erhielten die Medienriesen durch geschickt lancierte Informationen der CIA und der Regierung am Potomac: indiskrete Details über die Machenschaften deutscher Firmen im Wüstenstaat, die Gaddafi zum Herren über Waffen aller Art machen würden. Der deutschen Regierung wurde Versagen bei der Kontrolle von Rüstungsexporten vorgeworfen – was zweifelsohne zutrifft.

Liberale und konservative Politiker betonten zur Rechtfertigung der engen Kontakte nach Tripolis immer wieder, daß die

Kooperation auch der Bekämpfung des Terrorismus diene, auch wenn Bundesinnenminister Gerhart Baum 1978 nach einem Blitzbesuch in Tripolis 1978 keine RAF-Terroristen mitbringen konnte. 1983 machte sich Jürgen W. Möllemann, inzwischen Staatsminister im Auswärtigen Amt, in den Wüstenstaat auf. Er suchte nicht nach Terroristen, sondern nach acht deutschen Geiseln, Mitarbeitern deutscher Firmen. Absicht der Regierung in Tripolis sei damals gewesen, den Prozeß gegen zwei libysche Staatsangehörige, die in der Bundesrepublik angeklagt waren, an Folterungen oppositioneller libyscher Studenten in der ehemaligen Residenz des Botschafters ihres Landes in Bonn beteiligt gewesen zu sein, zu verhindern. Einfluß auf den Prozeß hatte diese Maßnahme nicht, aber immerhin wurde Bashir Ehmida, einer der Libyer, in seine Heimat abgeschoben. Er hatte nach Feststellung des Bonner Landgerichts den früheren Finanzattaché der Botschaft, El Madawi, im Auftrag des libyschen Revolutionskomitees auf offener Straße erschossen.»Seine Ausweisung wird von der Bundesregierung mit übergeordneten Interessen und humanitären Aspekten begründet ... Das Land Nordrhein-Westfalen, wo Ehmida seine Strafe verbüßt, hatte der Bitte Bonns unter Zurückstellung erheblicher justizpolitischer Bedenken entsprochen«,[24] schrieb die Welt.

Offensichtlich haben die liberalen Spitzenpolitiker immer wieder Fahndungshilfe gegen westdeutsche Terroristen im Ausland mit dem Verzicht auf Strafverfolgung arabischer Terroristen im Inland erkauft. Klaus Kinkel war während dieser Affäre gerade Staatssekretär im Justizministerium geworden und galt dort als der starke Mann. Als gelernter BND-Präsident scheint er regelmäßig mehr Verständnis für die Notwendigkeiten bei der Zusammenarbeit mit Diktatoren als rechtspolitische Bedenken gezeigt zu haben.

6

An der Ostfront
Der BND beschäftigt
die Gegenseite

Auch wenn der BND sich unter Kinkel mehr denn je weltweit um vitale deutsche Interessen verdient machen wollte, so lag traditionell und angesichts der Frontstaatenlage der Bundesrepublik das Schwergewicht seiner nachrichtendienstlichen Arbeit in der Ost-West-Auseinandersetzung. Gerhard Schulz, der 1952 in Berlin für die Organisation Gehlen rekrutiert worden war und nach einer Verwendung in der Auswertung in Pullach von April 1982 an als BND-Oberst Kinkels Verbindungsbüro in Bonn geleitet hatte, bescheinigte seinem ehemaligen Chef im Januar 1994 besondere Behutsamkeit bei der Gewinnung und dem Einsatz von Agenten im osteuropäischen Feindesland: »Unter den Präsidenten Gerhard Wessel und Dr. Klaus Kinkel hat der BND zur Vermeidung nicht zwingend gebotenen Einsatzes von operativen Quellen in den Zielländern der Ostaufklärung die Beschaffung nach Maßgabe des Prinzips der Verhältnismäßigkeit der Mittel reorganisiert. Angesichts der hohen Strafandrohung und des großen Entdeckungsrisikos sollten Menschen als Quellen nur angebahnt und eingesetzt werden dürfen, sofern Informationsinteressen der Bundesregierung nicht auf anderem Wege, d. h. durch Beschaffung offener Informationen oder rezeptive Beschaffung nicht offen zugänglicher Nachrichten entsprochen werden könne. Werbungsversuche sollten grundsätzlich außerhalb der Zielländer unternommen werden.«[1]

Was die Werbung von Zuträgern und die Anbahnung von Agenten betrifft, so wurde ihre Bereitschaft zur Spionage für Westdeutschland tatsächlich in aller Regel diesseits des »Eisernen

Vorhangs« geprüft. Was jedoch den Einsatz von Agenten betrifft, ist die auch von anderen BNDlern häufig kolportierte Aussage Schulz' schlicht falsch und wird durch die Erfolgsbilanz der Hauptabteilung II des Ministeriums für Staatssicherheit widerlegt.

Deren Chef, Generalmajor Günther Kratsch, stellte sie seinen wichtigsten Mitarbeitern für die zurückliegende Dekade im August 1987 vor, als er die Gesamtzahl der von 1977 bis 1986 festgenommenen 163 Agenten nach ihren Auftraggebern auflistete: BND 94 Agenten (58 Prozent), Verfassungsschutz und MAD 28 Agenten (17 Prozent), USA-Geheimdienste 30 Agenten (18 Prozent) sowie der Geheimdienst der Schweiz und der Jemenitischen Arabischen Republik je ein Agent. Bei den restlichen 6 Prozent handelte es sich um Selbstanbieter. Demnach war der BND einerseits der Dienst, der am aggressivsten Agenten gegen die DDR einsetzte, und überdies ein offensichtlich unvorsichtiger.

Die Analyse des MfS ergab, daß von den zwischen 1977 und 1986 entlarvten Agenten 43 Prozent Bürger der DDR waren und 42 Prozent Bürger Westdeutschlands. Unverhältnismäßig hoch war mit elf Prozent der Anteil der Westberliner, und nur vier Prozent hatten eine andere als die deutsche Staatsangehörigkeit.

»Bemerkenswert für den insgesamt erfolgreicheren Zeitraum von 1982 bis 1986 ist es, daß einem leichten Rückgang bei der Liquidierung von Agenten aus dem Operationsgebiet ein deutlicher Anstieg bei der Entlarvung von Agenten unter DDR-Bürgern gegenübersteht«, ergänzte Kratsch in seinem Vortrag. In der zweiten Hälfte von Kinkels Amtsperiode und unter seinem Nachfolger Blum gingen also noch mehr DDR-Bürger ins Netz des MfS als vorher.

Der ostdeutsche Spionageabwehrchef gewährte auch Einblicke in die Basis der Erfolge seiner Hauptabteilung, indem er die Ersthinweise, die zur Entlarvung dieser Agenten führten, Bereichen zuordnete: Nur etwa ein Viertel der Hinweise kam aus der Vorgangs-, IM- und Sicherungsarbeit (17 Prozent), aus der Untersuchungstätigkeit (6 Prozent) oder von »Bruderorganen« (3 Prozent), ein weiteres Viertel (17 Prozent) durch »spezifisch-operative Maßnahmen«, d. h. durch die Post- und Fernmeldekontrolle, und knapp die Hälfte bestand aus Ersthinweisen aus dem sogenannten Operationsgebiet.

Diese Hinweise – eine Hauptsäule zur Aufklärung von Agenten, die auf die DDR angesetzt waren – waren ein Erfolg der Gegenspionage der HVA. Die hatte – zu Kinkels Zeiten unerkannt – mit Klaus Kuron eine Innenquelle im Bundesamt für Verfassungsschutz, mit Joachim Krase einen Spitzenmann im MAD (Militärischer Abschirmdienst), mit Gabriele Gast und Alfred Spuhler zwei bestens plazierte MfS-Agenten im BND sowie weitere – zum Teil heute noch nicht enttarnte – U-Boote in den Sicherheitsbehörden der Bundesrepublik, so daß nahezu jeder auf die DDR angesetzte Agent häufig schon vor seinem ersten Einsatz in der Normannenstraße, dem Sitz der HVA, bekannt war.

Auch nahezu jeder Mitarbeiter Kinkels war namentlich – mit Klar- und Decknamen – sowie in seiner Funktion erfaßt. Dazu trug auch die Quelle »Friederich« erheblich bei, d. h. die Funkaufklärung der Abteilung III, die bei ihren Abhörmaßnahmen selbst in den Sicherheitsbereich des BND eindrang und die unter diesem Decknamen der HVA und der Spionageabwehr ihre Erkenntnisse über den Geschäftsablauf im Camp Nikolaus und seinen Außenstellen mitteilte. Im Agentenpoker zwischen Ost und West spielte Pullach – ohne es zu ahnen – mit offenen Karten.

Nach der Wende wurde die geheimdienstliche Auseinandersetzung zwischen den beiden deutschen Staaten zu Anfang der achtziger Jahre häufig medienwirksam auf das Duell Markus Wolf gegen Klaus Kinkel verkürzt. Gegner Kinkels war Markus Wolf nur insofern, als er mit Gabriele Gast und Alfred Spuhler mindestens zwei gutplazierte Innenquellen in dessen Geheimdienst hatte. Ansonsten war Wolf eher Konkurrent, der seine Regierung mit geheim beschafften Informationen versorgen mußte.

Kinkels echte Gegner waren der Generalmajor Günther Kratsch, Leiter der Hauptabteilung II des MfS für die Spionageabwehr, und Generalmajor Horst Männchen, Leiter der Hauptabteilung III des MfS für die Funkaufklärung. Sie beide klärten die BND-Aktivitäten gegen die DDR auf und waren wesentlich verantwortlich für die hohe Verlustrate unter Kinkels Agenten.

Die intensive Postkontrolle brachte immer wieder sogenannte

Merkmalsbriefe zutage, d. h. in den Fälscherwerkstätten des BND vorbereitete Poststücke, die vom Agenten, mit seinen Meldungen in einer Geheimschrift ergänzt, an Deckadressen in Westdeutschland geschickt wurden. Dieses Hauptverbindungsmittel des BND zu seinen Agenten in der DDR hatte das MfS fest im Griff. Sein Lehrbuch aus dem Jahre 1983 faßte dieses Wissen zusammen: »Die Postsendungen der Geheimdienste an die Agenten werden sowohl vom Ausland ... als auch vom Zielland aus zum Versand gebracht. Dazu gehören von den Geheimdiensten vorgeschriebene Briefe und Karten, die dem Agenten zur Verfügung gestellt werden und die er zur Übersendung geheimer Informationen, unter Verwendung von Geheimschriften, bestimmten Kennzeichen und dem Anbringen von Merkmalen z. B. zur Bestätigung einzelner Aktivitäten, wie Leeren eines TBK (Toter Briefkasten, d. Verf.), Rückkehr vom persönlichen Treff, Lebenszeichen usw. und – sehr selten – zur Übermittlung von Geheimfotos benutzt. Der angestrebte Effekt dieser Methode besteht darin, die individuelle Handschrift des Agenten als mögliches Identifizierungsmerkmal aus der postalischen Verbindung auszuschalten und einen den Anforderungen entsprechend logisch aufgebauten, auf mehrere Postsendungen abgestimmten Tarntext vorzugeben ... Agenten, die mit vorgeschriebenen Briefen und Karten arbeiten, erhalten davon in der Regel über TBK oder durch Kurier/Instrukteur eine größere Anzahl (12–20 Stück). Einer Deckadresse sind dabei immer Briefe mit gleichem Schriftbild und gleichem Deckabsender (es werden mehrere genutzt) zugeordnet ... (Das) Direktschreibeverfahren – basiert auf der Anwendung von Geheimtinten, von metallischen oder speziell präparierten Stiften bzw. anderen zum Schreiben geeigneten Gegenständen. Das Schreiben erfolgt mit üblichen Schreibgeräten. Beim Schreibvorgang wird das Geheimschreibmittel direkt auf das Informationsträgermaterial unsichtbar übertragen.

(Das) Durchschreibeverfahren – basiert auf der Anwendung präparierter Träger (Geheimschrift – Kopierpapiere – GKP), von Metallfolie oder von anderen Materialien, die wie gewöhnliches Kohle- oder Blaupapier gehandhabt werden. Beim Durchschreiben wird das Geheimschreibmittel vom präparierten Trägermaterial auf das Informationsträgermaterial unsichtbar übertragen.

Kontaktverfahren – die geheime Information wird zunächst unter Verwendung des Direktschreibverfahrens bzw. des Durchschreibeverfahrens auf einem Trägermaterial (z. B. Papierbogen) aufgebracht, der mit einem weiteren Trägermaterial (vorbereiteter Briefbogen bzw. Karte) in Kontakt gebracht wird, wobei die Geheimschreibsubstanz auf das Informationsträgermaterial unsichtbar übertragen wird.«

Am Anfang der sechziger Jahre hatte der BND mit der Einführung einer Buchstabeneinbauschrift kurzzeitig ein nicht gleich entschlüsselbares Kommunikationsverfahren gefunden.[2] Dabei waren der jeweils festgelegte erste, dritte oder x-te Buchstabe des ersten Worts einer Zeile Teil des Codes. Dieses Verfahren eignete sich jedoch eher für standardisierte Meldungen, in denen beispielsweise die Anzahl von Panzern oder Flugzeugen anhand eines Schemas übermittelt wurde. Für längere Meldungen war die Buchstabeneinbauschrift unbrauchbar, und zudem stellte sie manches Mal zu hohe Anforderungen an die Intelligenz der Absender. So kehrte man zur augenscheinlich bewährten Methode zurück, die in der Normannenstraße jedoch so gut gelesen und unbeschädigt kopiert werden konnte, daß man gleich offenen Schriftverkehr hätte wählen können.

Die ständige Überwachung des Agentenfunks aus Pullach in die DDR ergab weitere Hinweise auf BND-Spione. Den originellsten Beitrag zur Aufdeckung von westlichen Agenten leistete die Hauptabteilung III des MfS durch das gezielte Abhören des Funkverkehrs, den die Observationsteams des BND beim Überwachen einer Zielperson hatten. Bevor die Anbahner Pullachs einen DDR-Bürger ansprachen, der in der Bundesrepublik zu Besuch war, ließen sie ihren Kandidaten überwachen. Auch nach der Ansprache wurde der frischgewonnene Spion häufig bis unmittelbar an die innerdeutsche Grenze verfolgt. Dabei verständigten sich die Observateure über ihre Walkie-talkies so miteinander, als ob niemand ihren Funkverkehr belauschen könne. Hinweise, daß die zu beobachtende Person gerade in den blauen Lada eingestiegen war, Tips an übernehmende Verfolger, daß das Kfz-Kennzeichen mit 07 ende, und selbst ironische Bemerkungen über die westlicher Mode nicht so ganz entsprechende Kleidung des Observierten gingen offen durch den Äther. Für die Mithörer des MfS war es ein leichtes, sofort entsprechende Suchkriterien an die Grenzübergangsstellen durchzugeben. So wurde der Fahrer des blauen Lada bereits beim Grenzübertritt in Helmstedt identifiziert und unter die Kontrolle der Spionageabwehr gestellt.

Wenn überhaupt ein Zugriff erfolgte und erkannten BND-Agenten der Prozeß gemacht wurde, dann waren sie häufig ziemlich lange im Einsatz. Die Zeitdauer der Spionagetätigkeit der zwischen 1977 und 1986 festgenommenen Agenten betrug bei 40 Prozent der Agenten bis zu drei Jahren, drei bis fünf Jahre bei 22 Prozent von ihnen, fünf bis zehn Jahre bei 23 Prozent, und auf mehr als zehn Jahre nachrichtendienstlicher Arbeit für den Westen brachten es 15 Prozent der Agenten. »Bezogen auf einzelne Geheimdienste zeigt sich, daß

– der BND unter allen sozialen Gruppen Spione warb, wobei der Anteil von Arbeitern, Angestellten und Kraftfahrern dominiert,
– der Verfassungsschutz seine Spione gegen die DDR vor allem aus Kreisen der Angestellten, Intelligenz und Rentner rekrutierte. Es wurde kein Arbeiter oder Kraftfahrer als Verfassungsschutzspion festgenommen,
– die USA-Geheimdienste sich vor allem auf Arbeiter, Angestellte, Kraftfahrer und Hausfrauen bei der Organisierung ihrer Spionagetätigkeit stützten.«

Spitzenquellen waren unter den aufgedeckten Verbindungen eher selten. Zu ihnen zählten »ein Mitarbeiter der Verwaltung Aufklärung des MfNV im Auslandseinsatz; ein Angehöriger des Dezernates I der Kriminalpolizei einer BdVP; ein Botschaftsrat sowie ein 1. Sekretär in Botschaften der DDR im nichtsozialistischen Ausland; ein Leiter eines Außenhandelsbüros der DDR; ein Wissenschaftler aus einer entwicklungsbestimmenden Forschungseinrichtung; ein Kreisschulrat; ein Abteilungsleiter in der Druckerei des Neuen Deutschland.«

Zu den gut 40 Prozent an Quellen, die Bürger der DDR waren, kam der größere Anteil von Reisequellen. Das waren in der Regel

Journalisten, Geschäftsleute und Mitarbeiter von Versicherungen, im Ausnahmefall auch schon einmal ein Regierungsbeamter oder ein Servicetechniker für Anlagen in der DDR, die anläßlich ihrer Arbeitsaufenthalte in der DDR Spionage für den BND betrieben.

Im Neuen Deutschland wurde regelmäßig ausführlich über die vor dem Militärobergericht Berlin verhandelten Spionagefälle berichtet. Am 17. Februar 1982 beispielsweise wurde der Westberliner Karl Rechenberg dort zu 15 Jahren Gefängnis verurteilt, weil er, getarnt als Bediensteter einer Bundesbehörde in Westberlin, seit 1969 sowohl Anlagen und Objekte in der DDR ausgespäht als auch nachrichtendienstlich interessante DDR-Bürger für den BND ausgeforscht hatte. Die Filiale des BND in der geteilten Stadt hatte ihren Agenten »Haug« insbesondere auf das Grenzsicherungssystem rund um Berlin angesetzt.[3] Ein Jahr zuvor war das Coburger Agentenehepaar Gunther und Ursula Kessler zu zwölf bzw. acht Jahren Haft verurteilt worden, weil die vom BND unter »Kristen« geführten Eheleute bei Touristenreisen und Verwandtenbesuchen zu hohes Interesse für Militäranlagen entwickelt und zudem versucht hatten, nachrichtendienstliche Stützpunkte in der DDR anzulegen.[4]

Ausweislich der MfS-Bilanz vom August 1987 hatte der BND auch mit der Überlebensfähigkeit dieser Reisequellen nicht mehr Glück: »Ende der 70er Jahre realisierten wir in enger Zusammenarbeit mit den Abteilungen II der Bezirksverwaltungen in der Aktion ›Angriff‹ die Festnahme von 39 BND-Spionen, die unter Ausnutzung des Einreise- und Transitverkehrs Militärspionage auf dem Territorium der DDR betrieben.«

Die Abwehrarbeit der DDR wurde durch Nachlässigkeiten der Verbindungsführer erleichtert, die häufig aus Bequemlichkeit immer dieselben Treffpunkte – oft sogar in ihren Wohnungen – benutzten. Auch die BND-Sicherheitsabteilung beklagte diese Fehler häufig. Nicht jeder Frontsoldat Pullachs hat auch den Marschallstab im Tornister. Etwa zehn Agenten verlor Kinkel jährlich in der DDR – Tendenz leicht ansteigend. Bei einem Gesamtbestand von etwa 300 Spionen, die im anderen Deutschland tätig waren, schien dies ein in Kauf zu nehmendes Opfer.

Die Legende, Kinkel habe aus vorausschauender Fürsorge auf den gefahrvollen Einsatz von Spionen in der DDR verzichtet, stimmt auch deshalb nicht, weil es keine Analyse in Pullach gab, die das Risiko in ein Verhältnis zum nachrichtendienstlichen Ertrag setzte. Dann hätte man zahlreiche Agenten abschalten müssen. Eine vom Umfang her bedeutende Abschaltung von Quellen im anderen deutschen Staat war aber zuletzt zur Mitte der sechziger Jahre noch unter Reinhard Gehlen erfolgt. Kinkel ließ das Fußvolk des Geheimdienstkrieges weiter unbeirrt ins Messer laufen.

BND-Insider behaupten, hinter dem regelmäßigen Opfer an kleinen Fischen habe auch eine Strategie gesteckt. Der Abwehr in Ostdeutschland sollte suggeriert werden, auch unter Kinkel würde nur mit denselben Methoden, die schon zu Gehlens und Wessels Zeiten zu hohen Verlustraten an Agenten in der DDR geführt hatten, gearbeitet. Um so intensiver habe man mit der Rekrutierung hochrangiger Quellen und durch die Umweganbahnung im Ausland die neuen Prioritäten durchhalten können, ohne daß die Hauptabteilung II des MfS durch den Verzicht auf den massenweisen Einsatz von Amateuren mißtrauisch geworden wäre.

Wenn der BND in manchen Fällen auch von einer Gegensteuerung seiner Quellen durch DDR-Dienste ausgehen mußte, glaubte er dennoch insgesamt über ein erkleckliches Netz mit einigen guten Innenquellen in der DDR zu verfügen. Da Kinkel nicht ahnte, daß fast jede nachrichtendienstliche Verbindung in der DDR von der anderen Seite kontrolliert wurde, glaubte er mit den operativen Erfolgen zufrieden sein zu können. Die Bilanz schien zu stimmen. Zwar gingen regelmäßig einige der kleinen Fische ins Netz des MfS, aber die besten Agenten schienen gut getarnt.

Im Militärverlag der DDR hatte der BND beispielsweise eine Lektorin angeworben, die aus der Storkower Straße in Ostberlin manche gute Information über die Nationale Volksarmee beisteuern konnte. Denn nicht alles, was in diesem Verlag an Manuskripten und Informationen einlief, wurde auch veröffentlicht. Hinter einer Tür im zweiten Stock des Hauses saß der Zensor, der insbesondere dafür Sorge trug, daß weder in den Soldatenzeitschriften noch in den Büchern Fakten über die Stationierung und Bewaffnung der NVA-Verbände auftauchten. Die Lektorin mit dem

Decknamen NIKE lieferte über Jahre militärpolitische und -technische Informationen. Als der BND im Juli 1991 den MfS-General Harry Schütt zu gefährdeten und übersteuerten BND-Agenten befragte, mußte er erfahren, daß auch NIKE ein sogenanntes Gegenspiel der Hauptabteilung II des MfS war.

Während die DDR und die Sowjetunion in Pullach oberste Priorität genossen, lagen für die anderen Vorfeldstaaten der UdSSR die Prioritäten des BND zwischen 2 und 4 auf einer sechsstufigen Skala. Die Sowjetunion und Polen wurden überwiegend von Außenstellen in Köln und Bonn bearbeitet, während der Donauraum traditionell Zielregion einiger in der bayerischen Landeshauptstadt untergebrachten Außenstellen war. Diese Außenstellen führten in ganz Osteuropa statistisch eine erkleckliche Zahl von Quellen, aber kaum hochrangige. So zählte ein Schäfer auf einem von den Sowjets in Ungarn belegten Militärflugplatz, da er Analphabet war, die Typen, Starts und Landungen der Kampfflugzeuge mit Hilfe einer Symbolliste.

Im Herzen des KGB hatte der BND bis zu dessen Überlaufen 1985 allerdings mit Oleg Gordiewski einen Spitzenmann. Da die Pullacher Kapazitäten in der sowjetischen Hauptstadt jedoch nicht reichten, um den KGB-Obersten auch zu führen, arbeitete man dabei mit der CIA zusammen. Zusammen mit dem US-Geheimdienst glaubte man auch eine ebensogut plazierte Quelle in Ungarn zu haben. Doch MfS-General Harry Schütt offenbarte dem BND 1991, »daß die ungarische Spionageabwehr aus eigenem Antrieb eine Vielzahl von Gegenspielen durch entsprechende Blickfeldarbeit und Angebote selbst eingeleitet hat. Darunter fallen u. a. alle Personen aus dem Bereich des ungarischen Innenministeriums.«

Solch ein Gegenspiel war auch ein Vertreter der ungarischen Fluggesellschaft MALEV, den der BND anläßlich eines Auslandaufenthalts in Frankfurt/Main angeworben hatte. Seine Arbeit war der äußeren Abwehr des ungarischen Nachrichtendienstes bekannt, und sie organisierte ein Nachrichtenspiel mit Pullach.

Nicht umdrehen, sondern nur unter verstärkter Kontrolle halten konnte der ungarische Auslandsnachrichtendienst AVH allerdings einen österreichischen Journalisten, der Pullach regelmäßig mit Insiderinformationen versorgte, die er aus seinen Verbindungen zu ungarischen Regierungskreisen gewonnen hatte.

Der Sinn solcher Spiele liegt einerseits in der nachrichtendienstlich immer noch gut verwertbaren Qualität des Spielmaterials, das ja in aller Regel nicht gefälscht ist, sondern aus gezielt freigegebenen echten Dokumenten besteht. Um beim Gegner das Interesse an der Aufrechterhaltung des Gegenspiels wachzuhalten, darf es sich dabei nicht nur um Belangloses handeln.

Andererseits dient das Gegenspiel dem Ausforschen der Erkenntnisschwerpunkte des gegnerischen Dienstes. Aus den Beschaffungsaufträgen an die Agenten glauben die jeweiligen Abwehranalytiker abzuleiten, wie gut der Kenntnisstand auf spezifischen Gebieten ist und wo ein besonders großer Nachholbedarf, d. h. auch die Hauptangriffsrichtung, liegt.

Eine besondere Vorliebe für solche Spiele hatte die äußere Abwehr des tschechoslowakischen Dienstes StB (Statni Bezpecnost), die immer wieder auch Agenten in die Bundesrepublik schickte, die den ersten Zug tun sollten. Ihr ging es dabei noch um ein ganz anderes Ziel: Über diese Doppelagenten wollte sie an die Mitarbeiter und Mitarbeiterinnen des für die ČSSR und Ungarn zuständigen BND-Referats (12 G) herankommen, um sie dann nachrichtendienstlich zu bearbeiten. Doch der hohe Aufwand, den der StB hier trieb, war nicht von Erfolg gekrönt, da die BNDler die Nachrichtenspiele in der Regel aufdeckten.

Echte Quellen in der ČSSR, um ihrem Auftrag zur Beschaffung von geheimen Nachrichten nachzukommen, konnten sie allerdings auch so nicht gewinnen. Jeder ihrer Agenten mußte automatisch im Verdacht stehen, auf zwei Schultern zu tragen.

Festgenommen wurden BND-Agenten bei ihrem Einsatz in der Tschechoslowakei ohnehin selten. Kinkel mußte allerdings 1980 hinnehmen, daß sein Mann Petr Babinsky in der CSSR wegen Spionage zu 14 Jahren Haft verurteilt wurde. Wie üblich geschah dies allerdings nur, um ihn zwei Jahre später gegen enttarnte Ostagenten austauschen zu können.

Wenn die Abwehrdienste in Osteuropa einen BND-Agenten umgedreht hatten, konnten sie nicht in jedem Falle sicher sein, daß der Mann auch tatsächlich für sie arbeitete. So hatte ein bulgarischer Korrespondent in Wien enge Kontakte zu einem deutschen Geschäftsmann aufgenommen und sie Sofias Geheimdiensten gemeldet. Die bulgarische Aufklärung (Hauptdirektorat I des Innenministeriums) war allerdings mit den Berichten ihres Landmanns über die Treffen mit dem Repräsentanten der Münchner Consulting-Firma unzufrieden und begann, ihn zu überwachen. Dabei fiel ihr ein im Durchdruckverfahren geschriebener Geheimbrief in die Hände. Durch die Amtshilfe der HVA ließ sich ermitteln, daß der Hersteller dieses Geheimbriefs der BND war. Der Bulgare wurde zurückbeordert, aber keineswegs verhaftet, sondern im Umweltministerium in Sofia eingesetzt. Das Consulting-Unternehmen – eine Scheinfirma des BND – wurde allerdings unter Beobachtung genommen, um weitere Anbahnungsversuche durch den Münchner Geschäftsmann schon im Vorfeld aufzuklären.

Noch Ende der achtziger Jahre wurde der Mitarbeiter des bulgarischen Umweltministeriums von der Spionageabwehr mit Argusaugen überwacht, um neuerliche BND-Kontakte feststellen zu können. Aber auch die dauernde Kontrolle brachte dazu keinen Nachweis. Vermutlich hatte Pullach den Mann »abgeschaltet«.

Als Reinhard Gehlen noch in Pullach die Richtlinien des operativen Verhaltens bestimmte, da war die Anbahnung säuberlich nach Zuständigkeitsbereichen getrennt. Die gewöhnlichen landesbezogenen Referate durften ihre Quellen nur im Inland gewinnen. Eine Zielperson außerhalb der Grenzen der Bundesrepublik anzubahnen, das war der »Strategischen Aufklärung« unter General Wolfgang Langkau, Deckname HOLTEN, vorbehalten.

Eine der ersten und wesentlichsten Änderungen, die Richard Meier nach der Amtsübernahme als Leiter der Beschaffungsabteilung im Mai 1970 vornahm, war die Bildung eines zentralen Stabsreferats für weltweite Anbahnungsoperationen. Er konzentrierte die besten seiner etwa 170 Anbahner in dieser Einheit, und so schwärmten landesbezogene Expertenteams aus, wenn es galt, in einem Drittland Auslandskader der Staaten der Organisation des Warschauer Vertrags (WVO) für die Arbeit mit Pullach zu gewinnen.

»Ich werde mit ganz besonderer Zurückhaltung rangehen und

jeden Eindruck vermeiden, als komme da einer, der die Ärmel aufkrempelt und meint, er habe die Weisheit mit Löffeln gefressen«,[5] versprach Klaus Kinkel, kurz bevor er seinen Posten in Pullach antrat.

Dennoch krempelte er seine Ärmel schnell hoch und widmete sich einem Bereich, von dem es die konservativen Seilschaften im BND am wenigsten erwartet hätten. Obwohl er vom Geschäft der Nachrichtenbeschaffung von allen Teilbereichen der BND-Aufgaben wohl am wenigsten verstand, schuf sich Kinkel schon bald zu Lasten der dafür zuständigen Abteilung I eine Gruppe für Sonderaufgaben. Er erweiterte seine präsidiale Stabsabteilung um eine operative Komponente, die er unter die interne Zuständigkeit seines sozialdemokratischen Vizepräsidenten Dieter Blötz stellte.

Zum Leiter dieser Sondereinheit wurde ein dynamischer Marineoffizier gemacht, dessen Deckname schon bald anstelle der Amtsbezeichnung »Referat Sonderoperationen« stand: die Gruppe STAMMBERGER. Hinter dem Decknamen STAMMBERGER verbirgt sich Gerhard Güllich, der mittlerweile auf eine steile Karriere im Dienst zurückblicken kann. Im Oktober 1991 rückte er zum Leiter der Abteilung 2 (Fernmeldeelektronische Aufklärung) auf und wurde zugleich zum Konteradmiral befördert. Seit September 1994 nimmt der als SPD-Mann eingestufte BNDler – zunächst kommissarisch – das Amt des Vizepräsidenten wahr.

Teilweise entmachtet wurde durch die Bildung von Kinkels Sondertruppe der ebenfalls SPD-nahe Albrecht »Mecki« Rausch, der im Oktober 1975 als Leiter der Abteilung IV (Spionageabwehr) des Bundesamts für Verfassungsschutz von Köln nach Pullach gewechselt war. Dort wollte er die Nachfolge von Richard Meier als Leiter der geheimen Beschaffung antreten. Eine durchgängige Reform des eingefahrenen Gesamtapparats der Abteilung I mit ihren ca. 2000 Mitarbeitern war selbst dem engagierten Richard Meier nicht gelungen. Und so setzte Kinkel auf die Schaffung eines kleinen Geheimdienstes im Geheimdienst, dessen Arbeit gegenüber den anderen Referaten streng abgeschirmt wurde.

Diese Parallelorganisation wurde geschaffen, um neue Wege in der Spionage – vornehmlich gegenüber Osteuropa – zu gehen. Eine ihrer Hauptaufgaben bestand in der Auswahl und der Vorbereitung geeigneter Mitarbeiter für einen Einsatz als Residenten in den Bonner Botschaften in Osteuropa, eine weitere in der Durchführung besonders heikler Aktionen. Und auch dem besonders schwierigen Bereich von Anwerbungsversuchen unter den Auslandskadern der WVO-Staaten widmete sich die Gruppe STAMMBERGER mit Hingabe. Die Geheimdienste in Osteuropa spürten schon bald ein Anwachsen nachrichtendienstlicher Angriffe auf die Diplomaten aus Osteuropa.

Die neue von Kinkel etablierte Residentur bei der UNO in Genf mit Dr. SCHINDLER an der Spitze machten Güllichs Leute zu einem lokalen Schwerpunkt operativer Anwerbungsversuche des BND unter Ostdiplomaten, insbesondere den sowjetischen.

Auslandsresidenturen waren vor Kinkel nur bei der Unterabteilung 13 – bzw. ihren Vorläufern für den Bereich Westliche und übrige Welt – zu finden. Große Hoffnungen setzte Pullach in die Ernennung des Botschafters Jürgen Magnus von Alten zum Abteilungsleiter Auswertung. Die Erwartung, eine engere personelle Verflechtung mit dem Auswärtigen Amt hätte zur Folge, daß der Dienst nun die deutschen Auslandsvertretungen in Osteuropa offensiv als Stützpunkte nutzen könne, erfüllte sich 1973 allerdings nicht. Erst mit der Ernennung Kinkels zum Präsidenten des BND änderte sich diese Situation schlagartig. Mit Dr. ANDERSON in Moskau und mit Dr. QUECK in Peking setzte der neue BND-Präsident zwei völlig neue halboffizielle BND-Standorte durch. Den dritten Schwerpunkt dieser Art legte er auf Belgrad. Die Auslandsresidentur wurde der Unterabteilung 12 H (Balkanstaaten) in Wien unterstellt, und der BNDler Dr. DÖRNER ging an die deutsche Botschaft nach Belgrad. Spätestens mit dem Tod Titos war klar, daß der Vielvölkerstaat Jugoslawien zerfallen und sich zum nachrichtendienstlichen Kampfplatz ohnegleichen entwickeln werde.

Das Auswärtige Amt war an der Auswahl der Mitarbeiter, der Vorbereitung ihres Einsatzes und bei der Schaffung einer Legende aktiv beteiligt. Mit dem Sprung nach Peking wurde eine wichtige

Voraussetzung für den kommenden Ausbau der Geheimdienstbeziehungen zum Reich der Mitte erreicht. In Belgrad gewann man einen Kriegsberichterstatter zu den Geheimdienstaktionen vieler Staaten in der jugoslawischen Hauptstadt. Der Resident in Moskau allerdings erlitt Schiffbruch. Mit dem Bundeswehrstabsoffizier Kubbutat glaubte der BND in der sowjetischen Hauptstadt einen Mann einzusetzen, der ihm nicht gleich zugerechnet werden würde. Doch Kubbutat war vom KGB bereits als Nachrichtendienstler aufgeklärt, als er noch im Amt für Nachrichtenwesen der Bundeswehr arbeitete. Außerdem erhielt die russische Spionageabwehr eine Vorwarnung aus Ostberlin, so daß Kubbutat vom ersten Tage in Moskau unter ihrer ständigen Kontrolle stand. Der Bundeswehroffizier merkte dies schnell an der offensiven Art, mit der der KGB ihm deutlich machte, daß er seinen Auftrag kannte. Sein Einsatz in der Sowjetunion wurde daher bald beendet, und er ging als Referatsleiter in der politischen Auswertung in die Zentrale ins Isartal zurück.

Kinkels außenpolitischer Vorlauf im AA und seine häufigen Besuche bei anderen NATO-Geheimdienstchefs führten auch zu einer Vertiefung der Kooperation mit den NATO-Partnern beim nachrichtendienstlichen Angriff auf die WVO-Staaten.

Die französischen Dienste – die Auslandsspionage DGSE, bis 1981 SDECE (BND-Deckname NARZISSE), und die Spionageabwehr DST (BND-Deckname WICKE) – waren seit 1958 über eine Legalresidentur des BND in Paris eng an Pullach gebunden. Als Gehilfe des westdeutschen Dienstes erwies sich zu Kinkels Zeiten insbesondere die eng mit dem Polizeiapparat verbundene DST. Nach Frankreich eingereiste DDR-Bürger wurden beispielsweise von ihr mit konstruierten Spionage- oder Diebstahlvorwürfen konfrontiert, um den Kollegen aus der BND-Residentur bei den Vernehmungen eine Gelegenheit zur nachrichtendienstlichen Ansprache zu geben. Und auch bei seinen Anbahnungsversuchen gegenüber wichtigen Auslandskadern genossen Kinkels Männer Handlungsfreiheit.

Seine Position in der UNESCO in Paris versuchte der BND aktiv für die Anwerbung von Diplomaten und Journalisten zu nutzen. In Paris versuchte der BND Anfang der achtziger Jahre den DDR-Diplomaten bei der UNESCO, Percy Stultz, zu einer nachrichtendienstlichen Zusammenarbeit zu gewinnen. Da eine direkte Ansprache bei dem früheren Berliner Hochschullehrer nicht erfolgversprechend schien, bediente sich der Bundesnachrichtendienst der Mithilfe eines Klaus Hille. Hille war aus der DDR nach München gekommen und wurde auf die jüngere Ehefrau von Stultz angesetzt, die er bereits aus seinen Studienzeiten an der Humboldt-Universität kannte. Nachdem die westlichen Sicherheitsbehörden seit Jahrzehnten hatten erfahren müssen, wie erfolgversprechend der Einsatz von Romeo-Agenten – insbesondere durch die HVA auf Bonner Sekretärinnen – gewesen war, versuchte er es nun auch mit dieser Masche.

Angeleitet wurde der Romeo-Agent Hille vom BNDler Marwede aus München, der als Verbindungsführer beim Referat 12 B unter anderem Quellen im Schalck-Imperium wie den BUNTSPECHT geführt hatte.

Als Hille weisungsgemäß ein intimes Verhältnis mit der Frau des DDR-Diplomaten pflegte und auch ihr gehörnter Gatte bereits erste Schritte zur Zusammenarbeit mit dem BND unternommen hatte, wurde die Spionageabwehr des MfS in der Pariser DDR-Botschaft aufmerksam. Stultz wurde samt Ehefrau nach Berlin bestellt und dort festgenommen. Der inzwischen verstorbene Diplomat wurde wegen seiner Kontakte zum Bundesnachrichtendienst verurteilt.

Doch bei noch so guter Zusammenarbeit hat der BND in der französischen Hauptstadt auch gegen das Gastland gearbeitet, um die Bundesregierung mit geheimen Informationen über die Pariser Außen-, Wirtschafts- und Innenpolitik zu versorgen. Seine wertvollste Quelle saß dabei im Institut des französischen Außenministeriums. Diese nachrichtendienstliche Verbindung war auch dem DDR-Geheimdienst bekannt. So nutzte die HVA diesen Kanal auch, um durch DDR-Diplomaten jahrelang indirekt Informationen mit dem BND auszutauschen.

Dr. Waldemar Markwardt war von Ende der siebziger Jahre bis zu seiner Pensionierung 1985 Leiter des BND-Referats 13 A und damit unter Kinkel zuständig für die Zusammenarbeit mit den Diensten der USA, Großbritanniens und der skandinavischen

Staaten, nachdem er vorher über 25 Jahre gegen Osteuropa gearbeitet hatte.

Besonders eng wurde die Zusammenarbeit mit den britischen Geheimdiensten MI5 zur Spionageabwehr (Deckname FARN) und MI6 zur Auslandsaufklärung (Deckname ASTER), die im Prinzip seit dem Ende der fünfziger Jahre bestand, unter Kinkel. Der hatte auch die Aktion »Bomber« angeregt, bei der sich die Fälscherwerkstätten der westlichen Geheimdienste gegenseitig unterstützten. Benötigte der BND beispielsweise britische Pässe oder Schiffspapiere, so bekam er sie aus London. Brauchte der MI6 anderserseits deutsche Dokumente, um einen deutschsprechenden Agenten an eine nur des Deutschen mächtige Zielperson heranzuspielen, so traten die Techniker der BND-Fälscherwerkstatt im Objekt »Alpina« in Aktion.

Hilfe von seinen westlichen Partnern brauchte Markwardt, als es darum ging, Wissenschaftler aus der DDR für eine Zusammenarbeit mit dem BND zu gewinnen. Die waren vielfach bereits vom MfS eingespannt: Ihre Reisen in die Bundesrepublik dienten nicht nur dazu, durch die Zusammenarbeit mit westlichen Kollegen den Anschluß an den hohen Stand der wissenschaftlichen Forschung im Westen zu halten, sondern auch Beschaffungsaufträgen der HVA. Solchen Wissenschaftlern, die sich gegenüber den Werbeversuchen des BND nicht aufgeschlossen genug zeigten, half man in Pullach durch eine Einflußnahme auf die Visaerteilung auf die Sprünge. Wer nur an wissenschaftlichen Kontakten interessiert war und die Anbahner des BND brüskierte, der riskierte, in Zukunft keine Einreisegenehmigung in die Bundesrepublik mehr zu bekommen.

Um ihre wissenschaftlichen Reisekader nicht in Versuchung führen zu lassen, schickte die DDR sie daraufhin zunächst in andere westliche Staaten – vornehmlich in die englischsprachigen Länder Großbritannien und USA. Darauf reagierte der BND mit der ihm gewährten Bitte an die befreundeten Dienste, dort den DDR-Wissenschaftlern, die sich der Spionage für Westdeutschland verweigern wollten, ebenfalls die begehrten Visa zu verweigern.

»So manches angesehene Mitglied der wissenschaftlichen Reisekader der DDR fühlte sich plötzlich bemüßigt, sich etwas aufgeschlossener gegenüber den Werbungsversuchen des BND zu erweisen. Denn vor die Wahl gestellt, Treue gegenüber dem MfS zu üben, mit der gleichzeitigen Gewißheit, als Wissenschaftler möglicherweise ›austrocknen‹ zu müssen, kam so manches SED-Mitglied in Gewissenskonflikte, die nachrichtendienstlich zu nutzen westlichen Geheimdiensten nicht schwer fiel. Selbst die von solchen Zielpersonen oft gestellte Bedingung, nur auf Zeit als Agent für den Westen tätig zu werden, war kein Hindernis und konnte mit der Zusicherung herausgelöst und angemessen auch im wissenschaftlichen Bereich untergebracht zu werden, leicht erfüllt werden«, schildert Markwardt den augenscheinlichen Erfolg der gemeinsamen Strategie.

Die Öffnung der Akten nach der Wende und die Aussagen von HVA-Generalen gegenüber dem BND dürfte die Euphorie nachhaltig gedämpft haben. »Bis auf wenige Ausnahmen – wie z. B. zuletzt die Quelle Hampel, ein ehemaliger Diplomat und Sektorenleiter im MfAA der DDR – waren alle übrigen Quellen des BND für die Abwehrbereiche des MfS als IMB (Informeller Mitarbeiter mit Feindberührung, der Verf.) erfaßt. D. h., mehr als 90 Prozent aller BND-Quellen waren in Wahrheit Nachrichtenspiele der Abwehrabteilungen«, ließ HVA-General Harry Schütt den BND im Juli 1991 wissen.

Auf die Umweganbahnung setzte Pullach aber auch dort, wo es um kleine Fische ging, und wußte sich dabei der Unterstützung des norwegischen Nachrichtendienstes (BND-Deckname GLADIOLE) sicher. Kinkels Mann in der Legalresidentur in Kopenhagen, der BNDler HANTICH,[6] war nicht nur für die Zusammenarbeit mit den dänischen Diensten (BEGONIE und BERGROSE) zuständig, sondern auch für das Nachbarland. Der Partnerdienst des BND in Norwegen setzte die norwegische Polizei ein, um DDR-LKW-Fahrern Vergehen gegen Landesgesetze vorzuwerfen. Im Polizeigewahrsam versuchten der norwegische Geheimdienst und der BND diese LKW-Fahrer durch Drohungen, aber auch durch Geldangebote als reisende BND-Agenten zu gewinnen. Die Bilanz von Günther Kratsch vom August 1987 zeigt, daß das MfS auch hier zum erfolgreichen Gegenschlag ausholen konnte: »In Koordinierung mit der Hauptabteilung XIX wird seit

Anfang der 80er Jahre die Aktion ›Perspektive‹ gegen den BND geführt. Bisher erfolgten 12 Festnahmen, überwiegend im grenzüberschreitenden Güterkraftverkehr eingesetzter Kraftfahrer, die vom BND zur Militärspionage angeworben waren.«

Im Bezirk Erfurt lag wegen der Stationierung der 8. sowjetischen Gardearmee ein Aufklärungsschwerpunkt der spionierenden Fernfahrer. Josef Schwarz, Abwehrchef in Erfurt von 1982 bis 1989, macht in seinen Lebenserinnerungen deutlich, wie wertlos solche Aufklärer für Pullach eigentlich waren: »Von den Kraftfahrern, die von westlichen Geheimdiensten angeworben wurden, konnten wir in meiner Amtszeit zwei oder drei enttarnen und inhaftieren. Die Aufträge, die sie erhalten hatten, waren von der realen Lage in der DDR oft weit entfernt. Außerdem, was konnte schon jemand berichten, der nur am Wochenende zu Hause war, um sich auszuschlafen. Um ihre Auftraggeber nicht ganz zu enttäuschen, machten einige dieser Kraftfahrer Umwege, die an militärischen Einrichtungen vorbeiführten. Für ihre billigen Informationen wurden sie oft gut bezahlt. Dabei war es für die Abwehr eine Kleinigkeit, die Spione zu täuschen, indem man Antennenanlagen und Attrappen auf den Truppenübungsplätzen aufbaute.«[7]

Auch die nachrichtendienstlichen Beziehungen zu den anderen skandinavischen Staaten – ob neutral oder NATO-Mitglied – waren gut. Seit der Beteiligung der SPD an der Regierung Ende der sechziger Jahre war auch der schwedische Partnerdienst zu ähnlicher Amtshilfe bei der Anwerbung von Auslandsreisekadern der WVO-Staaten bereit. Um die Zusammenarbeit zu kaschieren, zogen die schwedischen Dienste – BND-Deckbezeichnungen DAHLIE und DATURA – für die Besprechungen mit BND-Mitarbeitern Hotelzimmer vor.

Gegenüber der BND-Residentur in Helsinki unter DRAKE ließen die Finnen nach außen hin Vorsicht walten, um den großen Nachbarn Sowjetunion nicht zu verärgern. Gesprächspartner Pullachs waren auch nicht Vertreter des Geheimdienstes SKYPO, sondern Angehörige des finnischen Außenministeriums, die ihre BND-Partner in Regierungsobjekten zu Besprechungen empfingen.

In der finnischen Hauptstadt konnte Kinkel bereits im Mai 1979

– fast parallel zum Überlaufen des MfS-Oberleutnants Werner Stiller – mit dem Übertritt des damaligen Abteilungsleiters in der Hauptabteilung »Grundsatzfragen und Planung« im DDR-Außenministerium, Peter Schädlich, auch den hochrangigsten Überläufer seiner Amtszeit präsentieren.[8] Der ehemalige DDR-Botschafter in Stockholm und langjährige Botschaftsrat an der DDR-Vertretung in Helsinki (1968 bis 1971) hatte bereits mehrere Jahre für Pullach gearbeitet, so daß er eigentlich nicht auf Kinkels Erfolgskonto zu buchen war.

In Griechenland wurde in den sechziger Jahren eine Legalresidentur begründet, die mit dem Partnerdienst EYP arbeitete (zu Zeiten der Militärdiktatur KYP). Wie alle NATO-Dienste begegnete der BND dem griechischen Geheimdienst (BND-Bezeichnung MELISSE) mit Mißtrauen wegen dessen engen Verhältnisses zu den Nachrichtendienstlern der PLO. Kinkels Resident in Athen, NOACK, hatte mit der Beobachtung der nachrichtendienstlichen Drehscheibe des Mittelmeerraumes, der Insel Zypern, eine weitere wichtige Aufgabe. Er stützte sich dabei auf den Sicherheitsdienst RAPS des nach der Besetzung durch die Türkei 1974 griechisch verbliebenen Teils Zyperns.

Griechenland war ein bevorzugtes Terrain für Anwerbeoperationen des BND gegen DDR-Diplomaten. Aufgrund der DDR-freundlichen Haltung der griechischen PASOK-Sozialisten war die DDR in Griechenland stärker präsent, und Pullach bediente sich in den achtziger Jahren zunehmend aggressiverer Anwerbemethoden bis hin zur Nötigung gegenüber den DDR-Leuten. Anstelle einer vorsichtigen Kontaktsuche wählten die Anbahner eine direkte Ansprache der Diplomaten und drohten im Fall einer Verweigerung der Kooperation, die DDR-Behörden über diesen Kontakt zu informieren. Das hätte für die DDR-Diplomaten unter Umständen eine Beendigung des Auslandseinsatzes zur Folge haben können. Von Erfolg gekrönt war auch diese härtere Gangart nicht.

Durchschnittlich sechs Verluste von Auslands- und Auslandsreisekadern der DDR vom Kraftfahrer bis zum Diplomaten hatte die DDR in den späten siebziger und achtziger Jahren zu verzeichnen. Aber trotz der zupackenderen Taktik des BND unter Kinkel war eine Zuwachsrate unter dem neuen Präsidenten dabei nicht zu verzeichnen.

Die Umweganbahnung – und damit die nachrichtendienstliche Auseinandersetzung mit den Diensten der Warschauer Vertragsstaaten – war keineswegs auf Westeuropa beschränkt. Weltweit suchten Kinkels Operateure Erfolge im geheimdienstlichen Vielfrontenkrieg und ernteten dabei auch manchen Mißerfolg. In Ägypten wurde ihnen beides zuteil.

Dorthin waren Berater der Organisation Gehlen bereits 1952 gegangen, um den Geheimdienst zu reorganisieren, der sich bis zur sozialistischen Revolution 1961 auf westliche Hilfe stützte.

Eine Residentur wurde in Kairo zu Anfang der sechziger Jahre etabliert, eine illegale allerdings unter der Tarnung eines deutschen Industriekonzerns, da die Schweiz, bei der die westdeutschen Diplomaten von 1965 an unterkrochen, mit Planstellen geizte.

Bis zum Mai 1971 hatten der KGB und die ostdeutsche HVA enge Beziehungen zu den ägyptischen Kollegen, insbesondere zum Leiter des Sicherheitsdienstes von Präsident Gamal Abd el Nasser, Sami Scharef. Ein Verbindungsoffizier der HVA arbeitete in Kairo, offiziell als Beamter des Innenministeriums registriert.

Nachdem Ägypten ins westliche Lager gewechselt war, errichtete BND-Präsident Wessel dort eine Legalresidentur. 1978 lieferte der BND in einem Joint-venture mit der CIA über die Münchner Firma Telemit Anlagen zur fernmeldeelektronischen Aufklärung gegenüber Israel – getarnt als Material für die ägyptische Staatsbahn. Diese technische Hilfe wurde zu Kinkels Zeiten ergänzt durch eine fachliche Ausbildung ägyptischer Geheimdienstler in der Kaserne der Gruppe Fernmeldewesen des BGS in Rosenheim. Mit dem BGS arbeitete der BND regelmäßig zusammen, wenn es um die Schulung von Angehörigen der Partnerdienste in der Funkabwehr ging. Für die Freunde vom ägyptischen Nachrichtendienst gab es auch weitere operative Ausbildung durch Pullach, die auf Umwegen Libyen zugute kam, da der STÖR (BND-Deckname) wiederum die Kollegen in Tripolis schulte.

BND-Resident Dr. MÜHLEGG wurde von Klaus Kinkel zu einem regelrechten Wettlauf mit der CIA um die Rolle des dominierenden westlichen Geheimdienstes angehalten. Der BND investierte große Summen, um die Nummer eins am Nil zu werden.

Parallel zu den offiziellen Kontakten lief die illegale Arbeit weiter. Jeweils einen hauptamtlichen BNDler orteten die Geheimdienste der Staaten des Warschauer Vertrags, die über ihre bis 1971 gewachsenen Verbindungen zum ägyptischen Dienst auch später noch über gute Kontakte verfügten, im Deutschen Archäologischen Institut in Kairo und im Goethe-Institut.

Unter Klaus Kinkel gelang es jedoch sogar, eine Quelle anzuwerben, die Zugang zum ägyptischen Nachrichtendienst hatte. Bis zu seinem Tod im Jahre 1987 lieferte der »Kameltreiber«, wie er im Isartal scherzhaft genannt wurde, regelmäßig blumige Meldungen, die, vom Ballast orientalischer Weitschweifigkeit befreit, wichtige Informationen brachten.

Versuche, in Kairo in das sozialistische Lager einzudringen, führten allerdings nicht zum Erfolg. Der BND-Verbindungsführer vom Referat 12 B – Deckname LISSING – versuchte, getarnt als Klaus Müller, immer wieder vergeblich, DDR-Bürger als Agenten zu gewinnen. Seine große Chance sah er, als ein Werbekandidat eine Reise nach Ägypten unternahm. Als LISSING in einem Kairoer Hotel versuchte, sich an ihn heranzumachen, entpuppte der sich als Lockvogel des Gegners: Das MfS unternahm einen ebenso erfolglosen Werbeversuch bei dem BNDler.

Geheimdienste ziehen verbrannte Führungsoffiziere eigentlich aus dem Blickfeld des Gegners zurück. Doch der BND beförderte LISSING auf einen der begehrtesten Auslandsposten überhaupt. Er ging zur UNO-Residentur in New York.

Bei aller Zusammenarbeit waren die westlichen Dienste immer bemüht, einander potentielle Überläufer vor der Nase wegzuschnappen. Der Vorteil lag häufig nur in der Reihenfolge der Befragung.

Besonders bei einem Präsidenten, der ständig Druck zur Planerfüllung machte, wollten die BND-Anbahner Erfolge vorweisen. In Kinkels drittem Amtsjahr hätte sich Witigo von Wittke (Deckname STREHLOW) aus dem Polenreferat beinahe den persönlichen Dank des Präsidenten abholen können. In Pullach war der Tip eingegangen, daß der stellvertretende Botschafter Polens in Indonesien geneigt sei, in den goldenen Westen überzulaufen. Und STREHLOW brach umgehend mit einem weiteren BNDler in die indonesische Hauptstadt auf.

Schon die erste Ansprache des Kandidaten in Djakarta stimmte das Team Pullachs hoffnungsfroh. Aber die Angelegenheit verzögerte sich, und von Wittke mußte nach vier Wochen die Rückreise mit leeren Händen antreten. Der polnische Diplomat war von der Bildfläche verschwunden. Die Kollegen von ASIS (Australien Secret Intelligence Service) hatten den Polen mit Hilfe vom britischen Secret Service samt Familie auf den fünften Kontinent gebracht. Die Pullacher Späher hatten bei ihrem Djakarta-Aufenthalt schlicht übersehen, daß die Familie des Diplomaten intensiven Englischunterricht nahm, sonst hätten sie vielleicht gemerkt, daß die Konkurrenz aus dem eigenen politischen Lager nicht geschlafen hatte.

Doch woher kam der Hinweis auf den Überläufer? Mitte 1989 verzeichnete die HVA starke Bemühungen der polnischen Abwehr, einem ranghohen Diplomaten des Landes endgültig Spionage für Westdeutschland nachzuweisen. Der Verdacht auf ein Leck in diesem Bereich bestand schon längere Zeit, aber nun ging man einem konkreten, namentlich erfaßten Fall nach. Sollte dieser Diplomat schon länger für Pullach gearbeitet und den Hinweis auf den absprungwilligen Kollegen gegeben haben? Liegt hier einer der Erfolge des Bundesnachrichtendienstes, die er zu seinem Bedauern nie öffentlich zur Stärkung seines stets angeschlagenen Rufs hervorkehren durfte? Aber wie gelangte die Information zugleich zum britischen MI6, so daß der den deutschen Kollegen zuvorkommen konnte?

7
Kein Stiller Erfolg
Ein Überläufer wird
ausgeschlachtet

Franz Josef Strauß zur Rechten und Helmut Schmidt zur Linken, saß der Ministerialdirektor im Bundeskanzleramt Klaus Kinkel im März 1981 im Festsaal des Camp Nikolaus. Das 25jährige Bestehen des Bundesnachrichtendienstes, der zum 1. April 1956 aus amerikanischer Obhut in den Rang einer Bundesoberbehörde übernommen worden war, hatte die politische Prominenz und die Spitzen der Geheimdienste in Pullach zum Festakt zusammengeführt. Der Präsident zog – soweit es der Geheimschutz zuließ – eine stolze Bilanz: »Bis zum Bau der Berliner Mauer und der Schließung der DDR-Grenze im Jahr 1961 kamen mehr als 300 Angehörige des Staatssicherheitsdienstes der DDR in den Westen.«[1]

Als besonderen Aktivposten, der dem BND in seiner Dienstzeit anzurechnen sei, nannte der BND-Präsident die »Operation Stiller«, den Grenzübertritt des MfS-Oberleutnants Werner Stiller, der als Sekretär einer SED-Abteilung Parteiorganisation für den BND gearbeitet und die DDR im Januar 1979 verlassen habe. Kofferweise wertvolles Material habe der Mann mitgebracht, zahlreiche Festnahmen ermöglicht, tiefe Einblicke in das MfS erlaubt und nicht zuletzt dem Apparat des Markus Wolf den Mythos der Unverwundbarkeit genommen.

Doch es gab vor 1961 weder 300 Überläufer aus dem MfS, noch war Stiller die »Rache für Guillaume«. Die Propaganda aus Pullach schlug Kapriolen. Um den geflohenen MfS-Offizier rankten sich bald viele Legenden, die teils sogar die Wahrheitsfindung nach der Wende überdauerten. Noch 1992 behauptete ein aus gutem

Grunde unter Pseudonym geschriebenes Buch, Stiller habe, als er sich in den Westen absetzte, bereits »seit zweieinhalb Jahren ... heimlich für die bundesdeutsche Seite gearbeitet«.[2]

Das vom BND unter Stillers Namen geschriebene Buch erschien 1986. Auch dort wird ein »mehrjähriger illegaler Einsatz für den Bundesnachrichtendienst«[3] suggeriert. Der SPIEGEL blieb ebenfalls den Propagandameldungen aus Pullach vom Jahresbeginn 1979 bis 1992 treu: Jahrelang habe Stiller als Maulwurf des BND im MfS gewirkt und über konspirative Verbindungen – Agentenfunk, Kuriere und tote Briefkästen – Geheimsachen ins Camp Nikolaus geschickt.

Im März 1979 war diese Version – genährt aus Pullach – erfunden worden: »Seit Jahren arbeitet der MfS-Offizier mit dem Bundesnachrichtendienst zusammen. Wann er kommen, wie lange er aushalten sollte, überließen die BND-Leute unter ihrem neuen Chef Klaus Kinkel dem Risikogespür des Ost-Berliners«[4] war im SPIEGEL zu lesen.

Doch der »Superagent« Stiller war keineswegs der Inbegriff aller nachrichtendienstlichen Träume, die darin bestehen, einen Doppelagenten zu gewinnen und über Jahre einen Maulwurf in der Schaltzentrale des Gegners führen und abschöpfen zu können. Stiller kam von sich aus zum BND und mußte aus der DDR herausgeholt werden, wenige Monate nachdem er begonnen hatte, sein Spionagehandwerk auch für Westdeutschland auszuüben.[5]

Der Oberleutnant des MfS kam aus sehr persönlichen Gründen. Auch in seiner zweiten Ehe mit der Ungarin Erzsebet fand er kein dauerhaftes Eheglück. Auf einer Dienstreise verliebte er sich im Interhotel Panorama in Oberhof in die Kellnerin Helga Mischnowski. Einer weiteren Scheidung würde, das wußte der MfS-Offizier, der Dienstherr nicht zustimmen. Da überzeugte er seine Freundin davon, daß es nur im Westen eine gemeinsame Zukunft geben könne, und schlug ihr vor, das Heil in der Flucht in den Westen zu suchen.

Bereits früher hatte er einmal versucht, mit dem BND zusammenzukommen. Das sei an seiner »Schusseligkeit« gescheitert, sagt der clevere Stiller heute. Er habe Termine und Vereinbarungen nicht eingehalten. Eine andere Version der Geschichte erzählt ein ehemaliger BND-Beamter. Beim erstenmal sei der BND gar nicht angesprungen, weil er ein Gegenspiel des MfS und die mögliche Blamage gefürchtet habe.

Seinen zweiten Versuch unternahm Stiller nun Ende April 1978 über den westdeutschen Bruder seiner Oberhofer Freundin, den Pädagogen Herbert Kroß. Der lieferte bei der Rückkehr von seinem Verwandtenbesuch beim Bundesgrenzschutz eine Geldbörse mit der Botschaft Stillers für Pullach ab.

Am 8. Mai nimmt der BNDler RITTER, der bürgerlich Dr. Wolfgang Richter heißt, persönlichen Kontakt zu Kroß in Coburg auf. Ende Mai kommt es zu einem zweiten Besuch, bei dem er seinen Vorgesetzten – vermutlich ACKERMANN = Ebrulf Zuber – mitbringt.

Am 6. Juli 1978 reist der BND-Kurier Dietrich Nestroj nach Berlin, um einen toten Briefkasten zu füllen. Herbert Kroß trifft am 8. Juli wiederum seine Schwester in Oberhof.

Ende Juli wissen Helga Mischnowski und Stiller, daß es dieses Mal ein Interesse des BND gibt. Über tote Briefkästen in Berlin werden sie mit dem Handwerkszeug für die Kommunikation mit dem Bundesnachrichtendienst ausgestattet – Rundfunkgerät, Chiffrierunterlagen, Geheimbriefe. Ausgerechnet die »Burg«, Stillers konspirative Wohnung des MfS, wird zugleich zu einer Außenstelle Pullachs. Doch Stillers Wunsch nach persönlichem Kontakt wird nicht erfüllt. Verantwortlich für die Führung des Doppelagenten Werner Stiller wird der BNDler ACKERMANN, der seine nachrichtendienstliche Karriere im Reichssicherheitshauptamt begonnen hatte. Der unmittelbar für Stiller verantwortliche Verbindungsführer wird ACKERMANNs langjähriger Mitarbeiter und Anbahner BIERLING.

Die alten Hasen in Pullach sind weiterhin mißtrauisch und verlangen Vertrauensbeweise, Material, das ihnen sicher zeigt, daß der Oberleutnant der Gegenseite kein doppeltes Spiel spielt. Stiller wird aufgefordert, geheime Dokumente mit Informationen über von ihm geführte Agenten per Bahn auszuschleusen.

Im ersten Fall sollte Helga Mischnowski Mikrofilme in einem Kurswagen nach Dänemark verstecken. Doch weder in Berlin noch in Magdeburg gelingt es ihr, an die abgesperrten Transitwaggons heranzukommen. Ein kleiner Fehler in den Anweisungen des BND aus Pullach vom November hat schwerwiegende Folgen.

Am 7. Dezember schickt Stiller um 19.45 Uhr ein Telegramm an eine BND-Tarnadresse im niedersächsischen Einbeck, um verschlüsselt mitzuteilen, warum die Sendung nicht auf den Weg gebracht werden konnte. Die Pullacher hatten jedoch nicht berücksichtigt, daß bei einem Postlagerauftrag Telegramme nicht aufgehoben werden, und so wird Stillers Nachricht zurückgeschickt – direkt in die Hände der DDR-Spionageabwehr, die so einen Ansatzpunkt für ihre Ermittlungen hat.

Eine Woche später kann Stillers Freundin jedoch unter Mühen in der Toilette des Interzonenzugs Leipzig – Mönchengladbach das Päckchen für den BND plazieren. Leichtfertig meldet Stiller den Erfolg wiederum per Telegramm an die Deckadresse, und wiederum fällt der Rückläufer in die Hände des MfS. Die Aktion »Adlerflug« beginnt, die flächendeckende Fahndung im Zentrum Ost-Berlins nach den Absendern der Telegramme.

Seit Ende August 1978 ermittelt die DDR-Spionageabwehr bereits im Fall »Borste«. Einer der ersten Geheimbriefe Stillers ist ihr ins Netz gegangen, weil der BND für den wichtigen Mann eine routinemäßige Schalteinrichtung gewählt hatte, die im Visier des MfS lag. »004« hat die Hauptabteilung II (Spionageabwehr) das Verfahren getauft, mit dem sie die Geheimbriefe des BND seit 1960 unbemerkt sichtbar machen kann. Bis Ende November füllen bereits acht Mitteilungen an Pullach, die an die drei für Stiller reservierten Deckadressen in Westdeutschland gingen, die Akte »Borste« – in Kopie natürlich, weil die Originale weitergeleitet wurden, um in Pullach keinen Verdacht entstehen zu lassen. Doch trotz immensen Personaleinsatzes in der Postkontrolle kann Abwehrchef General Günter Kratsch beim täglichen Rapport bei Mielke nur bedauern, daß der Absender noch nicht ermittelt ist.

Auch die Funkabwehr der Hauptabteilung III des MfS hat längst festgestellt, daß es rege Aktivitäten im BND-Agentenfunk gibt, aber den Empfänger nicht orten können. Anstelle der üblichen einen hatte Pullach gleich drei Funklinien zu dem MfS-Offizier aufgebaut.

Mittlerweile spitzt sich privat die Situation für Stiller zu, als er wegen Helga und eines anderen Flirts Probleme mit seiner Frau und seinem Vorgesetzten Horst Vogel bekommt. Er will die Ausschleusung. Der erste Versuch im Dezember 1978 geht schief. Einer Autopanne seiner Freundin wegen, sagt Stiller. Doch Helga Mischnowski macht den BND für das Scheitern verantwortlich. Dem stern berichtete sie über den Fehlschlag: »Denn die falschen Ausreisepapiere, die Stiller im Oktober 1978 zum raschen Verlassen der DDR bekam, erwiesen sich als grob fehlerhaft. Aus Stillers braunen Augen hatten die Pullacher Paßfälscher die ›Augenfarbe grau‹ gemacht, ein Umstand, den jeder DDR-Grenzer sofort gemerkt hätte. Außerdem war den Fälschern entgangen, daß die Ost-Berliner Behörden kurz zuvor die Farben der Einreisestempel geändert hatten. Und auch die Devisenbescheinigung war fehlerhaft – mit den Papieren wären wir sofort aufgeflogen.«

So unterblieb die geplante Flucht.

Am 19. Dezember fischen die Postkontrolleure der Abteilung M vier Paketkarten aus der Weihnachtspost. Helga Mischnowski will die wertvollsten Teile ihrer Kristallsammlung an ihren Bruder in den Westen schicken, und so gelangt das MfS über den Handschriftenvergleich an ihre Identität. Zwei Wochen braucht der Schriftsachverständige, um festzustellen, daß die Telegramme und die Paketkarten »wahrscheinlich« von derselben Hand geschrieben wurden, die Ziffern in den Geheimbriefen aber wohl nicht.

Wegen des schlechten Wetters reist erst am 11. Januar 1979 ein Ermittler des MfS nach Oberhof. Das Hotel ist bis zum 21. Januar geschlossen, Helga Mischnowski so lange beurlaubt, stellt er vor Ort fest. Ihre Privatwohnung, wo sich die Frau mit ihrem Sohn zu diesem Zeitpunkt noch aufhält, überprüft er nicht, da er bei dieser Umfeldermittlung keinen Kontakt zur Zielperson aufnehmen darf. So fährt er ohne großen Erkenntnisgewinn nach Berlin zurück. Die Spionageabwehr beschließt, den Zugverkehr Berlin–Oberhof zu überwachen, um die Observation der Stiller-Vertrauten aufzunehmen. Wenige Tage noch, und die lange Fahndung hätte zum Erfolg geführt.

Erst Tage später – vermutlich am Samstag, dem 20. Januar – treffen gleich zwei MfS-Stabsoffiziere im Hotel Panorama ein, die unabhängig voneinander nach Oberhof geschickt worden sind. Ein Ermittler ist der Agentin Helga Mischnowski auf der Spur, der andere ist in der Disziplinarsache Stiller unterwegs, um dessen Geliebte zu befragen. Als sich die beiden Majore unvermittelt begegnen und sich gegenseitig den Zweck ihres Aufenthalts berichten, da schließt sich für die Spionageabwehr der Kreis, während die HVA seit dem Vortag weiß, daß ihr Referatsleiter verschwunden ist.

Helga Mischnowski trifft am 14. Januar mit ihrem Sohn in Berlin ein. In der »Burg« werden die letzten Fluchtvorbereitungen getroffen. Nach den Plänen des BND soll der MfS-Oberleutnant mit falschen Papieren mit dem Interzonenzug von Halle nach Hannover flüchten, Helga mit Sohn gleichzeitig aus Warschau ausgeschleust werden.

Am 18. Januar 1979 geht Stiller nach Dienstschluß noch einmal in sein Büro. Der Versuch, den Stahlschrank seines Abteilungsleiters aufzubrechen, scheitert, aber den Blechschrank im Vorzimmer kann er durch Verkanten öffnen. Damit fallen ihm geheime Dienstvorschriften, Mitarbeiterlisten und Telefonverzeichnisse seiner Abteilung, die Materialbegleitlisten der von 1975 bis 1978 an die Auswertung gesandten Informationen in die Hand sowie Blankounterlagen zum Passieren der Schleuse in der Friedrichstraße. Stiller ändert spontan den Fluchtplan des BND, füllt in seiner konspirativen Wohnung die Passierscheine aus und wagt damit – vorbei an der Kontrolle des MfS im Bahnhof – die Flucht in den Westen.

Stillers Ankunft in West-Berlin überrascht die dortigen Sicherheitskräfte vollkommen. Die BNDler – längst informiert über die laufende Funkaufklärung der Abteilung III des MfS und die Observationsgruppen vor Ort – erwarten ihn in einem der Hotels Körner oder Atlas in Hannover.

Aus Berlin wird eiligst ein Schutzkommando in Pullach alarmiert, das dann nach Berlin fliegt. In einer Pan-Am-Maschine wird der MfS-Überläufer mit diesem Geleitschutz ins Münchner Sheraton-Hotel gebracht. Von dort geht es per Hubschrauber nach Köln zur 60stündigen Dauervernehmung durch das Bundesamt für Verfassungsschutz.

Während Stiller die mitgeführten Unterlagen ausbreitet und als

Priorität den Zugriff der Verfassungsschützer auf die ihm bekannten Agenten vorbereitet, macht er sich Sorgen, weil die Freundin und ihr Sohn nicht wie geplant zur gleichen Zeit ausgeschleust werden konnten.

Während die Tagesschau meldet, daß sich ein Oberleutnant des MfS mit »Braut und Kind« in den Westen abgesetzt habe, sitzt Helga Mischnowski mit ihrem Sohn in Polen laut SPIEGEL mehrere Tage lang »auf einem Pulverfaß, bis die Ausreise über Helsinki gelang«.[6] Das Pulverfaß ist die Deutsche Botschaft in Warschau, wohin sie auf Anweisung des BND aus dem Hotel Sirena geflüchtet ist.

Die Ausschleusung der beiden scheint gut vorbereitet. Der fünf Schreibmaschinenseiten und sieben Gliederungspunkte umfassende Operationsplan BIERLINGs vom 11. Januar 1979[7] sieht vor, daß Horst Hering als Kurier Pullachs am 15. Januar 1979 über Wien nach Warschau fliegt, dort soll er die Kontrollvorgänge ausspähen, im nachrichtendienstlich gesicherten Schließfach die falschen Papiere und das Fluchtgepäck deponieren und schließlich am 17. Januar um 13.10 Uhr mit »Freund M.« nach Kopenhagen weiterfliegen. Hering selbst hatte der BND die Legende verpaßt, er werde am 18. Januar mit dem Wirtschaftsredakteur der Berlingske Tidene, Erik Bistrup, konferieren. Den Koffer mit der Frauenkleidung habe er dabei, weil seine Frau bereits nach Stockholm vorausgereist sei.

Der BND ist sich nicht sicher, welche Farbe der Stempel auf den Devisenformularen haben werde, und stattet Hering vorsichtshalber mit zwei Varianten aus. »Das Formular, dessen Stempel in seiner Farbe demjenigen entspricht, das Sie erhalten haben, in den doppelten Boden (der Flugtasche) legen. Das andere Formular vernichten«, weist Verbindungsführer BIERLING ihn schriftlich an.

Doch Hering muß in Warschau feststellen, daß weder die eine noch die andere Variante der gefälschten Deklarationen zutrifft. Überdies fehlen zwei Stempel auf dem Laufschein und der Umtauschbeleg der staatlichen Tourismusorganisation Orbis. Die Verantwortlichen in Pullach für die Ausschleusung haben »Pfusch« geliefert. Weisungsgemäß telegrafiert Hering zunächst die Warnung »Aufträge für Inserate nicht zu erhalten« und dann verschlüsselt den Abbruch der Operation: »Mutter sehr krank, bereits im Krankenhaus; komme heim.«

Nach den Legenden, die in Westdeutschland zum Fall Stiller gewoben wurden, ist Helga Mischnowski in der Nacht des 19. Januar 1979 bereits gerettet: »Und noch in dieser Nacht wurde Oberleutnant Stiller, der sich endlich den Luxus von Nervosität und gezügelter Ungeduld leistete, informiert: ›Die Dame ist in Sicherheit. Sie werden sie in Süddeutschland treffen, nächste Woche. Jetzt‹, der ältere Herr von der West-Berliner BND-Filiale lächelte fein, ›jetzt sollten Sie die Dame erst mal anrufen.‹ Er drehte die Scheibe am Telefon, murmelte etwas, reichte Stiller den Hörer, ging sachte hinaus«,[8] schrieb Heiner Emde später.

Hering kann, da der Flughafen in Warschau wegen heftiger Schneefälle geschlossen ist, erst am 18. Januar zurück nach München. Ausgestattet mit neuen Papieren, fliegt er am 19. Januar von Köln nach Warschau und kann »Frau Pfeiffer« und Sohn drei Tage später glücklich über Helsinki nach München bringen.

Nach seiner Rückkehr nach München wird Stiller zunächst ins Hotel Alter Wirt in Grünwald und dann in einer Überläuferwohnung einquartiert. Befragungen und die gemeinsame Analyse der 20 000 mitgebrachten Schriftstücke mit BND-Kollegen hinter den Mauern eines von einem Schutzkommando überwachten Überläuferobjekts füllen nun Stillers Tage. An den Abenden, klagt ein Schutzobservant später, muß er nicht nur das Hochhaus sichern, sondern manches Mal vor einem der Bordelle Wache schieben, in die es Stiller zieht.

Unterbrochen wird die Protokollierung seines Wissens nur von Kurzurlauben auf Elba und am Gardasee, wo der ehemalige MfS-Oberleutnant gleich wieder eine junge Freundin findet, der er sich anvertraut. Helga Mischnowski informiert den BND über diese Unvorsichtigkeit des vom MfS dringend gesuchten Überläufers. Und so wird Stiller Ende 1979 für drei Monate an die CIA ausgeliehen, deren Resettlement-Gruppe ihm später seine neue Identität gibt – ohne die von der BILD-Zeitung erfundene Gesichtsoperation.

Den Rest der Geschichte gab Werner Stiller im Mai 1992 in einer

SPIEGEL-Serie[9] preis: Nach seiner Flucht wurde er zwei Jahre lang vom BND und drei Monate vom US-Geheimdienst CIA betreut und abgeschirmt. Dann absolvierte er an der Washington University in St. Louis eine Manager-Ausbildung und begann als Broker an der New Yorker Wall Street. Nach kurzer Tätigkeit am New Yorker Finanzplatz wechselte Stiller zu einer Investmentbank in London. Seit Frühjahr 1990 lebt der ehemalige Oberleutnant des MfS unter seinem neuen Namen als Bankmanager in Frankfurt.[10]

Neben der versuchten Irreführung von MfS und West-Medien mit der Version, Stiller habe seit Anfang der siebziger Jahre – bis 1976 als sogenannter »Schläfer«, d. h. ein Agent, der vorbereitet und erst später aktiviert wird – für den westdeutschen Auslandsnachrichtendienst gearbeitet, bastelten die PR-Strategen Pullachs auch an der Legende, das mitgebrachte Material sei außerordentlich wertvoll gewesen und habe zu einer Serie von Festnahmen geführt. Heiner Emde behauptete beispielsweise, MfS-Oberleutnant Stiller habe »reiches Detailwissen zu den vielen Ost-Kundschaftern in Westdeutschland, die in Industriekonzerne und Militärdienststellen eingedrungen sind«, geliefert. Dennoch wurden von diesen angeblich 500 Industriespionen nur elf Agenten enttarnt und zwölf zur Flucht veranlaßt. Später belief sich die Bilanz auf 17 Festnahmen und 30 Absetzbewegungen.

Den eigentlichen nachrichtendienstlichen Wert Stillers schätzte eine Staatssekretärsrunde 1980 als eher gering ein. Die Übersicht über die von Stiller enttarnten Agenten macht diese Einschätzung verständlich.

Stiller sorgte für die Festnahme seines IM Sturm, des Computerkaufmanns Arnold, der nach einer Karriere bei IBM in Hannover eine eigene Firma gegründet hatte. Trotz 19jähriger Agententätigkeit für die DDR erhielt Arnold vom Gericht nur zweieinhalb Jahre Haft, weil er mehr Quantität als Qualität geliefert hatte. Ähnlich unbedeutend waren IM Hauser, der Ingenieur Günther Sänger, der bei Siemens in Coburg Entwicklungen in der Elektronik ausgespäht hatte, Karl-Heinz Glocke, Personalsachbearbeiter bei der RWE in Essen, François Lachenal, PR-Berater von Boehringer Ingelheim, und Alfred Bahr, der in der

Raumfahrtabteilung von MBB an europäischen Satellitenprogrammen forschte.

Als grenzüberschreitenden Erfolg feierten die Fahnder die Enttarnung des IM Sperber, des Physikers Rolf Dobbertin im staatlichen französischen Forschungsinstitut CNRS.

Erst im Juni 1990 – elf Jahre nach seiner Festnahme und sieben Jahre nach dem Ende der Untersuchungshaft – wurde Dobbertin in Paris wegen Spionage für die DDR zu zwölf Jahren Haft verurteilt. Durch Gerichtsbeschluß wurde er im Januar 1991 jedoch wieder auf freien Fuß unter Polizeiaufsicht gesetzt. Wie der Vorsitzende des CNRS, Pellat, vor Gericht bestätigte, hatte Dobbertin zwar Hunderte von Forschungsberichten an die HVA weitergeleitet, aber nur völlig offenes Material.[11]

Den IM Fellow, einen Institutsdirektor an der Universität Göttingen mit Namen Dr. Karl Hauffe, hatte Stiller selbst für eine nachrichtendienstliche Tätigkeit aktivieren können, weil Hauffe früher für den KGB gearbeitet hatte. Hauffe wurde für seine Arbeit für die HVA nur zu einer zur Bewährung ausgesetzten Freiheitsstrafe verurteilt. Er kam so glimpflich davon, weil er parallel auch in den Diensten des BND stand.

IM Klaus, mit bürgerlichem Namen Rainer Fülle, Buchhalter im Kernforschungszentrum Karlsruhe, ging den westdeutschen Fahndern zwar ins Netz, konnte sich aber schnell daraus befreien. Weil ein ihn begleitender BKA-Beamter auf Glatteis ausrutschte, konnte Fülle gleich nach seiner Festnahme entfliehen und Zuflucht in der sowjetischen Militärmission in Baden-Baden suchen. Von dort wurde er heimlich in die DDR geschafft, aus der er 1981 wieder in den Westen floh.[12] Ein »halber Krimineller«, der nur Geld im Kopf gehabt habe, sei Fülle nach Einschätzung des MfS gewesen, ließ ein Überläufer aus dem Bereich KoKo (Kommerzielle Koordinierung, ein Handelsimperium der DDR) 1981 den BND wissen. Die Flucht Fülles aus der DDR in die Bundesrepublik sei vom MfS geduldet oder sogar arrangiert worden, vermerkt das BND-Referat 52 BY am 14. Dezember 1981 in der Aktennotiz aus der Befragung des Überläufers. Der Buchhalter Fülle hatte auch über seine Einnahmen und Ausgaben für die Spionage genau Buch geführt. Nur seine Unkosten und einen gewöhnlichen Stundenlohn hatte er von der HVA verlangt und 90 000 DM in fünfzehn Jahren Agententätigkeit erhalten. Als Motiv seiner Spionage zugunsten der DDR gab Fülle an, er sei einerseits wegen Angehöriger in der DDR unter Druck gesetzt worden, andererseits habe er die Lieferung von Informationen, die den rein zivilen Charakter westdeutscher Atomforschungsvorhaben bestätigten, als vertrauensbildende Maßnahme aufgefaßt. Daß er auch den Generalhauptschlüssel zu einem Kernreaktor im Karlsruher Forschungszentrum, eine Voraussetzung für Sabotage, lieferte, paßt kaum zu dieser Darstellung.

Der Fall Fülle zeigt zugleich, daß Stiller als einer von drei Referatsleitern für Wirtschaftsspionage nur kleine Fische führte. Während seiner Dienstzeit saß in Karlsruhe ein viel gewichtigerer Agent. Am 3. Mai 1994 wurde der amerikanische Wissenschaftler Jeffrey Schevitz unter dem Verdacht verhaftet, von 1977 bis 1989 im Kernforschungszentrum Karlsruhe für die DDR spioniert zu haben. Der 53jährige Amerikaner, der schon bald gegen eine Kaution von 100 000 DM auf freien Fuß gesetzt wurde, behauptete, er habe seit 1974 für die CIA gearbeitet. Er habe sich sowohl von der östlichen Seite anwerben lassen wollen, um deren Aufklärungsschwerpunkte zu ermitteln, als auch von der westlichen, um für die USA herauszufinden, wie stark westdeutsche Bestrebungen nach Verfügungsgewalt über Atomwaffen seien und ob es Verstöße gegen COCOM-Verbote zum Hochtechnologie-Export nach Osteuropa gebe. Als seinen Führungsoffizier auf amerikanischer Seite nannte Schevitz den 1990 verstorbenen Leiter des West-Berliner Aspen-Instituts, Shepard Stone. Da die US-Stellen, die er darüber unterrichtet habe, seit nunmehr vier Monaten schwiegen, müsse er dies öffentlich machen,[13] erklärte er. Stone, ließen US-Medien wissen, sei nie als Teil der US-Geheimdienstgemeinde bekannt geworden.[14] Doch die Erkenntnisse der HVA über Stone sagen aus, daß er bis 1974 den Congress of Cultural Freedom in Paris leitete, der als Frontorganisation der CIA in der psychologischen Kriegführung ausgemacht werden konnte. Diese Erkenntnis und das Schweigen der Ermittler und US-Dienststellen erhärten den Verdacht, daß Jeffrey Schevitz recht hat. Zugleich machen sie eines deutlich: Die in der Literatur zum Fall Stiller ständig vertretene Auffassung, die DDR-Spionage sei bei ihrem Ziel, westdeutsche Nuklear-Ambitionen auszuforschen, einer Wahnvorstellung Erich Mielkes zum Opfer gefallen, kann nur richtig sein, wenn man unterstellt, die Aktivitäten der CIA seien ebenfalls von einer Wahnvorstellung geleitet worden. Für die HVA hat der CIA-Doppelagent Schevitz allerdings nicht gearbeitet, sondern wahrscheinlich für den KGB. So ließe sich erklären, warum sich unter dem Material, das Stiller dem BND mitbrachte, ein sowjetischer Geheimdienstbericht aus dem Jahre 1977 über das Kernforschungszentrum Karlsruhe befand.[15]

Da die Hauptabteilung III des MfS (Funkaufklärung) die hektische Geschäftigkeit im Führungsfunk von BND und BfV bereits kurz vor dem Grenzübertritt Stillers festgestellt hatte und da die Verantwortlichen in der Normannenstraße wußten, daß die Unterabteilung 12 des BND in Hannover einen wichtigen Überläufer erwartete, herrschte in Ost-Berlin Alarmzustand. Noch bevor Stiller in Köln alle Namen ausgepackt hatte, waren die meisten Agenten, die er verraten konnte, gewarnt und wurden zurückgezogen. Mindestens dreißig DDR-Spione konnten sich so dem Zugriff der Fahnder entziehen. Der Diplomphysiker Klaus Schmidt, ein Konstrukteur von Atomkraftwerken, war ebenso abgängig wie Horst Katzmann aus der Konstruktionsabteilung für Atomreaktoren bei Interatom oder Johannes Koppe, PR-Mann der Hamburgischen Elektrizitätswerke.

»Nun, die Personenkenntnisse von Stiller haben dem BND plötzlich ein großes Reservoir an wichtigen Zielpersonen geöffnet. Diese Möglichkeiten wurden denn auch weidlich genutzt«, erinnert sich ein Referatsleiter des BND. »Denn da nach Stillers Herauslösung in der HVA – aber auch im übrigen MfS – eine gewaltige Säuberungsaktion einsetzte und jeder, der nur irgendwie am Rande mit Stiller in Verbindung gebracht wurde, Gefahr lief, wegen ›Vernachlässigung‹ sozialistischer Wachsamkeit, die auch gegenüber Verwandten, Freunden, Bekannten und um so mehr gegenüber Kollegen gefordert wurde, belangt zu werden, genügte schon ein Anruf bei einer so gefährdeten Person mit ›Grüßen von Werner‹, um diese zu der Überlegung zu bringen, ob es nicht doch ratsamer wäre, dem Beispiel Stillers zu folgen! – Erpressung? Ja! Selbstverständlich war und ist Erpressung ein Mittel, das in allen Geheimdiensten der Welt zum Einsatz kommt.«

Eigentlich müßte ein Nachrichtendienstler es besser wissen. Wenn ein Verwandter oder Bekannter, der nicht zum MfS gehörte, »sozialistische Wachsamkeit« gegenüber den Aktivitäten eines Referatsleiters in der HVA gezeigt hätte, wäre das sehr schnell abgestellt worden. Auch »Kollegen« waren keineswegs damit betraut, dadurch bei der Spionageabwehr auszuhelfen, daß sie nachrichtendienstliche Operationen im Auge behielten. Insofern war niemand in der DDR durch »Grüße von Werner« kompromittierbar, und es gab auch niemanden, der Werner Stillers Beispiel gefolgt wäre.

»Wir sind fast in das gesamte europäische Ausland plus Fernost geflogen. Da ging es darum, bestimmte Aktionen des BND vorzubereiten oder durchzuführen«,[16] erläuterte Stiller 1992 und machte deutlich, daß nach seiner Flucht seine Personenkenntnisse, der allgemeinen Strategie des BND folgend, bei Umweganbahnungen im Ausland genutzt werden sollten. Beispielsweise in Paris, London und Tokio sei es um Operationen gegen MfS-Residenten gegangen, räumte er im März 1992 auf Nachfrage des SPIEGEL ein.

Der BND-Spitzenbeamte, der monatelang mit Stiller um die halbe Welt jettete, war CABRAS, früher Anbahner und Leiter der BND-Operationen im Bereich der Abteilung 12. CABRAS leitete nicht nur die Versuche, mit Hilfe Stillers weitere Überläufer zu gewinnen, er reichte seinen Ex-DDR-Kollegen im Auftrag Kinkels auch von einem Partnerdienst zum anderen weiter, um die Beziehungen auf diese Weise zu pflegen. Obwohl CABRAS' Versuche, weitere Überläufer aus den MfS-Auslandsresidenten zu rekrutieren, allesamt scheiterten, wurde er nach der Betreuung des MfS-Oberleutnants selbst zum Oberst befördert.

Honig wollten BND und BfV aus dem Übertritt Stillers auch dadurch saugen, daß sie nun einen Kronzeugen für die Bedrohung westlichen Wohlstands durch östliche Wirtschaftsspionage vorzuweisen hatten. Und so wurde in Pullach und Köln an einem massiven Bedrohungsmärchen gestrickt.

»Mit einem Aufwand von fünf Millionen Mark – in Spionage

investiert – bezieht allein das MfS einen Gegenwert von 300 Millionen Mark, die es an Entwicklungskosten in der Industrie sparen hilft.«[17] Diese Aussage Stillers wurde von einschlägigen Publizisten immer wieder gern zitiert. In der CSU-Broschüre »Die Ostblock-Spionage gegen die Bundesrepublik Deutschland« nahm Friedrich-Wilhelm Schlomann 1981 diese Behauptung auf und fügte hinzu: »Experten glauben, daß Ost-Berlin durch seine Industrie- und Wirtschaftsspionage jährlich wenigstens 300 Millionen Mark an Forschungs- und Entwicklungskosten spart! Die Kehrseite bei uns in der Bundesrepublik ist auf längere Sicht zwangsläufig eine weitere Gefährdung der Arbeitsplätze.«[18]

Offiziell betrug das produzierte Nationaleinkommen der DDR 1979 150 Milliarden Mark.[19] Stiller, der den Ertrag aus der Wirtschaftsspionage für dasselbe Jahr mit 300 Millionen Mark angab, berief sich auch auf offizielle DDR-Zahlen. So hat also die Wirtschaftsspionage mit ganzen 0,2 Prozent zum Nationaleinkommen beigetragen.

Um ein objektives Bild von dem Schaden zu bekommen, den die Wirtschaftsspionage der DDR in der westdeutschen Ökonomie anrichtete, mochte sich das Wirtschaftsministerium nicht auf die Bedrohungsanalyse aus Pullach und Köln verlassen. Eine Kommission unter Vorsitz von Hartmut Bebermeyer, Leiter der Unterabteilung Recht, wirtschaftliche Fragen der Verteidigung, Sicherheitsfragen im Bundeswirtschaftsministerium, der auch Vertreter von fünf Großkonzernen – darunter Siemens wegen des umfangreichen Bereichs Mikroelektronik – angehörten, sollte das Ausmaß der Gefahr untersuchen. Sie kam zu dem Ergebnis, daß der Auftrag der Wirtschaftsspionage der DDR offensichtlich darin bestand herauszufinden, ob die Veröffentlichungen in westlichen Fachzeitschriften auf wissenschaftlich-technischem Gebiet zutrafen oder getürkt waren.

Das Material, das Stiller mitgebracht hatte, wurde Experten überlassen, damit diese das Ausmaß des Schadens abschätzen konnten. »Die Vertreter der Konzerne haben nur milde gelächelt, nachdem sie die Unterlagen geprüft hatten«, erinnert sich Hartmut Bebermeyer heute.[20] »Nicht für fünf Pfennig Schaden haben die damit angerichtet«, lautete ihr Urteil.

Der Endbericht der Kommission wurde natürlich auch nach Pullach geschickt. Resonanz auf die Abwertung des Top-Agenten gab es von dort nicht. »Die waren wohl beleidigt«, vermutet Bebermeyer.

Frei von dem Zwang, als frischgebackener BND-Präsident schnelle Anfangserfolge zu erzielen, beurteilte auch Klaus Kinkel 1991 die DDR-Wirtschaftsspionage ganz anders als zwölf Jahre zuvor. Dort habe die HVA, ließ er den SPIEGEL wissen, »Geld für Scheiß ausgegeben, den sie vom Patentamt umsonst gekriegt hätten«.[21]

»Das Große Los in der Lotterie der deutschen Nachrichtendienste« war Stiller nicht, auch kaum ein »Sechser im Geheimdienst-Lotto«.[22] Weder das mitgeführte Material noch die enttarnten Agenten hatten die Güteklasse I. Die Wirtschaftsspionage erwies sich bei weitem als nicht so bedrohlich, wie gern behauptet wird, und der Einblick in die Strukturen des MfS bzw. der HVA blieb angesichts der Geheimdienstschotten zwischen den einzelnen Abteilungen begrenzt. Die Wirkung von Stillers Übertritt war überwiegend psychologischer Natur: Nach innen erlaubte er dem neuen BND-Präsidenten, in der Öffentlichkeit einen Erfolg vorzuweisen, an dessen Zustandekommen Kinkel jedoch keinen Anteil hatte. Wäre der erste Ausschleusungsversuch 1978 gelungen, hätte Gerhard Wessel zum Abschluß seiner zehnjährigen Amtszeit noch eine Meßlatte gesetzt, die der »Neue« kaum hätte überspringen können.

Nach außen aber war die psychologische Wirkung auf das MfS selbst beträchtlich. Die Konsequenzen, die in der Normannenstraße aus den Ergebnissen der von Mielke selbst geleiteten Untersuchungskommission gezogen wurden, bestanden zunächst in einschneidenden neuen Sicherheitsbestimmungen. So wurde die operative Handlungsfreiheit in erheblichem Umfang eingeschränkt.

Ein Überläufer aus dem KoKo-Imperium sagte dazu im Dezember 1981 beim BND aus, es seien nicht nur im gesamten MfS Umgruppierungen vorgenommen, sondern im Bereich KoKo sogar zunächst alle Pässe eingezogen und später Reisebeschränkungen verhängt worden. Der Mythos Markus Wolf hatte gelitten. Kinkel schöpfte für die von ihm forcierte aggressivere Anbahnung von DDR-Geheimnisträgern daraus die Hoffnung, es könne einen Dominoeffekt geben, bei dem ihm noch der eine oder andere Erfolg in den Schoß fallen würde.

Arm an echten Erfolgen, versuchten die westlichen Dienste selbst so banale Dinge wie die Erlangung eines Fotos von HVA-Chef Markus Wolf als nachrichtendienstlichen Durchbruch zu feiern. Als Wolf – getarnt als Dr. Kurt Werner – sich mit seiner zweiten Ehefrau Christa im Juli 1978 in Stockholm aufhielt, um den bayerischen SPD-Landtagsabgeordneten Dr. Friedrich Cremer zu treffen, wurde er von einem Observationskommando der schwedischen Spionageabwehr fotografiert. Da die Leute von der SÄPO (Säkerhetspolisen) wußten, daß sie einen DDR-Bürger beschatteten, stellten sie die Aufnahmen auch den westdeutschen Partnerdiensten zur Verfügung. »Das Stockholm-Foto ist ein Einschnitt in Wolfs Spionagelaufbahn: Zum ersten Mal gerät er, wenn auch unfreiwillig, aus dem Dunkel ins Licht der Öffentlichkeit«,[23] wertete Alexander Reichenbach[24] in seiner »Markus-Wolf-Story« 1992 den Vorgang auf.

Wen die schwedischen Kollegen auf Zelluloid gebannt hatten, war dem BND nicht gleich klar. Erst von Überläufern aus dem MfS, denen im Rahmen von Befragungen Fotos vorgelegt wurden, konnte der HVA-Chef identifiziert werden. Und einer dieser Überläufer war Werner Stiller.

Auch das Gesamtbild, das Klaus Kinkel von seinem Gegenspieler hatte, resultierte aus solchen Vernehmungen von Überläufern oder aus dem, was der KoKo-Manager Günter Asbeck von Ende 1981 an in Pullach zu Protokoll gab. Asbecks Personenbeschreibung decke sich mit den Angaben von Stiller, notierte der zuständige BND-Befrager. Das Referat 12B (DDR-Politik, Wirtschaft, Technik und Wissenschaft) faßte im Januar 1982 zusammen, was Asbeck, (im Bericht »Qu.« = Quelle) der auf den vorliegenden Fotos 4 und 5 Wolf wiedererkannte, über den Chef der HVA berichtete: »WOLF ist über 190 cm groß und schlank. Er ist Brillenträger. Verheiratet ist er in zweiter Ehe. Aus dieser Ehe stammt ein gemeinsames Kind, Geschlecht unbekannt. Seine Frau ist Sächsin aus KARL-MARX-STADT (CHEMNITZ). WOLF legt

Wert auf einen guten familiären Zusammenhalt der ganzen Sippe. So kümmert er sich persönlich auch um seine Enkel, die er liebevoll umsorgt, wenn sie zu Besuch sind.

Er ist ein ruhiger Mensch, sachlich, mit sicherem Auftreten, ein großer Redner, der aus dem Stegreif gekonnt reden kann. Zusätzlich ist er schriftstellerisch begabt. Er möchte z. B. für seinen Bruder – den Präsidenten der Akademie der Künste – Drehbücher schreiben. WOLF achtet darauf, daß nur HVA-Kader in die ›freien Firmen‹ des KoKo kommen. Sein Wunsch ist seit längerer Zeit, aufzuhören und schriftstellerisch zu arbeiten (Anm.: Qu. weiß dies von WOLF persönlich). Das ist seine eigentliche Begabung.

Das militärische Gehabe im MfS ›kotzt ihn an‹. Er mag das poltrige, berufsrevolutionäre Gehabe von MIELKE nicht. WOLF macht seine Arbeit unabhängig von MIELKE. Er hat ihm gegenüber eine gleichgültige Haltung. WOLF liebt den flüssigen Stil, nicht die ›Holzhammermethode‹. Er zweifelt nicht am System, ist aber ein intellektueller Typ, der sich auch so verwirklichen möchte. Deshalb hat er auch nie Ambitionen gehabt – und hat sie auch heute noch nicht –, Minister zu werden. Er sitzt gerne im Hintergrund, denkt, zieht die Fäden, wie man den Gegner ›aufs Kreuz legen kann‹, aber er tut dies nicht lautstark, und es liegt ihm nicht, mit formalistischen Methoden eine Behörde zu leiten.

WOLF liebt Geselligkeit und ist im Kreis von Leuten, die er mag, lustig und aufgeschlossen, er spielt dann z. B. Klampfe. Er steht über den Dingen, wie z. B. personellen Intrigen. Persönlich ist er beliebt bei den Sowjets, die ihre Hand schützend über ihn halten und froh sind, daß sie ihn haben. (Er selbst hat die russische Gastfreundschaft und Lebensfreude übernommen aus der Zeit seiner Ausbildung.) Die Sowjets haben ihn auch in seine Position gebracht, um einen zuverlässigen Mann ihrer Wahl an entscheidender Stelle zu haben.

Zusätzlich genießt WOLF das Vertrauen HONECKERs, der ebenfalls weiß, was er an ihm hat. Wenn WOLF einmal nicht mehr Leiter der Hauptverwaltung Aufklärung ist, läuft dort nach Ansicht von Qu. nichts Vernünftiges mehr, da die anderen nicht ausreichend überlegen sind und zu formalistisch an so eine Aufgabe herangehen und das alles nur unter der Rubrik ihrer eigenen Karriere an oberster Spitze sehen.

Als potentieller Nachfolger von WOLF wird ganz klar GROSSMANN, Werner, gehandelt. Zu ihm an späterer Stelle. Nur eines: GROSSMANN hat nicht das Format von WOLF.«

Obwohl nach anfänglichen Bedenken am Ende der Befragung keine Zweifel mehr an der Glaubwürdigkeit dieser Quelle bestanden, weckten die Angaben über einen möglicherweise bevorstehenden Wechsel an der Spitze der HVA Zweifel. Beim Generalbundesanwalt in Karlsruhe gab BND-Oberstleutnant Bernhard Zeeb, Anfang der achtziger Jahre in der Unterabteilung 15 Spionageabwehrexperte für das MfS, im Oktober 1992 zu Protokoll, daß er bei der Befragung des Überläufers aus dem KoKo-Imperium des Alexander Schalck-Golodkowski zu den Rücktrittsabsichten von Wolf nachfragen mußte, »weil diese Quellenmeldung im Bundesnachrichtendienst große Überraschung auslöste und auf Widerspruch stieß. Wolf galt bis dahin nämlich als karrieresüchtig.«

Im November 1981 hielt das BND-Referat 52B für operative Sicherheitsangelegenheiten aus Überläuferinformationen fest, Markus Wolf habe in vertraulichem Kreis die Absicht geäußert, in absehbarer Zeit aus dem MfS auszuscheiden: »Mischa Wolf trägt sich ernsthaft mit dem Gedanken, künftighin mit seinem Bruder, Konrad WOLF (Präsident der Akademie der Künste), Drehbücher für Filme und Fernsehspiele zu schreiben ... Minister MIELKE baut bereits Werner GROSSMANN als Nachfolger für M. WOLF auf.«

Einen Antrag auf den Eintritt in den Ruhestand hatte Markus Wolf bereits 1983 nach seinem sechzigsten Geburtstag gestellt. Aber erst im September 1986 räumte er seinen Posten an der Spitze der HVA. Der Rücktritt wurde in der westlichen Öffentlichkeit und beim immer noch zweifelnden BND mit Überraschung aufgenommen.

Vergleicht man den dürftigen Wissensstand des BND über den Kopf der Gegenseite mit den Informationen, die Markus Wolf bis hin zu Akten mit Abhörprotokollen der privaten, politischen und dienstlichen Gespräche über Klaus Kinkel hatte, so wird deutlich, daß Kinkel in einer sehr ungleichen Auseinandersetzung mit seinem Konkurrenten stand.

Wie seine Vorgänger hat er den Gegner fortgesetzt unterschätzt. Weil seine Fernmeldeaufklärung weit davon entfernt war, in die geheime Kommunikation der HVA-Zentrale oder auch nur der Nebenstellen einzudringen, traute er dem technologisch doch unterlegenen Osten nicht zu, daß die Spitzen des BND am Diensttelefon oder Privatapparat erfolgreich abgehört werden konnten.

Die erfolgreichen Absetzbewegungen vieler von Stiller verratenen Agenten wurden so einseitig auf Maulwürfe in Pullach oder Köln geschoben, obwohl die größte Fehlerquelle in der mangelnden Sicherheit der geheimdienstlichen Telekommunikation in der Bundesrepublik lag.

8
Ein tödliches Gewerbe
Der ROTE ADMIRAL und andere
Leichen im Keller

Wo immer man fragt, was auf Klaus Kinkel den tiefsten Eindruck in seiner vierjährigen Amtszeit als BND-Präsident gemacht haben mag, stößt man auf das Stichwort »Roter Admiral«. Sowohl öffentlich als auch im vertrauten Kreis hat der heutige Bundesaußenminister immer wieder den Fall des DDR-Nachrichtendienstlers, der zum BND überlaufen wollte, als den für ihn menschlich bewegendsten dargestellt. 1992 sind zwei große Reportagen erschienen, die die Vorgänge und Hintergründe ausführlich dokumentiert haben. Dennoch sind nicht alle Geheimnisse gelüftet worden. Zu vielschichtig sind die Vorgänge um den Mann, der beinahe zur frühen Krönung der nachrichtendienstlichen Karriere Kinkels beigetragen hätte, dann aber zu seiner spektakulärsten Niederlage wurde.

Die an Dramatik kaum zu überbietende Lebensgeschichte von Winfried Baumann, geborener Zakrzowski, begann als Bilderbuchkarriere in der jungen DDR, die für Angehörige der Unterschicht viele Aufstiegsmöglichkeiten bot. Sie endete in Alkoholismus und Tod. Zakrzowski wurde am 17. Mai 1930 im Marktflecken Scharley nahe dem ostpreußischen Hindenburg als unehelicher Sohn eines schlesischen Bergmanns geboren. Im Frühjahr 1945 verschlug der Flüchtlingstreck, dem sich seine Mutter mit ihm angeschlossen hatte, die kleine Familie nach Wismar. Die Halbwaise Zakrzowski lernte zunächst, als Mechaniker Schreibmaschinen zu reparieren. Dann meldete er sich 22jährig freiwillig zur seemännischen Ausbildung an der frisch gegründeten Offiziersschule der Volksmarine in der Parower Schwedenschanze.

Dem jungen Marineoffizier – inzwischen Mitglied der SED – vertraute man schon bald die Leitung des Hauses der Offiziere in Stralsund an. Nicht erst die Zusammenarbeit mit den russischen Freunden, wie später behauptet wird, hat ihn zum Alkohol gebracht, sondern schon die Arbeit in diesem NVA-Kasino. Dort gewann er die Liebe der jungen Schwägerin des Chefs der Volksmarine, Admiral Waldemar Verner. Das Umsiedlerkind Zakrzowski hatte das große Los gezogen.

1956 wird der Marineoffizier nach Berlin zum Militärnachrichtendienst versetzt. Er heiratet und wird Vater der Tochter Liane. In nur wenigen Jahren steigt er im Militärnachrichtendienst der DDR auf zum Leiter der Abteilung 8 (Aufklärung der Führungsstäbe und Teilstreitkräfte der Bundeswehr) und wird Fregattenkapitän. Doch seine dienstliche Karriere kollidiert immer wieder mit dem Alkohol. Die Vorkommnisse mehren sich, disziplinarische Ahndungen sind die Folge. Ohne Rückhalt in der Dienststelle und von seiner Frau längst fallengelassen, unternimmt er einen Selbstmordversuch. Er dreht den Gashahn auf, wird jedoch gerettet. Der Suizidversuch bringt für den hochrangigen Geheimnisträger die unausbleibliche Konsequenz: Ausscheiden aus der Nationalen Volksarmee im Jahre 1970. Auch die familiäre Bindung zum Mitglied des Politbüros Paul Verner und zum ZK-Mitglied Waldemar Verner können daran nichts mehr ändern.

Zakrzowski tritt den nahtlosen, sozial gesicherten Übergang in das Zivilleben an. Auf Vorschlag von NVA-General Arthur Franke wird er zunächst als Betreuer ausländischer Delegationen beim Nationalrat der Nationalen Front eingesetzt, weil der Geheimnisträger dort unter der Aufsicht des MfS blieb.

Nach seiner Entziehungskur im Armeelazarett Bad Saarow wird er für »dienstuntauglich« erklärt und übernimmt zunächst einen guten Posten bei der Liga für Völkerfreundschaft. Auch hier fliegt er, weil er sein Einkommen mit Hilfe fingierter Spesenabrechnungen aufbessert. Wegen Scheckbetrugs und Heiratsschwindels wandert der Exoffizier mit den südländisch glänzenden Augen sogar ins Gefängnis.

Das MfS hält in der Überwachungsakte fest: »Er wurde erst nach mehreren Tagen gefunden und hatte sich bei Frauenbekanntschaften und im asozialen Milieu umhergetrieben. In strafrechtlicher Verfolgung mehrerer Delikte wurde (Zakrzowski) von der Hauptabteilung IX des MfS inhaftiert und später zu einer einjährigen Freiheitsstrafe verurteilt.«

In dieser Zeit versucht Zakrzowski zum ersten Mal, Kontakt zum BND aufzunehmen. In der Vorweihnachtszeit 1974 erhält HVA-Chef Markus Wolf bereits »inoffizielle Hinweise aus dem Operationsgebiet, wonach ein höherer Offizier der bewaffneten Organe der DDR sich nach dem Westen absetzen« wolle. Das Frühwarnsystem der HVA – die Maulwürfe in den westlichen Diensten – funktioniert auch hier. Der Bundesnachrichtendienst kommt an Zakrzowski nicht heran – der willige Überläufer ist betrunken, verschläft Zeit- und Treffpunkte.

Nach seiner Haftentlassung bekommt Zakrzowski eine neue Chance bei der Gewerkschaftszeitung Tribüne, da er in einem Fernstudium während seiner Zeit als Nachrichtenoffizier ein Journalistendiplom erworben hat. Zugleich lernt er die etwas ältere Ruth Baumann kennen – das »im Grunde genommen arme Mädchen«, wie er sie in seinem Abschiedsbrief aus der Todeszelle nennt –, heiratet sie und nimmt ihren Namen an.

Treu bleibt Baumann nur dem Alkohol, nicht seiner Ruth. Im Sommer 1977 macht er die Bekanntschaft der HNO-Ärztin Christa-Karin Schumann, Mutter zweier Kinder, die auf der Suche nach einer Wohnung ist. Die Ärztin aus der Poliklinik »Frédéric Joliot-Curie«, der er schnell über seine noch aktiven Beziehungen eine Ersatzwohnung für den geschiedenen Mann und einen VW-Golf besorgt, wird seine Geliebte und schon bald seine Komplizin.

Im September 1977 eröffnet er ihr die Chance, gemeinsam mit den Kindern in den Westen zu kommen. Als ehemaliger Geheimdienstoffizier wisse er genug, um ein Interesse westlicher Geheimdienste zu wecken, sie beide und die Kinder auszuschleusen. Seine Freundin erfährt bei dieser Gelegenheit bereits die Klarnamen aller Spione, die er noch kennt.

Christa Schumann weiht ihren in Heidelberg lebenden Bruder, den Medizinprofessor Wolf-Dieter Thomitzek, bei dessen Besuch in Ost-Berlin im November 1977 ein. Er soll Kontakt zum BND aufnehmen, ihm anbieten: DDR-Spione für einen Freifahrtschein in den Westen. Thomitzek lehnt aus Angst zunächst ab, den Kurier zum BND zu spielen. Erst bei seinem nächsten Besuch im Mai 1978 gelingt es Christa, ihren Bruder zu überzeugen. Er arrangiert telefonisch ein Treffen und unterbreitet dem Dienst das Angebot Baumanns.

Pullach reagiert auf das Angebot aus Heidelberg vorsichtig, vermutet zunächst ein Spiel des MfS und fürchtet eine Blamage. Erst im zweiten Anlauf zeigt sich der BND bereit, die Ergiebigkeit des potentiellen Überläufers wenigstens zu testen.

Erst ein halbes Jahr später, zu Weihnachten 1978, liefert Thomitzek über einen weiteren Bruder, einen Arzt aus Pirna, in Dresden die nachrichtendienstliche Grundaustattung des neuen BND-Agenten aus, eine Anweisung zum Kauf eines speziellen Radios (Typ Spidola 240) zum Empfang nachrichtendienstlicher Sendungen und Chiffrierunterlagen.

Wieder dauert es einen Monat, bis am 24. Januar 1979 die erste Durchsage Pullachs an Christa Schumann erfolgt. Die Verzögerungen haben ihren Grund auch darin, daß mittlerweile beim BND ein neuer Präsident sein Amt angetreten hat. Klaus Kinkel muß erst grünes Licht für die risikoreiche, aber erfolgversprechende Operation geben.

Über den Agentenfunk sendet Pullach Fragen nach Berlin. Christa Schumann, die fortan alle konspirativen Aktivitäten in ihre Hand nimmt, übermittelt per Telefon ihrem Bruder in Heidelberg die Antworten. Da dem BND nicht bewußt ist, daß er es mit einem seit acht Jahren außer Dienst gestellten Alkoholiker zu tun hat, übermittelt er seinem Agenten immer neue Beschaffungsaufträge. So will er wissen, ob die Sowjetunion in den Konflikt zwischen China und Vietnam eingreifen wird oder ob DDR-Reservisten eingezogen werden.

Baumann ist seit langem mit dem späteren stellvertretenden Chef des Militärgeheimdienstes, Oberst Heinz Hofmann, befreundet. Was Hofmann erfährt, kommt auch Baumann zu Ohren. Das ist nicht viel, reicht aber aus, um dem BND den Eindruck von Insider- und »Regime«-Wissen zu vermitteln.

Da dem BND die auf kurze Informationen beschränkte Verbindung über Funk nicht ausreicht, setzt er einen Kurier in Marsch. Am 7. März bringt der Bote 1 000 DM, neue Chiffrierunterlagen, zehn vorgefertigte Geheimbriefe und entsprechend präpariertes Papier.

Mündlich übermittelt der Kurier die Bereitschaft des BND, Baumann samt Anhang auszuschleusen, da BND-Präsident Klaus Kinkel sich persönlich für den Fall engagiere. Geld spiele keine Rolle, heißt es weiter. Der potentielle Top-Agent ist in Pullach zur Chefsache geworden: Deckname ROTER ADMIRAL.

Bevor er auf die Bedingung seines frischgebackenen Agenten zur Ausschleusung eingeht, will der BND unbedingt als Zeichen des guten Willens und der Zuverlässigkeit der Information vorab einen »Beweis der Ehrlichkeit« sehen. In einem in Geheimschrift verfaßten Brief an eine Münchner Deckadresse verrät der Mielke-Zögling Baumann am 29. März 1979 die ersten drei von insgesamt acht DDR-Spionen in der Bundesrepublik, die er vor seiner Ausschleusung als Beweis seines Geheimwissens preiszugeben bereit ist – neben einigen kleinen Fischen den Obersten Siegfried Petrelli.

Dem Einblick in den Panzerschrank Hofmanns verdankt Baumann die Kenntnisse, die ihn wertvoll für den BND machen, auch wenn sie schon alt sind, sehr alt sogar. Die Namen stammen aus dem Versuch der DDR-Militäraufklärer im Jahr 1958, einen Spionagering in der Bundesrepublik aufzuziehen. Um sein Plansoll an neuen Agenten zu erfüllen, hat sich Hofmann damals an seinen Bekannten, den Professor Hermann Henselmann, gewandt: Der Chefarchitekt Ost-Berlins und Erbauer der Stalinallee möge ihm doch einen Agenten-Kandidaten nennen, worauf Henselmann ein Verwandter seiner Ehefrau Isi, geborene von Bamberg, einfällt: Steffen von Bamberg ist Mitarbeiter der politischen PR-Agentur Inter Nationes in Bonn. Der Tip scheint ausgesprochen gut, denn der PR-Manager steckt stets in Geldschwierigkeiten und verspricht sofort, für Hofmann das gewünschte Netz aufzubauen.

Schon bald liefert Bamberg, nun unter dem Decknamen CICE-RO, unglaubliche Mengen an Material und läßt es sich fürstlich bezahlen. Er weigert sich allerdings, seine Quellen offenzulegen, und so zitiert Hofmann Bamberg nach Ost-Berlin. Als er seine

Zuträger beim Namen nennen soll, nennt Bamberg den Obersten i. G. der Bundeswehr Siegfried Petrelli und einen Journalisten der Tageszeitung Die Welt. Doch diese Angaben halten einer Überprüfung nicht stand. Hofmann glaubt nicht mehr an die Zuverlässigkeit von CICERO, schließt die Akte und legt sie in den Panzerschrank.

Zu diesem Tresor hat nun Baumann Zugang. Er studiert die Unterlagen und traut den Agenten Bambergs auch nicht viel mehr. Dennoch bietet er unter anderem diese Namen dem BND als erstes Material an.

Beim Versuch des Zugriffs auf diese DDR-Spione in der Bundesrepublik gibt es 1979 die erste große Panne im Fall Baumann. Offensichtlich aus dem Bundesamt für Verfassungsschutz vorgewarnt, kann das MfS über Funk eine Warnung abgeben. So flüchten der Hamburger Kaufmann und Agentenführer des MfS, Martin Henselmann, mit Frau, der Oberfeldwebel der Bundeswehr Benedict Braun mit Frau und einige andere Quellen der DDR-Militärspionage rechtzeitig in die DDR. Nur den Obersten Petrelli erreicht die Warnung wegen eines Wochenendurlaubs nicht mehr rechtzeitig. Er und Steffen von Bamberg werden im Juni 1979 unter Spionageverdacht festgenommen.

Doch weder gegen den im Territorialkommando Nord in Mönchengladbach tätigen Stabsoffizier noch gegen den Inter-Nationes-Mann können irgendwelche Beweise vorgelegt werden, so daß die Verfahren im Sande verlaufen. Im Herbst 1990 wird Oberst a. D. Siegfried Petrelli schließlich vollständig rehabilitiert – zu Unrecht, wie Insider beim Generalbundesanwalt sagen. Es habe erhebliche Restzweifel an der Unschuld des Offiziers gegeben, manches Indiz, aber letztlich keine so gesicherte Beweislage, daß er habe verurteilt werden können. Von den acht von Baumann enttarnten Agenten, die vom DDR-Militärnachrichtendienst in der Oberspreestraße aus geführt wurden, kann letztlich kein einziger verurteilt werden.

Mehr verspricht sich der BND von dem, was Baumann nach seiner Ausschleusung liefern würde. So werden in Pullach Pläne für diese Operation geschmiedet. Zunächst sucht man nach einem geeigneten Kurier. Die Wahl fällt auf Horst Hering, Schnellbootkommandant im Zweiten Weltkrieg, Journalist und seit fünf Jahren im Dienst Pullachs. Im Auftrag des BND hat der mittlerweile 60jährige Agent mit dem Decknamen SISSI Messen in der DDR besucht, um westdeutsche Geschäftsleute zu überwachen, aber auch viele Aufträge in osteuropäischen Staaten zur Zufriedenheit des BND erfüllt.

SISSI trifft am 7. März erstmals mit Christa Schumann in Ostberlin zusammen. Im Mai soll er nun einen Anschlußkontakt herstellen, um die Fluchtpläne zu erörtern.

Der Verbindungsführer Herings, BIERLING, macht ihm die Wichtigkeit des Falls deutlich. Es handele sich um eine hochgestellte Persönlichkeit aus den Ländern des Warschauer Vertrags und der Präsident sei persönlich sehr an dem Fall interessiert. Weil die Sache so hoch angesiedelt ist, wird SISSI beim Treff in Ostberlin am kurzen Zügel geführt.

Am 7. Mai um 14.00 Uhr trifft er seinen Verbindungsführer in München, um die Einzelheiten der Kontaktaufnahme festzulegen, und fährt anschließend in einer Nachttour nach Westberlin. Vom Hotel Bellevue aus nimmt er um 12.15 Uhr des nächsten Tages einen Treff mit BND-Mitarbeitern in Westberlin wahr. Nachmittags um drei Uhr trifft er Christa Schumann in Ostberlin. Gleich zweimal, um 20.00 Uhr und 22.30 Uhr, muß Hering an diesem Abend dem BND in Berlin erste Berichte erstatten.

Am 10. Mai um 10.00 Uhr findet ein weiterer Kontakt mit Schumann statt, zweieinhalb Stunden später gibt SISSI im Westteil der Stadt seinen zweiten Bericht ab. Um 20.50 Uhr notiert der penible BND-Kurier Hering die telefonische Meldung seiner Ankunft zu Hause in Bernau am Chiemsee beim BND. Am nächsten Tag in München berichtet er seinem Verbindungsführer ausführlich von seinen Begegnungen mit den Fluchtwilligen. Vom 16. bis 18. Mai reist er nach Bremen. »! Weiterhin in Wartestellung !« tippt er am 23. Mai nach seiner Rückkehr unter den Ablaufplan der Operation.

Ostern 1979 soll der erste Versuch gemacht werden, das Paar und die beiden Kinder der Ärztin über Ungarn auszuschleusen. Christa Schumann erledigt ihre Reisevorbereitungen, bucht Flüge über Dresden nach Budapest, während ihr Winfried sich Tag für

Tag mehr dem Alkohol ergibt. Als sie feststellt, daß er nichts unternommen hat, schleppt sie ihn zur Volkspolizei, um die Reise ins benachbarte sozialistische Ausland doch noch unter Dach und Fach zu kriegen. Vergebens. Die Papiere für den Partner werden erst nach Ostern fertig. So beschließt sie, vorauszufahren, selbst die Westpässe und die Westkleidung mitzunehmen, Winfried soll dann nach Ostern nachkommen. Beim Abschied versucht Baumann einen Rückzieher. Er bittet sie, nicht allein zum BND-Treff zu fahren. Doch die resolute Frau läßt sich von ihm nicht beirren. Sie fährt mit den Kindern nach Dresden und bekommt ihren Flug, der ein Flug in die Freiheit werden sollte.

Horst Hering hat inzwischen das Zimmer 729 im Hotel Duna International in Budapest bezogen. Als die völlig aufgelöste Frau ohne den Admiral bei ihm auftaucht, ist er entsetzt. Zudem unterläuft der Ärztin im Hilton-Hotel, wo der BND ihr Zimmer gemietet hat, ein folgenschwerer Fehler. Der Kurier aus Pullach hat vergessen, sie darauf hinzuweisen, daß sie sich in ihrem bundesrepublikanischen Paß einen Einreisestempel geben lassen muß. Der prangt nun in ihren DDR-Dokumenten. Der findige Hering schlägt in Pullach telefonisch einen Ausflug zum Plattensee vor, um sich dort in einem Hotel den zur Ausreise erforderlichen Stempel im Paß von Frau »Weeber« zu verschaffen. Doch der BND bremst ihn. Zuerst soll er das Eintreffen von Baumann abwarten. Mit der Botschaft in Budapest, die in die Operation eingeweiht ist, soll er bei Gefahr im Verzuge telefonischen Kontakt aufnehmen.

Als weitere Notrufnummer hat SISSI in seinem Operationsplan einen Kriminaloberrat a. D. in Fürstenfeldbruck notiert, sinnigerweise mit dem Decknamen, unter dem Reinhard Gehlen zu reisen pflegte: Dr. SCHNEIDER. Die oberste Kontrolle der Operation liegt weit entfernt von Pullach, aber am Wohnsitz des Vorgesetzten von BIERLING, des BND-Spitzenbeamten CABRAS.

Aber die Chancen, daß der ROTE ADMIRAL noch den Weg nach Ungarn sucht, werden immer geringer. Christa Schumann telefoniert ein ums andere Mal nach Berlin, um den stets betrunkenen Lebensgefährten doch noch herbeizulocken. Aus den Gesprächsfetzen, die Hering mitbekommt, erfährt er, daß Baumann sich von seiner Familie nicht leichten Herzens trennen will.

Sein Sohn sei zwar »mehr oder weniger« in die Fluchtpläne eingeweiht, seine Frau aber wolle sich partout nicht scheiden lassen.
Ruth Baumann weiß von dem Verhältnis ihres Mannes mit der
Ärztin, hat heftige Auseinandersetzungen mit Christa Schumann
geführt, hält aber an dem Alkoholkranken fest.

Während Christa tags und nachts immer neue Anläufe nimmt,
Baumann doch noch zur Reise nach Budapest zu überreden,
betreut Hering ihre beiden Söhne, den zwölfjährigen Eike und den
elfjährigen Frank, mit denen er einen Ausflug in einen Pionierpark
unternimmt.

Allein war Christa Schumann auch in dieser Phase nicht.
»Nicht sicher, ob drei oder vier Personen dazustoßen«, hat Hering
im Operationsplan notiert und weiß dann in Budapest, daß ihm
drei Leute aus Pullach zur Unterstützung geschickt worden sind:
ein Dr. FRIEDLÄNDER in Begleitung von zwei Damen. Doch
das Zusatzpersonal zur Absicherung der Operation kommt nicht
zum Zuge. Daß es bei dieser Gelegenheit vom nachrichtendienstlichen Gegner erkannt worden ist, muß dem BND nach der Festnahme Herings deutlich geworden sein; denn es ist die letzte
Reise, die Dr. FRIEDLÄNDER in ein sozialistisches Land unternommen hatte.

Hering und die Kollegen vom BND waren nicht die einzigen
deutschen Nachrichtendienstler im Hotel Duna. Ein Stabsoffizier der Spionageabwehr des MfS hatte hier später Stellung bezogen, um alle Vorgänge aufzuklären. In die Ermittlungsakten der
Hauptabteilung II gingen auf diese Weise alle Details der BND-
Operation ein.

BIERLING hatte Hering nach der gescheiterten Operation vorgeworfen, er habe doch die Frau und die Kinder auch ohne Baumann ausschleusen können. Hering hält ihm nur entgegen, daß es
dazu einer telefonischen Anweisung bedurft hätte, die er nicht
erhalten habe. SISSI ist überhaupt unzufrieden mit dem Ablauf.
Sein Verbindungsführer hat ihm versichert, daß alle Beteiligten
sich exakt an den Termin- und Ablaufplan halten würden, während in Wirklichkeit vor Ort alle Termine laufend geändert werden
müssen.

Christa Schumann kehrt nach reiflicher Überlegung nach Berlin zurück, berichtet dann Hering, ganz sicher, daß sie Baumann zu einem zweiten und erfolgreichen Anlauf zur gemeinsamen Flucht überreden kann. Am Ostermontag 1979 hat Hering, auf den Notfall vom BND vorbereitet, daß Baumann nicht käme, ihr ein Schreiben aus Pullach eröffnet. Der Inhalt: Sie solle keineswegs allein mit ihren Kindern den Weg nach Westen suchen, denn die daraufhin einsetzenden Nachforschungen würden zu ihrem Liebhaber führen und für den das Todesurteil bedeuten. In Pullach kennt man das Risiko für den ehemaligen Marineoffizier nur zu gut. Nachdem der erste Versuch mißlungen ist, Baumann »aus dem zugangserschwerten Machtbereich konspirativ herauszuschaffen«, soll der zweite Versuch über Polen erfolgen.

Seit Monaten schon ist die Hauptabteilung II des MfS dem Paar auf der Spur, weil bei einer Routinekontrolle einer der im Geheimkopierverfahren geschriebenen Briefe an eine BND-Deckadresse erkannt, analysiert und weitergeleitet worden war. Überdies hat die Hauptabteilung III intensive Aktivitäten im Agentenfunk des BND festgestellt, den Empfänger jedoch noch nicht orten können. Die Berliner MfS-Postkontrolle (Abteilung M) entdeckt bei ihrer alltäglichen Rasterfahndung im Frühjahr 1979 einen »Merkmalsträgerbrief«, der eine Tiefenkontrolle zu lohnen scheint.

Eigentlich handelt es sich um ein harmloses, offensichtlich von einer Frau handschriftlich verfaßtes Schreiben. Jedoch das Kuvert weckt den Argwohn der Profis, zu Recht, wie sich schnell herausstellt: Der DDR-Absender existiert nicht, der Empfänger in Heidelberg hat BND-Kontakte. Vor allem aber enthält das Schreiben eine chiffrierte Nachricht.

Noch unter dem Trauma der Stiller-Flucht läßt General Kratsch alle Kräfte mobilisieren, um trotz der anstehenden Feiertage eine lückenlose Kontrolle der Postkästen zu erreichen. So wird auch der Briefkasten des Postamtes Leipziger Straße überwacht, um feststellen zu können, ob von derselben Stelle ein weiterer Geheimbrief aufgegeben würde. Nach jedem Briefeinwurf nehmen die Abwehrexperten eine Sonderleerung des Kastens vor, um das Poststück schnell mit den ihnen vorgegebenen Suchkriterien vergleichen zu können.

Vor dem Postamt steht ein Bauwagen mit spitzem Dach, in dem

fünf MfS-Kollegen wachen. Sie würden in dem Augenblick die Verfolgung aufnehmen, wenn im Postamt der zweite Brief eingesteckt werden sollte. Erstmals setzt das MfS eine spezielle Fototechnik ein, die das Aufnehmen Verdächtiger bei Nacht erlaubt. Einige Wochen später geschieht es tatsächlich. Gegen 23.00 Uhr fällt dem diensthabenden MfS-Postkontrolleur der Brief mit der vertrauten Handschrift in die Hände, und er alarmiert das Observationskommando. Dieses kann auf kurzem Wege feststellen, daß die Absenderin des Briefs gegenüber wohnt. Zwar wissen die Observateure nicht, in welchem Stockwerk des Hauses Nr. 46 die Frau den Fahrstuhl verlassen hat, aber mit Hilfe des Fotos, das sie von ihr geschossen haben, läßt sie sich in der Einwohnermeldekartei schnell ausfindig machen.

Mit einer ganz neuen, noch nie benutzten Deckadresse hat der BND sich große Mühe zur Absicherung der Verbindung gemacht. Hätte Christa Schumann den Brief an einem entfernten Postkasten eingeworfen, wo ihre Handschrift nicht gleich als Vergleichsprobe vorlag, hätte die Fahndung ins Leere laufen können. Und dabei kann das MfS von Glück sagen, daß ihm gerade dieser Brief samt seiner Aufgeberin in die Hände fällt: Es war die letzte Post nach Pullach vor der geplanten Flucht über Ungarn. Es hätte nicht viel gefehlt, und Kinkel wäre doch noch ein Erfolg beschieden gewesen.

Christa Schumann kann nun keinen unbewachten Schritt mehr tun. Der Verwandten- und Bekanntenkreis der Geschiedenen wird minuziös erfaßt. Dabei gerät auch ein bislang anonymer Liebhaber ins Visier, der 49jährige Fregattenkapitän a. D. Winfried Zakrzowski, einst Führungskader im Militärischen Nachrichtendienst. Baumann-Zakrzowski gilt sofort als MINISTER-VORGANG. Der Verratsfall Werner Stiller ist erst wenige Wochen alt.

Erich Mielke, Minister für Staatssicherheit, berät sich mit Markus Wolf und dem Chef des Militärnachrichtendienstes, Generalleutnant Theo Gregori. Die drei sind sich einig: Baumann will zum Gegner überlaufen, die Freundin Christa Schumann hat ihm den Weg zum BND geebnet. Der Leiter der MfS-Hauptabteilung II, General Günther Kratsch, kümmert sich persönlich um den jüngsten Lebensweg des potentiellen Verräters. Herangezogen wird auch MfS-Oberst Eberhard Lehmann – Spitzname in der Normannenstraße: »der Operettenoberst« –, der Baumann aus seinen Zeiten als Militäraufklärer kennt und mit ihm in Moskau gewesen ist. Lehmann leistet wichtige Dienste bei der Personenabklärung und erfüllt damit dieselbe Funktion, die er nach der Wende im Bundesamt für Verfassungsschutz als dessen Quelle »Glasschüssel« für die westdeutschen Geheimdienste bei der Identifizierung von DDR-Nachrichtendienstlern wahrnimmt. Am 4. Juni liegt bereits die »Information über Fregattenkapitän d. R. Zakrzowski, Winfried« der Hauptabteilung II – streng geheim – vor.[1]

Enttarnt durch eine Rasterfahndung bei den Grenzübertritten wird auch der Kurier Kinkels. Auf schwammige Angaben von Christa Schumann zu den Zeitpunkten der Treffen mit dem Kurier filtert die Spionageabwehr zwölf Verdächtige heraus. Auf den ihr vorgelegten Fotos möchte die Ärztin jedoch keinen exakt identifizieren. »Der könnte es sein«, sagt sie ihren Vernehmern bei einigen Bildern. Endgültige Sicherheit bringt dann die Überprüfung im Hotel Duna in Budapest, wo aus den noch in Frage kommenden Männern Hering erkannt werden kann. Ein MfS-Stabsoffizier ist nach Budapest gereist, um im Hotel Duna vom Gästebuch bis zu den Telefonunterlagen alle Quellen zum Aufenthalt von Christa Schumann und der BND-Mannschaft auszuwerten.

In der Geheimdienstbürokratie des MfS tritt bei den Nachforschungen über Hering auch eine Akte zutage, die Hinweise enthält, daß sich auch die HVA schon Herings bedient hat. Mielkes Spionageabwehrchef Günther Kratsch kann sich bei dieser Gelegenheit einen Seitenhieb auf Markus Wolf nicht verkneifen: »Seltsame Vögel habt ihr da laufen.«

MfS-Chef Mielke ordnet die Verhaftung des Paares für den 5. Juni 1979 an. Christa Schumann wird auf dem Weg von ihrem Arbeitsplatz nach Hause gestellt. Auf ihren Partner muß das Festnahmekommando des MfS stundenlang vor einer Kneipe an der Friedrichstraße warten, bis der das Lokal stark angetrunken verläßt und zum ersten Verhör nach Schmöckwitz gebracht werden kann. »Gebt mir einen Cognac, und ich gestehe alles« ist das einzige, was der angetrunkene Baumann seinen Vernehmern in den ersten Stunden des Verhörs entgegenbringt. Er bekommt ihn nicht und gesteht dennoch.

Eine Durchsuchung der Wohnung in der Leipziger Straße ergibt nicht nur ausreichendes Belastungsmaterial, sondern versetzt die DDR-Spionageabwehr auch in die Lage, über Funk und Post den Kontakt zum BND anstelle des festgesetzten Paars fortzusetzen. Selbst einen noch nicht abgesandten Brief, in dem weitere DDR-Agenten offenbart werden, schicken die MfS-Leute weiter, nachdem sie zuvor ihre Kundschafter zurückgerufen haben. Angesichts von bisher in dieser Sache aufgewendeten 100 000,– DM, läßt der BND-Agentenfunk als Antwort wissen, verlange Pullach vor einem zweiten Ausschleusungsversuch der beiden Spione Vorleistungen, die deutlich machen, daß sich diese Investition auch lohne.

Schumann wird nach ihrer Verhaftung in das konspirative Objekt des MfS in Berlin-Schmöckwitz gebracht, das seit jeher zur Verschleierung von Festnahmen dient. Bis auf eine Ausnahme – den Russischlehrer Lerch, der erst kurz vor Beginn seines Prozesses seinerseits ein Angebot an das MfS zur Zusammenarbeit vorlegte – sind alle, die hier vor die Alternative Zusammenarbeit mit dem DDR-Nachrichtendienst oder Haft in Bautzen gestellt worden sind, gleich zur Kooperation mit dem MfS bereit. Die Lebensgefährtin Baumanns gesteht sofort alles und begeht sogar den Fehler einzuräumen, daß sie die Namen der DDR-Agenten in der Bundesrepublik, die ihr der verkrachte Nachrichtendienstler genannt hat, noch weiß.

Christa Schumann wird hier in Schmöckwitz gezwungen, einen in ihrer Wohnung gefundenen vorbereiteten Geheimbrief an den BND zu richten, um einen erneuten Versuch zur Ausschleusung abzustimmen. Mit einem bei ihr ebenfalls konfiszierten Kugelschreiber des BND setzt sie widerspruchlos das Datum in das Schreiben ein.

Die Ärztin spielt jedoch weiter doppelt und markiert den Brief mit einem Sicherheitszeichen.[2] Statt das rautierte Briefpapier wie üblich zweizeilig zu beschreiben, kritzelt sie die Zahlenkolonnen, die ihr der MfS-Offizier – aus ihren eigenen Chiffrierunterlagen zusammengestellt – nachts diktiert, einzeilig auf den Bogen. Was die Fünfergruppen, die sie schreiben muß, bedeuten, ist ihr unklar, aber mit der unüblichen Schreibdichte versucht sie, ein sogenanntes Sperrzeichen zu setzen, d. h., dem Empfänger in Pullach zu signalisieren, daß Gefahr besteht.

Die Frau kann nicht wissen, daß dieser Brief sorgfältig mit den vorher abgefangenen verglichen wird. So bemerken die MfS-Offiziere das Sperrzeichen. Statt sie nun den Brief ein zweites Mal schreiben zu lassen – mit der Gefahr, daß sie ein anderes und möglicherweise schwer zu entdeckendes Warnsignal einbaut –, wird ihr Schreiben in der Fälscherwerkstatt des MfS nach dem Muster des abgefangenen Poststücks nachgefertigt, bevor er an die bekannte Deckadresse geschickt wird.

Dem BND fällt die Fälschung nicht auf, und so bereitet er eine neue Ausschleusung – nun über Polen – für den Juni vor.

Dieses Mal soll es kein vorbereitendes »Kontaktgespräch« mit Hering geben, sondern die Verbindung läuft nur über Funk. Baumann erhält vom BND Weisung, sich mit seiner Freundin nach Stettin zu begeben und dort in einem bestimmten Hotel auf den Kurier des BND zu warten. Zwei Tage vor der Operation in Polen läßt BIERLING noch einmal einen Text nach Ostberlin absetzen und erhält prompt eine Bestätigung.

Am 11. Juni 1979 trifft der Verbindungsführer mittags zu einer letzten Abstimmung des Operationsplans mit seinem Operateur Hering im Sollner Hof in München zusammen und übergibt ihm das vorbereitete Gepäck, einen Reisekoffer und die Flugtasche LUFTHANSA mit dem doppeltem Boden für die nachrichtendienstliche Ausstattung: Reisepässe und Führerscheine für Herrn und Frau »Weeber« aus Steingaden im Allgäu, Einreiseanträge, Devisenbescheinigungen, Flugkarten, Rechnungen zu Taxifahrten und Hotelaufenthalten und eine ADAC-Mitgliedskarte für Herrn »Weeber« gehörten ebenso zur Ausstattung wie die Kinderpässe und das Reisegeld – zwei Fünfhunderter, acht Hunderter und drei Fünfziger. Natürlich muß der Kurier auch einen Satz Westkleidung für die vierköpfige Fluchtgruppe mitführen. Als mögliche Ausrede für den polnischen Zoll haben sich die beiden BNDler zurechtgelegt, daß es sich bei der Frauenkleidung um ein Geschenk für eine Familie Metelski in Warschau handle.

BIERLING ermutigt Hering zum Abschluß und verspricht, es würde nicht wieder solche Pannen wie in Budapest geben. Diesmal seien nun wirklich alle Beteiligten zu 100 Prozent über den »besonderen« Ablauf in Polen vergattert.

Besondere Mühe hat sich der BND-Verbindungsführer mit den Personaldokumenten gegeben. Statt sie in der Fälscherwerkstatt des BND, dem Objekt Alpina bei Tutzing, aus Blankopässen in Auftrag zu geben, überredet er seinen »Bekannten aus Kriegszeiten«, den Bürgermeister von Steingaden Otto Weeber, ihm den eigenen Personalausweis und den seiner Ehefrau für Flüchtlinge aus der DDR zu überlassen.[3] So müssen nur noch die von Hering besorgten Paßbilder einmontiert und die Stempel nachgefertigt werden.

Am 12. Juni fliegt Hering programmgemäß um 8.40 Uhr von München über Wien und Warschau nach Posen, wo er um 16.00 Uhr Ortszeit eintrifft. Auch der weitere Ablauf der Ausschleusung ist vom BND säuberlich in DIN-Gliederung festgeschrieben worden.[4] Von der »Tätigkeit in Posen« (2.) über »Ablauf am 16. 6. 79« (3.) und die »Flugreise POSEN – WARSCHAU« (4.) bis zu »Aufenthalt in und Ausreise aus WARSCHAU« (5.) sind auf drei eng beschriebenen Seiten alle Details der Operation festgelegt: was die »Weebers« wann und wo an Legenden zu ihrem bisherigen Aufenthalt zu lernen haben, der Zeitpunkt der Vernichtung von DDR-Kleidung und -Dokumenten, die Nutzung des Schließfachs in Warschau etc. Der Plan ist noch bei der letzten Besprechung in vielen wesentlichen Punkten geändert worden. So soll Hering nicht mehr codiert die Zahl der eingetroffenen Personen, den Wechsel der Nationalität und die Auslagerung der Unterlagen bei Familie Haase telefonisch unter 0 89/56 59 34 an den »Chefredakteur« melden, sondern auf einen Anruf des BND »ca. 23.00 Uhr« warten. Die übrigen Änderungen betreffen im wesentlichen die Abwicklung der Treffs mit den Flüchtlingen.

Nur widerwillig hat sich Hering in diese Planung gefügt. Seine Vorstellungen hat er BIERLING in einem eigenen Plan vorgetragen, der vorsieht, daß er mit dem Wagen über Ostberlin nach

Posen reise, weil er so weniger oft kontrolliert würde und insgesamt beweglicher sei. »So und nun – Ihre Vorstellungen und Anweisungen ... immerhin muß zu jeder Zeit mit UNBEKANNTEN Erscheinungen gerechnet werden! Trotzdem – wir werden es schaffen«, schließt SISSI seine Gegenvorschläge ab.

Er schafft es nicht. Die unbekannten Erscheinungen begegnen ihm ihn Gestalt eines Greifkommandos des MfS. Der SPIEGEL erzählt 1992 eine wilde Geschichte von mehrfachen Grenzübertritten zwischen DDR und Polen. Um diplomatischen Verwicklungen vorzubeugen, habe Generalmajor Günther Kratsch ein Auto in Marsch gesetzt, um den Wagen mit Hering aus Polen abzufangen. »Die Stasi-Leute haben Glück. 30 Kilometer hinter der polnischen Grenze kommen ihnen die Kollegen mit Hering entgegen. Umgehend dreht das Auto um. Hering wird nach Posen zurückgeschafft.« Glaublich, aber unwahr.

In seinen Erinnerungen dokumentiert SISSI den Ablauf ganz anders: »Um 16.00 Uhr, vom Messe-Pressezentrum kommend, ging ich zum gegenüberliegenden Bahnhofsvorplatz. Es war ein starker und dichter Publikumsverkehr, u. a. ist mir ein rotfarbiger BMW mit einem BRD-Kennzeichen aufgefallen. Kurze Zeit später kreisten mich mehrere männliche Personen ein. Mit äußerst freundlichem Ton in der Stimme wurde ich ohne Ausweichchance zu dem erwähnten BMW hingedrängt. Nach dem Einstieg beobachtete ich, daß zwei weitere Pkws sich mit uns im Konvoi in Richtung Hotel MERCURY befanden. Dort angekommen, forderte man die von mir mitgeführte blaue Flugreisetasche (darin befanden sich auftragsgemäß sämtliche Unterlagen!). So begann für mich ohne Mitteilung die Festnahme in einem fremden Land, die VERSCHLEPPUNG durch DDR-Organe = MfS! Angesprochen wie folgt: Bitte übergeben Sie die Tasche. Diese wurde im Pkw-Kofferraum untergebracht. Ein gezielt verfolgender Blick meinerseits ließ mich darin ein komplettes Funkgerät erkennen. Zwischenzeitlich bat man mich zu einem Umtrunk und Essen in das Hotel, danach sagte man: Sie haben ein besonderes Glück – der Abwehr-Chef kommt zu Ihnen persönlich! Nach ca. 1 Std. ging es dann wieder zum Pkw zurück, ich mußte allein einsteigen und eine weitere längere Wartezeit bei verschlossenem Fenster und

Türen hinnehmen. Vier zivile Posten stellten sich rücklings herum, bis der avisierte Spionage-Abwehr-Chef, begleitet von mehreren Pkws, kam. Nur einen kurzen Blick warf er zu mir herein. Die blaue Tasche wurde aus dem Kofferraum entnommen. Die Herren, ca. 7 Personen, gingen in das Hotel. Ohne irgendeinen Kommentar bestiegen danach (ca. 16 Herren) je zwei Pkws – mit Kennzeichen von der DDR – BRD – PL –, es ging in Richtung Flughafen Poznan. Auf meine Frage ›Was ist los – was geschieht mit mir und mit meinem Reisegepäck in meinem Quartier?‹ erhielt ich keine Antwort! Am Flughafen angekommen, sah ich eine zweimotorige DDR-Düsenmaschine MSD 1440 startbereit. Wurde auch hier von mehreren Personen (ohne Kommentar) bis in den Konferenzraum begleitet.«

Allerdings ist HVA-Chef Markus Wolf im Warschauer Innenministerium vorstellig geworden, um im Auftrag Mielkes die Festnahme Herings auf polnischem Boden abzustimmen. Zur Auflage wird ihm nur gemacht, daß die Aktion geräuschlos verlaufen soll und daß der BND-Kurier Polen freiwillig verlasse.

Im Endeffekt landet Hering um 22.00 Uhr im MfS-Gefängnis Oberschönhausen und wird sogleich bis vier Uhr morgens vernommen. Nach nur zweistündiger Pause gehen am Sonntag morgen ab sechs Uhr die Verhöre weiter. Mittags wird er dem Haftrichter vorgeführt, um den Haftbefehl zu unterschreiben, dann werden die Vernehmungen fortgesetzt. Die von ihm ständig geforderte Hilfe bei der Aufklärung des Falls mag Hering nicht leisten. Auch Einzelhaft mit grellem Dauerlicht und einer ständigen alle zwei Minuten stattfindenden Gucklochkontrolle können ihn nicht erweichen, seinen drei Vernehmern Zugeständnisse zu machen. Drei Tage lang tritt er sogar in den Hungerstreik, den er erst aufgibt, als ihm die Zwangsernährung angedroht wird. Insgesamt sitzt Horst Hering – bis drei Monate vor dem Verhandlungsbeginn im Juni 1980 dauernden Vernehmungen ausgesetzt – 16 Monate in Berlin-Hohenschönhausen. Befragt wird er immer wieder auch nach dem Fall Stiller und seiner Rolle darin. Er hat das Gefühl, daß er zu der empfindlichen Strafe lebenslänglich nicht nur wegen seiner nachrichtendienstlichen Tätigkeit im Fall Baumann verurteilt wird, sondern auch für seine Beteiligung an der Ausschleusung der Freundin des MfS-Oberleutnants Stiller.

Währenddessen erhält Frau Hering scheinheilige Anrufe von BIERLING. Ob sie Nachrichten von ihrem Mann aus Posen erhalten habe, will der BND-Mann gleich dreimal am Tag wissen. Die beunruhigte Frau versucht über das Auswärtige Amt Informationen über den Verbleib ihres Mannes einzuholen. Nach Auskunft der polnischen Behörden sei er am 17. Juni über Frankfurt/Oder mit dem Zug ausgereist, erfährt sie am 13. August von dort. Die Gewißheit, daß er verhaftet wurde, verschafft ihr erst eine ADN-Meldung vom 12. September 1980. Von der Arbeit ihres Mannes für den BND hatte sie nicht die geringste Ahnung. Sie war der Überzeugung, ihr Mann habe für Euratom und die Konrad-Adenauer-Stiftung eine Reise in die DDR und nach Polen unternommen. Vom BND wird ihr – kurz nach seinem Verschwinden – suggeriert, Horst Hering sei »in den Osten abgehauen«. Später legen ihr Abgesandte aus Pullach nahe, auf Fragen aus der Nachbarschaft einfach zu sagen, er habe seine Familie im Stich gelassen, sei im Ausland erkrankt oder bereits tot.

Abweichend von der Darstellung des stern, behauptet der SPIEGEL, das CSU-Mitglied Hering sei ein Doppelagent gewesen, der vom MfS als IM »Alexander« geführt worden sei.[5] Hering war zunächst bei Messebesuchen vom MfS regelmäßig abgeschöpft und so unter einem Quellenvorgang geführt worden. Dann gab es einen Anwerbeversuch und letztlich kleine Dienstleistungen für die HVA. Selbst in der Untersuchungshaft weigerte er sich beharrlich, auf Angebote des MfS zur Zusammenarbeit einzugehen.

Hering, der im Dezember 1994 verstarb, war ein Sonderfall. Die Analytiker des MfS schufen die Bezeichnung »Doppelzüngler« für solche freien Mitarbeiter, die zwar mehreren Herren dienen, jedoch immer nur fallbezogen. Wenn der IM Alexander Aufträge für die HVA erledigte, blieb der BND außen vor. Setzte Pullach ihn ein, so spähte SISSI beispielsweise das Zentrum des KGB in Berlin-Karlshorst oder Einrichtungen des polnischen Geheimdienstes aus, ohne die HVA zu informieren.

Am 1. September 1981 wurde Hering in Zivil von Bautzen nach Berlin verlegt, erste Hoffnung auf einen Austausch. Doch am 31.

Dezember 1981 wurde er nach Bautzen zurückgebracht. Die Hoffnung, daß er und seine Haftgenossen Kurt Schütt – ein aufgeflogener Agent des Verfassungsschutzes – und Dieter Vogel, von dem noch die Rede sein wird, mit ihm freikämen, hatte getrogen. Durch eine Indiskretion des CSU-Bundestagsabgeordneten Hans Graf Huyn erfuhr die Austauschaktion eine Verzögerung. Als sie dann am 11. Mai 1982 stattfand, konnte Dieter Vogel, Vater zweier Kinder, nicht mehr dabeisein. Er hatte am 10. März 1982 in der Haftanstalt Selbstmord begangen.

Das internationale Gefeilsche um den großen Agententausch ging weiter. Der Osten wollte den in Dänemark gefaßten HVA-Mann Jörg Meyer, den in Frankreich inhaftierten DDR-Luftwaffengeneral Heinz-Bernhard Zorn, Günther Guillaume und aus Südafrika den KGB-Major Alexej Michailowitsch Koslov, der, als Tourismusmanager getarnt, strategische Aufklärung am Kap für Moskau betrieben hatte.

Auf der Wunschliste der Bundesrepublik standen nicht nur Horst Hering und seine Haftgenossen, sondern auch Christa Schumann.

Kompliziert wurde die Lage auch dadurch, daß Paris an die Freilassung Zorns die Ausreise des Regimekritikers Andrej Sacharow knüpfen wollte, auch der Bürgerrechtler Anatolij Schtscharanski wurde ins Spiel gebracht.

Außenminister Genscher und BND-Präsident Kinkel bemühten sich bei Pieter-Wilhelm Botha um Koslov als wesentlichen Bestandteil der Verhandlungsmasse. Dreimal reist allein Klaus Kinkel ans Kap, um den südafrikanischen Staatschef zur Freigabe des sowjetischen Agenten zu bewegen. Die Konkurrenz ist hart. Auch Israelis und Amerikaner wollten das begehrte Tauschobjekt zum Freitausch ihrer einsitzenden Agenten bekommen. Da der Hinweis auf Koslov aus Pullach gekommen war, erhielt Kinkel letztlich den Zuschlag. Dabei hatte der BND nicht gleich, als er von Alexej Koslov erfuhr, die Kollegen vom südafrikanischen Partnerdienst PANTHER informiert, sondern zunächst auf eigene Faust versucht, den KGB-Major umzudrehen.[6] Erst nachdem dieser Versuch gescheitert war, wurde der NIS (National Intelligence Service) eingeschaltet. Gerüchte machten in Pullach nach

Kinkels Reisen die Runde, daß die Zusage von Botha auch mit Versprechungen erkauft worden sei, dessen Geheimdienste zu unterstützen.

Am 11. Mai 1987 schließlich landete der Hubschrauber mit dem südafrikanischen Begleiter Rothmann und Koslov an der innerdeutschen Grenze bei Herleshausen. Bei dem Austausch von sieben westdeutschen Agenten gegen den KGB-Mann kommt es zu Problemen. »Es hat da eine kleine technische Panne gegeben«, beruhigt DDR-Rechtsanwalt Wolfgang Vogel den in einer Garage auf der östlichen Seite wartenden Hering, »Aber ihr Austauschkollege kommt doch noch.« Die kleine technische Panne bestand darin, daß die Südafrikaner Augenkontakt mit dem KGB-Generalmajor haben wollten, der Koslov identifizieren sollte. Doch die östliche Seite wollte nur ihren Unterhändler Vogel vorzeigen.

Der für die Bundesrepublik zuständige Manager des Austauschs, Ministerialdirektor Edgar Hirt vom Innerdeutschen Ministerium, erklärte später, für die Südafrikaner sei der direkte Kontakt zum KGB ein Politikum, die Quasi-Anerkennung des Apartheidregimes, gewesen. Er habe in dieser Situation Rothmann den Verzicht auf diese »völkerrechtliche Aufwertung« mit 460 000 DM abkaufen müssen. Bezahlt hat Hirt jedoch nichts, sondern den Betrag in eine schwarze Kasse getan. Das war kein Einzelfall, und für die Summe solcher Operationen wurde der Ministerialdirektor zu dreieinhalb Jahren Haft verurteilt.

Tatsächlich hatten die Südafrikaner den BND gebeten, bei der Anbahnung von Kontakten zum KGB behilflich zu sein, um einerseits mit der UdSSR ein Stillhalteabkommen für den umkämpften Süden Afrikas zu verhandeln und andererseits den Verkauf strategischer Rohstoffe anzubieten.[7] Doch Herleshausen war nicht der geeignete Ort für solche hochkarätigen Gespräche.

Enttäuscht war Hering von der wenig herzlichen Aufnahme durch den Ministerialbeamten, der ihn warnte, als Journalist jemals darüber zu schreiben oder auch nur laut darüber nachzudenken, was er wußte. Die Enttäuschung über den Umgang der Bundesrepublik mit einem Frontsoldaten des Kalten Kriegs, der in Gefangenschaft geraten war, wuchs bei Hering, der gehofft hatte, nach dreijähriger Isolationshaft nun für sein Durchhaltevermögen entsprechend belohnt zu werden. 8280 DM an Entschädigung erhielt er für die harten Jahre in Bautzen und einen Hunderter von Franz Josef Strauß, den er zurückgehen ließ.

Mit den Betreuern, die der Dienst für ihn aussuchte, Herr RACKMANN und Frau GÖLLNER, die er über das Münchner Postfach »Ursula Kehl« erreicht, ist der ehemalige BND-Kurier zufrieden, nicht jedoch mit der BND-Spitze, die ihn fallenläßt, als habe er den Tod Baumanns in irgendeiner Weise mitzuverantworten. Besonders verbittert ist er, als er am 24. März 1988 sogar nach telefonischer Vorankündigung vom Vortag Besuch vom Verfassungsschutz bekommt. Ein Herr Luckner befragt ihn mehr als eine Stunde, und der ehemalige BND-Kurier ist entsetzt, daß es offensichtlich um ihn und ein mögliches Doppelspiel geht. Er meldet den Vorfall in Pullach. Die einzige Antwort bleibt eine Eingangsbestätigung seines Briefs.

Auch seinen Verbindungsführer BIERLING sucht er vergebens. Kurz vor seinem letzten Einsatz hatte er ihm eine wertvolle Sammlung von Münzen und Orden zum Verkauf überlassen. BIERLING war inzwischen seiner Krankheit erlegen. Der BND hält Nachfrage bei der Gattin. Die bedauert – erstens habe ihr Mann sie »über seine numismatischen Interessen und Aktivitäten nie informiert« und zweitens könne sie definitiv ausschließen, daß sich in dem Sammelbestand »Münzen befinden, die nicht Eigentum ihres Mannes gewesen wären«. Diese Antwort übermittelt der BNDler RACKMANN am 21. Mai 1987.

Anfang 1986 unternimmt Horst Hering noch einmal einen Anlauf, um nach einem vorangegangenen Schreiben und zwei Telefonaten einem »Sehr geehrten Herrn Sachbearbeiter« auf die Sprünge zu helfen. In dem Münchner Boulevardblatt tz hatte er im August 1985 gelesen, daß der Bernauer Unternehmer Dietmar S. zusammen mit seinem Vater Mikroelektronikteile für das Kampfflugzeug Tornado und zur Verwendung in nachrichtendienstlicher Technik über die Schweiz illegal in die DDR exportiert hatte. Er teilte dem BND-Sachbearbeiter lakonisch mit, er habe BIERLING bereits 1977 und 1978 über die Vorgänge um die Bernauer Firma Scholz unterrichtet und ihm auch mitgeteilt, daß der Seniorchef Schriftführer der CSU am Ort sei. Sein Verbindungsführer habe sich zwar Notizen zu dem Fall gemacht, geschehen sei jedoch nichts.

Eingeweihte verwundert dies nicht; denn BIERLING spielte in der CSU eine wichtige Rolle. »Der Agentenführer, der schon die Stiller-Aktion geleitet hat, ist der verlängerte Arm von Franz Josef Strauß in Pullach. Er begleitet den CSU-Chef auf Auslandsreisen und organisiert die Sicherheit auf CSU-Parteitagen.«[8] Mit dieser Darstellung überschätzte der SPIEGEL den Mann. Strauß hatte zahlreiche Bastionen in der Führungsetage des BND und nicht nur einen verlängerten Arm unterhalb der Referatsleiter-Ebene. Gewichtig in der bayerischen Staatspartei war BIERLING allerdings schon. Bürgerlich hieß er Josef Zeller und war aus dem Schongauer Landratsamt mit Franz Josef Strauß nach München aufgestiegen.

Was Hering jedoch nicht wußte, ist die Tatsache, daß sein Verbindungsführer im Fall Baumann bereits an einem Gehirntumor litt. Die Folgen der Erkrankung aber hatte er durchaus gespürt. Noch vor der Operation in Budapest hatte er das Vertrauen zu seinem Verbindungsführer verloren, der »anfangs korrekt war, später aber arrogant, undurchsichtig bis total unsicher«. Dennoch wurde er nicht seiner Verantwortung für die Ausschleusung des ROTEN ADMIRALS entbunden. Zu gut waren offensichtlich seine Beziehungen zum bayerischen Landesvater. Auch die Unantastbarkeit der CSU-Seilschaft in Pullach hatte so ihren Anteil am Scheitern der Operation.

Christa Schumann konnte, obwohl sie nur zu 15 Jahren Gefängnis verurteilt worden war, erst im August 1987 nach mehr als siebenjähriger Haft von der Bundesrepublik freigekauft werden,[9] da ihr Lebensgefährte ihr die Namen von 22 DDR-Agenten im Westen diktiert hatte. Diejeningen, die der Militärgeheimdienst der DDR nicht aufgrund von Baumann-Meldungen zurückrufen mußte, sollten noch lange weiterarbeiten. Vergeblich bemühten sich Bonner Häftlingsfreikäufer jahrelang, Christa Schumann loszueisen. 1984 stoppte Bundeskanzler Helmut Kohl sogar wegen der Unnachgiebigkeit der DDR zeitweise diesen Freikauf. Auch in den Kontakten zwischen dem bayerischen Ministerpräsidenten Strauß und Alexander Schalck-Golodkowski spielte der Fall eine wichtige Rolle. Der MfS-Oberst erkundete die Hintergründe für das angedrohte Ende des lukrativen Freikaufgeschäfts und teilte in einem Brief an Mielke vom 3. November 1983 mit, »daß es da einen direkten Zusammenhang mit dem inhaftierten Vizeadmiral« gebe.

Erst im August 1987 wurden die Ärztin und ihre beiden Kinder über Herleshausen in den Westen entlassen. Ein Gastgeschenk Honeckers vor seinem anstehenden Besuch in der Bundesrepublik vermutete der SPIEGEL dahinter. Doch der ausschlaggebende Grund lag immer noch in ihrem Wissen über DDR-Spione im Westen.

Wochen zuvor fand bei einem Softwarespezialisten der IBM in Duisburg eine Hausdurchsuchung des Bundeskriminalamtes statt. Seit 1961 hatte Wilhelm Paproth die DDR mit IBM-Interna und Dokumentationen beliefert, so daß der Osten das »Einheitliche System Elektronischer Rechner« (ESER) etablieren konnte. Dank Paproth konnte u. a. Robotron die IBM-Systeme 360/1, 360/2 und 370 nachbauen. Baumann hatte Christa Schumann den Spion Paproth genannt, wie die Verhöre ergaben.

Paproth wurde vom Verfassungsschutz »umgedreht«, was die HVA jedoch merkte. Fortan belieferte der IBM-Mann auftragsgemäß den Osten mit »Datenmüll«, was Ostberlin nicht verborgen blieb.[10] Erst als der letzte Aktivposten aus der Reihe der Agenten, die Baumann hätte verraten können, ausgefallen war, da war auch der Weg frei, um Christa Schumann in den Westen gehen zu lassen.

Am 9. Juli 1980 verurteilte der 1. Militärstrafsenat beim Obersten Gericht der DDR nach einem dreitägigen Geheimprozeß den »beschäftigungslosen Journalisten« Winfried Baumann »wegen Spionage im besonders schweren Fall und mehrfach vorbereiteten ungesetzlichen Grenzübertritts im schweren Fall« zum Tode. Im Schlußwort bat der 50jährige Verurteilte »um die Gnade, mir die Möglichkeit zu geben, zu sterben«.

Auf dem Prozeßbericht vermerkte MfS-Minister Erich Mielke am nächsten Tag handschriftlich, »nach Zustimmung ist entsprechend des ergangenen Urteils der Vorgang abzuschließen«.

Mit der Gewißheit, hingerichtet zu werden, saß der Verurteilte neun Tage in seiner Zelle in Berlin-Hohenschönhausen. Vom Hörensagen hatte er sich auf Frankfurt/Oder als Schauplatz der Exekution eingestellt. »Vor den Sichtfenstern sitzend, ist dieses tagelange Sterben ein von mir nicht gewolltes Schauspiel. Ekelhaft zu wissen, man schaut zu«, beklagt er, von einer »psychisch bedingten Herzattacke« geschwächt, in seinem zweiseitigen Abschiedsbrief. »Eremitisch wäre es schöner.«

Irgendwie muß der ehemalige Geheimdienstoffizier gehofft haben, daß das MfS ihn noch nachrichtendienstlich nutzen wollte: »Statt mich zu nutzen, schlachtet ihr mich. Und ich bin froh, nicht wahnsinnig geworden zu sein, auch wenn es anderen so scheinen mag.« Was ihm blieb, war nur der verzweifelte Wunsch nach einem halbwegs würdigen Tod: »Hoffe, daß man mich zuletzt nicht fesselt, mir nicht die Augen verbindet, auch diese letzte ›Spritze‹ ist nicht nötig, dieses letzte Zerreißen ist ja auch eine Lebensäußerung, die eher angenehm als die vorherige Finsternis ist.«

Am 18. Juli 1980 wurde er schließlich nachts nach Leipzig geschafft und vom Henker Major Hermann Lorenz durch einen Nahschuß in den Hinterkopf hingerichtet, sein Tod im Krankenbuch des Haftkrankenhauses vermerkt. Baumanns Leiche wurde eingeäschert, seine namenlose Urne am 28. August auf dem Leipziger Südfriedhof beigesetzt.

Als sich seine damals dreizehnjährige Tochter nach dem Schicksal ihres Vaters erkundigte, teilte man ihr mit, er sei zu lebenslanger Haft verurteilt worden und wünsche absolut keinen Kontakt zu seiner Familie mehr. Liane schrieb ihm dennoch. Die Briefe an den toten Vater – 18 an der Zahl – landeten in den Gerichtsakten. Baumanns ehemaliger Frau legte man am 10. Februar 1982 nahe, keine Ansprüche aus dem Scheidungsurteil mehr geltend zu machen. Im Gefängnis habe er ohnehin keine Einkünfte.

Nach Informationen der Nachrichtenagentur ADN fing MfS-Minister Erich Mielke ein Gnadengesuch Baumanns an den DDR-Staats- und Parteichef Erich Honecker ab. Er kannte Baumann aus der Militäraufklärung persönlich, und nun haßte er den Nestbeschmutzer. Zudem lag der Verratsfall Stiller erst wenige Monate zurück, und Mielke glaubte, ein abschreckendes Exempel statuieren zu müssen. Daß nach der Verhaftung des Paares ein solcher nachrichtendienstlicher Aufwand betrieben wurde, um den ohnehin verbrannten BND-Kurier Hering auch noch in die Gewalt der DDR-Behörden zu bringen, war die Rache an Kinkel für Stiller. Das MfS kannte das persönliche Engagement des BND-Präsidenten und wollte seine Niederlage so schmerzlich wie möglich machen.

Im Vorfeld des Honecker-Besuchs in der Bundesrepublik im Jahre 1987 ließ DDR-Unterhändler Vogel durchblicken, die westdeutsche Seite hätte Baumann retten können, wenn sich der BND zu seinem Agenten bekannt hätte. Den Präventivangriff ließ der DDR-Staats- und Parteivorsitzende führen, weil er fürchtete, bei seiner Visite sonst für den Tod Baumanns öffentlich verantwortlich gemacht zu werden. Das Innerdeutsche Ministerium reagiert mit einer flugs komponierten Geschichte der Ereignisse, die zu dem Schluß kam, daß ganz unglückliche Umstände und keinesfalls ein Versagen des Bundesnachrichtendienstes für den tödlichen Ausgang des Dramas verantwortlich seien.

Wenn sich die Bundesrepublik gleich zu Baumann bekannt hätte, schätzt der ehemalige Spionageabwehrchef der DDR, Günther Kratsch, heute, dann wäre Baumann zwar kaum der Verurteilung zum Tode entgangen, wohl aber dessen Vollstreckung. Anders sah der NVA-General und ehemalige Leiter des Militärnachrichtendienstes an der Berliner Oberspreestraße, Arthur Franke, 1980 die Sache. Die Hinrichtung Baumanns hielt er »unter den gegebenen Umständen für unabwendbar«.[11]

Nach der Wende werden Bürgerrechtler vergeblich nach den MfS-Untersuchungsvorgängen der Todeskandidaten suchen. Zu finden sind nur noch die Gerichtsakten. Insider wollen wissen, daß die westdeutschen Dienste es sehr eilig hatten, die Zeugnisse eigenen Versagens schleunigst in heimischen Gewahrsam zu tragen.

Nach der Wende entfaltete auch Ex-BND-Präsident Kinkel viele Aktivitäten im Fall Baumann. Im Februar 1992 schrieb der Bundesaußenminister an die Berliner Justizsenatorin einen Brief mit der Bitte, die Ermittlungen gegen die Verantwortlichen für Baumanns Tod schnell voranzutreiben, weil er von dem Fall »persönlich tief berührt« sei. Er bemühte sich um die Tochter Liane. Als Justizminister setzte er einen Vertrauten nach Ostberlin in Marsch, um beim Büro des Generalstaatsanwalts der DDR die Akte Baumann zu holen und sie daraufhin zu prüfen, ob der BND in diesem Fall handwerkliche Fehler gemacht habe. Aus diesem Einzelvorgang konnte der nachrichtendienstlich wenig erfahrene Jurist keine solchen Patzer erkennen. Einen Eindruck nahm auch er allerdings aus dem Aktenstudium mit: Hätte sich der BND zu seinem Agenten bekannt, dann hätte die Chance bestanden, Baumanns Leben zu retten.

Seit 1992 wird Klaus Kinkel immer wieder mit dem Vorwurf konfrontiert, er trage einen wesentlichen Anteil der Schuld am Tode Baumanns. Seither reagiert der Bundesaußenminister mit zwei Behauptungen zu seiner Verteidigung.

Zunächst erklärte er nach Angaben seines Sprechers, der BND habe keine Möglichkeit gehabt, Baumann zu helfen. Die DDR-Seite habe die Behandlung und Verurteilung von Baumann als absolute Geheimsache behandelt. Von der Verurteilung und der »wahrscheinlichen Hinrichtung« Baumanns habe der BND erst viel später erfahren.[12] Doch bereits wenige Tage nach der Verhaftung berichtete Bild am Sonntag über einen Konteradmiral der DDR-Marine, der verhaftet worden sei. Im Januar 1980 unterrichtete DDR-Rechtsanwalt Vogel das Innerdeutsche Ministerium über den bevorstehenden Spionageprozeß. Im Februar zeigte er sich besorgt über »ausnehmend gravierende Vorwürfe« und über den »außerordentlichen Umfang« der Anklage. Aus Bonn und Pullach kamen keine Reaktionen. Vogel legte drei Monate später das Mandat für Baumann nieder. Der Chefunterhändler der DDR wollte ungern in einen Blutprozeß verwickelt werden. »Für Eingeweihte ist damit klar, daß der ehemalige Fregattenkapitän des Todes ist«,[13] erläuterte der SPIEGEL im Herbst 1992.

Gegenüber dem stern brachte Kinkel eine andere Rechtfertigung für die Vogel-Strauß-Taktik des BND vor. »Wir durften keinen Mucks tun, um ihm nicht zu schaden.« Jede Intervention hätte geradezu den Beweis für den Verrat geliefert. Durch die Festnahme von Baumann, Schumann und Hering waren dem MfS allerdings Geheimbriefe und Chiffrierunterlagen, Deckadressen, gefälschte Papiere und BND-Container – also haufenweise Belastungsmaterial – in die Hände gefallen, und dies wußte auch der BND. Selbst wenn alle drei, womit kaum zu rechnen gewesen wäre, den Vernehmungen widerstanden hätten, hätte schon objektiv genug gerichtsverwertbares Material für den Nachweis einer landesverräterischen Beziehung zum BND vorgelegen.

Nach eigenem Eingeständnis hat der Fall Baumann den damaligen BND-Präsidenten »saumäßig geschlaucht«.[14] Dazu gab es auch allen Grund, weil die »Chefsache Baumann« durch den Dilettantismus des Dienstes zum Tode eines Menschen und zur Verhaftung zweier weiterer geführt hatte. Die Operateure in Pullach waren durchaus froh, daß Kinkel sich so stark persönlich engagiert hatte. So konnten sie sicher sein, daß ernsthafte Konsequenzen nicht gezogen würden, da sie den erst ein Jahr an der Spitze in Pullach regierenden Chef mitbetroffen hätten.

Die handwerklichen Fehler des BND im Fall Baumann waren die Routinefehler Pullachs. Ein unsicheres Kommunikationssystem über Geheimbriefe öffnete der DDR-Spionageabwehr auch hier das Tor zum Erfolg. Die fehlenden Einblicke in die Abwehrarbeit des MfS und eine massive Unterschätzung der Wirksamkeit der Post- und Fernmeldekontrolle haben viele BND-Agenten teuer bezahlt; Winfried Baumann mit seinem Leben.

Ganz unbekannt waren den Pullacher Nachrichtenbeschaffern die Tücken des geheimdienstlichen Briefverkehrs allerdings nicht. In mehr als einem Fall haben sie Mitarbeiter des Dienstes in der DDR auf sehr unfeine Art abgeschaltet. Die nicht mehr erwünschten Spione bekamen gezielt verbrannte, d. h. vom Gegner erkannte, Deckadressen und mußten dem MfS so in die Hände fallen. Insider sprechen von elf solchen Fällen – unter ihnen ein BND-Agent, der nach der Enttarnung Selbstmord verübte.

Drei mysteriöse Todesfälle unter seinen Beamten erregten im zweiten und dritten Amtsjahr Kinkels öffentliches Aufsehen und lösten interne Spekulationen um ihre Hintergründe aus.

Zum Jahreswechsel 1980 verschwand der BNDler Gantner spurlos. Erst Ende Juni 1982 wurde bei Pullach eineinhalb Jahre nach seinem Verschwinden die skelettierte Leiche des Oberregierungsrats im BND im Unterholz des Forstenrieder Parks von Spaziergängern gefunden.[15] Hatte schon sein Verschwinden Fragen aufgeworfen, so wurden beim Auffinden der Leiche im Forstenrieder Park Spekulationen laut. Anhaltspunkte für ein Fremdverschulden am Tod des BNDlers sahen die Ermittlungsbehörden nicht. Vermutlich, ließen sie verlauten, habe Gantner wegen familiärer Schwierigkeiten Selbstmord begangen. Die Kollegen aus seinem BND-Referat (Auswertung Politik Nahost) mochten der amtlichen Version aus ihrer Kenntnis Gantners jedoch keinen Glauben schenken.

Nach offizieller Darstellung ertrank Paul Fuchs vollständig bekleidet am 17. Juni 1981 in einem norwegischen See unweit des Touristen- und Sportzentrums Skoganvarre, obwohl der BND-Oberregierungsrat als guter Schwimmer bekannt war. Gefunden wurde seine Leiche erst 54 Tage später am 9. August an einem Verbindungsgewässer zwischen zwei Seen. Doch bereits während norwegische und deutsche Polizei sowie der Interpolvorläufer Internationale Kriminalpolizeiliche Organisation der Vermißtenanzeige nachgingen, war der BND vom Tod seines Mitarbeiters überzeugt und ließ verbreiten, daß es keinen nachrichtendienstlichen Hintergrund dafür gäbe. Durch das Auffinden der Leiche sei überdies der Beweis erbracht, daß Fuchs sich nicht in den Osten abgesetzt habe. Vor Abschluß der Untersuchungen und trotz der Zweifel der norwegischen Polizei an dieser Version von einem Unfalltod gab Pullach nach Vorliegen des Obduktionsbefundes bekannt, der Tod sei durch Ertrinken eingetreten. Die Frankfurter Allgemeine Zeitung veröffentlichte im Oktober 1981 zahlreiche Indizien, die gegen die Unfalltheorie von BND und norwegischer Polizei und mehr für den Verdacht seines Bruders und seiner Ehefrau auf ein Gewaltverbrechen sprachen:

»Als Fuchs nach Auffassung der norwegischen Polizei an das Gewässer gekommen war, das er angeblich durchwaten wollte, waren die Temperaturen in dieser Gegend auf etwa null Grad abgesunken. Ein Mensch, der sich entschlossen hätte, ein Gewässer zu durchqueren, das zudem eine Temperatur von nicht mehr als etwa drei Grad hatte, wäre darauf bedacht gewesen, nicht völlig durchnäßt das andere Ufer zu erreichen. Er hätte Schuhe, Strümpfe und auch die Hose ausgezogen. Die Leiche von Fuchs

aber war – so die norwegische Polizei – ›vollständig bekleidet‹ . . .
In der Vermißtenmeldung hieß es: ›Führt keine Ausweispapiere
mit sich. Hat lediglich Bargeld bei sich.‹ Bei dem Toten wurde
jedoch nach Auskunft der norwegischen Polizei kein Geld gefunden. Offenbar darauf bedacht, daß die Unfalltheorie nicht
erschüttert wird, vermerkt man zum einen, Fuchs habe die
Gewohnheit gehabt, sein Geld lose in den Taschen seiner Kleidung
aufzubewahren, und zum anderen, die Strömung des Gewässers
habe das Geld aus den Taschen gespült. Andererseits wird von
einem Polizeibeamten berichtet, die Taschen des mittelblauen
Anoraks, den Fuchs trug, seien mit Reißverschlüssen versehen
gewesen – nur eine Tasche sei offen gewesen.«[16]

Wäre der BND-Auswerter in seinem Urlaub Opfer eines gewöhnlichen Raubmordes geworden, dann hätte der Bundesnachrichtendienst sich nicht so augenfällig bemühen müssen, jeden Verdacht auf eine Gewalttat zu unterdrücken. Er hätte das Ergebnis der
polizeilichen Ermittlungen abwarten und zu ihnen beitragen können, was jedoch mit dem Hinweis, Fuchs sei schließlich kein Ange-
stellter einer Bonbonfabrik, weitgehend verweigert wurde.

Der Verdacht der FAZ, daß der Dienst nach dem Auffinden der
Leiche kein weiteres Aufklärungsinteresse mehr hatte, wird durch
heutige Erkenntnisse aus dem ehemaligen MfS endgültig gesi-
chert. Durch die Funkaufklärung der Abteilung III war in der
Normannenstraße bekannt geworden, daß BND-Präsident Klaus
Kinkel selbst seiner Sicherheitsabteilung eine interne Weisung
erteilt hatte, im Fall Fuchs keine weiteren Ermittlungen anzustellen. Die Hauptabteilung III des MfS hatte dies durch ihre Funkaufklärung mitbekommen.

Beim Generalbundesanwalt lag zwar ein Untersuchungsvor-
gang zum Fall Fuchs, zu dem der BND allerdings nichts beitragen
wollte. Für Karlsruhe war dies weder besorgniserregend noch
ungewöhnlich; denn die Bundesanwaltschaft stand grundsätzlich
auf dem Standpunkt, »es müsse des Kaisers bleiben, was des Kaisers ist« – so ein Insider. Nachrichtendienstliche Verstrickungen
seiner Mitarbeiter besonders in Fällen, in denen es um eigentlich
befreundete Dienste ging, seien eine Angelegenheit, die der Auslandsnachrichtendienst lieber intern regeln solle.

Der Präsidenten-Ukas mit dem Ermittlungsverbot war im Camp Nikolaus allerdings Anlaß für weitere Spekulationen über das Verschwinden des Kollegen. Aus der Tatsache, daß Fuchs im Ausland umgebracht worden war, wollten einige ableiten, daß er Opfer eines ansonsten befreundeten Dienstes geworden war. Aus Kinkels Weisung erwuchs der Verdacht, es müsse sich dabei sogar um einen der einflußreicheren Partnerdienste gehandelt haben.

Im Juli 1980 erschien in der Tageszeitung Die Welt ein Artikel, der auf einen weiteren umstrittenen Selbstmord eines langjährigen BND-Beamten hinwies: »Der Mann, der im ›Außendienst‹ tätig war, galt als Spezialist für die ›DDR‹ und die Sowjetunion. Er war zudem ein Verwandter des früheren ›DDR‹-Verteidigungsministers Vinzenz Müller. Offiziell wird beim BND von ›Depressionen‹ gesprochen. Aus der Familie des Mannes heißt es, der Dienst habe ihn ›fallenlassen‹ wollen. Die dritte Version: Der Freitod des Beamten könnte auch mit Abwehroperationen zusammenhängen, die der BND seit einem halben Jahr bei der Suche nach einem Maulwurf eingeleitet habe.«[17] Der Bonner Welt-Korrespondent Manfred Schell kolportierte, die Suche nach dem Maulwurf gehe von dem Verdacht bei BND-Experten aus, daß bei der gescheiterten Ausschleusung Baumanns Verrat im Spiel gewesen sei.

Ein Mann von der westlichen Wunschliste fehlte beim internationalen Agentenringtausch in Herleshausen am 11. Mai 1982. Dieter Vogel, Haftgenosse Herings in Bautzen II in der benachbarten Einzelzelle, hatte dort – zermürbt von den für den aufmüpfigen Häftling besonders harten Haftbedingungen – am 10. März 1981 Selbstmord begangen. Trotz der strengen Überwachung, unter der die drei inhaftierten Westagenten Hering, Schütt und Vogel Tag und Nacht standen, gelang es Vogel, Hering darüber zu informieren, daß er ein Mitarbeiter der CIA sei, der als amerikanischer Staatsbürger mit kanadischer Ehefrau auf eine lange Liste von Auslandsoperationen in San Salvador, Kuba und Kanada zurückblicken könne. Die Bundesrepublik und die USA, so vertraute er dem westdeutschen Kollegen an, müßten dringlich daran interessiert sein, ihn auszutauschen, da er eine ganze Reihe langjähriger Verräter in westlichen Geheimdiensten ans Messer liefern könne. In der Bundesregierung und selbst beim BND kenne er sogar namentlich viele, die für Geld für das MfS arbeiten würden, wenn man sie fragte.

Nach seiner Entlassung notierte Hering die Namen, die ihm Dieter Vogel anvertraut hatte: Oberst Petrelli, von Bamberg, der Hamburger Kaufmann und MfS-Agentenführer Martin Henselmann, das Agentenführerehepaar Braun, einen Historiker namens Maas, Krause alias Wöhler oder Maler, den BND-Direktor Kurt Weiss, den DDR-Überläufer Rauschenbach und drei weitere Verräter, über die er auspacken wolle. Daneben erinnerte sich Hering an die Namen Stadie, Fuchs und Gandner.

Durch einige nach der Wende aufgeklärte Fälle ist deutlich geworden, daß der CIA-Mann, der zeitweise auch als Doppelagent für die HVA gearbeitet hatte, damals mehr wußte als die westlichen Abwehrbehörden.

In einem 25seitigen Pamphlet »Für die immer wieder NACHKOMMENDEN« hat Hering sowohl führende konservative Politiker wie den Bundesnachrichtendienst mit seinen Erinnerungen und Wertungen konfrontiert. Obwohl die Namen Fuchs und Gantner, also der BND-Mitarbeiter, die Ende 1980 bzw. im Juni 1981 unter seltsamen Umständen zu Tode kamen, Alarm in Pullach hätten auslösen müssen, wollte der BND von Herings Erinnerungen nichts wissen.

Am 4. August 1982 drang SISSI noch einmal schriftlich beim BND auf die Aufarbeitung seiner Erfahrungen. Am 10. September 1982 teilte ihm der BNDler Kässler mit, daß die angesprochenen Probleme »auch Herrn Dr. Kinkel sehr bewegen«. Nach Herings Septemberurlaub wolle er einen Gesprächstermin mit dem BND-Präsidenten abstimmen. Aber zu dieser persönlichen Aussprache zwischen Hering und Kinkel kam es nicht mehr, da Kinkel sich bereits nach Bonn orientiert hatte. Erst am 18. November 1982 bekam Horst Hering in Pullach eine Audienz bei seinem persönlichen Betreuer, Herrn Rackmann, und dem BND-Vizepräsidenten Norbert Klusak. Die dort getroffene Vereinbarung, Herings Erfahrungen gemeinsam auszuwerten, wurde vom BND jedoch nicht umgesetzt.

Der Fall Baumann hat offensichtlich mehr als nur einen Toten gefordert. Drei Mitarbeiter des Bundesnachrichtendienstes haben in seinem Umfeld ihr Leben lassen müssen. Nachweislich war es nicht in jedem Fall der von Pullach behauptete Selbstmord.

Daraus ableiten zu wollen, der BND habe möglicherweise den einen oder anderen seiner Mitarbeiter aus dem Wege geräumt, wäre abwegig. Nicht nur von den Nachrichtendiensten Osteuropas – voran dem bulgarischen und dem sowjetischen –, sondern auch von Geheimdiensten der westlichen Welt – voran Mossad und CIA – ist die Bereitschaft zu »nassen Sachen« bekannt, d. h. zum politischen Mord als Instrument der Außenpolitik oder in den Auseinandersetzungen zwischen Geheimdiensten. Aber von Pullach ist mit Ausnahme einiger Fälle in den fünfziger Jahren diese Variante geheimdienstlicher Aktivität nie nachweislich genutzt worden. Es hätte der »Philosophie« des Dienstes seit den sechziger Jahren widersprochen, sagen Insider, und seiner Vorsicht.

Mißtrauisch stimmen muß allerdings ein Bericht aus den Pretoria News vom 28. Januar 1983. Die südafrikanische Tageszeitung formulierte: »Quellen, die nicht genannt werden können, weisen darauf hin, daß eine ›Säuberung‹ des Bundesnachrichtendienstes (BND) die Enttarnung von Sowjet-Spionen in einigen Ländern, darunter Südafrika, ermöglicht habe.«[18] Demnach wäre nicht nur in Pretoria der KGB-Major Koslov 1980 durch Hilfe aus Pullach aufgeflogen, sondern ein ganzes Netz sowjetischer Agenten, das mindestens einem BND-Mitarbeiter bekannt gewesen sein muß. Und erst durch eine »Säuberung« bzw. die von der Zeitung Welt zitierten Abwehroperationen ist der BND selbst in den Besitz dieser Informationen gekommen.

Um ein rechtsstaatliches Verfahren kann es sich dabei nicht gehandelt haben, denn beim Generalbundesanwalt gab es in der fraglichen Zeit weder Ermittlungen noch ein Verfahren gegen BND-Mitarbeiter. Der Jurist und Justizpolitiker Klaus Kinkel müßte also erklären, warum er die Ermittlungen bremste und mindestens in einem Fall sogar selbst unterbunden hat.

9

Titos Erben in Bonn
Kinkels Vorstoß auf den Balkan

Jugoslawien ist zum Brennpunkt der Weltpolitik geworden, seit dort im Knotenpunkt in- und ausländischer Interessen bewaffnete Konflikte ausgetragen werden. Mit der Anerkennung Kroatiens gegen den Willen der anderen EU-Mitglieder, der USA und Rußlands im Dezember 1990 machte Bundesaußenminister Hans-Dietrich Genscher deutlich, daß die Interessen der Bundesrepublik an einer Einflußzone an der Adria stark genug sind, um dafür erhebliche Binnenkonflikte in der Nordatlantischen Allianz in Kauf zu nehmen. Sein Nachfolger Klaus Kinkel setzte diese Politik einer von Eigennutz geprägten Parteinahme zugunsten Kroatiens – und in geringerem Umfang zugunsten von Slowenien und Bosnien-Herzegowina – fort. Dabei nahm er die Fäden auf, die er Anfang der achtziger Jahre als BND-Präsident gesponnen hatte; denn nachrichtendienstlich ist das besonders aktive deutsche Engagement auf dem Balkan ein gutes Stück älter als Genschers politische Vorstöße seit 1989.[1]

Anton Duhacek, langjähriger Leiter des Auslandsnachrichtendienstes des jugoslawischen Außenministeriums und heute in Zagreb steckbrieflich gesucht, teilt die nachrichtendienstlichen Aktivitäten des BND in Jugoslawien in vier Perioden ein: Bis 1962 habe der Bundesnachrichtendienst die politischen, militärischen und wirtschaftlichen Vorgänge in der Bundesrepublik Jugoslawien nur beobachtet. Im März 1962, als der britische Botschafter Roberts dem Foreign Office über das Zerwürfnis in der jugoslawischen Parteispitze berichtete und der BND so Kenntnis von dem sich zuspitzenden Nationalitätenkonflikt erhielt, habe Pullach einen Kurswechsel zur Ustasa-Fraktion innerhalb der jugoslawischen Exilorganisationen vollzogen und von 1966 an sogar die Anzahl seiner Agenten in Jugoslawien massiv verstärkt.

In der dritten Phase ab 1971 habe der BND im Zuge des kroatischen Frühlings auf aktive Maßnahmen gesetzt, um den Staat zu destabilisieren. Schließlich sei von 1980/81 an, d. h. unter dem BND-Präsidenten Klaus Kinkel, die Teilung Jugoslawiens mit allen nachrichtendienstlichen Mitteln vorangetrieben worden.

Äußerst wechselvoll waren die Beziehungen der jugoslawischen Nachrichtendienste zur Organisation Gehlen (OG) bzw. seit 1956 zum BND bereits in der ersten Phase. Einerseits hatte Gehlen bereits 1950 mit dem ehemaligen Hauptmann der Abwehr, Andreas Zitzelberger, der im Zweiten Weltkrieg rückwärtige Funkspionagestationen in Slowenien aufgebaut hatte, einen illegalen Residenten in Belgrad eingesetzt, der zahlreiche Spione führte. Zitzelberger lief unter der Tarnung eines deutschen Geschäftsmanns namens Dr. Weber. Auf der anderen Seite ließ ebenjener »Dr. Weber« dem jugoslawischen Geheimdienst UDBA (Uprava Drzavne Bezbednosti) nach dem Bruch Titos mit Stalin eine Warnung zukommen, als er über ehemalige ungarische Nachrichtenoffiziere in Österreich, die für die OG arbeiteten, erfuhr, daß ein sowjetischer Agent mit einem Mordauftrag an Tito unterwegs war. Dieser Agent soll in Klagenfurt mit 1000 DM als Handgeld bewegt worden sein, zur Organisation Gehlen überzulaufen. Fünf Jahre später noch dankte der UDBA dem BND, der jedes Interesse gehabt hatte, Jugoslawien nicht in sowjetische Hände fallen zu lassen: Er ließ den Deutschen die von vielen westlichen Geheimdiensten begehrte Rede Nikita Chruschtschows vom Februar 1956 zum 20. Parteitag der KPdSU zukommen, die eingeladene jugoslawische Delegationsteilnehmer mitgebracht hatten.[2]

Der UDBA bzw. SDB (Sluzba Drazavne Bezbednosti) galt bis zum Sturz seines Leiters Aleksandar Rankovic im Jahre 1966 als ein Instrument zur Unterdrückung nichtserbischer Bevölkerungsteile bzw. sezessionistischer Bestrebungen. Der zweite Mann im Staate wurde gestürzt, weil er angeblich mit Hilfe seines Nachrichtendienstes und der serbischen Parteiführung Einfluß auf die Besetzung der Bundesbehörden genommen und selbst Tito bespitzelt hatte.

Anschließend kam es zu einer Föderalisierung und damit zur Spaltung des Nachrichtendienstes. Die Verteilung der Spitzenpositionen im jugoslawischen Geheimdienst in den siebziger und achtziger Jahren zeigt einen mindestens gleich großen kroatischen wie serbischen Einfluß. Die Schlüsselfigur in Kroatien ist dabei Ivan Krajacic, Deckname STEVO, von der Komintern bestellter Agentenführer Titos im Zweiten Weltkrieg und Resident des damaligen sowjetischen Geheimdienstes NKWD in Zagreb. Auch als Kommunist war er in erster Linie kroatischer Nationalist geblieben und betrieb nun – zunächst und zu Lebzeiten Titos mit aller Vorsicht – die nachrichtendienstliche Vorbereitung eines unabhängigen Kroatien in den Grenzen von 1941.

Für Pullach wuchs so ein mächtiger Verbündeter heran, der mit seinen parallelen Diensten jedoch ebenso enge Anlehnung an den KGB suchte, der ebenfalls schon früh Einfluß für die Zeit nach Tito zu gewinnen suchte. Durch eine gezielte Personalpolitik ließ Krajacic von Anfang an seine Leute in die wichtigsten Positionen einschleusen, vor allem in die zivilen und militärischen Geheimdienste, aber auch in die Diplomatie und in die Machtstrukturen sowohl auf der kroatischen als auch auf der Föderationsebene. Auf seine Veranlassung wurden häufig die serbischen oder auch jugoslawisch gesinnten kroatischen Kader gnadenlos aus dem Weg geräumt.

Dazu gab es reichlich Gelegenheit, als 1948 die Informbüroresolution zu einem Bruch Titos mit Stalin führt. Im Auftrag Titos sollten alle – auch vage und potentielle – Stalinanhänger in Jugoslawien ihre Bürgerrechte verlieren und nach Schauprozessen auf eine Insel deportiert werden. Goli Otok (die nackte Insel) wurde zum Synonym für Verfolgung, Folter und Tod von über 50 000 Menschen. Krajacic ist zu der Zeit Innenminister Kroatiens, und sein Zögling Josip Manolic – später erster Geheimdienstchef Tudjmans im unabhängigen Kroatien – bekleidete das Amt des obersten Gefängnisverwalters Jugoslawiens.

Eine regelrechte Hexenjagd begann. Krajacic hatte freie Hand bei den Entscheidungen, wer zu verhaften oder zu töten war. Wie-

der einmal kam es zu der paradoxen Situation, daß ein Komintern-
mann, der letztendlich dem KGB und Stalin selbst untersteht, im
Auftrag eines anderen Kominternagenten ausgerechnet mutmaß-
liche Stalinanhänger beseitigte.

»Ich bin ein Nationalist, und da gibt es nichts zu diskutieren«,
sagte Krajacic offen in einem Gespräch mit Duhacek. Und auf seine Frage, was denn die Russen davon hielten, erwiderte er: »Da
sind wir auch nicht auf verschiedenen Seiten.« Und in der Tat ver-
zieh »der Direktor« in Moskau Krajacic offenbar auch die Beseitigung einiger prorussisch orientierter serbischer Kommunisten,[3]
wahrscheinlich angesichts seiner anderen großen Verdienste.

In Kroatien fürchteten die Nationalkommunisten um Krajacic
offensichtlich, daß die präzise funktionierenden In- und Auslands-
dienste unter Rankovic zu viel über die sich anbahnenden Kontakte und Involvierungen der kroatischen Führung mit der Ustasa-
Emigration herausbekommen könnten. Laut Duhacek, der sich
auf seine Gespräche mit Ivan Krajacic selbst beruft, hat Krajacic
zusammen mit Vladimir Bakaric beschlossen, Rankovic aus allen
Staats- und Parteiämtern zu vertreiben. Nach der Zerschlagung
der Bundes-UDBA und des jugoslawisch orientierten Auslands-
dienstes sowie der geschickten Plazierung kroatischer Nationalisten in der Zentrale der militärischen Abwehr (KOS) schien für die
Nationalkommunisten Kroatiens der Augenblick schon wenige
Jahre später gekommen zu sein, ihre Forderungen nach einem
unabhängigen Staat zu stellen.

Ende der sechziger Jahre wurde emsig an der Maspok (Masovni
Pokret = Massenbewegung) gearbeitet, die 1970 ausbrach und
wegen des Zeitpunkts Junischwingungen (»Lipanjska gibanja«)
oder »kroatischer Frühling« genannt wurde.

Die Maspok markiert eine Zäsur in den Bestrebungen paralleler
kroatischer Geheimdienste um Ivan Krajacic, Jugoslawien zu zer-
schlagen. In einer Analyse, die nach der äußeren Niederlage der
Bewegung gemacht wurde, war man sich einig, daß die Gründe
für das Scheitern vor allem im voreiligen Ausrufen einer »Massenbewegung auf der Straße« lagen. Zu vage und unzureichend
waren auch die zugesagten flankierenden Unterstützungen der
Slowenen und der ausländischen Geheimdienste; insbesondere die

214

österreichisch-deutschen und die russischen Verbindungen versagten, trotz gewisser Gefälligkeiten, da sie keinen Druck auf ihre Regierungen ausgeübt hatten. Von der amerikanischen Seite war ohnehin nichts zu erwarten, da keine ausreichende Lobby aufgebaut worden war. Die Kontakte zu den Auslandskroaten waren ebenfalls gescheitert, da diese durch eine Reihe terroristischer Aktionen, wie Attentate auf jugoslawische Botschaften und Konsulate oder dem Deponieren von Bomben in Kinos und Bahnhöfen von Belgrad, ein negatives Bild vom kroatischen Ziel sowohl in Jugoslawien als auch im Ausland verbreitet hatten.

Und last but not least war Titos Position immer noch unantastbar. Im Land selbst glaubte die Mehrheit der Bevölkerung, auch in Kroatien, an die von ihm vertretene jugoslawische Idee. Bei den Großmächten herrschte immer noch die Meinung vor, daß ein blockfreies Jugoslawien das kleinere Übel sei.

Im Inland wurde beschlossen, auf das Ableben Titos zu warten und eine bessere Basis für die Zeit danach auszubauen. Da sich eine große Zahl kroatischer Nationalkommunisten in höchsten Republik-, Föderations- und Militärinstanzen kompromittiert hatte, galt es auch, diese Positionen mit frischen, weniger exponierten Kräfte zu besetzen sowie diejenigen, die nicht aufgefallen waren, zu stärken. Das jugoslawische Amtsverteilungssystem, nach dem alle Nationen im Sinne des »Nationalitätenschlüssels« in den höchsten Rängen vertreten sein sollten, funktionierte noch und eröffnete diesem Vorhaben viele Türen. Es sollten ebenfalls bessere Kontakte zu den anderen abspaltungswilligen Nationalkommunisten hergestellt werden, vor allem zu den slowenischen und albanischen.[4]

Das Krajacic-Zentrum in Zagreb arbeitete fast ungehindert die siebziger Jahre hindurch. In seiner Villa im feinen Wohnviertel Tuskanac empfing Krajacic seine Freunde und Mitarbeiter und führte Regie in seinem Lieblingsszenario: Abkoppelung Kroatiens, zusammen mit Bosnien-Herzogewina, als ein unabhängiger Staat.

Obwohl weder Krajacic noch Manolic seit 1971 direkt in der kroatischen UDBA arbeiteten, konnten sie durch alte Beziehungen ein »Haus im Haus« ausbauen. In allen Abteilungen saßen einige Leute, die als eine Parallelagentur zur offiziellen UDBA unter ihrer Kontrolle tätig waren. Auch die Auslandskontakte waren inzwischen erheblich verbessert worden, vor allem zum deutschen und zum österreichischen Geheimdienst, die eine gezielte Anbindung der Ustasa-Führer im Ausland an das Projekt verlangten und ermöglichten.

Unter dem neuen Leiter der Abteilung 1 im BND, Richard Meier, Deckname Dr. MANTHEY, wurde der operative Agenteneinsatz in Osteuropa Anfang der siebziger Jahre ohnehin forciert. Auch in Jugoslawien setzte der westdeutsche Auslandsnachrichtendienst verstärkt auf Aufklärung und Einflußarbeit von Agenten. Die Kärrnerarbeit an der Sezessionsfront leistete der BND-Mann Klaus DÖRNER, der seit Anfang der siebziger Jahre in Jugoslawien eingesetzt war und intensive Kontakte zum Krajacic-Kreis pflegte.

Wegen seines fortschreitenden Alters und einer Krankheit bestellt Krajacic seine Nachfolge im vertrauten Kreis: Josip Manolic, Josip Boljkovac, Franjo Tudjman und Stjepan Mesic-Stipe aus dem Nachwuchs einer Krajacic gut bekannten und ergebenen Familie. Diese vier waren nun die Hauptträger der kroatischen Szessionsbestrebungen.

DÖRNER übernahm die neuen Spitzen als Kontakte und organisierte in Kroatien selbst, aber auch in Deutschland und Österreich, zahlreiche Geheimtreffen, um eine Allianz der Nationalkommunisten mit der Ustasa-Emigration zu schmieden.

Die Aktivitäten des BND-Manns wurden von der jugoslawischen Abwehr argwöhnisch und genau kontrolliert. Im Café Corso in der Tkalciceva-Straße in Zagreb traf DÖRNER Nachwuchspolitiker der MASPOK wie Ivan Zvonimir Cicak und Drazen Budisa, aber auch Ivan Jelic und Branco Jelic, der später als CDU-Mitglied im Berliner Senat saß und – nach Erkenntnissen der UDBA – auch zum KGB Kontakte unterhielt. Doch auf Beschluß der Politführung durfte die Spionageabwehr nicht eingreifen, um einen ähnlichen Eklat wie bei der Enttarnung des SPIEGEL-Journalisten Hans-Peter Rullmann als BND-Agent 1972 zu vermeiden.

Reinhard Gehlen selbst hatte in seinem dritten – nachgelassenen – Buch 1980 seine Befürchtung ausgesprochen: »Titos Nachfolger . . . werden nicht in der Lage sein, die Blockfreiheit des Landes auf Dauer zu sichern. Die Sowjetunion ihrerseits hat alle Vorbereitungen längst getroffen, um eine für ihre Absichten günstige Situation auszunutzen.«[5] Die Politik des BND war seit der Entspannung zwischen Moskau und Belgrad am Ende der fünfziger Jahre ebenfalls darauf ausgerichtet, für den Fall des Auseinanderbrechens Gesamtjugoslawiens günstige Dispositionen zu treffen, und setzte dabei auf die kroatische Karte. Folgerichtig unterstützte er militante Exilkroaten, zu Zeiten der Regierung Adenauer intensiv, in den siebziger und frühen achtziger Jahren weniger stark.

Der westdeutsche Auslandsnachrichtendienst suchte wegen seines Interesses an einer Kooperation bei der Bekämpfung der RAF (Rote Armee Fraktion) und am Transitland für den internationalen Waffenhandel auf anderen Linien die Unterstützung durch den jugoslawischen Dienst.

Bozidar Spasic, der von 1979 an im UDBA für Sonderoperationen gegen die Ustasa verantwortlich war und heute eine Detektei in Belgrad leitet, erinnerte sich 1994, daß er hinter vielen strategischen Zügen der extremistischen kroatischen Auslandsorganisation eine Steuerung durch den BND entdecken konnte.

Daß die Methoden der UDBA und des KOS alles andere als zimperlich waren, ist allgemein bekannt. Die verdeckten Ermittlungen und Liquidationspraktiken dieser Dienste ähnelten dem Vorgehen englischer Nachrichtendienste gegenüber der IRA in Nordirland, der shot-to-kill policy der SAS. Der Chefinspektor der Abteilung der UDBA für Terrorismusbekämpfung a. D., Bozidar Spasic, erinnerte sich an die Vorgehensweise seines Geheimdienstes: »Ich war immer ein überzeugter Vorkämpfer gegen den Ustasa-Terrorismus, und ich gestehe es unumwunden ein, daß ich sie auf verschiedenste Art und Weise bekämpft habe; psychologisch, propagandistisch – auf jede erdenkliche Art. Die deutsche Polizei hat darüber genaue Angaben in ihren Archiven. Die besten Kräfte der Eliminierung der Ustasa hatten wir eben aus dem Stall Manolics, d. h. aus Zagreb, bekommen: Das war der Srecko Simurina, und später sind Leute wie Josip Perkovic hinzugekommen, der danach Leiter der Spionageabwehr in Zagreb geworden ist. Er hat mit mir an mehreren Aktionen auf deutschem Boden teilgenommen.«[6]

Auf Beschluß des jugoslawischen Staatspräsidiums stellte Spasic Kontakte zum BND, BfV und BKA her, um die Erkenntnisse über den Ustasa-Terror im Rahmen der gemeinsamen Verbrechensbekämpfung ganz offiziell zu plazieren.

Am 11. Mai 1978 wurden Brigitte Mohnhaupt, Peter Jürgen Boock, Sieglinde Hofmann und Rolf Clemens Wagner in Jugoslawien verhaftet. Die Hinweise auf den Aufenthaltsort der vier RAF-Terroristen waren vom BKA nach Belgrad gelangt. Die Zielfahnder aus Wiesbaden hatten den fünften Terroristen Stefan Wisniewski, der von Paris aus Drogen für den süchtigen Boock nach Zagreb nachführen sollte, am 11. Mai in Orly verhaften lassen.

Doch sie wurden – so Michael Müller und Andreas Kanonenberg in ihrem Buch über »Die RAF-Stasi-Connection« – »auf Druck der Palästinenser von den jugoslawischen Behörden nicht ausgeliefert ... kommen im November frei, reisen in den Jemen«.[7]

Was in den sieben Monaten zwischen der Verhaftung im Mai und der Ausreise am 17. November zwischen Bonn und Belgrad passierte, war bisher unklar. Die UDBA hatte trotz offizieller Kontakte mit westdeutschen Sicherheitsbehörden die Verfolgung der Ustasa-Emigration in der Bundesrepublik mit unverminderter Härte fortgesetzt. Stjepan Bilandzic stand unter ihrer Beobachtung, weil er in den Verdacht geraten war, an terroristischen Aktionen gegen jugoslawische Konsulate in der Bundesrepublik teilgenommen zu haben. Nach einem mißlungenen Attentat auf ihn wurde Bilandzic in Deutschland in Untersuchungshaft genommen. Ein Auslieferungsantrag Belgrads wurde von den deutschen Behörden stets abschlägig beschieden.[8]

Mit der Festsetzung der RAF-Terroristen glaubte Belgrad nun, ein Faustpfand zum Terroristenaustausch zu haben: Mohnhaupt, Boock, Wagner und Hofmann gegen Bilandzic und Tomislav Micic. Doch für die Deutschen war Terrorist nicht gleich Terrorist. Sie verweigerten den vorgeschlagenen Austausch der vier RAF-Leute gegen die Ustasa-Führer, denn die beiden Kroaten waren hochrangige Verbindungen des Bundesnachrichtendienstes. Sie wurden in dem Poker um eine Neuordnung Jugoslawiens nach dem Tode Titos noch gebraucht. Um Belgrad die Auslieferung dennoch schmackhaft zu machen, boten die Deutschen 20 Millionen DM – es könnten auch mehr werden. Doch auf diesen Deal mochte sich Belgrad nicht einlassen und bereitete die – häufig genug angedrohte – Freilassung der RAF-Angehörigen vor.

Um eine befürchtete Flucht der vier deutschen Terroristen aus Belgrad auf keinen Fall zu verpassen, mobilisierte DÖRNER alles, was er an Agenten und Zuträgern in Belgrad aufbieten konnte: seine nachrichtendienstlichen Verbindungen, aber auch in Belgrad weilende deutsche Geschäftsleute, die alle den Auftrag hatten, eine mögliche Flucht über den Belgrader Flughafen zu registrieren. Das Risiko, das er dabei einging, war hoch, weil die jugoslawische Abwehr so feststellen konnte, wer Augen und Ohren für den Bundesnachrichtendienst offenhielt.

Die vier Terroristen konnten dennoch unbemerkt bei Nacht aus der jugoslawischen Hauptstadt abfliegen, DÖRNER und seine zahlreichen Helfer hatten den Fluchtzeitpunkt verschlafen. Dennoch gelang es dem BND-Mann, herauszufinden, wohin die RAF-Leute sich abgesetzt hatten. Seine Belgrader Quellen reichten dazu nicht aus, aber er hatte gute Verbindungen in die Ausbildungslager der Palästinenser in Libyen durch einen Verbindungsmann des Mossad. So konnte er nach Pullach melden, daß die RAF-Terroristen ins Reich Gaddafis entschwunden waren.

Bevor DÖRNER seinen Fahndungserfolg vorwies, wollte das Bundesinnenministerium von den Jugoslawen wenigstens wissen, wohin die Gesuchten ausgeflogen seien. Der jugoslawische Innenminister forderte vom deutschen Botschafter, Jesco von Puttkamer, kurz nach der Freilassung der RAF-Angehörigen, Bonn möge dazu eine hochrangige Persönlichkeit nach Belgrad schicken. Einem Diplomaten werde man nichts sagen. Doch Kanzler Helmut Schmidt untersagte seinem Innenminister Gerhart Baum einen Besuch in der jugoslawischen Hauptstadt. So wurde der Abteilungsleiter im Bundesinnenministerium, Gerhard von Löwenich, am 24. November 1978 in Belgrad vorstellig, um Informationen über den Verbleib der vier RAF-Terroristen zu erhalten – vergebens. Der Sprecher des Belgrader Außenministeriums erklärte am 25. November 1978, er kenne das Reiseziel der Terroristen nicht.[9] Neben der zentralen Frage nach dem Verbleib wollte Bonn dann wenigstens Detailinformationen: Angaben über Kleidung, Fingerabdrücke und ob die Pässe aus Peru, Liechtenstein und Schweden noch im Besitz der RAFler seien. Und die Bundesregierung koppelte diesen Wunsch mit einer Drohung: Es widerspräche den Interessen Jugoslawiens, wenn die vier schon bald nach ihrer Freilassung wieder Attentate verübten.[10] Die Detailinformationen gab Belgrad. Da sie aber keinen Aufschluß über den Zielort der RAF zuließen, herrschte in Bonn Verärgerung, und der deutsche Botschafter blieb zunächst demonstrativ in der Bundeshauptstadt, um den Grad dieser Verärgerung auch zu demonstrieren.[11]

Aufgrund von DÖRNERs Aufklärungsergebnissen reiste Baum dann nach Tripolis – angeblich zu einer Routinereise, um die vorhergehenden drei Besuche seines libyschen Amtskollegen endlich zu erwidern. Doch die Medien hatten längst bemerkt, daß die Flucht der RAFler aus Belgrad Ursache seines Aufbruchs in die Wüste war. »Schon unmittelbar vor der Freilassung der vier RAF-Leute schwirrten in Bonn Gerüchte, sie hätten in Libyen Unterschlupf gefunden; verstärkt wurde dieser Verdacht noch durch die Tatsache, daß der Irak – neben Libyen einer der verläßlichsten Stützpunkte für internationale Terroristen – unaufgefordert mehrfach verkünden ließ, man habe die vier bestimmt nicht . . . Bonn drückt ein ganz anderes Problem. Da kaum anzunehmen ist, daß Khaddafi die vier an die Bundesrepublik ausliefern würde, möchte sich der Innenminister augenscheinlich nicht zu weit vorwagen . . . Da ist es schon einfacher, die heikle Mission in Tripolis als einen Routinebesuch unter vielen zu tarnen«,[12] schrieben die Nürnberger Nachrichten.

Zwischen der Freigabe der vier Gesuchten in Belgrad und Baums Eintreffen in Libyen reiste DÖRNER zweimal selbst nach Tripolis, um nach den RAF-Leuten zu fahnden oder sich wenigstens Gewißheit über ihren Aufenthalt dort zu verschaffen. Da die Jugoslawen durch zahlreiche Wirtschafts- und Handelskontakte über gute Quellen in Libyen verfügten, konnte auch der Trip DÖRNERs in seine UDBA-Akte Eingang finden.

Als Baum in Libyen eintraf, erfuhr er von DÖRNER, daß die Terroristen in einem Camp in Libyen gelandet waren. Ob sie noch dort saßen oder inzwischen woandershin weitergeschickt worden waren, wußte er nicht.

Sein Gastgeber müßte darüber orientiert sein. Doch Gaddafi inszenierte für den Gast vom Rhein einen Schauauftritt: »Mitten im Gespräch zog der libysche Innenminister Bel Gassim eine deutsche Boulevardzeitung aus der Tasche und zeigte sie seinem Staatschef Gaddhafi. Schweigend schaute dieser auf sein Photo und den Text, in dem behauptet wird, die vier von Belgrad freigelassenen Terroristen hätten sicheren Unterschlupf in Libyen gefunden, und brach dann in ein ›schallendes Gelächter‹ aus: ›Wegen einer Handvoll deutscher Bourgeoisie-Söhne werden wir wichtige außenpolitische Beziehungen, die wir intensivieren möchten, nicht gefährden‹, versicherte er seinem Gast, Bundesinnenminister Baum, und unterstrich damit noch einmal die ›glaubwürdigen Versicherungen‹ (Baum), die zuvor schon Bel Gassim in einigen Gesprächen seinem deutschen Amtskollegen abgegeben hatte«,[13] berichtete die Frankfurter Rundschau.

Baum machte gute Miene zum bösen Spiel. Eigentlich hätte er sich vorher ausrechnen können, daß er keine Chance hatte, als ministerieller Terroristenfahnder Erfolg zu haben. Gaddafi kannte die Hintergründe. Der Absprung der RAF-Leute war nicht auf blauen Dunst erfolgt, sondern mit libyschen Stellen und der Volksfront zur Befreiung Palästinas verhandelt worden. Er wollte weder seine Beziehungen zur PFLP gefährden noch den jugoslawischen Staatschef Tito verärgern. Einmal bestand eine Vielzahl wichtiger Handelsverbindungen zwischen Belgrad und Tripolis, und zum anderen spielte Tito eine zentrale Rolle in der Bewegung der blockfreien Staaten. So blieb dem Bundesinnenminister nichts anderes übrig, als wenigstens den Schein eines Routinebesuchs aufrechtzuerhalten und möglicherweise für die Zukunft vorzubauen. Er vereinbarte eine Ausstattungs- und Ausbildungshilfe für die libysche Polizei, in deren Rahmen schon 1979 24 Spitzenbeamte aus Gaddafis Reich ins Bundeskriminalamt kommen sollten. So wollte er seiner Strategie, »die deutschen Terroristen zu isolieren«,[14] wenigstens langfristig Erfolgsaussichten verschaffen.

Die Kritik des Obmanns der CDU/CSU-Bundestagsfraktion im Innenausschuß traf ins Schwarze. Carl-Dieter Spranger warf Baum vor, ein »besonders bedauerliches und blamables Beispiel politischer Inkompetenz« gegeben zu haben. Zu glauben, daß Gaddafi bei der Bekämpfung des Terrorismus helfe, sei von »blauäugiger Unschuld«.

Baum hätte die vier RAF-Terroristen leicht im Tausch gegen die beiden Ustasa-Führer haben können, aber die Operativposten des BND in der kroatischen Exilorganisation wurden zum Ende der siebziger Jahre zunehmend wichtiger. Während Bilandcic heute in Köln lebt, machte Micic nachrichtendienstliche Karriere. Er leitet heute die Einheit für Sonderoperationen der Polizei in Zagreb.

In dieser Phase der Versöhnung zwischen Ustasa und Nationalkommunisten in Zagreb wurde Anfang 1979 Klaus Kinkel Präsident des Bundesnachrichtendienstes. Während der von ihm geschaffene Sonderstab im Falle Pekings und Moskaus lange überlegte, wer die schwierige Aufgabe eines halblegalen Residenten in den dortigen Botschaften übernehmen sollte, fiel die Auswahl hier nicht schwer. Klaus DÖRNER hatte sich bereits als risikofreudiger und guter Akteur auf dem Balkan erwiesen und war auch seinen nachrichtendienstlichen Gegnern in Belgrad nicht unbekannt. So wurde er unter Anleitung der Residentur in Wien vom Referat 12 H in Pullach mit der Aufgabe betraut.

Zu den Spitzenkontakten DÖRNERs zählte da bereits Bruno Busic, die brillante neue Erscheinung in der nationalkroatischen Szene, der für das kroatische Plädoyer für ein Großkroatien ein Manifest verfaßt hatte: Aussöhnung aller kroatischer Kräfte, ohne Berücksichtigung ihrer politischen Couleur und Vergangenheit, solange sie für ein unabhängiges Kroatien kämpften. Busic unterhielt schon früh in seiner Kindheit Kontakte zu geheimen Ustasa-Organisationen in Imotski, flog deshalb von der Schule, schaffte es aber dennoch, sein Wirtschaftsstudium in Zagreb zu beginnen. Als bekannter Sezessionist wurde er zwar gelegentlich von den UDBA-Instanzen verfolgt und beobachtet, aber auch als nationalbewußter Kroate von vielen kroatischen Instanzen in Schutz genommen. Er reiste quer durch Europa und stellte operative Verbindungen zu Ustasa-Emigranten und -Verbänden her. In Zagreb organisierte er Zeitungen und Auftritte und begann, auch für den Sowjetdienst KGB zu arbeiten.

Seiner Idee getreu, stellte er nachrichtendienstliche Verbindungen zwischen den Ost- und Westagenten unter den kroatischen Emigranten mit den Nationalkommunisten zu Hause her. Seine operativen Aktivitäten wurden durch Ernest Bauer, den ehemaligen Oberst des UNS (Geheimdienst des faschistischen Kroatien im Zweiten Weltkrieg) und inzwischen Verbindungsmann des BND für den Balkan, mit der Ustasa-Größe in Deutschland, Branko Jelic, koordiniert, der zugleich für den KGB tätig war.[15]

Da in Kroatien eine energische und öffentlichkeitswirksame Figur wie Busic fehlte, fädelte Krajacic dessen Rückkehr nach Jugoslawien ein. Zusammen mit späteren Größen der Sezessionsbewegung von 1990, Ivan-Zvonimir Cicak, Drazen Budisa und Ante Paradzik, organisiert Busic offene Studentenrevolten. Die kroatischen Politführer mit Miko Tripalo und Savka Dabcevic-Kucar stellten sich hinter ihn. Die Kroaten wurden auf den Straßen mobilisiert und schwenkten Schachbrettfahnen. Es gab kaum jemanden in Zagreb, der nicht das alte Wappen trug. Der Putschversuch in Titos Machtbereich war nicht länger zu übersehen.

Zu Bruno Busic hatte DÖRNER seit der Mitte der siebziger Jahre enge Verbindungen. Ein englischer Fernsehsender stellte ihn als Leiter der Ausbildung einer Terroristengruppe in der Nähe von Saarbrücken vor, und sechs Monate später, 1979, wurde Busic in Paris ermordet. DÖRNER und sein Präsident Kinkel hatten ihn als einen der kommenden Männer in Kroatien eingeschätzt und bedauerten den Verlust. Alle tippten auf die UDBA als Täter. Spasic wies diese Behauptungen 15 Jahre nach dem Ereignis zurück: »Bruno Busic war der Chefideologe der Ustasa. Von ihm hat der jetzige Chef des kroatischen Staates, Franjo Tudjman, alles gestohlen, was in seinen Schriften steht. Bruno Busic war der ideologische Schöpfer des heutigen Kroatien. Er hatte eine Broschüre mit dem Titel veröffentlicht ›Ein Wegweiser und ein Aufruf an die kroatischen Kommunisten, zur Vernunft zu kommen‹. Als er in Paris ermordet wurde, hat man unseren Dienst beschuldigt, den Auftrag gegeben zu haben. Wir nehmen jedoch an, daß es sich dabei um eine interne Abrechnung innerhalb der Ustasa gehandelt hatte. Die französische Polizei hat nie Details darüber veröffentlicht, wie er wirklich ums Leben gekommen ist.«[16] Mit dem Tode von Busic war der Weg für Franjo Tudjman zur Führung der kroatischen Sache geebnet.

Tito reagierte verärgert auf die immer stärker hervortretenden Separatismusbestrebungen. Zum einen hatte er die Informationen darüber, was sich in Kroatien zusammenbraute, erst aus zweiter Hand bekommen, und zum anderen duldete er nicht, daß man das Gleichgewicht der nationalen Kräfte in seinem Machtbereich antastete. Josip Broz Tito glaubte gerade nach dem Sturz des ihm und der jugoslawischen Idee ergebenen Geheimdienstes des Aleksandar Rankovic an die neuen Männer in den Diensten. Eher zufällig erfuhr er bei einem Rumänienbesuch, daß die kroatische KP-Führung Kontakte zu Branko Jelic, dem bekannten und gesuchten emigrierten Ustasa-Führer in Berlin, unterhielt. Er hörte von den Rumänen auch, daß die kroatische Führung gleichzeitig sich um eine Fürsprache der osteuropäischen Staaten, wie der Tschechoslowakei, Ungarns und Rumäniens, bei der Sowjetunion für den Fall bemühte, daß eine geplante Abspaltung von Jugoslawien gelang. Da nach mehreren zugespielten Informationen die jugoslawische Seite keine deutliche Reaktionen gezeigt hatte, hatten sich die Rumänen entschlossen, diese Erkenntnisse dem Präsidenten des Nachbarlandes persönlich mitzuteilen.

Wie es dazu kommen konnte, daß Tito vom eigenen Dienst nicht informiert wurde, beschreibt Duhacek aufgrund seiner Quellen im Außenministerium. Der zu der Zeit zuständige Außenminister, Mirko Tepavac, hatte der Analyseabteilung seines Nachrichtendienstes die Aufgabe erteilt, einen Querschnitt über die Informationen anderer Dienste im Ausland bezüglich der inneren politischen Situation in Jugoslawien zu erstellen. Als Tepavac zehn Tage später seinen Analysechef Dragan Bernardic nach dem Papier fragte, antwortete der: »Ich kann das nicht schreiben, ich kann mich mit meinen Leuten in Zagreb nicht überwerfen.«[17]

Duhacek führt auch ein weiteres Beispiel aus der Zeit an: »Es sind auch die Informationen verschwunden, die aus Stockholm von Vladimir Rolovic geschickt worden waren. Es gibt kaum einen Zweifel, daß er seine Ergebenheit gegenüber Jugoslawien mit seinem Leben bezahlt hat.«

Nach der Rückkehr Titos folgte eine »stürmische« Sitzung des Führungsstabes im ehemaligen Jagdschloß des Königs, dem Landsitz Karadjordjevo, bei der eine tiefgreifende Ablösung der kroatischen Partei- und Politführung sowie der Kader in der Armee beschlossen wurde. Aber auch diese Säuberung hatte ihre Grenzen. Immer noch gab es auch für Tito vertrauenswürdige Instanzen, die dafür sorgten, daß viele Köpfe der Maspok entweder gar nicht rollten oder nur symbolische Strafen für die Rebellion hinnehmen mußten. Krajacic setzte sich vor allem für seine alten Kader ein, sofern sie sich nicht über Gebühr öffentlich exponiert hatten. So konnte er seinen engsten Freund und Mitarbeiter, den damaligen Parlamentsvorsitzenden Kroatiens, Josip Manolic, in den Ruhestand retten, während er Franjo Tudjman, der durch seine Schriften bekannt geworden war, vor einer – wenn auch kurzen – Gefängnisstrafe nicht bewahren konnte. Auch eine Reihe von Krajacics Operativposten bei der Armee mußte in den Ruhestand oder ins Gefängnis. Am härtesten traf es die »neuen Kader«. Für sie tat Krajacic nichts, um seine Forderungen nicht zu übertreiben.[18]

Die Sonderabteilung Krajacics in der UDBA ließ Ende der siebziger Jahre 150 jugoslawische Pässe vorbereiten. Kurze Zeit darauf wurde in Bonn in Anwesenheit eines Zagreber UDBA-Entsandten, eines BND-Vertreters und des in Berlin lebenden, einflußreichen Ustasa-Führers Branko Jelic entschieden, an welche Mitglieder der faschistischen Emigration sie verteilt werden sollten. Einige dieser Pässe gelangten bis nach Australien, wo es eine starke Ustasa-Organisation gibt. Diese Aktion ermöglichte sogar den steckbrieflich gesuchten Kriegsverbrechern und Kriminellen, ungehindert nach Kroatien zurückzukehren und ihre Kontakte zu den Kreisen um Krajacic in Zagreb zu intensivieren.

Darüber hinaus war diese Aktion auch eine Demonstration des guten Willens. Durch sie wollten die ehemaligen offiziellen Gegner der Ustasa beweisen, daß sie ihr Angebot für eine weitere Zusammenarbeit mit den kroatischen Faschisten ernst meinten.[19]

Der deutsche Geheimdienst aktivierte seine Posten auf dem Balkan, besonders in Zagreb, Ljubljana und in der Föderationszentrale Belgrad. Als legaler Resident fand DÖRNER auch Zugang zum Belgrader Innenministerium und erreichte dort einen – wenn auch sehr begrenzten – Austausch von Informationen mit den Polizei- und Sicherheitsbehörden Jugoslawiens.

In Pullach selbst spielte der von Kinkel an die Spitze des Referats Sonderoperationen berufene STAMMBERGER die zentrale Rolle bei der Zusammenarbeit mit der UDBA.

Die »Partnerdienstbeziehung« hinderte den BND nicht, zugleich in Jugoslawien aggressiver vorzugehen. Alte Verbindungen wurden reaktiviert und, wo nötig, ältere Mitarbeiter durch jüngere ersetzt.

Nach Erkenntnissen der jugoslawischen Spionageabwehr hatte der BND in den siebziger und achtziger Jahren einen Bestand von etwa 100 Agenten in Jugoslawien gewonnen, deren Identität und Verbindungsführer dem SDB bekannt gewesen sein sollen.

Zu dieser Zeit nahm auch die Partnerschaft der kroatischen Sezessionisten mit dem BND handfestere Formen an. Von diesem Zeitpunkt an, unmittelbar vor dem Tode Titos, wurden in Zagreb alle Entscheidungen in strategischen und personellen Fragen nur noch in Absprache des Zentrums von Krajacic mit BND-Instanzen und Ustasa-Repräsentanten getroffen. »Natürlich konnte dieses nicht immer gelingen, aber es ist wichtig zu wissen, daß es so einen Ausschuß gegeben hat. Der deutsche Geheimdienst ist damals zu einem aktiven Gestalter der Balkanpolitik geworden«,[20] meinte Duhacek.

Auch die Sowjetdienste intensivierten ihre Bemühungen um die Maspok-Nachfolger. Durch ein gemeinsames Publikationsprojekt eines Zagreber und eines russischen Verlages, eine Biographie Lenins in beiden Sprachen zu veröffentlichen, schleusten sie Agenten nach Zagreb ein, die eine Reihe von Kontakten zum Krajacic-Zentrum und zum Umfeld von Franjo Tudjman knüpfen.[21]

Tudjman kam 1981 erneut ins Gefängnis, diesmal wegen der »feindlichen Propaganda gegen die SFRJ«. Er hatte lokalen und ausländischen Journalisten eine Reihe von Interviews gegeben, die später in der Ustasa-Presse in den westlichen Ländern erschienen.

In seinen Stellungnahmen setzte sich Tudjman u. a. auch dafür ein, die Zahl der im NDH-Regime in Kroatien von 1941 bis 1945 im Ustasa-Todeslager Jasenovac getöteten Serben auf ein Zehntel der bisherigen Einschätzungen, also von ca. 600 000 auf 60 000, nach unten zu korrigieren – eine Art »kroatische Auschwitzlüge«. Dies seien die Ergebnisse seiner historischen Recherchen, erklärte Tudjman. Diese an sich schon schreckliche Zahl dürfe nicht noch verzehnfacht werden, um dadurch dem kroatischen Volke eine Kollektivschuld aufzubürden. Vor Gericht wurde auch seine Behauptung moniert, daß in Jugoslawien »jede Präsentation kroatischer nationaler Probleme sofort als Nationalismus, Separatismus oder sogar als Ustasatum generalisiert« und daraufhin die »kroatischen Revolutionäre mit irgendwelchen faschistischen Elementen in Zusammenhang gebracht würden, was absolut unsinnig ist«. Tudjman wurde in zweiter Instanz zu zwei Jahren Haft verurteilt.[22]

DÖRNER besuchte ihn im Rahmen einer Delegation des Deutschen Roten Kreuzes im Gefängnis von Grasiska. In der Bundesrepublik half der BND-Mann, eine Medienkampagne zugunsten Tudjmans zu organisieren. Publizisten wie Hans-Peter Rullmann und selbst die FAZ legten sich für Tudjman ins Zeug.

Der BND pflegte nicht nur zu dem Kreis um Krajacic gute Beziehungen. Er verfügte über traditionsreiche Agentennetze, die er nach Bedarf ebenfalls einschalten, verjüngen und ausweiten konnte: »Ein Agentenführer des BND in Zagreb wird seit dem Zweiten Weltkrieg unter dem Decknamen Vlado geführt. Unter diesem Namen taucht auch ein Verbindungsmann in Zagreb auf, der die operativen Kräfte in Zagreb koordiniert. Der Mann in Zagreb ist der heute fast achtzigjährige Milivoj Huber. Er war Journalist, Chef des ›Wirtschafts-Kurier‹ (Privredni Vjesnik) und wurde vom BND als ›Einschätzungsexperte‹ eingesetzt. Das bedeutet, daß er außer Rohdaten, auch Gutachten über manche Problemlagen oder aber zu bestimmten Persönlichkeiten lieferte. Als Journalist hatte er darüber hinaus einen Einfluß auf die öffentliche Meinung und konnte sie, nach Wunsch des Auftraggebers, auch mitgestalten. Dieser Agent leistete auch die Anwerbung weiterer Mitarbeiter für den BND. So warb er beispielsweise Vlado an, der unter dem Decknamen ALI geführt wurde. Dabei handelte es sich um den damaligen technischen Direktor der Zagreber Tageszeitung Kurier (Vjesnik), Antel Zivkovic, der nach dem Machtwechsel zu Tudjman dort Karriere machen konnte. Durch Vlado wurde in den achtziger Jahren auch der damalige Direktor des Privredni Vjesnik, Ante Gavranovic, angeworben. Gavranovic wurde 1991 zum Vorsitzenden des Journalistenverbandes Kroatiens«,[23] erinnert sich ein früherer KOS-Offizier.

DÖRNER war ein agiler Resident. Er nutzte Jugoslawien auch als Transitland, um nach Rumänien, Bulgarien und in die Türkei zu reisen. Zu seinen zahlreichen nachrichtendienstlichen Aufträgen zählte auch die Fahndung nach Carlos, dem damals meistgesuchten Terroristen.

Unter dem Arbeitsnamen Karl Schmidt flog DÖRNER auch häufig nach Rom. Dort pflegte er Kontakte zur CIA. Die jugoslawische Spionageabwehr war sich nie sicher, ob Klaus Kinkel wußte, daß sein wichtigster Mann in Jugoslawien auch zugleich für die Amerikaner arbeitete.

In Rom gab es 1981 bereits ernsthafte Konsultationen zwischen Deutschland, Österreich und Italien über die Frage, wer welche Aufgaben beim Zerfall des Tito-Staates nach dem Tode des Marschalls am 5. Mai 1980 übernehmen sollte. Selbst auf der politischen Bühne Deutschlands waren bald darauf erste Versuche zu verzeichnen, einen kroatischen Nationalstaat zu fördern. Als Mate Mestrovic, der Sohn des berühmten Bildhauers und CIA-Agenten Ivan Mestrovic, 1982 nach Bonn kam, empfing ihn der Bundespräsident persönlich. Richard von Weizsäcker versicherte ihm, daß er die Forderung nach einem unabhängigen Kroatien unterstütze. Als die jugoslawische Spionageabwehr davon erfuhr – erläuterte Bozida Spasic 1995 in einem Interview –, war sie einigermaßen erstaunt, weil die offizielle Politik Bonns zu diesem Zeitpunkt noch für den Erhalt Gesamtjugoslawiens als Stabilitätsfaktor in Südosteuropa eintrat.

Im Inland beschattete Klaus DÖRNER Transporte aus der DDR, die über die Route ČSFR–Ungarn–Jugoslawien nach Palästina gehen sollten. In einem Fall begleiteten ihn die Abwehrleute von Maribor bis Novi Sad. Dort stoppten sie auch den Konvoi, in dessen Fahrzeugen sich jedoch nur Verbandszeug anstelle der vermuteten Waffen befand. In anderen Fällen enthielten die »humanitären Lieferungen« aus Ostberlin häufig genug Rüstungsgüter.

Die Hauptaufgabe von DÖRNER lag jedoch darin, für den BND – und für die CIA – Einschätzungen der politischen Lage vorzunehmen. Über den Wechsel in wichtigen politischen Ämtern und die Entwicklung der verschiedenen nationalistischen Strömungen berichtete er regelmäßig nach Pullach. In einer Analyse vermutete er, daß Unruhen und Sezessionskriege nach dem Tode Titos dazu führen würden, daß etwa 250 000 Flüchtlinge in die Bundesrepublik Deutschland drängen würden. Den BND-Bericht, der daraufhin nach Bonn geschickt wurde, unterschrieb Klaus Kinkel eigenhändig.

Zu den Kontakten, die DÖRNER zu den künftigen Machthabern in Kroatien und Slowenien pflegte, zählten auch die Begegnungen mit Stane Dolanc in Slowenien. Dolanc war am Ende der Tito-Ära Leiter des jugoslawischen Geheimdienstes und der Bundespolizei und zeigte eine merkwürdige Passivität, als sich 1981 die Kosowo-Albaner erhoben. Heute nimmt der Slowene wichtige nachrichtendienstliche Funktionen in Ljubljana wahr. Als der slowenische Verteidigungsminister Janis Janza im Mai 1994 sein Amt wegen verschiedener Affären um illegalen Waffenhandel und nachrichtendienstliche Aktivitäten für die alte UDBA aufgeben mußte, beschuldigte er Dolanc, als einer der alten Geheimdienstchefs Drahtzieher seiner Demission gewesen zu sein.[24] Zu nahezu allen Persönlichkeiten, die nach 1990 in Kroatien und Slowenien wichtige politische, publizistische und nachrichtendienstliche Funktionen bekleiden, baute Kinkels Resident Beziehungen auf. Und in einigen Fällen trug später der BND dafür Sorge, daß die ihm verbundenen Leuten auch in die leitenden Funktionen vordringen konnten.

In Zagreb konzentrierte DÖRNER seine Beziehungen auf Ivan Zvonimir Cicak und Drazen Budisa sowie zur nationalistisch gesinnten Partisanengarde um Krajacic. Dabei gelang ihm auch, sogenannte RESOW-Kontakte anzubahnen, was nur wenigen BND-Residenten in dieser Intensität gelingt. Im Sprachgebrauch des Bundesnachrichtendienstes sind damit Begegnungen mit Residenten des Sowjetblocks gemeint, die DÖRNER in Gestalt von KGB-Kontakten pflegte.

Ein weiterer Mordfall, für den die UDBA Anfang der achtziger Jahre verantwortlich gemacht wurde, war die Ermordung von Stjepan Djurekovic, des Direktors der Exportabteilung der Zagreber INA, in Stuttgart. In diesem wichtigsten Ölkonzern Jugoslawiens, der auch die Bundesarmee versorgte, hatte DÖRNER einige Agenten plaziert. Als eine Pipeline, aus der die INA ihr Öl aus Rotterdam über Deutschland bezog, von arabischen Terroristen und RAF-Leuten gesprengt wurde, versuchte DÖRNER, diese Verbindungen, aber auch einige Geldwaschgeschäfte aufzuklären. So lernte er auch Djurekowic kennen.

Als die Bundesfinanzinspektion in Belgrad gegen den Direktor und 18 weitere INA-Mitarbeiter Anzeige wegen Unterschlagung von 89 Millionen US-Dollar erstattete, flüchtete Djurekovic mit DÖRNERs Hilfe nach Deutschland. Die Ermittlungen der UDBA ergaben, daß er gute Beziehungen zu den Ustasa-Kreisen in Deutschland hatte. Da es sich um einen Kronzeugen und nicht nur um einen der Mitangeklagten handelte, sollte die UDBA Djurekovic entführen und nach Zagreb zur Verhandlung zurückbringen. Als jedoch aufgedeckt wurde, daß der Fall der INA-Commerce auch dunkle Machenschaften um Geldwäsche und Spionage mit Beteiligung der sowjetischen, aber auch der westlichen Dienste, sowie Verbindungen zu den höchsten politischen Instanzen Jugoslawiens – u. a. Josip Vrhovac aus dem Bundespräsidium – umfaßte, bekam die Affäre politische Brisanz und eine Dimension, die eine Geheimhaltung dringend empfahl. Der Bundesnachrichtendienst sorgte dafür, daß Djurekovic und der mit ihm geflüchtete Ivan Jelic im deutschen Fernsehen als bemitleidenswerte geflüchtete Dissidenten dargestellt werden konnten.

Wie eng die Bindungen der beiden an die Spitze des BND gewesen sind, erwies sich Anfang der achtziger Jahre. Der Präsident des Bundesnachrichtendienstes, Klaus Kinkel, schickte der Tochter des verstorbenen Ivan Jelic ein Kondolenzschreiben.

Djurekovic hatte in Stuttgart eine kleine Druckerei gekauft, da er einen Verlag gründen wollte. Eines Morgens wurde er in der

Halle seines Betriebes ermordet aufgefunden. Die Täter hatten ihn mit Äxten regelrecht geschlachtet.

Die letzte Version, die die UDBA der Öffentlichkeit präsentierte, hörte sich weniger brutal an: Der Kronzeuge Djurekovic wurde im Ausland bei der extremen Ustasa-Emigration untergebracht. Die Aktion des Untertauchens Djurekovics wurde von Stjepan Deveric organisiert, der damals Leiter der kroatischen Abteilung der Staatssicherheit (UDBA) zur Bekämpfung der extremen Emigration war. Seine Position in der UDBA und im Zentrum Krajacics hatte er von seinem Vater geerbt, und heute ist er Leiter der Einheit für persönliche Sicherheit des Franjo Tudjman. Die Aufgabe, Djurekovic in Deutschland untertauchen zu lassen, hatte die Geliebte von Djurekovic, Snezana Jaksic, erledigt, die eine operative Verbindung zur Zagreber UDBA hielt. Der kurze Aufenthalt Djurekovics in der Emigration wurde von Agenten des albanischen Geheimdienstes SIGURIMI aus Mannheim unterbrochen, den Brüdern Ramo und Sejdo Azemi und Fazli Gasi, die seit 1981 als operative Verbindungen desselben Deveric registriert worden sind. Sie wurden 1983 durch das BKA verhaftet, dann wieder freigelassen und waren kurze Zeit darauf an der Liquidation des Kronzeugen beteiligt. Für die Öffentlichkeit wurde die Geschichte von einem »Konflikt und Machtkampf innerhalb der Emigrantenkreise« verbreitet.[25]

Derartiges Vorgehen der jugoslawischen Geheimdienste im Ausland und die politischen Prozesse in Jugoslawien schufen im Westen eine medienwirksame Plattform für das weitere Wirken der »Dissidenten« und »Märtyrer des jugoslawischen Stalinismus«, zumal sie es im juristischen Sinne auch gewesen sind.

Der Abwehrchef Jugoslawiens, Bozidar Spasic, gab DÖRNER insgesamt gute Noten für seine nachrichtendienstliche Umtriebigkeit. Dennoch mußte DÖRNER 1983, kurz nachdem Klaus Kinkel ins Justizministerium nach Bonn gewechselt war, seinen Posten in Belgrad räumen. Dafür gab es mehrere Gründe: Obwohl er mit der ganzen Familie in Belgrad residierte, hielt er sich eine Geliebte, die den Decknamen MILENA erhielt. Seine Ausflüge nach Rom waren zunehmend davon bestimmt, für MILENA Modeartikel einzukaufen. Um das Geld für die teure

Geliebte zu beschaffen, zahlte er seine Agenten in Belgrad immer schlechter. In Pullach wurde er bereits verdächtigt, operative Gelder unterschlagen zu haben. Nachdem ihm noch einige handwerkliche Fehler passiert waren, bei denen beispielsweise Tote Briefkästen aufflogen, wurde er in die Zentrale zurückbeordert. Andere Quellen behaupten, daß in Pullach die große Anzahl von Doppelspielen mit Agenten, die auch an den KGB angebunden waren, Ursache für seine Ablösung waren.

Klaus Kinkel war bereits in Bonn, als sich Ivan Krajacic 1983 »zur Ruhe« setzte. Er ließ seine Komintern-Funkstation, die er 1942 von Ivan Srebrenjak geerbt hatte, von den Russen abholen und machte sich daran, sein eigenes Erbe zu regeln. Seine geheimen Agenturen im In- und Ausland überließ er seinen langjährigen Freunden und Mitarbeitern, Josip Manolic und Josip Boljkovac. Diese Übertragung des Erbes bedeutete, laut Duhacek, die Einleitung der entscheidenden Phase im Kampf um die Sezession: »Ab 1983 übernehmen die sogenannten ›Dissidenten‹ aus der Maspok unter der Führung Josip Manolics von Ivan Krajacic seinen Nachrichtendienst bzw. seine Organisation, das gesamte Netz, die Mitarbeiter, die Agenturen. Das ist ein wichtiger Zeitpunkt, da es ab jetzt sehr, sehr intensive Kontakte, auch offizieller Natur, zwischen Josip Manolic und dem BND gibt. Ich kenne das Niveau auf der anderen Seite nicht, d. h., wer den BND dabei vertreten hat, aber ich weiß von vielen konspirativen Treffen, die in Deutschland, danach in Österreich und sogar im deutschen Konsulat in Zagreb stattgefunden haben. Das war damals selbstverständlich illegal.«[26]

Auch die Aktivitäten der kroatischen katholischen Kirche im In- und Ausland standen unter Beobachtung der UDBA und des KOS, weil sie häufig in enger Abstimmung mit Pullach erfolgten. So registrierte der jugoslawische Geheimdienst, daß im Oktober 1984 »Tomislav Duka, unter dem Vorwand, junge Wallfahrer aus Deutschland nach Zadar zu begleiten, in einer Gruppe von 385 Menschen auch acht Operativagenten des deutschen Geheimdienstes BND einschleuste«.[27] Ein ehemaliger BND-Beamter bestätigte 1994, daß seit Mitte der achtziger Jahre in wachsendem Umfang Verbindungsführer aus Pullach die Einreise nach Jugoslawien wagten. Einerseits hielten sie dabei Verbindung zu ihren Quellen, und andererseits gab es eine verstärkte »Augenaufklärung« verteidigungswichtiger Anlagen und Objekte.

1987 starb Ivan Krajacic. Einige Monate vor seinem Tode soll er Manolic, seinem Zögling und Nachfolger, gesagt haben: »Es gibt keine Parteien, es gibt keine Meinungsverschiedenheiten, es gibt keinen Streit in Kroatien. Es gibt nur eins: ein reines Kroatien. Darauf sollen sich alle Kroaten einigen.« Bei seinem letzten Gespräch mit Duhacek, von der langen schweren Krankheit gezeichnet, sagte er: »Ich verlasse diese Welt im Bewußtsein, daß ich für mein Kroatien viel getan habe. Ich weiß, du glaubst, ich leide an meiner besonderen Liebe für Kroatien. Das stimmt, ich leide auch daran. Sei vorsichtig, wie du über die nachrichtendienstliche Tätigkeit des Ivan Krajacic, Spanienkämpfer, schreibst. Geiz nicht mit Lob, denn ich war auch ein kleiner Gott, sag das auch.«[28]

Die Bedeutung dieser Worte wird klar, wenn man berücksichtigt, daß in den Geheimdiensten Jugoslawiens sowie in seinen höchsten Föderations- und militärischen Instanzen zu dieser Zeit Menschen Positionen bekleideten, denen nicht nur Nähe, sondern enge Beziehungen zu Krajacic und Manolic bzw. zu Franjo Tudjman nachgesagt und im nachhinein nachgewiesen wurden. Der operative Einsatzleiter der Bundes-UDBA war von 1984 bis 1991 Zdravko Mustac; in der Bundesluftwaffe und somit in der militärischen Aufklärungs- und Abschirmzentrale saßen General Antun Tus und weitere hohe kroatische Sicherheitsoffiziere; Bundesaußenminister, vorübergehendes Präsidiumsmitglied und Präsident des Präsidiums war Josip Vrhovec; Ende der achtziger Jahre wurde Budimir Loncar Bundesaußenminister, um nur einige zu nennen.

Es würde den Rahmen dieses Kapitels sprengen, wollte man alle nachrichtendienstlichen Aktivitäten aus Pullach zur Verschärfung des Sezessionskrieges in Exjugoslawien und anschließend zum Ausbau der geheimdienstlichen Einflußzone auf dem Balkan auch nur annähernd darstellen. Festzuhalten bleibt, daß die Mehrzahl der von Kroatien importierten Rüstungsgüter deutschen Ursprungs ist und unter den Bedingungen eines UNO-Embargos ohne die geheimdienstliche Unterstützung durch den BND nicht ins Land gelangt wäre. Ob es sich um Waffen der ehemaligen NVA, von MBB entwickelte Panzerabwehrwaffen des Typs Armbrust aus Singapur, Schnellfeuerwaffen von Heckler und Koch, um die »Abrüstungsmasse« der christlichen Milizen im Libanon oder um die Einschaltung des internationalen Waffenhändlers Karl-Heinz Schulze aus dem belgischen Boom durch einen deutschen Konsul handelt – der Bundesnachrichtendienst hat, was Kroatien betrifft, den größten Anteil an der Aushöhlung der Beschlüsse der Vereinten Nationen.[29] Die meisten Waffen für Kroatien, analysierte The Bulletin of the Atomic Scientists 1994, stammen aus ostdeutschen Depots.

Nachdem der BND die vollständige Kontrolle über die neuen kroatischen Geheimdienste erlangt hatte, verlangte er eine Säuberung. Miroslav Tudjman, der Sohn des Präsidenten, wurde im März 1993 neuer Leiter des Nationalen Sicherheitsbüros. Mit Josip Manolic, Stjepan Mesic, Josip Boljkovac, Tomislav Fra Duka und anderen trat ein alter Geheimdienstring aus der Öffentlichkeit ab. Manolic gründete mit Mesic eine neue Partei und erhoffte sich Erfolge im politischen Kampf gegen Franjo Tudjman. Was jedoch für ihn bleibt, ist der bittere Geschmack des Rausschmisses und seine wahrscheinlich noch gut funktionierenden Netze von Agenten, durch die er Tudjman irgendwann gefährlich werden kann – wenn er es will und wenn die Situation es erlaubt.

»Der BND hat sich dem kroatischen Nachrichtendienst gegenüber so benommen, als wäre dieser ein Sektor des BND, eine Gebietsabteilung ... Joza Manolic hat bis zu der Machtübernahme durch die HDZ ganz bewußt dem BND Vorrang eingeräumt. Nach der Machtergreifung Tudjmans versuchte Manolic jedoch eine gewisse Selbständigkeit zu bewahren. Bei solchen Menschen spielen auch private Ambitionen eine Rolle ... Die Deutschen führen eine endgültige Ausschaltung ehemaliger Partisanenkader durch, außer Tudjman. Für ihn haben sie zur Zeit noch keine Alternative. Das Vorgehen des BND ist eindeutig: Er stellt Mesic kalt. Warum? Weil Stipe Mesic aus einer Partisanenfamilie stammt. Joza Manolic ist Träger des Partisanenordens ›Kämpfer des ersten Tages‹, genauso wie sein Freund Josip Boljkovac. Der BND hat zu diesen Leuten kein Vertrauen, weil sie ja vier Jahre lang gegen die Deutschen gekämpft haben – und das vergißt keiner. Deutschland hat bis zum bitteren Ende eben das durchgezogen, was es wollte. Es hat keine weiteren Bedürfnisse in diesem Zusammenhang, es ist mit Kroatien fertig. Das ist jetzt eine Beziehung wie seinerzeit im Osmanischen Reich – ein Vasallenverhältnis«,[30] kommentierte Anton Duhacek im März 1994 verbittert die Entwicklung.

Die britische Fachzeitschrift Jane's Intelligence Review vom September 1994 beurteilt die internen Abrechnungen in den kroatischen Geheimdiensten als »operativ katastrophal« für sie. »Sie haben mehr Zeit darauf aufgewendet, gegeneinander zu intrigieren, als gegen die SDB und den KOS in den durch die kroatische Regierung kontrollierten Gebieten Kroatiens zu kämpfen, von den für sie praktisch unerreichbaren Krajinas ganz zu schweigen ... Was die Art der Hilfe anbelangt, die Deutschland Kroatiens Geheimdiensten angedeihen läßt, ist die Schulung der Kader die wichtigste Fördermaßnahme ... Die wichtigste geheimdienstliche Verbindung in Kroatien ist darauf aus, seine Dienste zu zersplittern und letztendlich zu zerstören.«

Wie die kroatischen Dienste mit diesen Problemen fertig werden und wer aus dem Kampf der deutschhörigen Ustasa-Strömung und der inzwischen abtrünnigen Partisanenkader als Sieger hervorgehen wird, läßt sich nicht so leicht vorhersagen. Jane's Intelligence Review beurteilt jedenfalls die Unterstützung der deutschen Regierung ausgerechnet für die Ustasa-Lobby in Kroatien als ausgesprochen fragwürdig.

Die Vereinigten Staaten versuchen seit dem Sommer 1994 – nach der Aufgabe ihrer proserbischen Position – den dominierenden deutschen Einfluß auf nachrichtendienstlichem Gebiet durch ein Engagement zugunsten der kroatischen Streitkräfte auszugleichen. Vom amerikanischen Schwenk von einer proserbischen zu einer probosnischen Position wollen auch die Kroaten intensiver profitieren. Ende November 1994 unterzeichnete Verteidigungsminister Gojko Susak in Washington einen Vertrag über die militärische Zusammenarbeit der beiden Staaten. Zugleich drohte Susak der Clinton-Administration – die Zagreb bisher zur Vermeidung einer weiteren Eskalation zurückgehalten hatte –, die kroatischen Streitkräfte würden eingreifen, falls die umkämpfte Moslem-Enklave Bihac in serbische Hände falle.[31]

Bei der Annäherung Kroatiens an die USA hat Susak auf nachrichtendienstlichem Gebiet noch einen Trumpf in der Hand. Als Josip Manolic als Geheimdienstchef abgelöst wurde, hatte der vom BND verprellte Nachrichtendienstler seine Quellennetze und Agenturen – soweit er sie nicht für sich behielt – nicht etwa seinem Nachfolger Miroslav Tudjman übergeben, sondern Gojko Susak. Möglicherweise sucht Susak sich aus der nachrichtendienstlichen Fremdbestimmung Kroatiens durch den BND zu befreien, indem er die CIA als größeren Partner ins Spiel bringt. So könnte Klaus Kinkel als Außenminister einen Teil der Positionen verlieren, die er als BND-Präsident gewonnen hatte.

10
»Distanz zu gewissen Leuten«
Die zweite Heimat am Rhein

Weit mehr als die Hälfte seines Arbeitseinsatzes muß ein BND-Präsident auf die Außenkontakte konzentrieren. Dazu gehören die Auslandskontakte zu seinen Residenten und Partnerdiensten, aber auch eine Vielzahl von Terminen mit Bundeskanzleramt und Ministerien, mit Spitzenpolitikern und -beamten und mit dem Bundestag, wo parlamentarische Untersuchungsausschüsse, Haushaltsberatungen oder die Kontrollkommission PKK seine Präsenz fordern.

Nach jahrelangen Bemühungen um eine parlamentarische Kontrolle der deutschen Geheimdienste legten die Vorsitzenden der Bundestagsfraktionen von CDU/CSU, SPD und FDP im November 1977 erstmals einen Gesetzentwurf zur Kontrolle der Nachrichtendienste vor. Am 9. März 1978 stimmte der Bundestag dem Gesetz zur Kontrolle der Geheimdienste zu. »Hieß es noch in dem ursprünglichen Entwurf der Regierungskoalition: ›Die Nachrichtendienste des Bundes unterliegen der Kontrolle durch die Parlamentarische Kontrollkommission‹, so ist davon nur der Tatbestand übriggeblieben, daß die Kontrollkommission allenfalls die Regierung kontrollieren darf. Abgesehen von der Tatsache, daß nun das bisherige Vertrauensmännergremium durch eine vom Parlament gewählte Kontrollkommission ersetzt wird, hat sich am bisherigen Zustand nichts geändert. Weggefallen ist auch die ursprüngliche Forderung, daß die Kontrollkommission gegenüber der Bundesregierung Anspruch auf uneingeschränkte Unterrichtung haben soll ... Die Regierung aber und die Mehrheit des Parlaments selber scheinen der Parlamentarischen Kontrollkommission mehr zu mißtrauen als den Geheimdiensten«,[1] bewertete die Stuttgarter Zeitung im März 1978 die Kluft zwischen Reformwillen und Reformfähigkeit.

Im März 1980 schlug der SPD-Bundestagsabgeordnete Axel Wernitz, Vorsitzender des Bundestagsinnenausschusses, vor, einen Ombudsmann zur Kontrolle der Nachrichtendienste – analog zur Funktion des Wehrbeauftragten – einzuführen. Aber auch dieser Anlauf, die Nachrichtendienste transparenter zu machen, scheiterte. Mit einer echten Überwachung der nachrichtendienstlichen Aktivitäten in Pullach durch das Parlament mußte auch Klaus Kinkel in seiner Amtszeit nicht rechnen. Und so nahm er seine Auftritte vor diesem Gremium auch nicht besonders wichtig.

Gerhard Jahn, der auf eine lange Karriere in verschiedenen Bundesregierungen als Parlamentarischer Staatssekretär im Außenministerium und als Bundesjustizminister (1969–1974) zurückblicken kann, war – als die SPD wieder Oppositionspartei im Bund war – erneut Mitglied der Parlamentarischen Kontrollkommission (PKK). Im Januar 1990 legte er dieses Amt in dem »Gremium mit Alibifunktion« demonstrativ nieder, weil er die parlamentarische Kontrolle der Geheimdienste als Farce ansah; allzuoft wurden den politischen Aufsehern die Aktionen des BND verschwiegen.[2]

Der erfahrene Geheimdienstkontrolleur erlebte in der PKK drei BND-Präsidenten. An Kinkels Dienstzeit hat er die schlechteste Erinnerung. Völlig im Allgemeinen bleibend, ohne Höhepunkte und von langweiliger Routine geprägt seien die Ausführungen des FDP-Manns im abhörsicheren Sitzungssaal der PKK gewesen.

Der im September 1985 eingesetzte BND-Präsident Hans-Georg Wieck habe beispielsweise wesentlich stärker argumentiert und sei auch diskussionsbereiter gewesen als Klaus Kinkel, erinnert sich Jahn. An dem größeren zeitlichen Abstand kann der blasse Eindruck, den Kinkel auf ihn gemacht hatte, nicht liegen. Die Vorträge aus dem Jahre 1978 von dessen zehn Jahre amtierenden Vorgänger, BND-General Gerhard Wessel, sind dem ehemaligen Bundesminister weit besser im Gedächtnis. Wessel habe eindrucksvoll vorgetragen, präziser als Kinkel und zugleich bereiter, seine Ausführungen auch zur Disposition zu stellen.[3]

In mindestens einem Fall hat der BND-Präsident Kinkel gegenüber den Abgeordneten der PKK und zugleich der Öffentlichkeit die Unwahrheit gesagt, muß man schlußfolgern, wenn man die folgende Geschichte hört: Im August 1979 war der litauische Kanusportler Cesiunas in die Bundesrepublik geflüchtet und hatte um Asyl nachgesucht. Im September verschwand er auf mysteriöse Weise und erklärte in Moskau dem dortigen ARD-Korrespondenten, er sei freiwillig in die Heimat zurückgekehrt. Die Opposition allerdings behauptete, der Athlet sei verschleppt worden. Sie forderte Aufklärung darüber, warum Herbert Wehner am 10. Oktober und noch vor Abschluß der Ermittlungen des Generalbundesanwalts in einem Brief an die »Litauische Volksgemeinschaft« in der Bundesrepublik habe erklären können, seine Erkundigungen bei »verantwortlichen Institutionen« hätten ergeben, Cesiunas sei aus eigenem Antrieb wieder in die Sowjetunion gegangen. BND-Präsident Kinkel mußte zu diesem Fall vor der PKK vortragen, und bereits vor der Sitzung der Kontrollkommission sickerte durch, »der Bundesnachrichtendienst habe die sowjetische Botschaft in Bonn telefonisch überwacht und dadurch Anhaltspunkte für eine freiwillige Rückkehr des Sportlers in die Sowjetunion erhalten. Die entsprechenden Belege würden wohl der Kontrollkommission vorgelegt.«[4]

Tatsächlich, berichtet ein Insider heute, war sowohl dem BND als auch der Bundesanwaltschaft genau bekannt, daß der Kanusportler von einem Greifkommando des KGB entführt worden war. Generalbundesanwalt Kurt Rebmann wollte mit diesen Erkenntnissen unbedingt an die Öffentlichkeit und geriet deshalb in eine heftige Auseinandersetzung mit Kinkel. Das Verhältnis zwischen der Bundesanwaltschaft und dem Bundesnachrichtendienst war, nach Insiderangaben, eigentlich gut. Doch mit den beiden Behördenchefs prallten gelegentlich zwei Machtmenschen aufeinander, von denen keiner nachgeben mochte. Hier kam es jedoch zum Kompromiß. Rebman unterließ es, den russischen Piratenakt direkt und für jeden verständlich anzugreifen.

Aber nicht nur Herbert Wehner, sondern auch Bundeskanzler

Schmidt und Außenminister Genscher waren nicht daran interessiert, durch die Veröffentlichung dieses Verbrechens die Beziehungen zu Moskau zu belasten. Deshalb wurden PKK und Öffentlichkeit über die Hintergründe des Verschwindens des Litauers getäuscht. Daß die CDU/CSU-Opposition dennoch bei ihrer Version von einer Verschleppung blieb, verwundert in Anbetracht ihrer zahlreichen Kanäle nach Pullach nicht.

Zu keinem anderen Geschäftsbereich der Bundesregierung gibt es so häufig Untersuchungsauschüsse des Deutschen Bundestags wie zum Geheimdienstbereich. So mußte auch Klaus Kinkel einige parlamentarische Aufklärungsversuche über sich ergehen lassen – solche, die Vorfälle in seiner Amtszeit betrafen, und Altlasten aus den Tagen seines Vorgängers Wessel.

Zu dieser zweiten Kategorie gehört der Untersuchungsausschuß zur Abhöraffäre Strauß/Scharnagl, zu deren Aufklärung auch der Bericht des Untersuchungsausschusses des Deutschen Bundestags vom 20. März 1980[5] nicht wesentlich beitragen konnte. Eine Beteiligung des BND, der einen Teil der Untersuchungsarbeit geleistet hatte, an dem Lauschangriff schlossen die Abgeordneten allerdings aus. Zwar waren im damaligen Wohnhaus von Strauß angeschnittene Leitungen ermittelt worden,[6] aber wer das Telefongespräch zwischen dem damaligen bayerischen Ministerpräsidenten und CSU-Chef Franz Josef Strauß und dem Chefredakteur des Bayernkurier, Wilfried Scharnagl, vom 28. September 1976 aufgezeichnet und der Süddeutschen Zeitung zur Veröffentlichung am 14. Januar 1978 zugespielt hatte, blieb zunächst ungewiß.

Erst 1992 ist in einer Publikation zweier MfS-Offiziere der tatsächliche Sachverhalt, den Pullach so vermutet hatte, aber nicht nachweisen konnte, veröffentlicht worden. Die Aktion »Gänsebraten« war der erfolglose Versuch der HVA-Desinformationsabteilung X, dem bayerischen Ministerpräsidenten Bestechlichkeit bei der Beschaffung von Starfightern beim US-Rüstungskonzern Lockheed zu unterstellen.[7]

Im Juni 1982 wurde der Vorwurf, der BND selbst habe Strauß abgehört, in einem Untersuchungsausschuß des bayerischen Landtags wieder aufgewärmt, als der Journalist Frank P. Heigl dort zu den Informationen aussagte, die er von Dr. Hans Langemann erhalten hatte.[8] Langemann, bis 1973 und über 13 Jahre hinweg in einer operativen Schlüsselstellung beim BND und anschließend oberster bayerischer Staatsschützer, hatte 1981 einigen Journalisten und Medien nicht nur seinen Schlüsselroman, in dem er mit dem BND abrechnen wollte, sondern auch zahllose Geheimdokumente zur »Operation EVA« überlassen. Die operative Auslandsarbeit Pullachs bis 1968 und so manche Intrige, in die führende CSU-Politiker verwickelt waren, wurden so Anlaß zu einer Serie von Veröffentlichungen und führten zu einem Untersuchungsausschuß im bayerischen Landtag. Dort war die CSU nun nach Kräften bemüht, zuzudecken, was der »Mann mit dem Kopfschuß« (Strauß über Langemann) zu berichten wußte. Dennoch zeigte sich, daß der Staatssekretär des bayerischen Innenministers sowohl das ganze Langemann-Manuskript kannte als auch den Brief, den der Staatsschützer am 28. Oktober an Kinkel gerichtet hatte, um ihn über eine stern-Veröffentlichung »Über den alten BND (Vatikan)« zu unterrichten. Offensichtlich gab es eine Intrige aus dem Hause von Gerold Tandler gegen den BND. Kinkel mußte vor dem Untersuchungsausschuß des Landtags in München als Zeuge auftreten und bekannte, »der BND ist geleimt worden«.[9]

Die Arbeit des Untersuchungsausschusses plätscherte vor sich hin. 18 Tagebücher und Ringhefter, die in Langemanns Keller hinter den Ölöfen gefunden worden waren, bekam Kinkel nicht zu sehen.[10] Und er konnte auch gerichtlich ihre Freigabe nicht erzwingen.

In wirklich eigener Sache mußte Kinkel dem Bundestag auch Rede und Antwort zum Fall Rauschenbach stehen. Am 2. Juni 1982 gegen 13.50 Uhr war der Oberstleutnant der DDR-Grenztruppen Klaus-Dieter Rauschenbach bei Tann in der Rhön in die Bundesrepublik geflohen. Als hochrangiger Überläufer aus dem militärischen Bereich landete der Kommandeur des Grenztruppenregiments 3 »Florian Geyer« in Dermbach naturgemäß beim BND. Auch wenn die Aufklärer des BGS über die Kollegen auf der anderen Seite, beispielsweise ihre Gliederung und Ausbildung, bereits zahlreiche Informationen gesammelt hatten, versprachen sich die Geheimdienstler in Pullach von Rauschenbach neue Erkenntnisse über das Grenzregime der DDR. Und so boten sie ein hochrangiges Team auf, um diesen Überläufer zu betreuen: den BND-General Gerd Herrling, Deckname GEGERT, den BND-Obersten und Verbindungsreferenten zur Landesregierung in Bayern, Joachim Phillip, Deckname PANTEN, und einen BND-Mitarbeiter namens GORSKI.

Zwei Tage später, am 4. Juni, kehrte der Grenzoffizier unter ungeklärten Umständen um 22.00 Uhr mit seiner Ehefrau über den bayerischen Grenzübergang Rudolphstein in die DDR zurück. Seine Rückkehr hatte die Hauptabteilung III des MfS vorausgesagt. Sie hatte über die Funkaufklärung erfahren, daß Rauschenbach samt BND-Begleitern über Nacht in einer militärischen Anlage bleiben sollte, um erst am nächsten Tag in die DDR zurückzukehren.

Die CDU/CSU-Bundestagsopposition sah in der Rückkehr des Grenzoffiziers die Chance, der SPD im Bundestag Willfährigkeit gegenüber Ostberlin vorzuwerfen. Friedrich Vogel, PKK-Mitglied für die CDU, zitierte vor dem Hohen Hause zur Begründung der Notwendigkeit eines Untersuchungsausschusses Vermutungen einer angesehenen Tageszeitung, es sei das Vertrauen dahin, »daß hierzulande die gegenwärtige Bundesregierung der Freiwilligkeit zur Rückkehr nicht unter opportunistischen Erwägungen nachhilft«.

Der FDP-Abgeordnete Hans A. Engelhard hielt der Opposition vor, sie würde hier einen »makabren politischen Staffellauf« inszenieren, da sie im Gegensatz zur SPD kein PKK-Mitglied in den siebenköpfigen Untersuchungsausschuß entsenden wolle: »Die Informierten unter Ihnen aus der Parlamentarischen Kontrollkommission wissen, wenn das Unternehmen beginnt, daß sie ja bereits am Ziel sind. Aber sie behalten dieses Herrschaftswissen für sich. Sie sagen nicht: Wir wissen alles; alles ist geklärt und in Ordnung. Sie schweigen. Sie behalten es ihren politischen Freunden gegenüber für sich, aber sie wollen oder können den Bewegungsdrang anderer nicht bremsen. Und so übergeben sie denn den Stab, damit Unkundige zum großen Rennen ansetzen und dem staunenden Publikum das Schauspiel eines Phantomlaufs geboten wird.«[11]

Als Mitglied der PKK war der CDU-Abgeordnete Vogel Anfang Juli in geheimer Sitzung über den Fall unterrichtet worden. Aber sein Wissen reichte noch weiter. Der BND-Oberst Günter Baltutis aus Köln, Deckname UTRECHT, hatte den befreundeten CDU-Mann sogar über eine dienstinterne Sitzung zum Fall Rauschenbach detailliert informiert. Aus Vogels Umfeld wurden die Informationen an die Springer-Zeitung Die Welt lanciert, die daraufhin einen publizistischen Angriff gegen den BND-Präsidenten fuhr.

Am 14. Oktober 1981 verhängte Kinkel eine Disziplinarmaßnahme gegen UTRECHT, der daraufhin seinen Abgeordneten um Rückendeckung bat. In dem Gespräch mit Vogel drohte Kinkel sogar mit seinem Rücktritt und weigerte sich massiv, die Bestrafung rückgängig zu machen. Dies tat dann jedoch Generalinspekteur Generalleutnant Helmut Heinz als höchster Disziplinarvorgesetzter aller Soldaten auch im BND, der ohnehin zum März 1982 pensioniert werden sollte. Er hob Kinkels Verfügung auf, weil Baltutis den Abgeordneten nicht widerrechtlich unterrichtet hatte und weil es keinen Zusammenhang zwischen dem Gespräch und dem Zeitungsartikel gebe. Damit der BND-Präsident sein Gesicht wahren konnte, wurde Günter Baltutis zur Bundeswehr zurückkommandiert. Als Nachrichtendienstler ging er zum Amt für Nachrichtenwesen der Bundeswehr ins Ahrtal.

Den Untersuchungsgegenstand des Rauschenbach-Ausschusses hatten »Dr. Kohl, Dr. Zimmermann und Fraktion« am 30. September 1981 in ihrem Antrag in acht Punkten festgeschrieben, von denen der Punkt vier für die sozialliberale Bundesregierung am sensibelsten schien: »Welche Dienststellen haben im Zusammenhang mit dem Übertritt, dem Aufenthalt und der Rückkehr von Oberstleutnant Rauschenbach mit welchen Stellen der DDR welche unmittelbaren oder mittelbaren Kontakte gehabt? Welche Hinweise, Wünsche, Forderungen oder Zusagen hat es dabei von seiten der DDR und der Bundesregierung gegeben?«[12]

Bis vor das Verfassungsgericht brachte die CDU/CSU die Frage, ob die Bundesregierung die »sensiblen Akten, insbesondere des Zollkommissariats Tann und des Bundesgrenzschutzes«[13] dem Untersuchungsausschuß zur Verfügung zu stellen habe.

Die Ergebnisse des Untersuchungsausschusses aus Sicht der CDU/CSU wurden bereits vor der Diskussion im Bundestag zur Einsetzung dieses Gremiums über den Bildschirm veröffentlicht. Der Bayerische Rundfunk kündigte am 22. September 1981 die Einsetzung eines Untersuchungsausschusses an ».... auf Antrag der Opposition, die sich nicht davor fürchtet, daß hier die Regierung den Fall Rauschenbach in eine bayerische Abhöraffäre ummünzt. Denn die Beamten im Münchner Polizeipräsidium haben ja nach dem Polizeiaufgabengesetz mitgehört, und der zuständige BND-Beamte hat davon gewußt.

Der Untersuchungsausschuß kann demnach von folgenden Erkenntnissen ausgehen. Erstens. Die Kommunikation zwischen Zoll, Grenzschutz, Nachrichtendienst und Verfassungsschutz, zwischen Kanzleramt, Innen- und Innerdeutschem Ministerium hatte Mängel. Zweitens. Der Pullacher Nachrichtendienst ist wieder einmal im Gerede, obwohl sein Chef Kinkel geade dieses vermeiden wollte. Drittens. Die politische Verantwortung für den Fall Rauschenbach liegt bei Staatsminister Huonker. Er hatte gegenüber Kinkel Weisungsbefugnis, und er hat davon Gebrauch gemacht. Viertens. Eine Gegenleistung Ostberlins gibt es bis zur Stunde nicht.«[14]

Den Vorsitz im Untersuchungsausschuß sollte der CDU-Abgeordnete Friedrich Voss übernehmen, der dem Haussender in München auch für diesen Beitrag zur Verfügung stand. Auch er ließ sich aus der konservativen Seilschaft im BND, namentlich von Kurt Weiß, über geheime Abläufe im Fall Rauschenbach informieren: Am 3. September 1981 hätte der BND-Präsident mit leitenden Mitarbeitern des BND die Affäre erörtert und dabei hätten sich 80 Prozent der Mitarbeiter gegen eine Entscheidung Kinkels im Fall Rauschenbach ausgesprochen, berichtete die Tageszeitung Die Welt im Januar 1982, ohne die Ursache der Auseinandersetzung in der BND-Führung zu nennen.[15]

Klaus Kinkel war verärgert, weil die »Betreuer« des Überläufers bei dessen Vernehmung rechtswidrig ein Tonband hatten mitlaufen lassen. Selbst das Telefongespräch zwischen Rauschenbach und seiner Frau, das dieser von einer konspirativen Wohnung in München aus geführt hatte, wurde abgehört. Kinkels Mißbilligung dieser Operation störte die altgedienten BNDler kaum. Der Präsident habe eben kein Verständnis für geheimdienstliche Notwendigkeiten, ließen sie im Dienst verbreiten. Sie jedenfalls würden jederzeit wieder so verfahren, ganz gleich, was der Präsident dazu sage.

Kinkel beschwerte sich darüber beim Chef des Bundeskanzleramts, Manfred Lahnstein. Aus eigener Kraft konnte er die innere Opposition in seinem Dienst nicht mehr unter Kontrolle bekommen. Lahnstein ordnete an, die Verantwortlichen von ihren Pflichten zu entbinden bzw. in den einstweiligen Ruhestand zu versetzen.

General Herrling, der dem BND zu Zeiten der Militärdiktatur in Griechenland als Militärattaché in Athen gedient hatte, war jedoch 1981 mit 65 Lebensjahren ohnehin bereits pensioniert worden. Die beiden anderen Beteiligten aber wurden hochbefördert, denn Joachim Phillip war unangreifbarer Protegé von Franz Josef Strauß. GORSKI landete sogar im besonders sensiblen Bereich Sonderoperationen.

Möglicherweise wäre Kinkel noch erboster gewesen, wenn er geahnt hätte, daß das wenige Wissen, das Rauschenbach bei seinen ersten Gesprächen mit PANTEN preisgab, operativ genutzt wurde, obwohl das für den inzwischen unbeschadet in der DDR lebenden Offizier ein hohes Risiko bedeutete. Rauschenbach hatte gegenüber dem BND einige Angaben über Kameraden in den Grenztruppen gemacht. Das MfS registrierte nach dessen Rückkehr Anbahnungsversuche des BND bei diesen Offizieren, die jedoch alle erfolglos verliefen.

Zugleich mit Baltutis enthebt Kinkel im Oktober 1981 den Chef der CSU-Seilschaft im BND, Kurt Weiß, nach dreißigjähriger Tätigkeit im BND seines Amtes.[16] WINTERSTEIN – so der Deckname von Weiß – war bereits 1970 als Leiter der Beschaffungsabteilung auf den Posten des Direktors der Schulen des BND abgedrängt worden. Gerade diese Postion hatte er genutzt, um eine breite Front von CDU/CSU-Sympathisanten im BND aufzubauen und sie der Opposition im Bundestag nahezubringen. Wesentliche Anlaufstelle in Bonn war das Büro des CDU-Abgeordneten Werner Marx.[17]

Ausgerechnet Marx hatte seinem Freund aus derselben akademischen Verbindung, Klaus Kinkel, gleich nachdem der sein Amt übernommen hatte, den Hardliner Weiß ans Herz gelegt und sich am 14. Februar 1979 noch einmal schriftlich beim BND-Präsidenten für seinen Zuträger verwandt.[18] Marx – Brückenkopf der CSU in der CDU – muß sich nach dem Gespräch mit Kinkel sicher gewesen sein, daß der FDP-Mann in Pullach den gewünschten Abstand zur SPD-Führungsriege halten und sich auf die alten Seilschaften stützen würde. Am 30. Januar 1979 machte er seinem Verbündeten in Pullach diesbezügliche Hoffnungen: »Dieser Mann wird, wenn er die richtigen Berater hat, seine Arbeit vorzüglich machen. Er kniet sich sehr hinein und findet, daß Distanz zu gewissen Leuten der näheren Umgebung wichtig sei und von ihm eingehalten werde.«[19] Kinkel erfüllte allerdings nicht diese Erwartungen seines Duzfreunds Marx.

Eine weitere Untersuchung von BND-Aktivitäten, die Kinkel zu verantworten hatte, durch den Bundestag lösten im November 1985 Presseartikel zur Finanzierung des BND durch Industrie in den Jahren 1979/80 und 1983 aus. Im Dezember stufte die PKK den Tatbestand als »nicht angängig« ein.

Auf Empfehlung von Innenminister Gerhart Baum, dem sein BKA-Präsident Horst Herold dazu geraten hatte, nahm Kinkel am 21. August 1979 Werner Mauss für den BND unter Vertrag, um in der BKA-Domäne Terroristenfahndung aktiv zu werden. Nach Abstimmung mit Kanzleramtsminister Schüler vereinbarte er mit dem dubiosen Privatdetektiv, gegen den Rat seines Vizepräsidenten Blötz, einen Einjahresvertrag. »So locker Kinkel wirkte, so nüchtern und unerbittlich war er bei seiner Skizzierung der zukünftigen Zusammenarbeit. Das Ehepaar Mauss sollte unter strenger Kontrolle einer eigens für sie beim BND beschafften Planstelle arbeiten. Extrawürste und Eskapaden, das machte Kinkel freundlich, aber bestimmt klar, werde es nicht geben.«[20] Als Führungsoffizier teilte er dem früher freihändig arbeitenden Detektiv den BNDler MARTINI zu.

Um die Honoraransprüche des angeblichen Topagenten zu befriedigen, waren 650 000 DM erforderlich, die in einer Mischfinanzierung von 400 000 DM von Spenden aus der deutschen Wirtschaft und von 250 000 DM vom Bund bestanden. Der HUK-Verband begann den Spendenreigen im Dezember 1979 mit 66 667 DM und legte im Februar 1980 133 333 DM nach, der VEBA-Konzern steuerte im März 1980 50 000 DM bei, die Friedrich Flick Verwaltungsgesellschaft im Juni 1980 100 000 DM, und die Deutsche Bank rundete die Zusage der Industrie im September 1980 mit 50 000 DM auf, die sie dem BND über eine Spendenwaschanlage zukommen ließ.

Obwohl Mauss seinem Dienstherrn so gut wie nichts aus dem Bereich Terrorismus lieferte und nur fragwürdige bis falsche Informationen über die indische Nuklear- und Regierungspolitik, die er über eine Stewardeß der Air India gewann, verlängerte Klaus Kinkel den Vertrag im August 1980 noch einmal bis zum Jahresende und investierte dafür weitere 192 000 DM.

Anfang 1982 vergab Kinkel erneut einen Sonderauftrag an Mauss, von dem er dann wieder hörte, als er bereits in Bonn war. Am 10. Juni 1983 schickte Mauss, wie Stefan Aust in einem Buch über den Fall Mauss darlegte, seinen Erfolgsbericht »an einen ehemaligen Auftraggeber, der inzwischen als Staatssekretär im Bundesjustizministerium fungierte: ›Sehr geehrter Herr Dr. Kinkel! Unter Bezugnahme auf mein Telefongespräch mit Ihnen Ende Mai 1983 möchte ich an dieser Stelle noch einmal meine aufrichtige Teilnahme zum Tode Ihrer lieben Tochter aussprechen. In der Anlage reiche ich Ihnen unseren Einsatzbericht zur Auffindigmachung der Seveso-Fässer zur persönlichen Information ein. Mit freundlichen Grüßen! Mauss.‹«[21]

Auch die für Mauss tätige Veronika B. übernahm der BND 1981 als freie Mitarbeiterin, um die terroristische Szene in Paris auszuforschen. Rentiert hat sie sich so wenig wie ihr Lehrmeister. »Vor allem im ›Andicken‹ spärlicher Informationen brachte sie es zu einer gewissen Meisterschaft. Sie war dabei in guter Gesellschaft, denn auch ihre Pariser BND-Führer beherrschten diese Kunst vortrefflich. Gemeinsam machte man sich ein flottes Leben auf Kosten des Bundesnachrichtendienstes und lieferte reichlich Märchen aus 1001. Pariser Nacht.«[22]

Selbst wenn der nachrichtendienstliche Ertrag die hohen Erwartungen des BND-Präsidenten auch nur annähernd erfüllt hätte, bliebe das Verfahren rechtswidrig. Die Mischfinanzierung aus Industriemitteln und BND-Geldern, um einen nachrichtendienstlichen Auftrag zu erfüllen, ist mit der Bundeshaushaltsordnung nicht zu vereinen, und so ist Kinkel von der PKK und dem Haushaltskontrollausschuß des Bundestages zu Recht deswegen gerügt worden. Auch im Fall Mauss ging der Karrierebeamte ein hohes Risiko ein. Er verstieß gegen die Bundeshaushaltsordnung, um damit Lorbeer zu ernten – was andere Juristen als Rechtsbeugung auffassen könnten. Aber auch hier hatte er sich durch Gespräche mit dem Kanzleramt gut abgesichert.

Rückendeckung hatte Kinkel auch durch seine Einbindung in die Regierung. Wolfgang Schäuble nahm ihn in der Bundestagsdebatte zu der Affäre in Schutz. Hatte die PKK noch eine Informationspflicht des BND gegenüber der Bundesregierung eingefordert, meinte der damalige Bundesinnenminister, es hätte ausgereicht, zu prüfen, ob nicht eine solche Unterrichtung geboten gewesen wäre.[23]

Um seine Behörde aufzuwerten und den Mitarbeiterinnen und Mitarbeitern in Pullach deutlich zu machen, wie weit seine politischen Beziehungen reichen, hatte Klaus Kinkel am 16. Mai 1979 zum erstenmal in der Geschichte des Bundesnachrichtendienstes erreicht, daß ein Bundespräsident zu einem offiziellen Besuch nach Pullach kam. Walter Scheel bemühte sich, das Selbstvertrauen der von öffentlicher Kritik gebeutelten Nachrichtendienstler zu stärken. Der Nachrichtendienst müsse sich – wie jede andere Behörde – dieser Kritik stellen. Er solle aber nicht schon deshalb Komplexe bekommen, weil er im Unterschied zu den übrigen öffentlichen Einrichtungen den Anwürfen schutzlos ausgeliefert sei.

Durch den Organisationserlaß des Bundeskanzlers Helmut Schmidt vom 29. Januar 1975 wurde der Chef des Bundeskanzleramts zum Beauftragten für die Nachrichtendienste. Bis dahin war der Kanzler selbst de facto der für den BND zuständige Ressortminister. Durch die Zwischenschaltung eines Staatssekretärs, unter Helmut Kohl bereits eines Staatsministers, sollte einerseits die Kontrolle der Nachrichtendienste verbessert und ihre Zusammenarbeit optimiert werden, andererseits wurde der Regierungschef so aus der Schußlinie genommen, wenn Skandale um Pullach öffentlich wurden.

Nach Horst Ehmke war Horst Grabert von 1973 bis Januar 1975 für die Nachrichtendienste verantwortlicher Staatssekretär, dem mit Franz Schlichter ein Ministerialbeamter an der Spitze der Abteilung 6 des Kanzleramts zur Seite stand.[24] Die Geheimdienstkontrolleure der SPD waren einander offensichtlich nicht grün. Schlichter, der seine Funktion bis zum Ende der Amtszeit Kinkels als BND-Präsident wahrnahm, sei von der Aufgabe überfordert gewesen, meint Horst Grabert.[25] Den wiederum kennzeichnet Horst Ehmke, der Schlichter mit in die Regierungszentrale gebracht hatte, als nachdenklichen Mann, der sich aber »als Chef des Kanzleramts nicht durchsetzen«[26] konnte.

Klaus Kinkel hatte drei Chefs im Kanzleramt: zunächst Manfred Schüler, der zwar grundsätzlich ein sehr kritisches Verhältnis zum BND hatte, aber Kinkel von Amts wegen in der Affäre um die Vernehmung von PLO-Mitgliedern durch israelische Geheimdienstler deckte; von April 1981 an Gerhard Ritzel, der zuvor Botschafter in Teheran gewesen war; und bis zum Ende der sozialliberalen Koalition im September 1982 Manfred Lahnstein. Von den beiden sozialdemokratischen Geheimdienstkoordinatoren hatte Manfred Schüler, der Kinkel die erste Zeit begleitete, noch das größte Verständnis für die Interessen des Dienstes. In einem Interview mit Bild am Sonntag sprach er sich im April 1979 gegen ein Geheimdienstgesetz aus, das die Aufgaben und Befugnisse des BND festlege, weil die gesetzliche Regelung der Aufgaben eines Auslandsnachrichtendienstes nicht nur Probleme löse, sondern auch ganz neue schaffe.

Beinahe wäre Klaus Kinkel nach zweijähriger Tätigkeit an der Spitze des BND Ende 1980 selbst als Geheimdienstbeauftragter und damit Staatssekretär im Kanzleramt gelandet. Angeblich ist dies an der SPD gescheitert, die keinen Aufpasser aus der FDP im Kanzleramt dulden wollte, während offiziell haushaltsrechtliche Schwierigkeiten zur Begründung herangezogen wurden.[27]

Die Lagevorträge von Wessel jeden Dienstagvormittag im Kanzleramt wußte Richard Meier, Chef des Bundesamtes für Verfassungsschutz, zu schätzen. Neben präzisen Informationen ließ

Wessel nach Meiers Angaben auch Quellen und Hintergründe durchblicken, die den Insidern die Einordnung der Informationen ermöglichte. Zu Kinkel fällt dem BfV-Chef nicht viel ein, weil von ihm nicht viel zu hören gewesen sei. Seine Vorträge seien substanzlos gewesen, ohne die Klarheit, die seinen Vorgänger ausgezeichnet habe.

Zuviel falsche Substanz in den Berichten für Bonn sahen dagegen einige altgediente Pullacher. Kinkel, klagten sie, habe keinen Bezug zur Behandlung nachrichtendienstlicher Informationen. Im Umgang mit geheimen Nachrichten neige Kinkel zu Hauruck-Methoden und lasse es an Zurückhaltung und Feingefühl insbesondere für den Quellenschutz fehlen.

Mehrfach hat der Präsident für Aufregung in der militärischen Auswertung (Unterabteilung 33) gesorgt, aus der ihm vorgeworfen wurde, in seinem Selbstdarstellungsdrang auf der Bonner Bühne zugunsten der Informationspräsentation den Quellenschutz zu vernachlässigen. Der Dissens zwischen dem damaligen Unterabteilungsleiter Hans-Eberhard Lochmann, der zum Ende der achtziger Jahre zum Leiter des Amts für Nachrichtenwesen der Bundeswehr aufrückte, und Kinkel hierüber ging so weit, daß der Brigadegeneral sich weigerte, seinem Präsidenten weiterhin Quelleninformationen vorzulegen.

Ein Adjutant zeitlebens, so urteilt Richard Meier heute über Klaus Kinkel, eben ein Mann ohne die nötigen Führungsqualitäten. Aus dem BND, in dem Meier von 1970 bis 1975 selbst die Beschaffungsabteilung geleitet hatte, hörte er überdies, daß der neue Präsident risikoscheu sei. Er habe stets »Schiß« gehabt, offensive Geheimdienstoperationen zu wagen.[28] Aber Richard Meier schätzt, sagen Insider, Klaus Kinkel schon deshalb nicht, weil er seinerzeit selbst große Ambitionen hatte, als Nachfolger Gerhard Wessels nach Pullach zurückzukehren.

Diese Unterschiede im Auftreten in Pullach und in Bonn zeigte später auch Kinkels Nachfolger Hans-Georg Wieck. Während er in seiner Pullacher Residenz sehr selbstbewußt auftrat, einen repräsentativen Stil pflegte und jede Diskussionsrunde dominierte, erschien er gegenüber den Bonner Politikern eher zurückhaltend und eine Spur zu devot.

Eine bessere Figur machte Kinkel in dem Parlamentsausschuß, der für die Haushaltskontrolle der Nachrichtendienste und die Bewilligung ihres Etats zuständig war. Dort überzeugte er in der Regel die Abgeordneten aller Parteien von den Finanzplänen des BND. Der offizielle Etat war selbstverständlich geheim, aber allein aus dem Viertel des Etats, der im Haushalt des Bundeskanzleramts veröffentlicht wurde, läßt sich ablesen, daß die Ausgaben für den BND nach der Ära von Willy Brandt als Bundeskanzler, der für den BND auch finanziell nicht viel übrig hatte, regelmäßig deutlich anstiegen. Betrug der offizielle Haushaltsansatz im Kapitel 0404 1971 nur 78,4 Millionen DM, so war er bis 1977 bereits auf 111,5 Millionen angestiegen. Kinkel konnte in seinem ersten Amtsjahr für 1980 153 Millionen DM durchsetzen und für 1983 – dem letzten Jahr, für das dieser BND-Präsident den Etat vorlegte – sogar 205,4 Millionen DM. Den deutlichen Anstieg der Ausgaben machte er den Abgeordneten dadurch schmackhaft, daß er Investitionen in Millionenhöhe für die Verbesserung der funkelektronischen Aufklärung, insbesondere der Überwachung der Satellitenkommunikation, anforderte, weil dadurch der risikoreiche Einsatz von Agenten auf ein Mindestmaß begrenzbar sei.

Während die PKK-Abgeordneten eher zu täuschen waren und häufig genug auch keine allzu konkreten Fragen zu den Operationen und Aktivitäten des Dienstes hatten, gewannen die »Haushälter« über ihre Einblicke in die Ausgabenplanung, die nur für einen geringen Teil der Gelder für abgeschirmte Operationen nicht galt, bessere Einblicke in die Schwerpunkte der Pullacher Arbeit. Da Kinkel dies deutlich erkannt hatte, widmete er ihnen auch mehr Aufmerksamkeit als den parlamentarischen Kontrolleuren in der PKK. Den wirklichen BND-Jahreshaushalt darf man Anfang der achtziger Jahre auf etwa 650 bis 700 Millionen DM schätzen, von denen ca. 80 Millionen für operative Zwecke eingeplant waren.

In allen vier Dienstjahren Klaus Kinkels umfaßte der Geheimetat auch noch Operativgelder für die politischen Stiftungen der Bundestagsparteien, die in einer Geheimrunde im Bundeskanzleramt verteilt wurden. Dabei entstand die absurde Situation, daß die sozialdemokratische Friedrich-Ebert-Stiftung einen erklecklichen Teil ihres Operativgeldes an die Sandinisten in Nicaragua transferiert wissen wollte, während die Konrad-Adenauer-Stiftung aus ihrem Anteil an diesem Geheimfonds die Contras in dem mittelamerikanischen Land unterstützte. Erst unter der Regierung von Helmut Kohl wurde nicht nur die Unterstützung beider Bürgerkriegsparteien aus diesem Fonds beendet, sondern die ganze Ausstattung der Stiftungen mit geheimdienstlichem Operativgeld aufgehoben.

Kinkel reiste nicht nur zur dienstäglichen Sicherheitslage nach Bonn, sondern auch, um pflichtgemäß die PKK zu unterrichten und um die Fraktionsvorsitzenden der Parteien, vor allem aber Hans-Dietrich Genscher im Außenamt, mit geheimen Nachrichten zu versorgen.[29] Dabei gelangten nicht nur so manche Informationen an den politischen Ziehvater, die der Geheimhaltungsstufe »Nur für Kanzler« unterlagen, sondern sogar solche, die das Kanzleramt nicht bekam. In einem Bereich wurden, nach Aussagen eines ehemaligen Angehörigen des BND aus dem Mittelbau der Abteilung III, systematisch Erkenntnisse zurückgehalten. Seit April 1979, nach der Amtseinführung von Hans Walter Schauer als Leiter der Abteilung III (Auswertung), wurde das Informationsaufkommen des BND zur innerdeutschen Politik, d. h. insbesondere zu den Beziehungen zwischen den beiden deutschen Staaten, nicht weitergeleitet. Schauer, den seine Mitarbeiter als freundlich, aber wenig kompetent einschätzten, behielt sich die Freigabe für eine Weiterleitung nach Bonn persönlich vor. In der Regel wanderten aber die Meldungen der Beschaffung in die Ablage und nicht in die Informationen fürs Kanzleramt. Die Mitarbeiter der Auswertung vermuteten, daß aus Gründen der Entspannungspolitik der innerdeutsche Bereich aus der Berichterstattung des BND ausgeklammert wurde. Der BND wolle durch sein Lagebild die politischen Interessen Bonns nicht stören. Nicht ganz sicher waren sich die Auswerter, ob Schauer dabei eigenmächtig oder in enger Abstimmung mit Klaus Kinkel handelte.

Kinkels Herkunft aus der Ministerialbürokratie des Auswärtigen Amtes war für die Zusammenarbeit mit diesem drittwichtigsten Abnehmer des BND durchaus nützlich. Traditionell lud der

BND die Botschafter anläßlich ihrer Heimataufenthalte zu Informationsgesprächen ein, um über deren Berichte nach Bonn hinaus von ihnen »off the records« zu erfahren, was vorsichtige Diplomaten nicht gleich aktenkundig machen. Bei Genschers ehemaliger rechter Hand war die Bereitschaft der Botschafter, aus dem Nähkästchen zu plaudern, deutlich größer als gegenüber dem vorher militärisch geführten Dienst – zumal sie in Pullach mit Schauer einen alten Kollegen begrüßen konnten. In Schauers Abteilung III, der Kinkel geringere Aufmerksamkeit schenkte als den Abteilungen I (Beschaffung) und II (Technik), herrschte allgemein die größte Zufriedenheit mit dem neuen Präsidenten.

Um mit den amtlichen Informationsabnehmern in Kanzleramt und Ministerien deren Beschaffungsaufträge und die Antworten des BND abzustimmen, aber auch zur Selbstdarstellung auf der Bonner Bühne verfügte der BND über ein Verbindungsbüro in der Friedrich-Ebert-Straße. Von 1978 bis zum März 1982 wurde diese Dienststelle VBN von dem ehemaligen Frontoffizier der Wehrmacht Oberst i. G. Dr. agr. Heinz Raforth geleitet. Unter dem Nachfolger Raforths, Oberst Gerhard Schulz,[30] erhielt sie die Deckbezeichnung ZY10. Unter BND-Präsident Kinkel wurde die Bonner Dependance des Dienstes deutlich auf etwa einhundert Mitarbeiterinnen und Mitarbeiter aufgestockt. Raforth hatte sich um engere Kontakte mit den Ministerien bemüht und gelegentlich eine Etage höher, als es der Geschäftsverteilungsplan vorsah, angeklopft – allerdings vergebens.

Zu den Stellen, die von Ergebnissen der Arbeit des BND in erster Linie informiert werden, und zugleich diejenigen, die ihre Wünsche nach Information an den Auslandsnachrichtendienst weiterleiten, gehören hauptsächlich das Bundeskanzleramt und die Ministerien – voran die Hardthöhe, das Auswärtige Amt und das Wirtschaftsministerium. Helmut Schmidt lobte zum 25jährigen Jubiläum des BND in seiner Festrede »die wirtschaftliche Aufklärung des Dienstes und seine Berichte über Entwicklungen in der Welt, von denen unser wirtschaftliches Wohlergehen abhängt«.[31]

Die wirtschaftliche Aufklärung, erinnert sich ein Insider aus dem Bundeswirtschaftsministerium, der von Amts wegen auf diesem Feld mit der Pullacher Behörde zusammenarbeiten mußte, war nicht gerade die Stärke des Dienstes. Pullach lieferte routinemäßig Basisinformationen zu Auslandsreisen des Wirtschaftsministers und Vorwarnungen zu Käufern sensibler Güter aus dem Ausland.

Besonders deutlich erinnert sich der Zeitzeuge an die halbjährlichen Konferenzen in Pullach zur Zusammenarbeit BND – BMWi, bei denen auch die Kritik an der Arbeit des Nachrichtendienstes ausgesprochen wurde. Die beiden Standardvorwürfe lauteten, der Auslandsnachrichtendienst liefere zum einen zu umfangreiche Berichte ab, die durch Informationen aus längst bekannten offenen Quellen aufgeblasen seien, zum anderen würden die Informationen aus dem Isartal regelmäßig mit einer viel zu hohen Geheimhaltungsstufe versehen, so daß im Ministerium keiner das »Streng geheim« mehr so ernst nahm, wie es hätte sein sollen.

»Wenn die auf unserem Gebiet überhaupt etwas wußten, dann von den Partnerdiensten. Da auch in den Berichten an das BMWi die Decknamen dieser Quellen – beispielsweise IBIS – auftauchten, konnte man das deutlich ablesen. Echte nachrichtendienstliche Quellen hatten die nicht«, faßt der für die Zusammenarbeit mit dem BND unter Kinkel zuständige Bonner Regierungsbeamte seine Erfahrungen zusammen.

Beim mittäglichen Essen in der Präsidentenvilla stieß den Experten aus dem Ministerium BND-Präsident Kinkel übel auf. »Der schwadronierte entsetzlich und spielte den großen Politiker, ohne den Eindruck eines eher laienhaften Verständnisses für die Problemlagen dabei verwischen zu können«, erinnert sich ein Teilnehmer der Pullacher Konferenzen.

Als Ministerialdirektor fühlte sich Kinkel dennoch den nach der Besoldungsgruppe Gleichgestellten in den Bundesministerien überlegen, während die vielfach der SPD nahestehenden »Kollegen« die Bundesoberbehörde im Isartal nicht ernst nahmen. »Er überschätzte den Beitrag seines Ladens zur Bundespolitik gewaltig«, erinnert sich ein hoher Bonner Beamter. Symptomatisch dafür sei, daß die geheimen politischen Kanäle von Regierung und SPD-Spitzenpolitikern ohne – teilweise sogar gegen – den BND liefen. Besondere nachrichtendienstliche Aufträge der Bundesregierung nahm der BND auf diesem Feld nicht wahr, während die Herstellung und Pflege solcher inoffiziellen Verbindungen für andere Auslandsnachrichtendienste – KGB und HVA, MI6 und CIA – zum täglichen Handwerk gehörten.

Auch aus dem sozialdemokratisch geführten Verteidigungsministerium gab es Versuche, sich von der Aufklärungsarbeit in Pullach auf militärischem Sektor unabhängig zu machen. Verteidigungsminister Hans Apel schuf 1980 das Amt für Nachrichtenwesen der Bundeswehr (ANBw) in Bad Neuenahr-Ahrweiler. Er wollte analog zu Entwicklungen in anderen westeuropäischen Staaten die Aufklärungskapazitäten der Teilstreitkräfte bündeln, d. h. die Radar- und Funküberwachungsstationen von Heer, Luftwaffe und Marine in ein gemeinsames System integrieren. Die konservative Seilschaft im BND schickte den CSU-Landesgruppenvorsitzenden Friedrich Zimmermann gegen dieses Vorhaben ins Feld. Zimmermann warf Apel vor, einen weiteren Auslandsnachrichtendienst unter seiner Regie gründen zu wollen, wo doch einer »mit umfassender Kompetenz« ausreichend sei. Überdies warnte er vor einem Nebeneinander ziviler und militärischer Auslandsaufklärung, die zu einer »heillosen Zersplitterung der Kräfte, keineswegs aber zu mehr Effizienz«[32] führen würde.

In Pullach herrschte die Befürchtung, daß einerseits etwa 150 Bundeswehrspezialisten abgezogen würden und daß es andererseits für Bundeskanzleramt und Hardthöhe die Möglichkeit zum Vergleich zwischen unterschiedlichen Geheimdienstberichten geben könne. Das Informationsmonopol, das der BND zu haben glaubte, schien gefährdet. Mit der Schaffung eines Lagezentrums Afghanistan beim ANBw sah man diese Befürchtung bestätigt. Schließlich hatte Hans Apel im Dezember 1979 dem BND-Chef Versagen bei einer Vorhersage der Afghanistan-Invasion Moskaus vorgehalten und ihm vorgeworfen, allzuviel an Analyse und allzuwenig an Fakten zu liefern. Apel schätzte generell die Leistungsfähigkeit des BND als niedrig ein, und zum Präsidenten der Behörde hatte er ein eher gespanntes Verhältnis. »Sie sitzen nicht mehr im Vorzimmer von Herrn Genscher«, kanzelte Apel den BND-Chef einmal ab.[33]

Klaus Kinkel setzte nicht auf öffentlichen Protest, um die Stellung seines Hauses zu halten. Bereits 1979 beauftragte er seinen Vizepräsidenten Dieter Blötz, mit der Bundeswehr über die Zusammenarbeit in der funkelektronischen Aufklärung zu verhandeln, längst bevor die neue militärische Konkurrenz sich etablieren konnte. Blötz hatte zwar in Pullach keinen großen Rückhalt, aber schließlich war er aus der Hamburger Sozialdemokratie zum BND gekommen und pflegte auf der »Hamburger Schiene« gute Beziehungen in den Verteidigungsbereich und bis zum Kanzler hinauf. In den Vereinbarungen mit der Bundeswehr konnte er so die Dominanz des Bundesnachrichtendienstes im Bereich der funkelektronischen Aufklärung durchsetzen. Dem BND blieb das Monopol zur strategischen Aufklärung, während sich die Bundeswehr unter BND-Anleitung auf die taktische Dimension, d.h. militärische Vorfeldaufklärung bis ca. 150 Kilometer Reichweite, beschränken mußte. Dem BND reservierte Blötz auch das Exklusivrecht zum Austausch von Informationen mit ausländischen Partnern.[34]

Zugleich wurden die Anstrengungen in Pullach im Bereich der sogenannten Strategischen Fernmeldekontrolle vervielfacht. »Spätestens seit der Afghanistan-Krise«, so ergaben Recherchen der ZEIT, »nimmt der Bundesnachrichtendienst (BND) in Pullach bei München Tausende von Ferngesprächen auf, die mit dem östlichen Ausland geführt werden. Kanzleramtschef Manfred Schüler, der diesen Sachverhalt nicht dementieren kann, sagt (ohne Zahlen zu nennen): Die strategische Telefon-Kontrolle ›setzt an drahtgebundenen Einrichtungen an‹ – in den acht Zentralvermittlungsstellen der Bundespost wohl, zumal in den Stellen 5 (Hannover) und 9 (Nürnberg). Hier wird auch der Richtfunk-Telefonverkehr mit der DDR und der ČSSR bewältigt. Gemessen an derlei Großangriffen auf die Privatsphäre der Bundesbürger, sind die bisherigen, amtlich bekannten Abhörübungen des letzten Jahrzehnts Kleckerkram. Und: ›Prinzipiell‹, so Kanzleramtschef Manfred Schüler, ›ist natürlich nicht auszuschließen, daß auch Inlandsgespräche aufgefangen werden.‹«[35]

Einen großen Modernisierungsschub für die Lauschanlagen des BND gab es erst zur Mitte der achtziger Jahre, aber die Voraussetzungen dazu wurden in der Ära Kinkel geschaffen. Selbst die erst zum Ende der neunziger Jahre absehbare Realisierung eigener – im Zusammenwirken mit Frankreich innerhalb der Westeuropäischen Union etablierter – Kapazitäten der Satellitenaufklärung ist Anfang der achtziger Jahre unter Kinkel geplant worden. Auch dem Objekt »Planet«, dem technischen Forschungszentrum des BND in München-Stockdorf, setzte Kinkel straffe Vorgaben, um das Informationsaufkommen im In- und Ausland zu steigern.

Die von der Auswertung daraus für Bonn gefertigten Berichte wurden dennoch nicht spürbar besser. Bundeskanzler Helmut Schmidt, der den »Aufpasser Genschers« von Koalitionsverhandlungen her kannte, hatte so keine gute Meinung vom Leistungsvermögen des BND-Chefs. Abgesehen vom Afghanistan-Desaster gewann er sein Urteil aus der gelegentlichen Lektüre der BND-Berichte, die ihm nach seinem Bekunden weniger an Neuigkeiten vermittelten als die Neue Zürcher Zeitung. Und Klaus Kinkel gab dem Regierungschef einen weiteren gewichtigen Anlaß, an der erfolgreichen Erfüllung des BND-Auftrags als politisches und militärisches Frühwarnsystem zu zweifeln.

Nachdem Helmut Schmidt von seinem Staatsbesuch in der DDR im Dezember 1981 zurückgekehrt war, forderte die CDU/CSU-Opposition im Bundestag, er habe das Treffen am Werbellinsee sofort abbrechen müssen, als er dort von der Verhängung des Kriegsrechts im benachbarten Polen erfahren habe.

In seinen Erinnerungen bekennt der Altbundeskanzler, er hätte den bereits zweimal verschobenen DDR-Besuch selbst dann nicht abgesagt, wenn das Kriegsrecht vier oder fünf Tage vorher verhängt worden sei, schon, um nicht »die kommunistischen Machthaber im Osten Europas in einer Zeit zusammenzuschweißen, in welcher sie begannen auseinanderzufallen«.[36]

Ganz sorglos war Schmidt nicht zu Honecker gereist: »Natürlich hatten wir, wie alle anderen europäischen Regierungen auch, die Entwicklung in Polen mit gespannter Aufmerksamkeit verfolgt. Seit Monaten mußte man mit der Möglichkeit einer Eskalation rechnen ... Gleichwohl ging ich am Morgen des 13. Dezember 1981, einem Sonntag, davon aus, daß die Sowjets die polnische Führung zu diesem Schritt veranlaßt hatten.«[37]

Schwieriger wäre es für Helmut Schmidt gewesen, seine

Gespräche mit dem DDR-Staatsratsvorsitzenden weiterzuführen, wenn sowjetische Truppen – möglicherweise unter Beteiligung der NVA – in Polen einmarschiert wären. Erich Honecker hätte sich zwangsläufig hinter die Moskauer Maßnahme stellen müssen, und zwei Jahre nach dem Einmarsch in Afghanistan hätte ein weiterer Versuch der UdSSR, ihre Einflußzone unter allen Umständen mit militärischer Gewalt zu sichern, auch das deutsch-deutsche Verhältnis unmittelbar berührt.

Der BND hatte den Kanzler weder über die bevorstehende Maßnahme Jaruzelskis noch über die Konflikte in der NVA-Führung über eine ostdeutsche Beteiligung an einer Intervention in Polen informieren können.

Aber nicht nur Helmut Schmidt wurde beim gemeinsamen Frühstück von der Nachricht überrascht, sondern auch sein Gastgeber Erich Honecker. Der für die Absicherung des Staatsbesuchs zuständige MfS-Offizier Josef Schwarz wurde erst in der Nacht zum 13. Dezember vom stellvertretenden Minister für Staatssicherheit über die Verhängung des Kriegsrechts unterrichtet. Schwarz äußerte zugleich die Sorge, Schmidt könne sich getäuscht oder gekränkt fühlen.

MfS-Minister Erich Mielke fürchtete jedoch mehr den Unmut seines eigenen Regierungschefs, wie sich Schwarz erinnert: »Mielke, der jetzt ebenfalls in Güstrow eintraf, wirkte sehr aufgeregt, telefonierte sofort und aß nichts zu Mittag. Er erzählte uns, daß er Honecker nichts von den geplanten Maßnahmen in Polen gesagt habe, um das Gespräch mit Schmidt nicht zu belasten. Er war sich aber nicht mehr sicher, wie Honecker, der es ja ebenso wie Schmidt inzwischen erfahren hatte, das aufnehmen würde.«[38]

Noch in einem SPIEGEL-Interview mit dem Bonner Geheimdienstkoordinator Lutz Stavenhagen im Sommer 1991 mußte die fehlende Frühwarnung vor der Verhängung des Kriegsrechts in Polen als eines der Beispiele für den Mangel an Prognosefähigkeit Pullachs herhalten.[39] Der Staatsminister im Bundeskanzleramt überging in seinen Antworten diskret die diesbezügliche Frage. Für Helmut Schmidt aber war dieses Versagen seines Auslandsnachrichtendienstes nicht der erste Baustein zu seinem vernichtenden Gesamturteil über den BND: »dieser Dilettanten-Verein«.[40]

Polen war und blieb eine Schwachstelle des BND. Im September 1979 verlor Kinkel hier mit dem Bremer Kapitän Ingo Wagner einen Agenten, der nicht nur Hafenanlagen ausspähte, sondern auch versucht hatte, auf seinem Schiff einige DDR-Bürger außer Landes zu bringen. Das Militärgericht in Stettin verurteilte ihn 1980 wegen Spionage und versuchten Menschenhandels.[41]

Kinkels Vizepräsident Norbert Klusak beklagte am 3. Februar 1981 gegenüber dem obersten bayerischen Staatsschützer Hans Langemann die miserablen Leistungen seines Dienstes in der Polenkrise. Hätte Wessel 1968 nicht die Quellen im Vatikan abgeschaltet, wäre »die Lagebeurteilung um ein Vielfaches sicherer gewesen«.[42]

Aber die Umwegausspähung Polens via Rom stand nicht mehr in dem Ausmaß wie früher zur Verfügung, und eigene nachrichtendienstliche Zugänge zu den politischen und militärischen Entscheidungszentren in Warschau hatte der BND unter Kinkel nicht. Erst zum Ende der achtziger Jahre gab es eine BND-Quelle im polnischen Außenministerium. Diesen höheren Diplomaten hatte die polnische Spionageabwehr allerdings seit Mitte 1989 unter Verdacht und Kontrolle.

Klaus Kinkel war 1982 sogar gezwungen, ein ganzes Referat aufzulösen, das sich schwerpunktmäßig mit dem östlichen Nachbarn der DDR beschäftigte, nachdem Ende 1981 in der Zeitschrift horizont ein Beitrag über »CIA und BND als Organisatoren der Konterrevolution in Polen« veröffentlicht worden war. Die Zeitung des DDR-Außenministeriums wartete mit einem vor Detailwissen strotzenden Dossier über die beiden auf Polen konzentrierten BND-Dienststellen in München und Köln auf. »Eine Dienststelle des BND in München 21, Elsenheimer Straße 59. In den oberen Etagen dieses mehrstöckigen Bürohauses residieren mehrere BND-Dienststellen. Hinter der offiziellen Tarnbezeichnung ›Bundesverwaltungsamt, Köln, Abteilung IV, Außenstelle München, Auslandsgebührenstelle‹ verbirgt sich das BND-Objekt ›Forum‹. Hier hat u. a. das BND-Referat ›Emigration‹ in der IV. Etage seinen Sitz, eine jener BND-Dienststellen, deren subversive

Tätigkeit vorrangig gegen die VR Polen gerichtet ist. Das BND-Referat ›Emigration‹ leitet der 53 Jahre alte Dr. Diethelm Keil, (BND-interne V-Nr. 40 194) alias ›Dr. Wernberg‹ alias ›Dr. Klein‹. Keil ... gehört im BND zu den Kreisen, auf die die CDU/CSU besonders baut. Er ist seit 1962 Mitarbeiter des BND ... Gemeinsam mit den Mitarbeitern des Referates unterhält Dr. Keil ein weitverzweigtes Agentennetz unter im Exil in westeuropäischen Staaten und in den USA lebenden Emigranten aus Bulgarien, Rumänien, Polen, der ČSSR, Ungarn und der UdSSR. Die Agenten und Kontaktpersonen dieses BND-Referates sind an besonders ergiebigen und bedeutsamen Positionen in polnischen Exilkreisen, u. a. in London, an Universitätsinstituten von Oxford und Sussex, in Rom (mit Verbindungen zum Vatikan), in New York, in Stockholm, in Brasilien, in der Bundesrepublik sowie in Kanada, plaziert.«[43]

Der Autor des horizont-Beitrags listete systematisch alle an der Arbeit des Referats beteiligten Verbindungsführer und Agenten in Rio de Janeiro, Rom, Paris, London und Stockholm auf, bezifferte die Spionagelöhne und zitierte serienweise streng geheime Dokumente aus Pullach. Jedem Leser wurde damit deutlich, daß der DDR-Zeitschrift hier die Akten des MfS vorgelegen hatten, die nur aus einer Quelle mit direktem Zugang zum Referat von Keil stammen konnten.

Diese Quelle war eine Innenquelle der HVA im BND und trug den Decknamen BINGEN. Mitte der siebziger Jahre war BINGEN durch die Abteilung X unter der Leitung von Karl Grossmann geworben und bei der Schaffung der Abteilung IX in diese übernommen worden. Bis zu seiner Pensionierung Ende der siebziger Jahre leitete der BNDler jedes Detail, jede Aktion und jeden Informanten der Arbeit des Referats Emigration weiter. Seinen Agentenlohn von monatlich 1500 DM glaubte er allerdings der CIA zu verdanken; denn die HVA führte ihn unter falscher Flagge.

Als BINGEN pensioniert war, versuchte die HVA zunächst den Leiter des BND-Referats Emigration selbst als Agenten zu gewinnen. Ein hochrangiger Doppelagent, der für die CIA und das MfS arbeitete, wurde auf Keil angesetzt, um ihn zum Nutzen der HVA für die CIA anzuwerben. Der Doppelagent Dieter Vogel war den Operateuren in der Normannenstraße zwar nicht ganz geheuer, aber über einen anderen so erfolgversprechenden Zugang verfügten sie nicht. Zugleich war der Auftrag an Vogel auch ein Test dafür, auf welcher Seite er nun wirklich stand. Der Versuch fiel negativ aus: Die Anbahnung Keils scheiterte, und Vogel wurde in der DDR wegen Spionage verhaftet und verurteilt.

Damit war auch der Weg frei, die über BINGEN erhaltenen Informationen in einen publizistischen Angriff auf den BND umzusetzen.

In den Verdacht, zur Substanz dieses Artikels beigetragen zu haben, geriet BINGEN jedoch nie. Die Weitergabe vieler Informationen wurde Inge Goliath zugerechnet, der Sekretärin des Abgeordneten Marx, die sich nach zehnjähriger Doppeltätigkeit für den Abgeordneten Marx und die DDR-Auslandsspionage im März 1979 in die DDR abgesetzt hatte.

Zu dem, was sie in Ostberlin und später in einer Broschüre für zahlreiche westliche Journalisten nachlesbar berichtete, gehörten auch die engen Kontakte, die Marx mit dem Leiter der BND-Dienststelle in der Kölner Kaserne am Butzweiler Hof, Günther Baltutis, pflegte. Öffentlich hatte der Leiter der gegen Polen gerichteten Spionage stets familiäre und freundschaftliche Bindungen als Grund dafür genannt, daß er auf kurzem Wege von Köln nach Bonn regelmäßig im Abgeordnetenbüro auftauchte.

Als dienstbarer Geist der CSU versuchte Friedrich-Wilhelm Schlomann 1981 im Heft XVII der Informationen zur Deutschlandpolitik die Wichtigkeit der zehn Jahre für die HVA arbeitenden Sekretärin herunterzuspielen und Werner Marx zu entlasten. »Da der Politiker ein guter Stenograf ist und wichtige Informationen auf diese Weise festhält und bei sich zu Hause aufzuheben pflegt, blieb das Ausmaß des Verrats in wichtigen Bereichen eingeschränkt.«[44] Ein Blick in die von Inge Goliath publizierten Dokumente – insbesondere die geheime BND-Übersicht über alle Referate einschließlich der Namen und Besoldungsgruppen der jeweils verantwortlichen BND-Mitarbeiter – macht deutlich, daß das »Ausmaß des Verrats« beträchtlich war.

Als Gipfel der »Halbwahrheiten, Verzerrungen und Lügen« der

übergelaufenen Sekretärin wertete der Geheimdienstexperte Friedrich-Wilhelm Schlomann ihre Auftritte im Sommer 1981 im polnischen Fernsehen, bei denen Inge Goliath »angebliche Verbindungen der polnischen ›Solidarität‹ zu westlichen Geheimdiensten«[45] enthüllte.

Die Offenheit der CIA nach dem Kalten Kriege gibt Inge Goliath recht, weder Marx noch Schlomann. 1992 durfte die Time als wesentlichen Erfolg des US-Auslandsnachrichtendienstes in den achtziger Jahren feiern, daß in einer konzertierten Aktion von Vatikan und CIA in Polen an empfindlicher Stelle die Destabilisierung des Warschauer Vertrags begonnen worden war.[46] Die von Lech Walesa geführte »unabhängige« Gewerkschaftsbewegung spielte dabei die wesentliche Rolle, wie Boris Gröhndal in konkret schrieb: »Das Netzwerk, das Reagan und Johannes Paul II. knüpfen ließen, versorgte Solidarnosc in den folgenden Jahren bis zur Wiederzulassung 1989 mit Geld, Ausrüstung und Beratung. Die Gewerkschaft bekam Geld aus CIA-Mitteln, vom National Endowment for Democracy, vom Vatikan und westlichen Gewerkschaften.«[47]

11
Mit gehangen, mit befangen
Empfänglich für Erpressung

Die Desinformationsbroschüre des MfS »DIE neue NACH-
HUT«, die glaubhaft vortäuschte, ein Organ ehemaliger BND-
Mitarbeiter zu sein, versuchte im Mai 1979 Kinkel mit einer Bilanz
seiner ersten 100 Tage im Amt dem rechten Lager im Dienst anzu-
empfehlen: »Die anfänglich geäußerte Skepsis gegen jeden Kandidaten war verständlich, auch die gegen Dr. Klaus Kinkel, denn die
wenigsten kannten den neuen Präsidenten aus seiner bisherigen
Arbeit, und kaum jemand konnte sich vorstellen, daß ein ›Seiteneinsteiger‹ Verständnis für die Aufgaben und Probleme eines so
großen Dienstes haben und die Mitarbeiter befeuern könne, aus
den gegenwärtigen Zuständen herauszukommen.

Was bis jetzt zu erkennen ist, stimmt optimistisch:
- Der neue Chef bringt ein großes Maß an Erfahrung und Finger-
spitzengefühl aus seinen bisherigen Ämtern mit, beides – mit
seiner Kenntnis des politischen Apparates der Bundesrepublik
verbunden – dürfte dem Dienst von großem Nutzen sein;
- der neue Chef beherrscht die Kunst des produktiven Schwei-
gens und hält nichts davon, den BND einseitig zu ›profilieren‹,
wie dies Ehmke in rüder Manier versucht hat;
- der neue Chef hat mit Takt und Behutsamkeit sein Amt übernommen und will sich sachkundig machen. Er bittet dafür um
Offenheit, Fairneß und Loyalität ...

Wir halten es für richtig, daß der neue Präsident seine Tätigkeit
unter vorwiegend pragmatischen Gesichtspunkten betrachtet und
entsprechend der gewachsenen Rolle der Bundesrepublik in der
Weltpolitik und den daraus resultierenden Verpflichtungen eine

Informationsbeschaffung nach Bedarf und nicht nach Selbstzweck anstrebt.«[1]

Doch gerade der pragmatische Standpunkt Kinkels verlangte, sich auf die vorhandene Riege der Abteilungsleiter und den Vizepräsidenten Dieter Blötz zu stützen, die weitestgehend nicht aus den Reihen des BND gewachsen, sondern nach 1970 aus anderen Bereichen nach Pullach versetzt worden waren, um den Primat der Politik im von konservativen Kräften beherrschten Geheimdienstapparat zu garantieren.

Als Verwaltungschef erbte er so Herbert Rieck, Deckname HEINE, der 1970 von seinem Posten als Leitender Regierungsdirektor in der Hamburger Hochschulverwaltung zum BND kam. Als Leiter der operativen Beschaffung war Albrecht Rausch 1975 vom Bundesamt für Verfassungsschutz nach Pullach gekommen. Die technische Aufklärung leitete anfangs General Hubertus Großler, ein Fernmeldespezialist aus den Reihen der Bundeswehr, und die Auswertung lag in Kinkels ersten drei Dienstmonaten noch in den Händen von BND-General Hans-Joachim Tzschaschel, Deckname TISCHNER. Mit der Neubesetzung dieses Postens durch den Diplomaten Hans Walter Schauer zum 1. April 1979 verlor die Garde der Altgedienten gleich zu Beginn von Kinkels Amtszeit ihren letzten Abteilungsleiterposten. Zwar gab es auf zwei Spitzenpositionen – mit Kurt Weiß als Chef des Bereichs SBND (Schulen des BND) und mit Walrab Freiherr von Buttlar, Deckname BERNHARD, als Inspekteur des Dienstes – noch zwei aus der obersten Führungsetage, die ihr Geheimdiensthandwerk unter Reinhard Gehlen gelernt hatten, aber sie waren auf diese eher administrativen Funktionen abgeschoben worden.

Kinkel hatte stets viel Ärger mit dem Personal, selbst oder gerade dem in Spitzenpositionen. So mußte er im August 1979 seinen Vizepräsidenten, der diese Position seit Mai 1970 innehatte, einer Affäre im Dienst wegen in den Ruhestand schicken. Blötz hatte mit seiner Sekretärin, Deckname NELKE, ein Verhältnis. Als der Ehemann von NELKE, ein Stabsoffizier im BND, den Europieper seines Vizepräsidenten im Bett seiner Frau vorfand, wurde die Affäre bekannt.[2]

BND-Präsident Kinkel und Geheimdienstkoordinator Schüler

zögerten lange, bevor sie ein Vorermittlungsverfahren gegen Blötz einleiteten. Doch ihre Versuche, die Affäre unter den Teppich zu kehren, zumal der geschiedene Blötz seine Sekretärin auch ehelichen wollte, scheiterten an einer Intervention aus den Reihen der BND-Mitarbeiter. Beim Bundesdisziplinaranwalt war ein Schreiben der Münchner Anwaltskanzlei Elmar Seiler eingegangen, das auch einige Zeitungen erhielten und in dem ein anonymer Mandant die Verfolgung der Angelegenheit forderte. Der Denunziant kam zwar nicht aus der Führungsetage in Pullach, aber immerhin handelte es sich um einen promovierten Juristen im BND. RITTGER, so der Deckname des Manns aus der konservativen Ecke, sann auf Rache dafür, daß Blötz ihn einmal disziplinarisch bestraft hatte.

Der sozialdemokratische BND-Vize war nicht nur einigen altgedienten Pullachern suspekt, die in seiner studentischen Nebenarbeit als Spitzel des Landesamts für Verfassungsschutz in Hamburg und der Tätigkeit im Innenausschuß der Bürgerschaft der Hansestadt keine hinreichende Qualifikation für ein hohes Geheimdienstamt sahen. Der US-Auslandsnachrichtendienst CIA streute im Bundesamt für Verfassungsschutz mehrfach den Verdacht aus auf eine Gegensteuerung des BND-Vizepräsidenten durch einen östlichen Geheimdienst. Konkrete Verdachtsmomente oder gar Indizien dafür wurden jedoch nie benannt. Dieter Blötz hat mittlerweile das Geheimnis mit ins Grab genommen, welche Anhaltspunkte der amerikanische Auslandsnachrichtendienst für seine Verdächtigungen hatte.

Zum 1. April 1980 wurde mit Norbert Klusak ein neuer Vizepräsident berufen, nachdem der Posten sieben Monate lang verwaist war. Der Personalwechsel vollzog sich im Rahmen eines größeren Ringtausches, in dem Oberst Klaus Vollmer – langjähriger Leiter des Lagezentrums in der Abteilung I – MAD-Chef wurde und General Joachim Schulte als Leiter der Abteilung II nach Pullach kam.[3]

Binnen eines Jahres hatte Kinkel auch mit Schulte einen Konflikt, als der General es einmal ablehnte, sich der Routinekontrolle am Eingangstor zu unterziehen, und an der Pforte einen Wutausbruch inszenierte. Der Verwaltungsjurist Kinkel gab, weil der

Vorfall bereits Casinogespräch geworden war, eine Liste in Umlauf, in der jeder BNDler sein Einverständnis mit den Stichproben am Eingang erteilen mußte.

Den nachhaltigsten juristischen Eingriff des Präsidenten in ihre Arbeit mußte die Abteilung II (Technik) erleben. Kinkel nahm dort eine Neuregelung vor, die in der Debatte um die Kompetenzen des BND bei der Verbrechensbekämpfung zu Anfang der neunziger Jahre wieder eine zentrale Rolle spielte. Der zuständige Abteilungsleiter, Konteradmiral Gerhard Güllich, erläuterte im Mai 1994 dem Bundestagsausschuß für Post und Telekommunikation diese Regelung, »die für alle Fernmeldeverkehre vorschreibe, daß zufallsbedingte Erkenntnisse, die aus der kommerziellen Fernmeldeaufklärung gewonnen worden seien und G-10-geschützte Personen beträfen – d. h., daß sie von geschützten Personen ausgingen oder an geschützte Personen gerichtet seien –, unverzüglich und ohne Auswertung zu vernichten seien.

Mit der sogenannten Kinkel-Weisung aus dem Jahre 1979 habe sowohl der BND als auch die Bundesregierung vergleichsweise gut leben können.«[4]

Güllich sprach über die regelmäßig als »Zufallsergebnisse« verharmlosten Abhörprotokolle aus der Überwachung von kommerziellen Satellitensystemen und von Richtfunkstrecken. Angesichts der Suchkriterien, mit denen der BND aus der Gesamtheit der Informationen die ihn interessierenden herausfiltert, gerieten nicht nur von Ausland zu Ausland kommunizierte Inhalte in sein Netz, sondern Gespräche oder Fernschreiben, die von Inland ins Ausland gehen und umgekehrt.

BND-Präsident Konrad Porzner und sein Vizepräsident Paul Münstermann beklagten in der Diskussion über neue Rechte ihrer Behörde mehrfach öffentlich, daß diese Weisung aus dem Jahre 1979 ihre Behörde hindere, erfolgreich an der Bekämpfung des internationalen Drogenhandels, der Geldwäsche und illegaler Rüstungsexporte mitzuwirken.

Das ist natürlich Unsinn, da jede Weisung, die ein Präsident erteilt hat, vom einem anderen Präsidenten mit gleicher Rechtsvollmacht mit einem Federstrich aufgehoben werden kann. Der

Jurist Kinkel zog höherwertiges Recht zur Begründung seines Einschnitts heran, das der BND bis dahin systematisch verletzt hatte. Entgegen dem Präsidenten-Ukas gab es nach Auskunft von Insidern zwar weiterhin Kanäle, auf denen solche Erkenntnisse den Abteilungen I und III zuflossen, aber ihre offensive Nutzung war angesichts des Verbots nicht mehr möglich.

Damit gelangten Informationen über illegale Exporte auch nicht mehr nach Bonn. So erhielten weder Kanzleramt noch Wirtschaftsministerium aus der Fernmeldeaufklärung Kenntnis von illegalen Ausfuhrgeschäften. Angesichts der vielen gesetzwidrigen Exporte insbesondere zur Aufrüstung arabischer Staaten auch im Bereich der chemischen und atomaren Kriegführung in den achtziger Jahren bedauerte die Bundesregierung den Sachverhalt, nachdem diese Skandale nicht ohne Mitwirkung der Geheimdienste eigentlich verbündeter Staaten bekannt geworden waren.

Experten weisen darauf hin, daß zu dem G-10-geschützten Personenkreis auch die Unternehmen in der Bundesrepublik zählen, deren Telekommunikation – Telefongespräche, Faxe und Fernschreiben – mit den Zielländern ihres Exports vom Bundesnachrichtendienst nun nicht mehr legalerweise ausgewertet oder weitergeleitet werden dürfen.

Offiziell werden Ausfuhren nach dem Kriegswaffenkontrollgesetz vom Bundeswirtschaftsministerium genehmigt, das stets von Freidemokraten geleitet wurde, während für Genehmigungen nach der Außenwirtschaftsverordnung das Bundesamt für gewerbliche Wirtschaft in Eschborn zuständig war.

Zu Kinkels Zeiten als BND-Präsident war dort jedoch gerade ein Referatsleiter mit zwölf Mitarbeitern im Referat für Ausfuhrkontrolle damit betraut, den gesamten kritischen Export zu überwachen.

Bei »kritischen« Ausfuhrvorhaben, erläutert ein hoher Beamter, der damals in verantwortlicher Stellung mit Rüstungsexporten zu tun hatte, ging ohnehin eine Voranfrage an das Auswärtige Amt, mit der Bitte, die Unbedenklichkeit des Exports zu bescheinigen. Der gesamte Kontrollapparat gegenüber heiklen Auslandsgeschäften lag also in der sozialliberalen Regierungskoalition fest in der Hand der FDP. Mit dem neuen BND-Präsidenten hatten die

Freidemokraten überdies mit Kinkel die letzte Kontrollinstanz in ihre Hand gebracht.

Fragt man nach der Motivation von Klaus Kinkel, die fernmeldeelektronische Aufklärung des BND blind zu machen für illegale Exporte, gibt es nur zwei Erklärungsmuster: Entweder wollte der neue BND-Präsident eine systematische Rechtsbeugung beseitigen oder aber dafür Sorge tragen, daß es außer in dem in FDP-Hand liegenden Wirtschafts- und Außenministerium keine dritte Bundesinstanz gab, die von kritischen Ausfuhren wußte.

Gegen die erste Erklärung spricht, daß Kinkel nicht in operative Bereiche zugunsten des innerstaatlichen oder Völkerrechts bei anderen nachrichtendienstlichen Methoden (Erpressung, Nötigung, Bestechung) eingriff – wie er gegenüber dem SPIEGEL einräumte – und überdies in manchen anderen Bereichen (Weitergabe von Daten von Asylbewerbern, Transfer von nachrichtendienstlicher Technik an Partnerdienste aus repressiven Staaten) sogar seine Vorgänger an fragwürdigen Praktiken übertraf. Für die zweite Erklärung spricht, daß es in den späten siebziger und achtziger Jahren zahllose kritische Ausfuhren gab, die von FDP-Ministern ohne öffentliche Kontrolle gefördert wurden, weil sie vorgeblich von nationalem Interesse waren.

Dabei mußte man nicht etwa fürchten, daß der BND mit den »vitalen nationalen Interessen« nicht prinzipiell konform ginge, aber dem Dienst eilte der Ruf voraus, durchlässig zu sein, d.h., sein Wissen hatte allzuleicht Mitwisser in östlichen und westlichen Nachrichtendiensten und insbesondere beim Mossad, dem die Exportpolitik Westdeutschlands in die arabischen Staaten nach Umfang und Art der Lieferungen ein ständiger Dorn im Auge war.

Ordnung zu schaffen, hatte der BND-Präsident sich auch für ein soziales und zugleich sicherheitstechnisches Problem im Camp Nikolaus vorgenommen. Mehr noch als in anderen Behörden waren Mitarbeiter im »alpenländischen Kaffeetrinkerverein« (BND-Präsident Wieck über seine Mannschaft) dem Alkohol stark zugeneigt. Doch anders als in gewöhnlichen Betrieben und Behörden konnten die alkoholabhängigen Geheimnisträger nicht einfach auf die Straße gesetzt werden. So veranlaßte Kinkel zum

1. Januar 1982 die Gründung des Referats 49 F, dessen Funktionsfähigkeit nach Angaben von Abteilungsleiter 4 Herbert Rieck vom November 1981 dem BND-Präsidenten besonders am Herzen lag.

Im Aufstellungsbefehl für diese Dienststelle heißt es: »Ihre Aufgabe wird es sein, die Fachreferenten aller Abteilungen durch Übernahme von Aufträgen aller Art zu entlasten, soweit deren Bearbeitung eine VS-Ermächtigung voraussetzt. In vielen Referaten fallen ständig Vorgänge an, die – befreit vom Routinedruck – einer gründlichen Aufbereitung und gedanklichen Durchdringung bedürfen. Oft genug beeinträchtigen sie die gezielte Wahrnehmung der eigentlichen Tagesarbeit. Als Beispiel sind hier u. a. zu nennen:
– Auswerten von offenem Material für die Fachabteilungen
– Auswählen, Erfassen und inhaltliches Erschließen von Fachliteratur
– Vorbereitung von Arbeits- und Schulungsunterlagen für die Aus- und Fortbildung in Lehrgängen und am Arbeitsplatz
– Gutachtliche Stellungnahmen zu Themen allgemeiner oder grundsätzlicher Art.
Infolge ihrer personellen Zusammensetzung (Chemiker, Juristen, Volkswirte, Psychologen, Verwaltungsfachkräfte u. a.) ist bei 49 F der für die Bearbeitung von Abteilungsaufträgen notwendige Sachverstand vorhanden. «

Die personelle Zusammensetzung war jedem, der diese Gründungsurkunde las, durchaus anders bekannt. Von je her – unter Gehlen als Objekt »Terminus« – gab es im BND Organisationselemente, in denen die »Sicherheitsrisiken«, d. h. Beamte und Angestellte, denen der Sicherheitsbescheid entzogen werden mußte, mit wenig sensiblen Aufgaben betraut wurden.

Überwiegend Alkoholiker, aber auch Spieler und psychisch Gestörte schnippelten in dem 50köpfigen Referat Zeitungen aus oder erledigten Botengänge.

Die Behauptung, »es gibt im BND so viele Alkoholiker, daß sie in einer eigenen getarnten Abschiebestation in der Münchner Tangastr. untergebracht werden mußten«, wollte BND-Anwalt Georg Romatka im Auftrag von Konrad Porzner in einem Unterlassungsbegehren im August 1993 als »schlicht unwahr« widerrufen lassen. Auf eine kurze Replik wurde dieser Vorgang jedoch nicht weiterverfolgt. Vielleicht hätte der heutige BND-Präsident besser Helmut Schäfer, Deckname STECK, Dr. Herbert Schmidt, Deckname Dr. SCHIMMER, oder seinen Amtsvorgänger Klaus Kinkel fragen sollen, welche Dienststelle sich unter ihrer Leitung in einem Verlagsgebäude in der Münchner Tangastraße befand. Dieses Referat in die Münchner City zu verlegen half jedenfalls wenig, denn der SPIEGEL machte 1993 deutlich, daß das »Schnippeln im Seelenklo« anderenorts weitergeht.[5]

Die kleinen Ärgernisse waren nur die Spitze des Eisbergs, der das Betriebsklima in Pullach kühlte. Schon Kinkels Vorgänger Gerhard Wessel saß zwischen den Stühlen einer sozialdemokratisch dominierten Bundesregierung und ihrer wenigen Gefolgsleute in Pullach sowie der durch und durch konservativen Mehrheit der BNDler. Wie polarisiert und von Verachtung geprägt die Haltung dieser Seilschaft war, dokumentiert eine Studie aus der CSU-Zentrale vom Frühjahr 1980: »Man muß Wessel gewisse mildernde Umstände für seine Amtsführung zubilligen, erhielt er doch damals als Vizepräsident und dazu als Leiter einer der vier Hauptabteilungen sehr bald zwei SPD-Apparatschiks aus der Bonner Baracke aufgedrückt. Als völlige Laien im ND-Geschäft spielen sie zunächst keine wesentliche Rolle. Wessel meinte optimistisch, sie umerziehen zu können ... Diese Erwartung zerstob aber schlagartig nach der Machtübernahme der Viererbande Brandt, Ehmke, Bahr und Wehner ... Bei den nun erfolgenden Eingriffen in den BND-Betrieb, die radikalster Art waren, hätte Wessel beweisen können und müssen, daß mehr in ihm an Charakter und Zielstrebigkeit im Interesse seiner Aufgabe steckte, als er zeigte. Aber er kapitulierte vor einer Horde roter Proleten.«[6]

Die »Horde roter Proleten« hatte in Pullach eine schmale Basis, wenn man der Berechnung des Anführers der konservativen Seilschaft, BND-Direktor Kurt Weiß, Glauben schenken will. Im Juli 1974 erläuterte Weiß seinem Abgeordneten Werner Marx die parteipolitischen Präferenzen der BNDler, die sich im Laufe der siebziger Jahre durch die Rekrutierungspraxis des Bundesnachrichtendienstes kaum veränderten. Weiß schätzte, daß »sich höchstens

5 % der Mitarbeiter zur SPD bekennen, etwa 25 % als Sympathisanten, Opportunisten und potentielle FDP-Wähler gelten können, während mindestens 70 %, insbesondere auch fast alle Neueinstellungen, dem Wählerpotential der CDU/CSU zugeordnet werden müssen«.

Aus dem Viertel der Opportunisten und FDPler war in den oberen Rängen in Pullach zu Kinkels Zeiten niemand zu finden. Dr. Rudolf Werner, Deckname Dr. KEMPE, rückte – protegiert von seinem Studienfreund Horst Teltschik – erst unter der konservativ-liberalen Bundesregierung zum Abteilungsleiter auf – anders kann man das Überspringen von drei Gehaltsstufen wohl kaum erklären. Zu Kinkels Zeiten war er noch Regierungsdirektor in der Polenaufklärung. Und der Großneffe des FDP-Vorsitzenden, Ralf Matthias von der Senge Graf Lambsdorff, Deckname HELLER, war zwar seit 1971 im Bundesnachrichtendienst im Referat 11 B, spielte jedoch keine entscheidende Rolle in Pullach.

Aus der FDP mußte Kinkel sogar einen Querschuß hinnehmen, der den BND im Mai 1979 wieder ins Gerede brachte. Der Bundesgrenzschutzverband wandte sich gegen kritische Presseberichte, die dem BGS fragwürdige Praktiken bei der Zusammenarbeit mit dem BND anlasteten, und sah »merkwürdige Querverbindungen« zwischen dem stern, der FDP und dem BND. Die CDU/CSU forderte den Bundestag sogar auf, Innenminister Gerhart Baum wegen seiner »Enthüllungspolitik« die Mißbilligung des Parlaments auszusprechen.[7] Bei dieser Affäre ging es um die Amtshilfe des Grenzschutzes für den BND, der an 45 Übergangsstellen selbst Reisedokumente fotokopierte, während Pullacher Kräfte dies an 23 Schlagbäumen taten. Dem FDP-Innenminister war die Menge der dabei abgelichteten 900 Dokumente pro Monat zu groß, um dem vorgeblichen Zweck, ganz anonym Erkenntnisse über die Ausgestaltung von Dokumenten zu gewinnen, angemessen zu sein.

Als die Berliner Zeitung am 26. April 1979 die 19seitige Geheimverfügung über diese Form der Amtshilfe veröffentlichte, wurde deutlich, daß es sich tatsächlich um eine weitgefächerte Personenfahndung handelte.[8] Schließlich wurde die Amtshilfe zwischen BND und BGS im Herbst 1981 neu geregelt, so daß die

Grenzmeldenetzmeldungen nach Pullach um etwa ein Drittel zurückgingen. Baum hatte die Presse offensichtlich mit Erfolg gegen Kinkels Behörde eingesetzt.

Mit der Versetzung von Baltutis und der Entlassung von Weiß hatte Klaus Kinkel gehofft, die führenden Köpfe der Konspiration mit der CDU/CSU-Opposition auf Eis gelegt zu haben. Er unterschätzte die Zugänge des Pensionärs WINTERSTEIN, der als Kristallisationspunkt der konservativen Truppe auch von seinem Altersruhesitz in München-Pasing weiter an Geheimdienstfäden zog. Daß er über die Zulieferung geheimer BND-Dokumente an das Büro des Abgeordneten Marx, die die HVA-Agentin Inge Goliath prompt nach Ostberlin weiterleitete, direkt dem nachrichtendienstlichen Gegner in die Hände gespielt hatte, konnte er nicht ahnen.

Als Pensionär agierte der Führer der CSU-Seilschaft weiter hinter den Kulissen, indem er Material aus dem BND, das er über alte Verbindungen aus dem Camp Nikolaus besorgte, an CDU/CSU-Bundestagsabgeordnete, aber auch die Presse lancierte. Zu seinen Zuträgern zählte der CSU-Mann Dr. Paul Münstermann, Deckname Dr. HEIDEGGER, der zu Kinkels Zeiten im Mittelbau des Dienstes agierte und erst 1984 Leiter der Sicherheit (Abteilung 5), im April 1986 sogar BND-Vizepräsident wurde.

Weiß gab dieses Material jedoch auch unwissentlich in die Hände der DDR-Auslandsaufklärung, indem er seinen alten Freund Dr. habil. Gerhard Baumann damit fütterte, den das MfS als IM »Schwarz« von 1958 bis 1988 unter falscher französischer Flagge führte. Als BND-Vizepräsident Münstermann im August 1994 früher als erwartet in Pension ging, konnte er das als unbescholtener Mann tun, weil seine Behörde am 18. August 1994 dem Bundeskanzleramt als Ergebnis der Untersuchungen im Fall »Schwarz« mitteilte, daß ihm keine Vorwürfe zu machen seien.

Nur von idealistischen Motiven zur Rettung des BND vor den »roten Proleten« waren die Aktivitäten von Weiß nicht bestimmt. Zahlreiche BND-Berichte hatte er dem Springerkonzern schlicht weiterverkauft.[9]

Wenn Kinkel dann in der Springerpresse angegriffen wurde, konnte er Lecks in seiner Behörde vermuten. Wo die waren, mußte ihm deshalb verborgen bleiben, weil die Abteilung Sicherheit, die für die Spionageabwehr gegen den Dienst und seine Abschottung nach außen zuständig war, von BERNHARD über MANK bis HEIDEGGER stets fest in der Hand der CSU war.

Das Lehrbuch des Ministeriums für Staatssicherheit vom April 1983, »Die imperialistischen Geheimdienste in der Gegenwart«, kommt in der Betrachtung der Intrigen, die von der konservativen Seilschaft in Pullach ausgingen, zu dem Urteil: »Führende, der SPD/FDP-Koalition nahestehende Spitzenbeamte der Geheimdienste, wie 1975 BfV-Präsident Nollau, 1977 MAD-Chef Scherer und sogar der ihn stützende Verteidigungsminister Leber (SPD), 1979 BND-Vizepräsident Blötz und 1982 auch BND-Präsident Kinkel, wurden in der Regel im Ergebnis entsprechender Geheimdienstintrigen zu Fall gebracht und durch treue Gefolgsleute der Rechtskräfte ersetzt.«

Diese Wertung ist sicherlich begründet beim Nachfolger Kinkels, Eberhard Blum. Mit der Berufung des einstigen Gehlen-Adjutanten, der vom Anfang der siebziger Jahre bis zu seiner Pensionierung 1982 BND-Resident in Washington war, wurde ein nachrichtendienstlicher Senior als Präsident reaktiviert, der so rückwärts gewandt war wie kaum ein anderer denkbarer Kandidat für das Amt.[10]

Geheimdienstintrigen aus der konservativen Ecke im Dienst gegen Kinkel gab es nachweislich. Sie haben ihn jedoch allenfalls amtsmüde gemacht, ihn verschlissen, aber nicht gestürzt. Wenn auch für Nollau bis Blötz die Aussagen des MfS-Lehrbuchs zutreffen, so ist dies bei Kinkel differenzierter zu sehen. Hätte sich ihm Ende 1982 nicht die Aufstiegschance zum Staatssekretär geboten, hätte er sicherlich noch geraume Zeit durchgehalten und auch einer konservativ-liberalen Regierung Kohl/Genscher als Geheimdienstchef gedient.

Aus der Sicht eines Altgardisten der Bonner Politik, der von Gehlen bis Porzner viele BND-Präsidenten kommen und gehen sah, hatte Klaus Kinkel das »Zeug zu einem großen Präsidenten«. Sein Reformeifer, verbunden mit erheblichem persönlichen Ehrgeiz, sein Fleiß beim Erschließen neuer Arbeitsfelder und sein Durchgriff auf den Apparat, der konsequente Dienstaufsicht so vorher nicht kannte, waren die entsprechenden Voraussetzungen dazu.

Verhindert hat dies nicht das abrupte Ende seiner Zeit in Pullach, sondern er stand sich dabei von vornherein selber im Wege. Sein Führungsstil hat Mitarbeiter und Mitarbeiterinnen in beachtlichem Maße demotiviert. Die Druckwellen seiner Führungsstärke verloren eine Ebene tiefer schon an Kraft.

Seine offensichtliche Unfähigkeit, Verantwortung und Arbeit sachgerecht zu delegieren, führte dazu, daß von der Verwaltung bis zum operativen Bereich vieles zur Chefsache wurde, wofür der Dienst hochbezahlte Experten hat. Seine Innovationskraft konnte so nur dort nach unten durchschlagen, wo er sich selbst einsetzte. Bei einem über mehr als 200 Dienststellen verstreuten Apparat von ca. 6500 Mitarbeitern war das nicht überall möglich.

Der Fall Baumann ist nur das tragische Beispiel dafür, daß kleine, aber entscheidende Fehler auf der Arbeitsebene zu großer persönlicher Verantwortung führen, wenn eine Angelegenheit ohne Not zur Chefsache erklärt wird. Gibt es dann anschließend den Versuch, diese in der Hoffnung auf persönlichen Erfolg übernommene Verantwortung wieder zu verleugnen, dann leidet die Glaubwürdigkeit erheblich.

Auf allen Gebieten der BND-Arbeit, von der fernmeldeelektronischen Aufklärung bis zur Abwehr von Wirtschaftsspionage gegen die Bundesrepublik, sachverständig zu sein ist selbst für langgediente Nachrichtendienstler unmöglich. Klaus Kinkel hat solche umfassende Kompetenz für sich in Anspruch genommen und sie dabei vielfach vortäuschen müssen. Den Spezialisten im Dienst und bei in- und ausländischen Partnern blieb die dünne Decke des Fachwissens und der starke Kontrast zu seinem Auftreten naturgemäß nicht verborgen. Das festigte den Ruf, Kinkel gäbe sich als »Tausendsassa«, dem man zunächst die Chance zu einem Schauauftritt geben müsse, um anschließend ohne den vielbeschäftigten Mann zur Sache zu kommen.

Durch das Abstützen auf die schmale Oberschicht sozial- und freidemokratisch eingestellter Mitarbeiter hat er weite Teile des mittleren Managements gegen sich aufgebracht. Integrierend zu wirken war weder seine Stärke noch seine Absicht. Auf der

Arbeitsebene lief – von den Referatsleitern und Sachbearbeitern so gewollt – vieles an ihm vorbei.

Auf der Bonner Bühne dagegen blieb er blaß und konnte insbesondere bei den sozialdemokratischen Regierungspolitikern nie den Eindruck verwischen, er sei nur ein beflissener Beamter, der Kofferträger Genschers und vornehmlich bemüht, sich nach allen Seiten abzusichern.

Der Machtmensch Kinkel verlangte stets sofortigen Erfolg und war häufig sprunghaft, was die Bildung neuer Schwerpunkte betraf. Ideen und Konzepte sollten stets sofort greifen und ihm sichtbare Erfolge bescheren. Nachrichtendienstliche Arbeit aber, dachten seine Opponenten im Dienst, ist kein Stoßtruppunternehmen, sondern verlangt häufig einen sehr langen Atem. Das zweitälteste Gewerbe der Welt, argumentieren sie, verlange überdies, errungene Erfolge nie über einen ganz kleinen Kreis zwangsläufig Eingeweihter hinaus bekannt zu machen, um nicht im nachhinein diese Erfolge oder auf dieser Konzeption beruhende Fortschritte selbst wieder zu gefährden. Machtmenschen sind häufig eitel, und so lag es Kinkel nicht, sein Licht unter den Scheffel zu stellen.

Nicht erst am Ende, sondern eher schon zur Halbzeit Ende 1980 war der nicht mehr so ganz neue BND-Präsident daher häufig verbittert. Er spürte die Grenzen seiner Durchsetzungsfähigkeit in der Mammutbehörde, so wie die meisten Verteidigungsminister daran scheiterten, daß sie den riesigen Verwaltungsapparat der Hardthöhe nicht in den Griff bekamen.

Als Klaus Kinkel, befreit von der Last des Amtes, in Bonn als frischgebackener Staatssekretär auftrat, fragte ihn ein altgedienter Parlamentarier, ob er es glücklich fände, vom Posten des BND-Präsidenten ausgerechnet ins Justizministerium zu wechseln. »Ja, glauben Sie denn, der BND sei eine kriminelle Vereinigung?« fuhr er da den Fragesteller an. Die Idee, daß die führende Position, die er nun im Hort der Rechtsstaatlichkeit hatte, mit den vorhergehenden Aktivitäten in Pullach möglicherweise schwer zu vereinbaren sei, kam ihm nicht in den Sinn.

Daß nachrichtendienstliche Arbeit sich in einer rechtsstaatlichen und völkerrechtlichen Grauzone abspielt, ist nicht nur durch die vorangegangenen Kapitel hinreichend unter Beweis gestellt. Die Spielregeln internationaler Geheimpolitik scheinen ständige Grenzüberschreitungen zu verlangen, wenn man auf diesem manchmal entscheidenden Feld zwischenstaatlicher Auseinandersetzungen nationale Interessen durchsetzen will. Diejenigen, die dies tun, machen es im Glauben an die Notwendigkeit solcher Methoden und müssen zwangsläufig ein Recht oberhalb demokratischer öffentlicher Zustimmung konstruieren, um sich nicht gänzlich im rechtsfreien Raum zu bewegen. Die Bereitschaft, sich die Hände schmutzig zu machen, aus taktischen Gründen selbst parlamentarischen Gremien die Unwahrheit zu sagen und letztlich mit Bestechung und Erpressung nachrichtendienstliche Erfolge anzusteuern, gehört zum Metier.

So hat auch Klaus Kinkel einerseits von Amts wegen und andererseits auch in von ihm übernommenen Chefsachen seine Integrität verloren – seine »unbewältigte Vergangenheit als Chef des Bundesnachrichtendienstes« (Publik-Forum) hängt ihm nach.

Überdies gab es in seiner folgenden Bonner Aufgabe eine Interessenkollision, wenn das Justizministerium gefordert war, fragwürdige Praktiken des BND rechtlich zu beurteilen. Im Falle Klaus Kinkels führte dies dazu, daß er in der Affäre um die selbst vom Bundessicherheitsrat verbotene Lieferung von NVA-Material an Israel im Oktober 1991 in die Situation geriet, eine Expertise über eine Aktion abzugeben, die er ähnlich in vielen Fällen selbst so zu verantworten hatte. Im Ergebnis kam der nunmehrige Justizminister am 28. Oktober 1991 zu dem Urteil, daß für Materialien des wehrtechnischen Austausches nach § 19 Abs. 1 Nr. 13 des Außenwirtschaftsgesetzes keine Exportgenehmigung erforderlich sei, weil es sich um Gegenstände handle, die Bundesbehörden zur Erledigung dienstlicher Aufträge ausführten, und daß »dazu auch die Ausfuhr von Gegenständen im Rahmen einer partnerschaftlichen Zusammenarbeit unserer Nachrichtendienste mit ausländischen Diensten gehört«.[11] Das Gericht in Hamburg teilt diese Auffassung nicht und hat mittlerweile ein Strafverfahren gegen die verantwortlichen BND-Beamten eingeleitet.

Im Justizministerium hat Kinkel sowohl als Staatssekretär wie auch als Minister nicht von Amts wegen, sondern aus persönlicher

Betroffenheit einerseits Nachforschungen angestellt und andererseits Einfluß auf Strafverfolgungsbehörden ausgeübt, um den Hintergründen seiner größten Niederlage – dem Tod des ROTEN ADMIRALS – auf die Spur zu kommen.

Im Januar 1991 kam es zur Nagelprobe: Würde sich der frischgebackene Staatssekretär im Justizministerium stärker rechtsstaatlichen Normen oder möglichen operativen Erfolgen seiner alten Behörde verpflichtet fühlen. In jener Zeit suchte nämlich Rosemarie Fuchs, damals Potsdamer Landtagsabgeordnete und Mitglied im Bundesvorstand der FDP, ihn mit einem Problem auf. 1990, als sie noch das Komitee zur Auflösung der Staatssicherheit in Frankfurt an der Oder leitete, war sie händeringend von dem bereits zum BND übergelaufenen MfS-Bezirkschef Gerhard W. gebeten worden, sich ebenfalls mit dem Bundesnachrichtendienst einzulassen, dem er sie bereits angedient hatte. So fuhr sie mit dem ehemaligen Obersten des MfS ins Westberliner Hotel Steigenberger, um dort die BND-Beamten AMMER und BECKER zu treffen. Deren Interesse richtete sich insbesondere auf ihre Kontakte zu MfS-Offizieren, die sie im Zuge der Auflösung des Frankfurter Archivs bekommen hatte.

Obwohl Rosemarie Fuchs inzwischen in den Bundesvorstand der Liberalen gewählt worden war, bedrängte sie der BND-Regierungsdirektor BECKER, der außerhalb Pullachs Baum heißt, im September 1990, seiner Behörde in zweierlei Hinsicht behilflich zu sein: Erstens sollte sie erkunden, was MfS-Offiziere möglicherweise von ihrem Geheimdienstwissen noch einzusetzen gedächten. Zweitens sollte sie ihm über KGB-Kontakte berichten, die sie bei der Auflösung der Wohnung des sowjetischen Verbindungsoffiziers gewonnen haben müßte. Frau Fuchs konnte den Wissensdurst des BNDlers nicht befriedigen. Daraufhin setzte er sie im Herbst 1990 mehrfach mit der Drohung unter Druck, es könnte für sie unangenehm werden, wenn ihre Gespräche mit dem KGB-Residenten bekannt würden.

Als sich die Abgeordnete in ihrer Not an Klaus Kinkel wandte, informierte er nicht etwa das Bundesamt für Verfassungsschutz über die illegale Inlandsaufklärung des BND. Nicht einmal den Pressionen des Bundesnachrichtendienstes auf die Parteifreundin setzte er ein Ende. Er vermittelte ihr lediglich ein Gespräch mit dem amtierenden BND-Präsidenten. Konrad Porzner versicherte ihr dann in der Bonner Dependance seiner Behörde in der Braunscheldstraße, man würde sie gegen den KGB abschirmen, wenn sie weiterhin mit Herrn BECKER kooperiere.

Von da an nahm der BND-Regierungsdirektor monatlich Kontakt mit ihr auf, um ihr Wissen über ihr bekannte MfS-Offiziere abzupressen oder über diese an KGB-Kontakte zu kommen. Bis zum Juni 1993 wurde Rosemarie Fuchs so versuchsweise als Quelle des BND angebohrt. Als sie ihren »Betreuer« im Frühjahr 1993 um Hilfe bei der gegen sie inszenierten politischen Schlammschlacht bat, zuckte der nur mit den Schultern und brach die Verbindung zu ihr bald darauf ab. Rosemarie Fuchs wurde nun zur »Skandalabgeordneten« ihrer Partei. Juristische Ermittlungen wegen Gewahrsamsbruch bei der Verwaltung des MfS-Erbes, wegen Fahrerflucht und wegen eines Grundstückskaufs fanden den Weg in die Medien, und die FDP-Landtagsfraktion ließ sie fallen. Erst Anfang 1995, als erwiesen war, daß alle Verdächtigungen unzutreffend gewesen waren, wurde das letzte Verfahren gegen sie eingestellt. Rosemarie Fuchs kann sich den jahrelangen Ermittlungseifer der Staatsanwälte, die nicht einmal einen konkreten Anfangsverdacht vorzuweisen hatten, heute nur mit einer Vermutung erklären: »Da muß einer dran gedreht haben, der mich fertigmachen wollte. «[12]

Die Besorgnis der Befangenheit, die dem jungen Staatssekretär von den Abgeordneten zu Beginn seiner Amtszeit entgegengehalten wurde, ist nicht abstrakt geblieben, sondern hat ganz konkrete Formen angenommen. In jüngeren Prozessen um illegale Rüstungsexporte in den Nahen Osten wurde Klaus Kinkel von Verteidigern mehrfach als Zeuge zitiert, die sich von seiner Aussage Gewißheit darüber erhofften, daß die rechtswidrigen Ausfuhren im Einklang mit dem BND erfolgten. Und es nährt die Zweifel an der Rechtsstaatlichkeit, wenn der Bundesaußenminister dann vor Gericht eine Bescheinigung der Bundesoberbehörde vorlegt, deren Präsident er einst war, die ihm jede Aussage und damit einen Beitrag zur Wahrheitsfindung untersagt.

Im Einigungsvertrag war das Bemühen um eine Generalamnestie für die Mitarbeiter und Mitarbeiterinnen des DDR-Geheimdienstes, soweit sie sich nicht Verbrechen an DDR-Gesetzen schuldig gemacht hatten, an politischen Widerständen in Westdeutschland gescheitert, obwohl Manfred Schäuble und Lothar de Maizière sich in diesem Punkte einig waren. Damit kam auf den Justizminister Klaus Kinkel die Frage zu, ob die Angehörigen der HVA rechtswidrig gehandelt haben, als sie die Bundesrepublik Deutschland nach Kräften ausspionierten. Nachdem der Bundesgerichtshof und das Berliner Kammergericht darin unterschiedlicher Meinung waren, wurde das Bundesverfassungsgericht eingeschaltet.

Kinkel aber versuchte derweil »gemeinsam mit dem Generalbundesanwalt seinem einstigen Widerpart nachzuweisen, daß dessen Auslands-Spionageabteilung mit dem Unterdrückungsapparat der Stasi im Innern Verbindung hatte. Eine entscheidende Frage, denn gelingt dieser Nachweis nicht, gilt das Gleichheitsgebot für die DDR-Agenten: Solange die BND-Späher frei herumlaufen, können ihre früheren Berufskollegen im Osten dieses Recht dann auch für sich beanspruchen.«[13] Umgekehrt und personifiziert hieße dies, daß dem Markus-Wolf-Prozeß in Düsseldorf ein Kinkel-Prozeß folgen müßte. Klaus Kinkel hat als Justizminister in seinem Hause mit erheblichem Eifer an dem Versuch des Nachweises arbeiten lassen, daß die Spionage aus der Normannenstraße ungeachtet völkerrechtlicher Gesichtspunkte strafrechtlich verfolgt werden muß. Diesen Eifer erklären sich selbst Juristen aus seinem Ministerium mit dem, was in ihrer Fachsprache »die Besorgnis der Befangenheit« heißt, vulgär: Er wollte seine Rache, insbesondere nachdem er hatte begreifen müssen, daß auch zu seiner Amtszeit in Pullach mindestens zwei Maulwürfe von Wolf wühlten. Die Spatzen pfeifen es bereits von den Karlsruher Dächern, daß es keine Grundlage für eine generelle strafrechtliche Verfolgung der DDR-Spionage geben wird, wenn das Bundesverfassungsgericht im Sommer 1995 sein Urteil gefällt haben wird.

Kinkel wird dann im konservativen Lager immer noch als Erfolg reklamieren können, daß durch das lange Hinauszögern dieser Entscheidung viele Angehörige des MfS, gegen die Ermittlungs- und Strafverfahren eingeleitet wurden, so daran gehindert waren, bereits vor der Bundestagswahl im Oktober 1994 ihre Erinnerungen an bestimmte Aspekte der jüngsten deutsch-deutschen Geschichte zu veröffentlichen.

In den Diskussionen mit Politikern und Experten aus bundesdeutschen Sicherheitsbehörden spielt, wenn es um Klaus Kinkel geht, auch immer die Frage eine Rolle, ob der Bundesaußenminister mit Fakten aus seiner Pullacher Zeit erpreßbar oder zum Rücktritt zu zwingen sei. Eher konservative Zeitgenossen weisen dann darauf hin, daß es zu den international geachteten Spielregeln – unter Verbündeten zumal – gehöre, dieses nachrichtendienstliche Wissen nicht zu benutzen. Die Affäre um die mit deutscher Hilfe errichtete Giftgasfabrik im libyschen Rabta und die 1992 in die Öffentlichkeit gespielten Informationen über die Mitgliedschaft Hans-Dietrich Genschers in der NSDAP erlauben die Vermutung, daß diese Spielregeln nach dem Ende des Kalten Krieges nicht in jedem Fall fortgelten. Durch die Öffnung der Archive in Moskau und anderswo sowie durch den inzwischen etablierten schwarzen Markt für Geheimdienstakten, die die westdeutschen Dienste ja nur beim MfS und nicht überall in Osteuropa sicherstellen konnten, gibt es eine ständige Gefährdung, daß das Amt des Außenministers durch Akten aus der Zeit von 1979 bis 1982 beschädigt wird.

Mindestens ebenso groß ist die Gefahr, daß der Bundesaußenminister dort im Ausland nicht besonders ernst genommen wird, wo er sich für eine humanere Politik einsetzt. Auf der Menschenrechtskonferenz in Wien am 15. Juni 1993 betonte er beispielsweise: »Auch der Konsens über die Menschenrechte ist bedroht. Ihn zu bewahren ist mein größtes Anliegen.«[14] Konsens über die Menschenrechte hatte der BND-Präsident Kinkel bei der Zusammenarbeit mit seinen Partnerdiensten nicht einmal ansatzweise herzustellen versucht. Daß Geheimdienstbehörden in den Ländern, in denen von Staats wegen gefoltert und gemordet wird, zum engsten Täterkreis gehören, eröffnet jeder Jahresbericht von »amnesty international« aufs neue. Kinkel hat die Unterstützung, Ausbildung und materielle Ausstattung zahlreicher solcher Repressionsapparate der schlimmsten Sorte zu verantworten. Sein Appell an die Menschlichkeit trifft in vielen Fällen jene Täter, denen er zwischen 1979 und 1982 die Hand gereicht hat.

Als Klaus Kinkel 1985 mit einer BND-Affäre aus seiner Amtszeit konfrontiert wurde, soll er beklagt haben, »daß ihn die Scheiße doch noch eingeholt hat«.[15] Für die Jahre seit 1983 ist dies nicht zu befürchten. Mit dem Wechsel von Pullach nach Bonn stellte die Hauptabteilung III des MfS ihre Abhörmaßnahmen gegen Kinkel ein, über die die Staatssicherheit der DDR regelmäßig gut über die im Dienst laufenden Intrigen und das Privatleben oberster BNDler unterrichtet war.

Nach der Wende fürchten viele andere aus dem Bonner Machtzentrum, daß über sie »genierliche Knallbonbons« aus dem MfS auftauchen: Abschriften ihrer dienstlichen und ganz privaten Telefongespräche, die die Hauptabteilung III des MfS unter Generalmajor Horst Männchen beim Zugriff auf mindestens 40 000 Anschlüsse in Westdeutschland beschafft hatte.[16]

Peter-Ferdinand Koch merkte 1994 zu einem der ersten Überläufer kryptisch an: »Ralph-Dieter Schlunzig brachte den BND auf Trab, als er bereits im Dezember 1989 Wunderliches über den vormaligen BND-Präsidenten Klaus Kinkel präsentierte.«[17] Der umstrittene Autor streute einen plumpen Verdacht.

In der Erinnerung der zuständigen Abhörspezialisten des MfS gehört Klaus Kinkel nicht zu denen, die fürchten müßten, daß aus dem »Königshaus der Demokratie«, dem Kabinett, nach britischem Muster peinliches Liebesgeflüster an die Öffentlichkeit geraten könnte. In dieser Beziehung – und darin sei er wieder ganz Ausnahme – habe Kinkel immer tadelsfrei gelebt, obwohl, so der Mann aus dem MfS, bei einem richtigen Machtpolitiker »so etwas« doch eigentlich dazugehöre.

Anhang

Legalresidenturen des BND 1982

Referat	Region		Bearbeiter* 1982 in Pullach
Außenstelle	Präsident bei Staat Gründung**		Resident* unter Kinkel weitere Zuständigkeit
13 A	Nordamerika, Großbritannien, Skandinavien		BANGERT/RAUM
EA 10	Gehlen	USA Kanada	HARTWIG
EA 20 TIMOR	Gehlen	Schweden	GOEDECKE, ab 6/82 Dr.
EA 30	Gehlen	Großbritannien	HELLMANN
EA 40	Gehlen	Dänemark Norwegen	HANTICH, ab 6/82 SAYN
EA 50	Wessel	UNO NEW YORK	FLEIG
EA 60	Wessel	Finnland	DRAKE
13 B	Frankreich, Benelux, Schweiz		QUEISSER
EB 10	Gehlen	Schweiz	RAJAN
EB 20	Gehlen	Frankreich	HAHN
EB 30	Gehlen	Niederlande	Dr. DERNBACH bis 3/82
EB 40	Gehlen	Belgien Luxemburg	COTTA
EB 50	Kinkel	UNO/GENF	Dr. SCHINDLER

13 C	Südeuropa		HERDER
EC 10/11	Gehlen	Spanien	Dr. SAALFELD
EC 20	Gehlen	Türkei	KASTNER
EC 30	Gehlen	Griechenland	NOACK
		Zypern	
EC 40	Gehlen	Italien	WERTHER
EC 50	Wessel	Portugal	GOY

13 D	Nah-/Mittelost, Nordafrika		GOLLING/ORTH
FA 10	Gehlen	Tunesien	PRANNER
FA 20	Gehlen	Iran	nicht besetzt
FA 30	Gehlen	Libanon	nicht besetzt
FA 40	Wessel	Ägypten	Dr. MÜHLEGG
FA 50	Gehlen	Israel	KREITMEIER
FA 60	Gehlen	Saudi-Arabien	TACKER (?)
		Oman	
		Nord-Jemen	
		Libyen	
		Dubai	
FA 70	Wessel	Marokko	SPANRAD
FA 80	Wessel	Jordanien	WEST
FA 90	Kinkel	Algerien	geplant
FA 91	Kinkel	Irak	SOLLINGER
FA 92	Kinkel	Pakistan	WIBEL
FA 93	Kinkel	Afghanistan	geplant

13 E	Fernost		JENSEN
FB 10	Gehlen	Japan	LUCKNER
		Süd-Korea	
FB 20	Gehlen	Hongkong	Dr. BUTSCHEIDT
		Philippinen	
FB 30	Gehlen	Taiwan	SAUM
FB 40	Wessel	Indien	GANDERSHEIM

FB 50 11/82	Gehlen	Singapur	KROSCH bis GRÖTZINGER
FB 60	Wessel	Thailand	EDLINGER
FB 70	Gehlen	Indonesien Australien Neuseeland	KERSCHBAUM
Botschaft	Kinkel	China	Dr. QUECK

13 F	Schwarzafrika		RAUM/VIEWEG
FC 10	Gehlen	Äthiopien	BREINDL
FC 20	Gehlen	Niger	JARISCH
FC 30	Gehlen	Sambia Tansania Zaire	KAMMHOLZ
FC 40	Gehlen	Kenia Sudan	WOLFGANG
FC 50	Gehlen	Südafrika Somalia	GIGL/WEGHOF
FC 70	Gehlen	Rhodesien	DEICHL
FC 80	Kinkel	Nigeria	JERAK ab 1/82

13 G	Lateinamerika		BECKER/MESSEN
FD 10	Gehlen	Brasilien Chile Kolumbien Peru	FAUSTIG
FD 20	Gehlen	Argentinien Bolivien Paraguay Uruguay	LETTOW
FD 30	Kinkel	Mexiko	geplant
FD 40	Kinkel	Venezuela Ecuador	Dr. ECKERLIN
FD 50	Kinkel	Costa Rica	SCHOTTLER

12 H	Donauraum		HERZOG
BH 10	Kinkel	Österreich	BESTER
Botschaft	Kinkel	Jugoslawien	Dr. DORNER

12 E	UdSSR		TOEPPEL
Botschaft	Kinkel	Sowjetunion	Dr. ANDERSON

* jeweils Decknamen;
** Gehlen 1956–4/1968, Wessel 5/1968–1978, Kinkel 1979–1982.

Partnerdienste des BND 1982

STAAT	DECKNAME (ältere Bezeichnung)
Nord- und Westeuropa	
Belgien	Pfingstrose M, S
Dänemark	Begonie, Bergrose
Finnland	Iris, Reseda
Frankreich	Wicke N, S, R
	BEFRA★ Partner V (Wicke)
Griechenland	Melisse N, S
Großbritannien	Farn P, M, T, S (Aster)
	BEFRA★ Partner IV (Farn)
Italien	Brunella N, S
Luxemburg	Eisenhut
Niederlande	Koriander, Kornrade
	(Kresse N, S, H, L, MAR)
Norwegen	Gladiole M, S
Österreich	Chrysantheme Mil, Pol
Portugal	Weißdorn M, P, S
Schweden	Dahlie, Datura (Salbei, Mohn)
Schweiz	Anis M, T, S, L
Spanien	Goldlack N, S, P
Türkei	Hanf M, P, N, S
Zypern	Raps S
Nah-/Mittelost	
Ägypten	Stör N, M, S
Bahrain	Bachstelze

Dubai	Seestern
Irak	Krokodil
Israel	Ibis, N, M, S
Jemen	Yeti
Jordanien	Zaunkönig M, S
Kuwait	Kuckuck
Libanon	Leguan 1, 2
Libyen	Skorpion
Marokko	Marder
Oman	Otter
Saudi-Arabien	Gecko
Tunesien	Natter M, S
Ver. Arabische Emirate	Seeigel

Schwarzafrika

Äthiopien	Antilope
Botswana	Büffel
Gambia	Gepard
Ghana	Ganter
Kenia	Kudu
Niger	Nashorn
Nigeria	Mungo
Rhodesien	Mangrove
Sambia	Zebra
Senegal	Serval
Somalia	Seehund
Südafrika	Panther, M
Sudan	Strauß
Tansania	Tiger
Zaire	Kranich

Amerika

Argentinien	Adler
Bolivien	Lama
Brasilien	Biber
Canada	Rotdorn

Chile	Chinchilla
Costa Rica	Cobra
Ecuador	Zorro M, P
Kolumbien	Klapperschlange (Kapaun)
Mexiko	Mammut
Paraguay	Puma
Peru	Pelikan
Uruguay	Uhu
USA	Hortensie I-III, Klematis
	BEFRA* Partner II-III (Hortensie)
Venezuela	Wal M, P

Fernost

Australien	Emu S, N
Bangladesh	Buntspecht
Indien	Igel
Indonesien	Kakadu
Japan	Hamster I-V
Malaysia	Manta
Neuseeland	Steinbock
Pakistan	Eichkatze N, S
Philippinen	Pirol
Singapur	Salamander, S
Süd-Korea	Kugelfisch
Taiwan	Frettchen I, II, III
Thailand	Tukan

* BEFRA = Befragungsstellen für Asylbewerber, Aus- und Übersiedler in der Bundesrepublik.

Anmerkungen

Kapitel 1

1 Hohenzollersche Zeitung vom 10.10.1966: In Hechingen wird nochmals gewählt

2 Hohenzollersche Zeitung vom 8.10.1966, Anzeigenteil

3 Hohenzollersche Zeitung vom 3.10.1966: Die Bürgermeisterbewerber stellen sich vor

4 Hohenzollersche Zeitung vom 26.11.1966: Gemeinderat lehnt Wahleinsprüche ab

5 Hohenzollersche Zeitung vom 24.10.1966: Norbert Roth ist Bürgermeister der Stadt Hechingen

6 Hohenzollersche Zeitung vom 12.11.1966: Der Auftakt in der Sache des Wahleinspruchs

7 Hohenzollersche Zeitung vom 4.11.1966: Warum wird die Bürgermeisterwahl angefochten?

8 Hohenzollersche Zeitung vom 15.7.1966: Am 17. September ist Bürgermeisterwahl; Hohenzollersche Zeitung vom 24.6.1967: Bürgermeister der Stadt Hechingen wird neu gewählt; Hohenzollersche Zeitung vom 4.9.1967: Nur ein Bewerber um die Bürgermeisterwahl

9 Zum Lebenslauf vgl. auch verschiedene Jahrgänge Munzinger Archiv

10 Ehmke, Horst, Mittendrin. Von der Großen Koalition zur Deutschen Einheit, Berlin 1994, S. 239f.

11 Vgl. SPIEGEL 47/78: Zum Einstand besondere Zurückhaltung

12 SPIEGEL vom 31.3.1980: Wildwuchs beschneiden

13 Vgl. SPIEGEL 7/1995: Damals als Beamter

14 Emde, Heiner, Spionage und Abwehr in der Bundesrepublik Deutschland von 1979 bis heute, Bergisch Gladbach 1986, S. 78f. und 83

15 Vgl. Zundel, Rolf, Das Los des Beamten: leiden und schweigen, in: DIE ZEIT vom 22.11.1985

16 Vgl. Naumann, Michael, und Josef Joffe: Dreieck im Dunkeln, in: DIE ZEIT vom 9.11.1979 – Dossier

17 Vgl. Naumann, Michael, Operation »Großes Ohr«, in: DIE ZEIT vom 28.3.1980 – Dossier

18 Vgl. Neue Zürcher Zeitung vom 29.12.1978: Wechsel im Deutschen Bundesnachrichtendienst

19 Bohnsack, Günter, und Herbert Brehmer, Auftrag: Irreführung. Wie die Stasi Politik im Westen machte, Hamburg 1992, S. 96

Kapitel 2

1 Vgl. Intelligence Newsletter vom 23.10.1991, S. 2

2 Vgl. Stortingsmelding (Regierungsbericht an das Parlament), No. 22, 1991–1992, und Justisdepartmentet, Ot. Prp. no. 40 (1991–1992), Om lov om endringer i straffeprosessloven

3 Vgl. Ostrovsky, Victor, und Hoy, Claire, Der Mossad, Hamburg 1990, S. 282 ff.

4 Vgl. Joffe, Josef, und Michael Naumann, Dreieck im Dunkeln, in: DIE ZEIT vom 9.11.1979 (Dossier)

5 Vgl. Süddeutsche Zeitung vom 29.11.1979: Israelische Agenten kamen ohne Kontrolle zu PLO-Häftlingen

6 Decknamen von BND-Angehörigen und -Partnerdiensten werden im folgenden stets in Großbuchstaben geschrieben.

7 Yallop, David A., Die Verschwörung der Lügner, München 1993, S. 290

8 Vgl. Frankfurter Rundschau vom 23.9.1988: Kairo beschuldigt den BND

9 Vgl. die Dissertation »Zur Rolle und Stellung des israelischen Geheimdienstsystems im Herrschaftssystem Israels sowie zu seinem Vorgehen bei der Verwirklichung imperialistisch-zionistischer Interessen«, Juristische Hochschule Potsdam 1989, S. 237ff.

10 Vgl. Schmidt-Eenboom, Erich, Supranationale nachrichtendienstliche Strukturen, in: ders. (Hrsg.), Nachrichtendienste in Nordamerika, Europa und Japan, CD-ROM, Weilheim 1995

11 Vgl. Faligot, Roger, u. Kauffer, Rémi, Les Maîtres Éspions – Histoire mondiale du renseignement, Band 2, Paris 1994, S. 486

12 Mitteilung eines ehemaligen BND-Mitarbeiters

13 Vgl. u.a. taz vom 24.11.1990: Das hat mich kein bißchen verwundert

14 Vgl. Faligot, Roger, u. Kauffer, Rémi, a.a.O., S. 424

15 Vgl. Flugblatt Die Grünen Bremen u.a. vom März 1986

16 Verwaltungsgericht Berlin: Urteil vom 28.2.1983 – VG 19 A 329.82, in: Informationen zum Ausländerrecht 10/83, S. 301

17 SPIEGEL vom 28.3.1983: Der zugigste Ort

18 Gottschlich, Jürgen, Die »innere Sicherheit« der NATO, in: taz vom 5.2.1986, S. 11

19 Schmidt, Geheimdienstliche Agententätigkeit gegen in der Bundesrepublik lebende Ausländer, in: Lindenmayer-Möhring Bd. 5 zu § 99
StGB unter Berufung auf BGH-Urteil vom 22.9.1980

20 Die Reihenfolge der Numerierung der Residenturen sowie einzelne
Literaturstellen und Berichte von Zeitzeugen geben dazu Anhaltspunkte.

21 Beim BND in Pullach lag bereits einige Wochen vor dem Sturz Allen-
des ein Strategiepapier der CIA zur Beseitigung der Demokratie in
Chile vor, das MfS-Quellen im BND allerdings erst so spät nach Ost-
Berlin liefern konnten, daß eine Warnung an Allende nicht mehr rechtzeitig ergehen konnte; Andeutungen dazu bei: Wolf, Markus, Im eigenen Auftrag, München 1991, S. 49

22 Heigl, Frank, und Jürgen Saupe, Operation Eva, Hamburg 1982, S. 90f.

23 Interview mit Erich Schmidt-Eenboom am 4.5.1994

24 Vgl. Faligot, Roger, und Rémi Kauffer, a.a.O., S. 487

25 Müller-Marzohl, Alfons, Zum Fall Bachmann. Eine Arbeitsunterlage
für die GPK, Luzern Juli 1980, S. 45

Kapitel 3

1 Bohnsack, Günther, und Herbert Brehmer: Auftrag: Irreführung. Wie
die Stasi Politik im Westen machte, Hamburg 1992, S. 94

2 DIE neue NACHHUT 1/80, April 1980, S. 1

3 Vgl. Hamburger Abendblatt vom 22.1.1980: Die westlichen Geheimdienste haben ihr Gesicht verloren

4 DIE neue NACHHUT 1/80, April 1980, S. 5

5 Vgl. stern vom 15.3.1979: BND-Diplomatie

6 Focus 6/1995: Bahrs Geheimpakt mit dem KGB, S. 24

7 DIE neue NACHHUT 1/80, April 1980, S. 2

8 Vgl. Hippler, Jochen, Krieg im Frieden. Amerikanische Strategien für
die Dritte Welt, Köln 1986, S. 131ff.

9 Schmidt, Helmut, Menschen und Mächte, Berlin 1990, S. 59

10 Vgl. Cloughley, Brian, A force to be reckoned with, in: Jane's Defence
Weekly vom 14.1.1995, S. 21ff.

11 Vgl. Schwarz, Birgit, BND. Alles sehen, alles hören, nichts wissen, in:
DIE ZEIT vom 22.11.1992, S. 15 (Dossier)

12 Vgl. SPIEGEL 21/1985, S. 16, und stern 30/1986

13 Vgl. Radio Kabul vom 8.10.1985

14 SPIEGEL 45/1991, a.a.O.

15 Vgl. Intelligence Newsletter vom 6.11.1991, S. 6

16 Vgl. dazu ausführlich Schmidt-Eenboom, Erich, und Jo Angerer, Die
schmutzigen Geschäfte der Wirtschaftsspione, Düsseldorf 1994, Kapitel 4

17 Vgl. zu den Basisinformationen über Äthiopien Eikenberg, Kathrin, Äthiopien, in: Nohlen, Dieter, und Franz Nuscheler (Hrsg.), Handbuch der Dritten Welt Bd. 5, Bonn 1993, S. 32ff.

18 Eikenberg, Kathrin, Eritrea, in: Nohlen, Dieter, und Franz Nuscheler (Hrsg.), a.a.O., S. 85

19 Vgl. dazu ausführlich Roth, Jürgen, Die Mitternachtsregierung. Reportage über die Macht der Geheimdienste, Frankfurt 1990; und Schmidt-Eenboom, Erich, Schnüffler ohne Nase, Düsseldorf 1994, S. 195ff.

20 Vgl. Heigl, Frank, und Jürgen Saupe, a.a.O., S. 59

21 Vgl. Nowak, Edward K., Rola BND w polityce RFN, in: Wojsko Ludowe 8/1980, S. 89f.

22 Vgl. Aviation Week & Space Technology vom 14.12.1981: Otrag GmbH Ends Libyan Work

23 Vgl. Middle East Economic Digest vom 1.8.87: Libya trying to recruit staff for military rocket programme

24 Vgl. u.a. Nation vom 31.1.1981: Missiles For Muammar Qadhafi; Aviation Week & Space Technology vom 23.3.1981: Otrag AG Testing Launch Vehicle in Libya

25 Vgl. APS Diplomat Strategic Balance in the Middle East vom 18.4.1988: Libya's Procurement from W. Germany

26 Vgl. SPIEGEL Nr. 50/78: BND: »Die Welt ist voller Wunder«, S. 20

27 Vgl. Peters, Jimi, Intelligence: Its Role and Future in Nigeria's External Relations, in: Nigerian Journal of International Affairs Nr. 1/2 1986, S. 151ff.

28 Vgl. Neues Deutschland vom 5.12.1979: Geheimdienste Bonns und Pretorias kollaborieren

29 Vgl. Vorwärts vom 17.2.1983: Alte Seilschaften

30 Melber, Henning, Namibia, in: Nohlen, Dieter, und Franz Nuscheler (Hrsg.), Handbuch der Dritten Welt Bd. 5, Bonn 1993, S. 401

Kapitel 4

1 Vgl. Frankfurter Allgemeine Zeitung vom 8.9.1993: Halbwahrheiten über Pullach

2 Vgl. Süddeutsche Zeitung vom 19.2.1983: 1,7 Kilo, die sehr viel wiegen; und SPIEGEL vom 28.2.1983: Irgendwie verschwinden

3 Vgl. SPIEGEL vom 14.3.1983: Elegante Lösung

4 So erlebte es jedenfalls Verfassungsschutzchef Richard Meier, der vor und nach 1979 Kontakte mit dem iranischen Dienst in Teheran hatte.

5 Ferdowsi, Mir A., Ursprünge und Verlauf des iranisch-irakischen Krieges, Starnberg, März 1988, S. 38

6 Unter dem Pseudonym »Hans U.« wird der Fall im Jahresbericht des

Bundesamts für Verfassungsschutz 1992, S. 30 annähernd korrekt wiedergegeben.

7 Mindestens ab 1983 und bis 1990 lief eine solche Ausbildung, in deren Rahmen auch 1983 25 irakische Militärstudenten ein Praktikum bei der Firma Dornier absolvierten; vgl. Hoffmann, Wolfgang, a.a.O.

8 Frankfurter Rundschau vom 26.11.1978: Ohne Not wollte Baum die Libyer nicht verprellen

9 Vgl. Frankfurter Rundschau vom 30.6.1979: Bundesaußenminister Genscher verschiebt Reise nach Irak

10 Sharif, Issam A., Saddam Hussein, Produkt einer ungerechten Weltordnung, Wien 1991, S. 96

11 Vgl. Frankfurter Rundschau vom 28.6.1993: Bagdads Sirenen heulten ein spätes Echo des Kuwait-Konflikts; Süddeutsche Zeitung vom 28.6.1993: Die späte Rache des gedemütigten Siegers

12 Vgl. dpa vom 28.6.1993, 15.20 Uhr: Bonn verteidigt US-Schlag gegen Irak

13 Vgl. taz vom 2.6.1992: Geld regiert die Welt

14 Vgl. ddp vom 28.6.1993, 16.23 Uhr: US-Angriff löst unterschiedliches Echo in Bonn aus; afp vom 28.6.1993, 16.05 Uhr: Kritik von SPD und Möllemann an US-Angriff auf Bagdad

15 Vgl. Hoffmann, Wolfgang, Was wußte die Regierung?, in: Die Zeit vom 18.4.1991, S. 25

16 Vgl. Abendzeitung München vom 6.4.1991: Waffenschmuggel in Riem: So leicht wurde es Saddams Minister gemacht

17 Vgl. Rechnungen Waffen Krausser vom 24.4., 2.4. und 23.3.1982

18 Vgl. Ausfuhrgenehmigung Bundesamt für gewerbliche Wirtschaft vom 15.1.1982

19 Vgl. Schreiben BND Az 42/11 CB(J) vom 16. April 1987

20 Vgl. Bayerischer Landtag, Drucksache 12/1628 vom 7.5.1991

21 Sharif, Issam A., a.a.O., S. 86f.

22 Schmidt-Eenboom, Erich, Schnüffler ohne Nase. Der BND, Düsseldorf 1993, S. 212

23 Vgl. Abschließender Ermittlungsbericht des Bayerischen Landeskriminalamts vom 26.6.1986, Nr. 721 – A 66/86

24 Vgl. ddp vom 23.3.1991: Bonn schweigt zu Vorwürfen über Daimler-Exporte in Irak

25 Vgl. SPIEGEL vom 10.9.1990: Der Hinweis traf ins Schwarze

26 Vgl. stern 42/94: Exporte liefen wie geschmiert

27 Vgl. SPIEGEL 29/1994: Saubere Papiere

28 In deutschen Besitz ging die Firma Telemit Electronic erst im April 1991 über, als die Telemit AG und die Jubel Trust ihre Anteile verkauften. Letztlich wurde am 1. September 1994 der Konkurs des Unternehmens vollzogen.

29 Vgl. stern 41/1994, S. 61

30 Vgl. Industriemagazin Juni 1989: Not durch Libyen-Connection, S. 72
31 Vgl. stern 42/1994, S. 248
32 stern 41/1994, S. 61
33 Zitiert nach stern 41/1994, S. 66
34 Im Archiv des Verfassers
35 Rheinischer Merkur vom 7.9.1990: Der Millionär hat seine Schuldig-
   keit getan
36 Baunummern ab S-360 und Erstzulassungen ab D-HDHQ liegen dem
   Verfasser vor.
37 Vgl. New York Times vom 15.2.1995: U.S. Supplied Arms to Iraq, Ex-
   Aide Says
38 Zitiert nach Süddeutsche Zeitung vom 23.8.1990: Irakischer Waffen-
   händler aus der Haft entlassen
39 Vgl. Abendzeitung München vom 24.8.1990: Keine Gnade für Waffen-
   händler
40 Quelle für die im folgenden berichteten Vorgänge sind diverse Interviews mit Jebara 1993 und 1994 sowie sein anwaltlicher und behördli-
   cher Schriftverkehr.
41 Frieden 2/1992, S. 16
42 Vgl. Abendzeitung München vom 3./4. August 1991: Bub schrieb
   Brief an Saddam: Geben Sie mir den Vater zurück!
43 Vgl. Abendzeitung München vom 27. August 1992: Mörder Saddam:
   Alexander trauert um seinen Vater

Kapitel 5

1 Vgl. Rathmell, Andrew, »Libya's intelligence and security services«,
  in: International Defence Review 7/1991, S. 695ff.
2 Vgl. stern 2/1995, S. 98: Söldner für den Diktator
3 IF war die Unterabteilung »Übrige Welt« der Abteilung I unter Leitung von DR. BURKE
4 Vgl. Münchner Merkur, Weilheimer Tagblatt vom 7./8.1.1995: »Nach
  Libyen-Einsatz: Ex-Major wehrt sich«
5 Vgl. stern, a.a.O., S. 99
6 Vgl. stern, a.a.O., S. 99
7 Vgl. für die im folgenden dokumentierte Frage- und Aktuelle Stunde
  im Deutschen Bundestag: Deutscher Bundestag – 13. Wahlperiode –
  12. Sitzung. Bonn, Donnerstag, den 19.Januar 1995, S. 710 bis 725
8 Vgl. stern, a.a.O., S. 100
9 Vgl. Die Welt vom 21.6.1979: Keine konkrete Abmachung über größere Öllieferungen aus Libyen
10 Vgl. SPIEGEL vom 25.6.1979: Genscher-Reise. Nur Windiges
11 Vgl. SPIEGEL, a.a.O.

12 Vgl. Frankfurter Rundschau vom 21.6.1979: Beziehungen zu Libyen sollen enger werden
13 Vgl. Die Welt vom 23.1.1979: Khadhafis Deutscher
14 Vgl. Bild vom 26.1.1979: Die Libyer brauchen »Made in Germany«
15 Vgl. stern, a.a.O., S. 98
16 Vgl. stern, a.a.O., S. 101
17 Vgl. Münchner Merkur, a.a.O.
18 Vgl. Die Welt vom 30.1.1976: In Friedrichshall lernten 200 Libyer fliegen
19 Vgl. Die Welt, a.a.O.
20 Vgl. Die Zeit vom 27.2.1981: Deutscher Drill für Wüstensöhne. Ghadaffi ruft
21 Vgl. stern vom 23.12.1986: Deutsche Raketen für Gadhafi
22 Vgl. SPIEGEL vom 9.1.1989: Libyen: Reagans letzter Showdown
23 Vgl. Süddeutsche Zeitung vom 10.12.1990: CIA bildet Guerilla-Kämpfer gegen Libyen aus
24 Vgl. Die Welt vom 10.5.1983: Bonn schätzt Chance für Freilassung der acht Deutschen positiver ein

Kapitel 6

1 Brief an den Verfasser vom 31.1.1994
2 Bei der Aktion »Täubchen«, einer Rasterfahndung im Postverkehr entlang der Hauptadern des Militärverkehrs, stieß das MfS 1965/66 auf Postkarten und Briefe mit der Einbauschrift.
3 Vgl. Neues Deutschland vom 18.2.1982: Subversive Aktionen des BRD-Geheimdienstes durchkreuzt
4 Vgl. Neues Deutschland vom 22.2.1981: Bundesnachrichtendienst forciert die aggressive NATO-Planung
5 SPIEGEL 47/1978: Zum Einstand besondere Zurückhaltung
6 Im Juni 1982 wurde er in dieser Funktion durch SAYN abgelöst.
7 Schwarz, Josef, Bis zum bitteren Ende. 35 Jahre im Dienste des Ministeriums für Staatssicherheit, Schkeuditz 1994, S. 130
8 Vgl. Tagesspiegel vom 11.5.1979: DDR-Diplomat hat sich über Helsinki nach Bonn abgesetzt

Kapitel 7

1 Süddeutsche Zeitung vom 31.3.1981: BND rühmt seine Arbeit
2 Reichenbach, Alexander, Chef der Spione. Die Markus-Wolf-Story, Stuttgart 1992, S. 181
3 Vgl. Stiller, Werner, Im Zentrum der Spionage, Mainz 1986
4 SPIEGEL vom 5.3.1979: DDR-Spionage: »Das läßt die mächtig wakkeln«

5 Die verläßlichste und detaillierte Darstellung der Abläufe – jedoch ohne Hintergründe um die Vorgänge in den westdeutschen Sicherheitsbehörden – geben: Adler, Peter, und Guido Knopp, Der Überläufer, in: Knopp, Guido (Hrsg.), Top-Spione, München 1994, S. 289ff.

6 SPIEGEL 22/1992: Graue Augen

7 Im Archiv des Verfassers

8 Emde, Heiner, S. 10f.

9 Vgl. ab SPIEGEL 13/1992: »In der Ruhe liegt die Kraft«

10 Vgl. Reuters German News: Stasi-Überläufer Stiller wurde Broker und Banker

11 Frankfurter Allgemeine Zeitung vom 3.1.1991: Dobbertin wieder auf freiem Fuß

12 Vgl. Frankfurter Rundschau vom 14.4.1984: DDR-Spion Fülle verurteilt

13 Vgl. ap vom 22.9.1994: Stasi-Spion will im Auftrag von US-Diensten gearbeitet haben

14 Vgl. Datenbank Philip McNab vom 3.10.1994

15 Vgl. SPIEGEL vom 5.3.1979: DDR-Spionage: Das läßt die mächtig wackeln

16 DER SPIEGEL 13/1992, S. 50

17 Emde, Heiner, a.a.O., S. 26

18 Schlomann, Friedrich-Wilhelm, Die Ostblock-Spionage gegen die Bundesrepublik Deutschland, Informationen zur Deutschlandpolitik der CSU, Heft XVIII, München 1981, S. 22

19 Vgl. Ulrich, Klaus, u.a. (Hrsg.), DDR, Leipzig 1979, Abschnitt 4

20 Interview mit dem Verfasser im März 1995

21 SPIEGEL 43/1991, S. 52

22 Berg, Hendrik van, Die Überläufer, Würzburg 1979, S. 18

23 Reichenbach, Alexander, a.a.O., S. 12f.

24 »Reichenbach« ist das Pseudonym, hinter dem Insider den langjährigen Journalisten der WELT und Vertrauten von BND-Vizepräsident Paul Münstermann Manfred Schell vermuten.

Kapitel 8

1 Vgl. Illustration in Koch, Peter-Ferdinand, Die feindlichen Brüder, München 1994, S. 425

2 Sicherheitszeichen sind im BND-Amtsdeutsch definiert als »zwischen ND-Personen verwendete optisch oder akustisch wahrnehmbare Signale oder sonstige Vorkehrungen, mit deren Hilfe erkannt werden kann, ob die operative Sicherheit gefährdet oder ungefährdet ist. Ein Teil des Sicherungszeichens hat dabei gleichzeitig die Funktion, eine

nachrichtendienstliche Handlung zu sperren (Sperrzeichen) oder freizugeben (Freizeichen).«

3 Vgl. Schongauer Nachrichten vom 12.11.1992: Flucht aus der Ex-DDR gescheitert

4 Im Archiv des Verfassers

5 Vgl. SPIEGEL 46/1992, S. 135

6 Koslov erläuterte dies befreundeten MfS-Offizieren nach dem Agentenaustausch in Ostberlin.

7 Der Leiter der internationalen Abteilung der KPdSU hat dies später in einer Festschrift bestätigt.

8 SPIEGEL 46/1992, S. 135

9 Vgl. Lamprecht, Rudolf, Der Tod des Roten Admirals, in: stern 42/1992, S. 88 ff.

10 IBM ließ Paproth sogar bis zum April 1991 weiterarbeiten. Ein Strafverfahren muß er wegen seiner Rolle als Doppelagent nicht befürchten.

11 Zitiert nach Kabus, Siegfried, Operation Windrose, Berlin 1994, S. 91

12 Vgl. Reuters German News vom 12.10.1991: Mielke soll Agenten-Hinrichtung angeordnet haben

13 SPIEGEL 47/1992, S. 135

14 Vgl. SPIEGEL 43/1991, Saumäßig geschlaucht, S. 55

15 Vgl. Frankfurter Allgemeine Zeitung vom 1.7.1982: Leiche eines vermißten BND-Mitarbeiters gefunden

16 Frankfurter Allgemeine Zeitung vom 17.10.1981: Wie ist der BND-Agent Fuchs ums Leben gekommen?

17 Die Welt vom 21.7.1980: Der BND hat Kummer: Ein Maulwurf in Pullach?

18 Zitiert nach Vorwärts vom 17.2.1983: Alte Seilschaften . . .

Kapitel 9

1 Vgl. ausführlich dazu: Konstantinovic, Vladimir, und Erich Schmidt-Eenboom, Kroatien; Schmidt-Eenboom, Erich: Bundesrepublik Jugoslawien, in: Schmidt-Eenboom, Erich (Hrsg.), Nachrichtendienste in Nordamerika, Europa und Japan, Weilheim 1995 (CD-ROM). Auf diesen Beiträgen sowie weiteren Recherchen und Interviews fußt dieses Kapitel.

2 Vgl. Cookridge, E.H., Gehlen. Spy of the Century, London 1971, S. 303f.

3 Vgl. Duhacek, Anton, Manuskript, 1994; nach einigen Zeugnissen hatte er persönlich den kahlen Felsen in der Adria als Gefängnisstätte ausgesucht; z. B. Spasic, Bozidar 1994; sowie Sobot, Ljubisa, Spionage an der Spitze Kroatiens, Sonderheft der Zeitschrift ON, Belgrad November 1991

4 Vgl. Sobot, Ljubisa, a.a.O., sowie Gespräche von Vladimir Konstantinovic mit Duhacek 1993/94/95
5 Vgl. Gehlen, Reinhard, Verschlußsache, Mainz 1980, S. 144
6 Vgl. Interview Vladimir Konstantinovic mit Bozidar Spasic 1994
7 Müller, Michael, und Andreas Kanonenberg, Die RAF-Stasi-Connection, Berlin 1992, S. 55
8 Hierzu gab es zahlreiche Berichte in der deutschen Presse, u.a. SPIE-
   GEL im August 1978
9 Vgl. Welt am Sonntag vom 26.11.1978: Hier sind keine deutschen Terroristen
10 Vgl. Die Welt vom 27.11.1978: Im Kampf gegen die Terroristen hofft
   Bonn auf Khadhafi
11 Vgl. Süddeutsche Zeitung vom 28.11.1978: »Gewisse Enttäuschung« in
   Bonn über Gespräche mit Belgrad
12 Nürnberger Nachrichten vom 25.11.1978: Heikle Mission
13 Frankfurter Rundschau vom 28.11.1978: Ohne Not wollte Baum die
   Libyer nicht verprellen
14 So im stern-Interview vom 18.1.1979: Wir müssen den Teufelskreis
   durchbrechen
15 Vgl. Sobot, Ljubisa, a.a.O.
16 Spasic Interview 1994
17 Vgl. Duhacek 1992, a.a.O., S. 213
18 Vgl. Sobot, Ljubisa, a.a.O.
19 Duhacek-Interview 1994 und Manuskript 1994
20 Duhacek-Interview 1994
21 Vgl. Sobot, Ljubisa, a.a.O.
22 Danilovic, Rajko, Upotreba neprijatelja – Die Benutzung des
   Feindes – Politische Prozesse in Jugoslawien 1945–91, Valjevo 1993,
   S. 152f.; und Hans Peter Rullmann (Hrsg.), Stirbt Kroatien? Hamburg
   1981
23 Ein ehemaliger KOS-Offizier aus Zagreb. Laut »Who is who in Croatia«, Zagreb 1994, S. 212, ging Gavranovic 1991, als er Vorsitzender des
   kroatischen Journalistenverbandes wurde, in Pension. 1988 erhielt er
   das deutsche Verdienstkreuz erster Klasse.
24 Vgl. Konstantinovic, Vladimir, und Erich Schmidt-Eenboom, Republik Slowenien, in: Schmidt-Eenboom, Erich (Hrsg.), a.a.O.
25 Vgl. Sobot, Ljubisa, a.a.O.
26 Duhacek-Interview 1994
27 Sobot, Ljubisa, a.a.O.
28 Duhacek-Manuskript 1994
29 Schmidt-Eenboom, S. 422ff.
30 Duhacek-Interview März 1994
31 Vgl. International Herald Tribune vom 30.11.1994: Croatia warns U.S.
   It Will Enter War If Serbs Take Bihac

Kapitel 10

1 Stuttgarter Zeitung vom 10.3.1978: Verwässerung
2 Vgl. FR vom 27.1.1990: Gremium mit Alibifunktion
3 Telefoninterview mit Gerhard Jahn vom 6. Februar 1995
4 FAZ vom 25.10.1979: Bundestags-Kommission berät über Fall Cesiunas
5 Vgl. Deutscher Bundestag, Drucksache 8/3835
6 Naumann, Michael, a.a.O.
7 Vgl. Bohnsack, Günther, und Herbert Brehmer, Auftrag: Irreführung, Hamburg 1992, S. 145ff.
8 Vgl. Süddeutsche Zeitung vom 26./27.6.1982: BND weist Beteiligung an Abhöraffäre zurück
9 Heigl, Frank P., und Jürgen Saupe, S. 200
10 Vgl. stern 22/1988: Der Mann, der vom Himmel fiel
11 Zu dieser Debatte vgl. Deutscher Bundestag – 9. Wahlperiode – 57. Sitzung, 9.10.1981, S. 3306 bis 3331
12 Deutscher Bundestag – 9. Wahlperiode, Drucksache 9/853, S. 1
13 Deutscher Bundestag – 9. Wahlperiode, Drucksache 9/1787
14 Deutscher Bundestag – 9. Wahlperiode, Drucksache 9/853, S. 3309
15 Vgl. Die Welt vom 7.1.1982: BND muß eine Niederlage einstecken
16 Vgl. Vorwärts vom 29.10.1981: Gefeuert
17 Vgl. stern vom 5.11.1981: Methusalems Ende
18 Vgl. stern vom 17.7.1980: Ein Maulwurf wird gesucht
19 Zitiert nach Goliath, Inge, Das Interview. Inge Goliath enthüllt Geheimnisse des Dr. Werner Marx, Ostberlin 1979, S. 11f.
20 Aust, Stefan, Mauss. Ein deutscher Agent, Hamburg 1988, S. 255
21 a.a.O., S. 371
22 a.a.O. S. 269
23 Vgl. Emde, Heiner, a.a.O., S. 99
24 Diese Abteilung verfügt über zwei Gruppen: Die Gruppe 61 mit zwei Referaten zum BND und die Gruppe 62 zur Koordination der Geheimdienste, G-10-Verfahren, PKK etc.
25 Vgl. Schmidt-Eenboom, Erich, und Jo Angerer, Die schmutzigen Geschäfte der Wirtschaftsspione, Düsseldorf 1994, S. 65
26 Ehmke, Horst, a.a.O., S. 228
27 Vgl. Emde, Heiner, a.a.O., S. 83
28 Telefoninterview mit Richard Meier am 3. Februar 1995
29 Vgl. SPIEGEL vom 31.3.1980: Wildwuchs beschneiden
30 Vgl. Die Welt vom 29.3.1982: Bonns BND-Chef geht in den Ruhestand
31 Vgl. SPIEGEL vom 15.4.1981, S. 16 – Panorama
32 Die Neue vom 13.3.1980: Die CSU hält zum Pullacher BND
33 Zitiert nach SPIEGEL vom 31.3.1980: Wildwuchs beschneiden

34 Diese Vorrechte des BND wurden zuletzt im August 1992 fortge-
schrieben.
35 Naumann, Michael, Operation »Großes Ohr«, in: Die Zeit vom
28.3.1980 – Dossier
36 Schmidt, Helmut, Menschen und Mächte, Berlin 1990, S. 75
37 a.a.O., S. 74
38 Schwarz, Josef, Bis zum bitteren Ende. 35 Jahre im Dienste des Ministeriums für Staatssicherheit, Schkeuditz 1994, S. 119
39 Vgl. SPIEGEL 21/1991, S. 28
40 Vgl. SPIEGEL 12/1984: »Dieser Dilettanten-Verein„
41 Vgl. SZ vom 26.4.1980: Deutscher Kapitän in Polen wegen Spionage
verurteilt.
42 Zitiert nach stern 28/1982, S. 48
43 Langenau, Manfred, CIA und BND als Organisatoren der Konterrevolution in Polen, in: horizont 52/1981, S. 11
44 Schlomann, Friedrich-Wilhelm, Die Ostblock-Spionage gegen die
Bundesrepublik Deutschland, Heft XVIII der CSU-Informationen
zur Deutschlandpolitik, München 1981, S. 16
45 a.a.O., S. 29
46 Vgl. TIME vom 24.2.1992, S. 14 ff.
47 Gröndahl, Boris, Die Heilige Allianz, in: konkret 5/1992, S. 14

Kapitel 11

1 DIE neue Nachhut 1/1979, S. 1f.
2 Vgl. ausführlich Schmidt-Eenboom, Erich, a.a.O., S. 308f.
3 Vgl. stern vom 27.3.1980: »Operation Aprilscherz«
4 Vgl. Protokoll der 65. Sitzung des Ausschusses für Post und Telekommunikation des Deutschen Bundestags vom 5.5.1994, 65/56
5 Vgl. SPIEGEL 35/1993: Schnippeln im Seelenklo
6 SPIEGEL vom 3.3.1980: »Kapitulation vor einer Horde roter Proleten«
7 Vgl. dpa vom 21.5.1975: grenzschutzverband sieht »querverbindungen« zwischen bnd und fdp
8 Vgl. Berliner Zeitung vom 26.4.1979: Das idyllische Bild eines demo-
kratischen Musterknaben
9 Vgl. auch Focus 5/1994, S. 36
10 Vgl. stern 49/1982: Alte Kameraden
11 Bericht Bundesminister der Verteidigung Dr. Gerhard Stoltenberg vor
dem Verteidigungsausschuß am 30.10.1991, S. 10
12 Berliner Zeitung 73/1995: »Ich dachte, der Kinkel hilft mir da raus«
13 SPIEGEL 43/1991: Saumäßig geschlaucht
14 Zitiert nach Wochenpost vom 1.7.1993: Kein Lorbeer im Schattenreich

15 Vgl. DIE ZEIT vom 22.11.1985: Das Los des Beamten: Leiden und Schweigen

16 Der BND taufte diese Lieferung von etwa 3000 Abhörtexten auf Disketten, davon zwei Drittel zum Bundesnachrichtendienst selbst, Operation Trosse.

17 Koch, Peter-Ferdinand, Die feindlichen Brüder. DDR contra BRD, München 1994, S. 447

Personenregister

Die Decknamen von Nachrichtendienstlern stehen in Großbuchstaben.

311

Sachregister